LAMBERS
WIE AUS HELFEN
SOZIALE ARBEIT WURDE

W0247249

KERNKOMPETENZEN
SOZIALE ARBEIT UND PÄDAGOGIK

herausgegeben von
Heinrich Greving und Wolfgang M. Heffels

WIE AUS HELFEN
SOZIALE ARBEIT WURDE
Die Geschichte der Sozialen Arbeit

von
Helmut Lambers

VERLAG
JULIUS KLINKHARDT
BAD HEILBRUNN • 2010

Umschlagabbildung
© Domverwaltung Münster, Foto: Stephan Kube, Greven, 2008.
Münster, St. Paulus-Dom, Astronomische Uhr, 1540-1543,
Detailansicht: Das Astrolabium.

Bibliografische Information der Deutschen Nationalbibliothek
Die Deutsche Nationalbibliothek verzeichnet diese Publikation in der Deutschen
Nationalbibliografie; detaillierte bibliografische Daten sind im Internet abrufbar über
http://dnb.d-nb.de.

Druck und Bindung: AZ Druck und Datentechnik.
Printed in Germany 2010.
Gedruckt auf chlorfrei gebleichtem alterungsbeständigem Papier.

ISBN 978-3-7815-1741-7

Inhalt

6

Geschichte lebt nicht vom antiquarischen Interesse,
sondern vom Bestreben, zu verstehen,
warum und wie man versteht.
(Pierre Bourdieu 1996)

Einleitung

Hans Scherpner (1898-1959), einer der ersten Theoretiker und Geschichtsschreiber in der Sozialen Arbeit, hielt die Schulung des historischen Bewusstseins im Bildungskanon angehender Sozialarbeiterinnen und Sozialarbeiter für unerlässlich. Seitdem wächst die Zahl historischer Forschungsarbeiten auch in der Sozialen Arbeit. Abgesehen von vielfältigen historischen Arbeiten zu speziellen Teilgebieten Sozialer Arbeit liegen mittlerweile auch mehrere Versuche von geschichtlichen Gesamtübersichten zur Sozialen Arbeit vor.[1] An Gesamtübersichten lässt sich der kritische Einwand richten, dass sie weniger geeignet sind die Geschichte Sozialer Arbeit – insbesondere Teilaspekte wie Methodengeschichte, Professionalisierung, Organisationsbildung usw. – zu rekonstruieren, als sie vielmehr zu illustrieren, so der Einwand von C. Wolfgang Müller in seinem zweibändigen Werk zur Methodengeschichte.[2] Was das historische Interesse an Illustrationen und ihrem vielleicht dürftigen Nutzen für historisches Verstehen angeht, stellte bereits Pierre Bourdieu (1930-2002) fest: „Geschichte … lebt nicht vom antiquarischen Interesse, sondern vom Bestreben, zu verstehen, warum und wie man versteht".[3] Um es also nicht bei reiner Illustration bewenden zu lassen, folgt die vorliegende Geschichte Sozialer Arbeit einem bestimmten gesellschaftstheoretischen Verstehenskonzept. Soziale Arbeit wird in diesem Buch anhand des Formenwandels von persönlicher Hilfe zur gesellschaftlichen Hilfe nachgezeichnet. Die Sinnkonstitution Sozialer Arbeit wird in dem in allen Gesellschaften und innerhalb ihrer Entwicklungen zu beobachtenden Bestrebungen gesehen, Formen des Bedarfsausgleiches zu schaffen. Unter Bedarfsausgleich wird die Hilfe verstanden, die in Gesellschaften als angemessene Menschensorge angesichts der durch ständige Ausdifferenzierung von Gesellschaften hervorgerufenen „humanen Folgeprobleme"[4] für erwartbar gehalten wird. Diese Art der Geschichtsbetrachtung ist sozialevolutiv und geht auf den Soziologen und Gesellschaftstheoretiker Niklas Luhmann (1927-1998) zurück.

---

1 Vgl. z.B. Wendt 1995, Baron/Lanwehr 1983, Münchmeier/Hering 2007, Schilling 1997 und 2005, Schilling/Zeller 2007, Kuhlmann 2006 und 2007, Erler 2007.
2 Vgl. Müller 1988, S. 19.
3 Bourdieu 1996, S. 272.
4 Hillebrandt 1999, S. 276.

Eine derartige Geschichtsschreibung kann nicht problemlos in eine Epochengeschichte gezwungen werden. Von Luhmann ist bekannt, dass er eine Abneigung gegen Epochenbildungen hatte. Stattdessen bevorzugte er das Konzept der sozialen Evolution.[5] Er untersuchte gesellschaftliche Entwicklung in der Zeit-, der Sach- und der Sozialdimension. In der Zeitdimension kommt er zu einer Dreiteilung von *archaischen, hochkultivierten* und *modernen* Gesellschaftsformen. In der Sachdimension kommt er zu einer Differenzierung der Gesellschaftsstrukturen als *segmentär, stratifaktorisch* und *funktional* aufgebaute Gesellschaft. In der Sozialdimension schließlich untersucht er den Wandel des Helfens. Helfen wird als eine über Kommunikation hergestellte Form menschlichen Bedarfsausgleiches verstanden. Dieses Buch orientiert sich an der Luhmann'sche Gesellschafstheorie. Es ist nach den drei genannten sozialevolutiven Stufen aufgeteilt (Zeitdimension) und betrachtet die darin beschreibbaren Gesellschaftsdifferenzierungen (Sachdimension) sowie ihre jeweils eigenen strukturellen Ausformungen von Hilfe.

Auch wenn Epochenaufteilungen immer etwas künstlich wirken und in den Jahresspannen nie ganz präzise und einheitlich vorgenommen werden, findet man auch in diesem Buch solche Aufteilungen. Dadurch wird eine Orientierung an den in der Geschichtsschreibung üblichen Epochenaufteilungen ermöglicht. Allerdings werden diese in die drei Kulturstufen eingebaut. Bei der Behandlung der archaischen Gesellschaftsform (Kap. I.) ist allerdings keine chronologische Aufteilung möglich. Europäische Epochenzählungen beginnen in der Regel mit dem Übergang archaischer Gesellschaften in die hochkultivierte Gesellschaftsform. Diese Stufe (Kap. II.) und die nachfolgende moderne Gesellschaftsform (Kap. III.) werden hier entsprechend der gängigen Epocheneinteilungen behandelt. In der Stufe der hochkultivierten Gesellschaft beginnt die Epochenzählung mit dem Mittelalter. Damit ist natürlich nicht gesagt, dass erst mit Beginn des Mittelalters hochkultivierte Gesellschaftsformen entstanden sind. Die ersten Hochkulturen sind bereits aus den Jahren 4000 v. Chr. bekannt (Sumerer). Eine historische Rekonstruktion Sozialer Arbeit, die den Übergang wechselseitiger, archaischer Hilfeformen zu kulturell hergestellten Hilfeformen in den Blick nimmt, lässt sich bei den hochkultivierten Gesellschaftsformen in unserer europäischen Geschichte jedoch erst mit dem frühen Mittelalter bewerkstelligen.

Komplexitätssteigerung und die Bewältigung zunehmender gesellschaftlicher Komplexität ist nach Luhmann das, was gesellschaftliche Entwicklung mit der Herauslösung des Menschen aus seinen archaischen Lebensformen kennzeichnet. Der sich im Zuge steigender Komplexität abbildende Prozess sozialer Ordnung wiederum vollzieht sich in der Herausbildung von Strukturen und Prozessen durch Versuche der Reduktion eben dieser Komplexität. Um Komplexitätszu-

---

5 Vgl. Luhmann 1998, S. 556.

nahme und -bewältigung im Rahmen eines Geschichtsbuches annähernd überschauen zu können, müssen die Sachverhalte in den Blick genommen werden, die genau diese Komplexitätssteigerung einerseits und Komplexitätsreduktionen andererseits ausmachen. Das sind zum ersten die allgemeinen wirtschaftlichen und politischen Lebensverhältnisse der jeweiligen Zeit (Allgemeine gesellschaftliche Charakteristik). Zum zweiten sind dies die leitenden Vorstellungen, das jeweils prägende Weltbild dieser Zeit (Philosophie/Weltbild) und natürlich ihre geistigen Vordenker (Protagonisten). Oftmals hiermit verbunden sind auch die sozialen ,Erfinder' der jeweiligen Zeit. Mit Blick auf die Zielgruppen Sozialer Arbeit wird schließlich der Wandel in den Einstellungen zur Kindheit und Jugend sowie das damit verbundene Erziehungs- und Bildungsverständnis und seine organisatorische, programmatische Umsetzung in den jeweiligen Epochen zu eben jenem Sachverhalt gesellschaftlicher Komplexität gehören und aufzuzeigen sein. Die Organisation des Handelns nimmt historisch ihren Anfang in den hochkultivierten Gesellschaften.

Mit derselben Fragesystematik müssen schließlich die Einstellungen zur Armut und der Umgang mit ihr in den Blick genommen werden. Dabei ist klar, dass ,Armut' – in gleicher Weise wie Kindheit und Jugend – kein historisch konstanter Begriff ist. Der Armutsbegriff ist abhängig von der jeweiligen Beimessung seiner Bedeutung durch Kommunikation in Gesellschaft. Gleichwohl wurde Armut immer wahrgenommen als ein Umgang mit Mangel und Hilfebedürftigkeit. Dieser Umgang drückt sich in Form unterschiedlicher Organisationsweisen und Handlungsprogramme von Hilfekommunikation aus. Zum einen sind das konzeptionelle, methodische und theoretische Vorstellungen darüber, wie man sozial schwierige Sachverhalte lösen könnte (in heutiger Fachsprache: Konzepte, Methoden, Verfahren, Techniken und Theorien). Zum anderen waren dies aber neben den theoretisch-methodischen Fundamenten der Hilfevorstellungen der jeweiligen Zeit vor allem auch die rechtlichen Programme (Armengesetze, Sozialgesetze, Jugendgesetze) und ihre Organisationsformen (Jugend- und Sozialbehörden).

Da es sich um ein Lehrbuch handelt, sind didaktische Elemente eingebaut. Diese bestehen aus
a) Bildern, Grafiken, Tabellen,
b) Kurzzusammenfassungen am Ende der jeweiligen Kapitel,
c) Kurzzusammenfassungen am Ende der jeweiligen Epochenbearbeitung,
d) Kurzzusammenfassungen am Ende der jeweiligen sozialevolutiven Entwicklungsstufen,
e) den sozialevolutiven Entwicklungsstufen zugeordnete Reflexionsthemen und Fragestellungen.

Die Elemente a) – d) dienen der Wissenssicherung. Das Element e) dient dem verstehenden und reflexiven Zugang. Dort werden aus den historischen Antworten auf soziale Probleme heraus Fragen als Reflexionsvorschläge für aktuelle Themen Sozialer Arbeit gestellt (z.B.: Subsidiaritätsprinzip, Sozialstaat, Ökonomisierung, Aktivierungsstrategien in der Wohlfahrtspflege, Empowerment u.v.m.). Hierbei werden nur die historischen Sachverhalte genannt und die Fragen, die sich hieraus für heutige Themen reflektieren lassen können. Der reflexiven Absicht entsprechend werden hierzu keine Antworten gegeben; stattdessen jedoch Stichworte entlang derer sich Studierende alleine oder besser noch in kleinen Lerngruppen, in ihren Reflexionsbemühungen orientieren können.

Wer nicht von dreitausend Jahren sich weiß Rechenschaft zu geben,
bleib im Dunkeln unerfahren, mag von Tag zu Tage leben.
(Johann Wolfgang v. Goethe, 1819)

1 Einige wissenschaftstheoretische Vorbemerkungen

Bevor wir in die Geschichte abtauchen, sollen einige theoretische Vorbemerkungen vorangeschickt werden. Sie sind notwendig, um zu verstehen, weshalb es Sinn macht, sich in der Ausbildung zu Sozialarbeiterinnen und Sozialarbeitern überhaupt historisch zu orientieren. Weiterhin soll deutlich werden, dass die Beschäftigung mit Geschichte nicht der Rechtfertigung von Gewordenem oder der Behauptung von Sollendem dienen kann. Vielmehr muss es darum gehen, Geschichte als Ort der Erinnerung sozialer Praxis in den Blick zu nehmen, aus dem wir nicht automatisch Antworten, sondern vielmehr Fragen für die Zukunft gewinnen können. Es geht also vorab erst einmal um den Umgang mit Geschichte.

1.1 Die Begründung: Warum Geschichte und welche?

„Wer nicht von dreitausend Jahren sich weiß Rechenschaft zu geben, bleib im Dunkeln unerfahren, mag von Tag zu Tage leben." Diese Zeilen von **Johann Wolfgang von Goethe** (1749-1832) aus seinem Werk „Der West-östliche Diwan"[6] halten immer wieder als vielzitiertes Argument dafür her, sich mit Geschichte generell befassen zu sollen, hier bei Goethe in einer Weise, die kulturelle Grenzen überschreiten und zu verbinden vermag. In der Sozialen Arbeit war es vor allem **Hans Scherpner** (1898-1959), der die Schulung des historischen Bewusstseins angehender Sozialarbeiterinnen und Sozialarbeiter einforderte. Zum einen, um nicht einer Idee von Über-Geschichtlichkeit zu verfallen, zum anderen, um aus der historischen Kenntnis der eigenen Professionsentstehung eine fachliche Identität entwickeln zu können.[7] Auch Wolf Rainer Wendt folgt dieser Sichtweise. Nur aus der historischen Perspektive lässt sich etwas über die politischen, wirtschaftlichen und ideellen Bezugspunkte Sozialer Arbeit in Erfahrung bringen und erkennen, wie soziale Probleme gesellschaftlich wahrgenommen wurden und welche Problemlösungen und Denkweisen des sozialen Handelns sich aus diesen Wahrnehmungen entwickelten.[8] Dies alles könne ein Selbstverständnis der Profession begründen,

---

6 Rendsch Nameh, Buch des Unmuts (1819/1827).
7 Vgl. Vorwort von Gerd Neises zu Scherpner 1984, S. VIIf.
8 Vgl. Wendt 1/99, S. 31.

mithin die von Scherpner avisierte fachliche Identitätsbildung bewirken. Aber hier sind auch Zweifel angebracht. So sehr nun die historische Auseinandersetzung mit der eigenen Professions- und Disziplingeschichte angehende Sozialarbeiterinnen und Sozialarbeiter in der Tat beschäftigen sollte, so sehr muss man danach fragen, ob sich hieraus allein ein Beitrag zur Berufsidentität gewinnen lässt, zumindest dann, wenn dies über die Beschäftigung mit Ideen als Bezugspunkt Sozialer Arbeit geschehen soll. Ich möchte meine Zweifel kurz begründen: Ideengeschichte – gleich, ob in der Pädagogik oder Sozialen Arbeit – wird dann problematisch, wenn sie sich als eine Abfolge sogenannter „Klassiker" versteht.[9] Der Begriff des „Klassikers" lässt schnell die Erwartung aufkommen, dass „Schülern" auf diese Weise zeitlos gültige Antworten auf immer dieselben Fragen an die Hand gegeben werden können. Dieses Interesse läuft jedoch Gefahr, ahistorisch zu verfahren. Es würde sich allenfalls an einer problematischen Mythenbildung beteiligen. Es gibt keine zeitlos gültigen Antworten. Wenn wir unter „Klassik" eine kulturelle Höchstleistung verstehen, die über ihre Zeitepoche hinaus Maßstäbe setzt, so fällt diese Vorstellung bei der Bearbeitung gesellschaftlicher und individueller Problemlagen schwer, da jede Zeit ihre jeweils eigenen Antworten fand und findet. Ein Klassikerstatus würde sicherlich derjenigen Idee zukommen, die die soziale Frage endgültig gelöst hat. Das allerdings ist, von Postulaten einmal abgesehen, nirgendwo in der Geschichte Sozialer Arbeit der Fall, nicht einmal innerhalb der Zeitgeschichte ihrer jeweiligen Protagonisten.

Zu einer etwas differenzierteren Sicht der Dinge kann man gelangen, wenn man näher bezeichnet, welche Kategorie, in der wir Klassiker ausmachen wollen, eigentlich gemeint ist: die Disziplin, die Profession oder die soziale Praxis? Wem anschlussfähige Kommunikation über seine Generation hinaus gelingt, verdient den Klassikerstand. Es sollte aber geklärt sein, für welchen Kontext dieser Klassikerbegriff vereinnahmt wird. Und hier scheint einiges dafür zu sprechen, dass der Begriff innerhalb der Disziplinbildung eine Identität stiftende Bedeutung im Sinne eines Beitrags zum Theoriediskurs entfalten kann. Dieser Umstand hat aber für die Identitätsbildung der Profession oder auch der konkreten Praxis kaum oder allenfalls nur geringe Bedeutung. Rückblickend betrachtet lagen Profession und Disziplin relativ weit auseinander. Ein Phänomen, das erst mit der von Hans Thiersch in den 1970er Jahren eingeleiteten Alltagswende begann, sich allmählich aufzulösen. Insgesamt ist es also ratsam, bescheiden mit dem Klassikerbegriff umzugehen und zu unterscheiden, zwischen den „zeitlosen Klassikern" – die es wohl nicht gibt – und den „klassifizierten Klassikern"[10], solchen also, deren Verdienst sicherlich darin liegt, dass sie theoretische Entwürfe der Sozialpädagogik

---

9 Vgl. Niemeyer 1998, S. 10.
10 Vgl. Dollinger 2006, S. 7-11.

und Sozialarbeit konzipierten und hiermit einen Fachdiskurs inhaltlich entscheidend prägten.[11]
Alles in allem sollen diese kritischen Einwände weniger eine generelle Absage an eine Klassikerdiskussion sein. Vielmehr geht es um ein Votum für eine vorsichtige Geschichtsschreibung. Geschichtsschreibung ist mit Vorsicht zu genießen, denn sie ist unzuverlässig. Sie blendet aus, vergisst, verdrängt, erfindet und befindet und dies – zumindest wenn sie seriös verfährt – ohne es bewusst zu wollen. Geschichtsschreibung läuft immer Gefahr, ihren Gegenstand zu überhöhen oder ihn abzuwerten. Sie ist immer auch Ausdruck einer Suchbewegung, oft auch, um zu finden, was man schon zu kennen glaubt. Sie ist bestens geeignet für jedwede Apologie und unkritische Traditionsbildung. Geschichte gegen den Strich gebürstet könnte hier verhindern helfen, was einer fragwürdigen Identitätsbildung entgegenkäme: so z.B. die Entstehung von Mythen durch die Identifikation von sogenannten Klassikern mittels einer Ideengeschichte der Sozialen Arbeit. Etwas drastisch bringt dies C. W. Müller auf den Punkt, wenn er konstatiert, dass die Idee des beruflichen und verberuflichten Helfens erst die Klienten hervorbrachte, an deren Abschaffung man glaubte sich abzuarbeiten. Es sollte also darum gehen, „ … die reale Geschichte unseres Berufes so zu rekonstruieren, damit wir uns keinen Sand in die Augen streuen, welch tollen Helfer-Beruf wir ergriffen haben und was für menschenfreundliche Pädagogen die Generationen von beruflichen Vorgängern waren, auf deren Schultern wir stehen"[12]. Mir scheint dies ein gangbarer Weg zu sein um der von Bourdieu beschriebenen „illusio" moderner Gesellschaften wachsam entgegen treten zu können.
Bourdieu bemerkte in seiner reflexiven Anthropologie, dass Geschichte nicht vom antiquarischen Interesse leben kann, „ … sondern vom Bestreben, zu verstehen, warum und wie man versteht"[13]. Eine „reflexive Historiographie" wäre vielleicht ein Weg, den Fallstricken der Geschichtsschreibung als unkritische Traditionsbildung zu entgehen oder ihr zumindest etwas entgegen zu setzen. Dies wäre nach Franz M. Konrads Vorstellung eine Geschichtsschreibung, die sich als „beunruhigende Erinnerung" versteht.[14] Auf die Soziale Arbeit gewendet hieße dies, ihre Geschichte als Erinnerungsort, als „Gedächtnis gesellschaftlicher Konflikte" zu verstehen. Dabei kann es eben nicht darum gehen, Identität und Tradition Sozialer Arbeit zu (er)finden. „Historische Rekonstruktion im Kontext einer reflexiven Historiographie kann Soziale Arbeit … der gesellschaftlichen Auseinandersetzung

11 Vgl. Galuske/Thole/Gängler 1998, S. 11 und S. 22, FN 8. (In diesem Fall müssen einheitliche Kriterien für die Zuschreibung „Klassiker" gelten. Das wiederum ist ein kontroverses Unterfangen. Vgl. hierzu a.a.O., S. 21-25).
12 Müller 1999, S. 19.
13 Bourdieu zit. in Maurer; in: Konrad 2005, S. 16.
14 Konrad 2005, S. 20.

immer wieder zugänglich machen – solange sie eine Qualität behält, die auch
verstört, die irritiert"[15].
Die Frage nach der Angemessenheit und Wahrheit dieser Art von Geschichtsschreibung wird dadurch natürlich auch nicht beantwortet. Eine Geschichte Sozialer Arbeit zu rekonstruieren ist immer ein selektiver Prozess. Ein schönes Beispiel, wie unterschiedlich historische Forschung selektiert, ist aus der historischen
Kindheitsforschung bekannt. So kamen der Mentalitäts-Historiker **Philippe Ariès**
(1914-1984) und der Psycho-Historiker **Lloyd de Mause** (1931) in einem die
Soziale Arbeit ebenfalls zu interessierendem Feld der Geschichtsforschung – der
Geschichte der Kindheit – zu völlig entgegen gesetzten Ergebnissen. Im ersten
Fall wird der Kindheitsstatus im Wandel der Geschichte als Zustand zunehmender Unfreiheit und im zweiten Fall als das glatte Gegenteil gelesen.[16] Nun kann
man wirklich nicht behaupten, dass man es hier mit zwei Werken zu tun hätte,
die nicht den Anforderungen reflexiver Geschichtsforschung entsprächen. Aber:
Reflexivität kann sich nicht der Selektivität entziehen. Sie folgt in gleicher Weise
den eigenen Sinnkriterien, so, wie es jeder Kommunikation zu eigen ist. Kommunikation geschieht bekanntlich niemals zweckfrei. Vielmehr steht und operiert sie
im Dienste eines Sinns und sucht, diesen zu erfüllen.
So ist es an der Zeit, die Sinnkriterien offenzulegen, denen ich in der vorliegenden
Geschichte Sozialer Arbeit gefolgt bin. Zurück zu Goethes Mahnung: *„Wer nicht
von dreitausend Jahren sich weiß Rechenschaft zu geben, bleib im Dunkeln unerfahren, mag von Tag zu Tage leben."* Hieraus spricht eine ganz konkrete Vorstellung
über die Auswirkungen eines geschichtslosen Menschen. Wer nicht im Wissen
um seine eigene Geschichte lebt, lebt unreflektiert und nur in den Tag hinein. In
diesem Zustand kann der Mensch besonders eines nicht: Geschichte schreiben. Er
kann sie nur erleben und erleiden.
Was heißt das überhaupt: Geschichte schreiben? Bestimmte Voraussetzungen
müssen offensichtlich hierfür erfüllt sein:
a) im Wissen um seine eigene Geschichte leben,
b) aus der historischen Reflexion für die Gegenwart lernen,
c) aus dem Bewusstsein des Gelernten in Gesellschaft reflexiv handeln und
d) mit und in dieser historischen Reflexivität Menschen auf personaler Ebene
   begegnen wollen.

---

15 A.a.O., S. 28.

16 Ariès kommt zu der Feststellung, dass Kindheit in der Neuzeit „erfunden" wurde und durch den
pädagogischen Zugriff Erwachsener zu immer mehr Unfreiheit führte. De Mause hingegen will
belegen, dass Kindheit immer schon ein bekannter und bewusster Status in den Köpfen Erwachsener war. Dieser unterlag von den Ursprungsgesellschaften bis hin zu den modernen Gesellschaften
einem Wandel von der absoluten Missachtung und Tötung bis hin zur Förderung und Einfühlung,
einem Prozess des Zugewinns von Empathiefähigkeit der Erwachsenen und einem Zugewinn von
Autonomie bei den Kindern und Jugendlichen.

In der Konsequenz dieser Reflexivität entsteht das, was wir mit ‚Geschichte schreiben' bezeichnen können, nämlich die bewusste Gestaltung gesellschaftlicher Verhältnisse ermöglichen zu können.

1.2 Der Zeitpunkt: Wo ist der Anfang?

In der Sozialen Arbeit geht es um Menschen, die auf der Verliererseite gesellschaftlicher Entwicklung stehen, manche ihr Leben lang. Mit der Trennung von Leib und Seele (Sokrates) ist es den Menschen bis heute gelungen, große kulturelle Erfolge zu produzieren (Wissenschaft, Technik, Kunst). Aber wo Licht fällt, wird zwangsläufig auch Schatten geworfen. Und um diese kulturellen Schattenseiten geht es in der Sozialen Arbeit.[17] Die Entstehung einer gesellschaftlichen Verliererseite als Anlass für eine Verberuflichung des Helfens wird gemeinhin in der Industrialisierung gesehen.[18] Diese Geschichte wäre aber recht kurz gegriffen. Der Mensch war immer schon, in allen unterschiedlichen Formen von Gesellschaft, seiner eigenen Hilfebedürftigkeit, dem Helfen und Geholfen-Werden, ausgesetzt. Ob Helfen anthropologisch begründbar ist – Helfen ist dem Menschen praktisch mitgegeben (Scherpner) – oder gesellschaftlich, strukturell als sinnvolles wechselseitiges Handeln entstanden ist – Helfen wird durch wechselseitige Erwartungen gesteuert (Luhmann) – , ist hierbei sekundär. Helfen fand und findet in allen Gesellschaften statt, in den frühen archaischen sowie in den späteren hochkultivierten Gesellschaften bis hin in der heutigen modernen/postmodernen Gesellschaft. Entscheidend ist, den Wandel der Formen des Helfens zu verstehen.

Das unmittelbare, gegenseitige Helfen ist im Laufe des gesellschaftlichen Wandels zunehmend durch ein organisiertes, staatliches, wir würden heute sagen: professionelles Helfen erweitert und teilweise auch abgelöst worden. Daher macht es Sinn, den gesamten Prozess der Herausbildung einer professionellen Form des sozialen Helfens in den Blick zu nehmen und nicht erst mit der Industrialisierung anzufangen. Die Geschichte wäre dann auch schnell erzählt, denn wir haben es hier, verglichen mit anderen Helferprofessionen, mit einer noch jungen Professionsbildung zu tun. Die ersten professionellen Helfer waren Ärzte, Juristen und Priester und sie sind gut 500 Jahre alt. In der weiteren Ausdifferenzierung des Helfens kam der Sozialarbeiter/Sozialpädagoge sehr viel später hinzu. Er ist internati-

---

17 Vgl. Tillmann 2007, S. 15f.
18 Vgl. Müller 1999, S. 13f.

onal gesehen heute 111 Jahre alt.[19] Wenn wir das nur für Deutschland betrachten, dann sind wir sogar noch viel jünger, nämlich ca. 40 Jahre.[20] Eine Geschichte Sozialer Arbeit sollte aber ihren historischen Vorlauf nicht ausklammern. Das heißt, der Formenwandel des Helfens, der schließlich zur Sozialen Arbeit heutiger Gestalt geführt hat, ist in den Blick zu nehmen. Damit ist aber auch klar, dass wir so weit wie möglich zurückgehen müssen, um die Geschichte Sozialer Arbeit in ihrer heutigen Form zu erfassen. Das heißt; nur wenn wir den Anfang bei den archaischen Ursprungsgesellschaften setzen, wird deutlich, dass sich im Zuge zunehmender gesellschaftlicher Komplexität professionelle Hilfe entwickelte und dabei Formen des privaten Helfens teilweise abgelöst und ersetzt hat. Nebenbei wird dann auch deutlich, dass der oftmals von außen als unspezifisch und nicht immer als professionsbedürftig wahrgenommene Charakter Sozialer Arbeit durchaus seine Berechtigung hat. Gleichwohl ist aus dem Helfen im heutigen Sinne ein hochgradig ausdifferenziertes Gebilde geworden, was wir Soziale Arbeit nennen und an vielen Orten viele Spuren für die historische Erforschung hinterlassen hat. Hilfe, als eine Figur menschlichen Erlebens und Verhaltens ist also aus der Geschichtsschreibung Sozialer Arbeit nicht auszuklammern. Soziale Arbeit – und das soll im Folgenden historisch rekonstruiert werden – ist dem Hilfeparadigma[21] verpflichtet.

1.3 Die Orte: Was ist und wird erforscht?

Einen Ort, einen Ausgangspunkt zu bestimmen, von dem aus sich die Geschichte Sozialer Arbeit erzählen ließe, ist ein schwieriges Unterfangen. Eine Geschichte Sozialer Arbeit im Sinne einer linear aufeinander aufbauenden Disziplin- und Professionsgeschichte lässt sich kaum rekonstruieren. Wo setzen wir den Anfang? Im Übergang von der mittelalterlichen Almosenlehre zu einer sich abzeichnenden Subventionspraxis in der Neuzeit? Oder besser in der beginnenden Moderne, als Antwort auf die durch Industrialisierung und Massenverarmung entstandene soziale Frage? Die Geburtsstunde der Professionalisierung Sozialer Arbeit – daran kann seit der Arbeit von **Klaus Mollenhauer** (1928-1998) nicht gezweifelt wer-

---

19 Die erste selbständige Schule für Sozialarbeit war die „Summer School of Philanthropy." Sie wurde 1898 in New York gegründet. Aus ihr ging die heutige „School of Social Work" der Columbia University hervor.

20 Sofern wir zur Profession einen akademischen Status als Voraussetzung und das Geburtsjahr der Fachhochschulgesetze mit 1969 sowie die ersten Diplomstudiengänge mit dem Schwerpunkt Sozialpädagogik an den Universitäten ebenfalls mit 1969 ansetzen.

21 Mit Paradigma wird ein (wissenschaftliches) Denkmuster, eine Art Denkfigur bezeichnet, die das (wissenschaftliche) Weltbild einer Zeit im Sinne einer Leitorientierung prägt.

den – schlug mit der Industrialisierung.[22] Gleichwohl haben sich unterschiedliche Vorstellungen einer besonderen, meist philosophisch-theologisch begründeten Umgangsweise mit sozialen Notlagen bereits im Mittelalter herausgebildet. Diese Vorstellungen waren mit Beginn der Aufklärung durchaus auch mit Vorstellungen einer berufsmäßigen Ausübung verbunden. Historische Linien lassen sich also aufzeigen und auch in ihren Anfängen (unterschiedlich) setzen. Linearität scheint genau das zu sein, was uns an Geschichtsschreibung interessiert. Auf diese Weise scheint doch klar zu werden, wie etwas geworden ist und nachvollziehbar werden, weshalb etwas nur auf diese und nicht auf andere Weise so werden konnte, wie es ist. Nun ist Linearität – Luhmann zufolge – eine Erfindung der europäischen Aufklärung. Das soziale Leben verläuft jedoch nicht linear, und dies mag der Grund sein, weshalb der Mensch ein derart starkes Interesse an ihr entwickelt. Dennoch bleibt sie Fiktion. Auch in der Wissenschaft ist deutlich geworden, dass ihr eigener Fortschritt nicht linear verläuft. So hat z.B. Thomas S. Kuhn gezeigt, dass der Wechsel in den wissenschaftlichen Leitorientierungen (Paradigmenwechsel) eher zufällig entdeckend und sich dann quasi revolutionär Bahn brechend verläuft, nicht aber kontinuierlich und linear aufeinander aufbauend.[23] Letztlich wird in dem Versuch, Linearität auch in der sozialen Wirklichkeit herzustellen, deutlich, was wir mit Luhmann als Komplexitätsreduktion bezeichnen können. Der in stets zunehmender Komplexität verhaftete Mensch muss Ordnung in sein Leben bringen und ordnet demgemäß die Ereignisse und ihre Erklärungen kausal. So entstehen Geschichten, die scheinbare Sicherheit geben und rechtfertigen, weshalb etwas ist, wie es zu sein scheint. Damit laufen wir aber Gefahr, dass Geschichte nicht mehr die Funktion von Reflexion und selbsterzeugender Aufklärung erfüllt, sie wird vielmehr anfällig für eine Apologie dessen, was ist oder sein soll. Aus diesem Grund wird in dem vorliegenden Buch die Geschichte Sozialer Arbeit nicht allein aus dem Blickwinkel erster Organisationsformen und Verberuflichungen betrachtet, sondern aus der Perspektive eines Formenwandels des Helfens im Wandel gesellschaftlicher Entwicklungen. Die Übergänge von gegenseitiger Hilfe zu moralisch codierter Hilfe bis hin zur professionalisierten Hilfe werden als ein fließender Formenwandel in immer komplexer werdenden Gesellschaften betrachtet.[24]

Der Blickwinkel mit dem eine Geschichtsschreibung Sozialer Arbeit vorgenommen wird, kann sehr verschieden sein. Aus der nachfolgenden Zusammenstellung wird sicher deutlich, dass es eine in sich geschlossene Geschichtsschreibung der Sozialen Arbeit nicht gibt, nicht geben kann und im Übrigen auch nicht geben muss.

---

22 Vgl. Mollenhauer 1964.
23 Vgl. Kuhn 1981 (1962).
24 Vgl. Luhmann 1973, S. 21-43.

- Ideengeschichte/Klassiker/Theoriegeschichte
- Frauengeschichte/Genderforschung
- Methodengeschichte
- Sozialpolitikgeschichte und internationale Vergleiche
- Berufs- und Professionalisierungsgeschichte
- Ausbildungsgeschichte
- Verbandsgeschichte, soziale Bewegungen und Ehrenamt
- Geschichte sozialpädagogischer/sozialarbeiterischer Organisationen und Handlungsfelder
- Regionalgeschichte/Regionale Entwicklungen
- Sozial- und Kulturgeschichte sozialen Handelns
- Soziale Arbeit im Nationalsozialismus
- Biographiehistorische Forschung

Die Sozialgeschichte der Armenfürsorge und der Jugendfürsorge ist mittlerweile ausführlich und gut belegt.[25] Nimmt man den Gegenstand und die Themen historischer Forschung neuerer Zeit in den Blick, fällt auf, dass historische Forschung in der Sozialen Arbeit besonders mit Blick auf die Identifikation namhafter „Repräsentanten der Sozialen Arbeit"[26] in der Praxis- und Theorieentwicklung unternommen wurde. In diesem Zusammenhang steht auch der Versuch einer Rekonstruktion der Theorieentwicklung, ausgehend von den ersten Ideen des Mittelalters und der Neuzeit bis hin zu den Theorien der Moderne. Auf diese Weise hat die Beschäftigung mit der Theoriegeschichte einige Klassiker und Klassikerinnen entdeckt.[27] Die Beschäftigung mit der Frage der Methoden- und Professionsgeschichte förderte schließlich Meilensteine in der Professionalisierungsentwicklung Sozialer Arbeit zutage.[28]

Historische Rekonstruktionsversuche zeigen schließlich auch eine gewisse Unübersichtlichkeit, insbesondere für die Frage nach der Beurteilung historischer Positionen. Der Blick in die Geschichte lässt vieles aus heutiger Zeit schwer nachvollziehbar, überholt und antiquiert erscheinen. Dennoch gibt es einige Orientierungspunkte, mit deren Hilfe wir fragen können, inwieweit die jeweiligen Ideen und Positionen für ihre Zeit modern und richtungweisend waren.

---

25 Zur Armenfürsorge vgl. Sachße/Tennstedt 1980, 1988, 1992. Zur Jugendfürsorge vgl. Peukert 1986.
26 Vgl. z.B. Maier 1998, hier S. 13.
27 Vgl. Niemeyer 1998, Thole u.a. 1998, oder auch wechselnde Zusammenfassungen z.B. Engelke 1992, 1998 und 2008 sowie zu den Klassikern Eggemann u. Hering 1999
28 Vgl. z.B. Müller 1997 und 1999.

Indikatoren zur Beurteilung historischer Positionen aus heutiger Sicht:

- Wahrnehmung von Differenzmerkmalen wie Kindheit, Jugend und Alter, Minderheiten (ethnische, kulturelle, soziale, politische, religiöse, weltanschauliche), Armut, Krankheit und Behinderung im Sinne von Inklusion und Exklusion.
- Fortschrittlichkeit der jeweiligen Ideen, Praxen, Theorien und Konzepte (Programme) im Sinne ihrer Inklusionswirkungen, gerade auch im Vergleich zu herrschenden Meinungen und zur Praxis ihrer jeweiligen Zeit.

Unabhängig von diesem direkten Nutzen, den wir aus der Geschichte geneigt sind ziehen zu wollen, gilt die generelle Frage nach dem Lernertrag für gegenwärtige Problembearbeitungen. Dieser ist aber nicht, wie oben schon ausgeführt, aus der direkten Übertragbarkeit von Ideen und Praxen aus der Geschichte Sozialer Arbeit in die Gegenwart zu beziehen, sondern aus der reflexiven Bearbeitung von Fragestellungen, die die jeweiligen Positionen und Sachverhalte für heute aufwerfen.

1.4 Die Fragen: Was sind historisch klärende Fragen?

Wenn wir davon ausgehen, dass Helfen im Laufe der Geschichte zu einem professionellen Vorgang wurde und dies ein Ausdruck gesellschaftlicher Komplexitätsreduktion darstellt, dann müssen wir danach fragen, was die Komplexitätssteigerung im Wandel der Gesellschaft eigentlich ausmachte.

Da sind zum einen die politisch ökonomischen Lebensverhältnisse der jeweiligen Zeit zu nennen. Diese lassen sich als allgemeine gesellschaftliche Charakteristik in den jeweiligen Epochen beschreiben. Zum anderen sind dies auf der Seite der Komplexitätsbewältigung die leitenden Vorstellungen, das jeweils prägende Weltbild dieser Zeit und ihre hieran beteiligten Vordenker und Vorbilder. Hier geraten also einerseits die allgemeinen handlungsleitenden Vorstellungen von Menschen in Gesellschaft (Mentalität) sowie die philosophisch weltanschaulichen Entwürfe und ihre geistigen Protagonisten in den Blick. Oftmals hiermit verbunden sind auch die sozialen Erfinder der jeweiligen Zeit, also jene Personen, die konkrete Ideen zur Bearbeitung sozialer Probleme hatten und die schließlich auch umgesetzt wurden. Gesellschaftlicher Bedarfsausgleich ist eine Reaktion auf wahrgenommenen Mangel, der mit eigenen Mitteln nicht behoben werden kann. Dieser Zustand wird seit Beginn des Mittelalters mit dem Begriff der „Armut" beschrieben. Mit der Herausbildung eines gesellschaftlichen Bewusstseins über Kindheit als eigenständiger Entwicklungsprozess wurde Armut auch im Kontext von Kindheitsstatus und Erziehungsbedürftigkeit reflektiert. So müssen wir dann auch unseren Blick auf den Wandel in den Einstellungen zur Kindheit und Jugend sowie das damit verbundene Erziehungs- und Bildungsverständnis und seine organisatorische, programmatische Umsetzung richten. Hier befinden wir uns oft in den Entwicklungssträngen der Sozialpädagogik. Weiterhin müssen wir den Wandel der Einstellungen über Armut zur Kenntnis nehmen. In ihm zeichnet sich ein Bild der jeweiligen Mentalität der Epoche und der in der Regel auslösende Tatbestand für Hilfe ab. Unmittelbar damit verbunden ist die Frage, wie mit Armut politisch umgegangen wurde. Auch hier müssen wir wieder die Programmebene in den Blick nehmen. Der Umgang mit Armut suchte in Form unterschiedlicher Programme nach Lösungen. Zum Einen drückten sich diese in den Vorstellungen darüber aus, wie man gesellschaftlichen Bedarfsausgleich theoretisch und methodisch lösen könnte (Organisationen, Konzepte, Methoden, Verfahren, Techniken und Theorien). Zum anderen wurden auch rechtliche Programme (Armengesetze, Sozialgesetze, Jugendgesetze) zur Durchsetzung von Hilfe entwickelt. Hier befinden wir uns oft in den Entwicklungssträngen der Sozialarbeit.

Die Begriffe Programm und Organisation gewinnen spätestens mit der Neuzeit eine besondere Bedeutung in der gesellschaftlichen Bewältigung des Bedarfsausgleiches. Jede Organisation braucht Programme, ansonsten hätte sie nichts zu tun. In den Programmen wird das ausgeführt, was den Sinn einer jeweiligen Organisation ausmacht und der Grund ihrer Gründung war. In der sozialen Arbeit tritt der Umstand ein, dass wir zwischen rechtlichen und fachlichen Programmen unterscheiden müssen. Das drückt schon einen Teil ihres sogenannten „doppelten Mandates" aus. Das doppelte Mandat hat folgenden Hintergrund: Die rechtlichen Programme konstituieren sich über die sozialen Sicherungssysteme mit ihren Sozialgesetzen und den entsprechenden Organisationen, die diese Programme anwenden. In ihnen drückt sich schließlich das Gesellschaftsinteresse an der Organisation von Hilfe aus. Dieses Interesse kann auf der Seite der Hilfeadressaten schnell als Kontrolle wahrgenommen werden. Neben den rechtlichen Programmen kommen fachlich begründete Arbeitsweisen zum Tragen. Sie finden ihren Ausdruck in den Konzepten, Methoden und Arbeitstechniken der Hilfeerbringung. Aus der Sicht der Hilfeadressaten wird diese Seite des Helfens als persönliches, konkretes Hilfeinteresse wahrgenommen. Da dies jedoch strukturell an der Durchsetzung der rechtlich codierten Hilfeerbringung gekoppelt ist, entsteht im Hilfeprozess sowohl im Bewusstsein der Hilfeadressaten als auch der Hilfeerbringer eine Ambivalenz. Diese Ambivalenz drückt sich allgemein als Spannungsfeld von Hilfe und Kontrolle aus und wird im engeren Kontext der hilfeerbringenden Organisation mit dem Begriff des „doppelten Mandates" bezeichnet.[29] Die rechtlichen und konzeptionellen Programme sind für ihre Durchführung auf Organisationen

---

29 Vgl. Böhnisch/Lösch in Thole u.a. 1998, S. 369. Vgl. auch Huster u.a. 2008.

angewiesen. Erst diese liefern die Struktur, die die Anwendung von Programmen stets verfügbar macht. Weiterhin gehört zur Komplexität des Sozialen sicher auch der Wandel der Form von Hilfe; nämlich vom persönlichen zum professionellen Helfen. Daher werden wir die Entwicklung der Professionalisierung des Helfens ebenfalls in den Blick nehmen müssen. Praktisch quer hierzu sind natürlich die Theoriebildungen Sozialer Arbeit in den Blick zu nehmen. Auch Sie gehören zu den Versuchen der Komplexitätsreduktion. Sie nehmen reflexiv Bezug auf alle Facetten sozialer Praxis, sind in ihrer Spezifik aber nicht an Hilfeorganisation gebunden.[30] Daher werden sie hier auch nicht im Wandel ihrer Organisationsbildungen, sondern nur in ihrer Ideengeschichte in den Blick genommen.

Zusammenfassend lässt sich feststellen, dass die Summe der Fragen, die an eine historische Klärung der Geschichte Sozialer Arbeit zu richten sind, recht vielfältig sind. Diese Fragen, die schließlich den roten Faden für alle nun folgenden Epochenbetrachtungen hergeben, fassen wir daher an dieser Stelle noch einmal zusammen.

Fragesystematik zur Rekonstruktion von Geschichte Sozialer Arbeit

1. Wie kann die allgemeine gesellschaftliche Charakteristik der jeweiligen Epoche beschrieben werden?
2. Von welchem Weltbild und welcher Philosophie ist diese Zeit geprägt und welche geistigen Protagonisten und Ideengeber sind maßgebend in der Behandlung der sozialen Fragestellung?
3. Welche Einstellungen zur Kindheit und Jugend allgemein sowie zu ihren Beschädigungen im Speziellen herrschen in dieser Zeit vor und wie drückt sich dies organisatorisch und programmatisch im Erziehungs- und Bildungsverständnis aus?
4. Welche Einstellungen zur Armut und Hilfebedürftigkeit prägen diese Zeit und wie drücken sich diese organisatorisch und programmatisch im Umgang mit Armut aus?

Mit dieser Fragesystematik werden wir durch die Epochen gehen. Allgemein wird in der Geschichtsschreibung bei der Epochenbildung mit dem Mittelalter der Anfang gesetzt. Im Mittelalter befinden wir uns evolutionstheoretisch betrachtet schon in einem kulturell fortgeschrittenen Stadium. Wie wir bereits festgestellt haben, findet Helfen jedoch schon in den einfachsten menschlichen Gesellschafts-

---

30 Dies bezieht sich auf ihre Entstehungsbedingung, nicht auf ihre politische Wirkungsweise. Letzteres bedarf natürlich entsprechender Wissenschaftsorganisationen (Hochschulen, Forschungsinstitute, Wissenschaftsverbände usw.).

formen statt. In den hochkultivierten Gesellschaften des Mittelalters hatte das Helfen schon eine bestimmte Form gefunden. Diese Form hatte mit dem ursprünglichen Helfen in archaischen Gesellschaften schon nicht mehr viel gemeinsam. Bevor wir nun mit unseren oben aufgeführten Fragen durch die Epochen gehen, ist es daher sinnvoll, uns zunächst einmal das Helfen in archaischen Gesellschaften anzuschauen. Das heißt aber auch, dass wir unsere historisch klärenden Fragen nach Philosophie, Organisationen, Programmen usw. natürlich für dieses Stadium menschlicher Gesellschaftsgeschichte noch nicht einsetzen können. Helfen in archaischen Gesellschaften verläuft völlig unabhängig von Fragen der Philosophie oder Organisation.

I. Archaische Gesellschaft

1 Was sind die Ausgangsbedingungen des Helfens?

Abb. 1: Der barmherzige Samariter

Ein beliebtes Ausgangsbild vom Helfen ist der barmherzige Samariter (Abb. 1). C. Wolfgang Müller geht in seiner Einleitung seines ersten Bandes zur Methodengeschichte Sozialer Arbeit auf das Gleichnis vom barmherzigen Samariter ein. Nun sind Gleichnisse bekanntlich nicht geeignet, sie operativ auf Handlung zu beziehen. Dies scheitert deshalb, da hierbei ihr Hintersinn verloren geht und damit auch ihr Sinn ad absurdum geführt wird. Doch dazu später mehr. Lässt man sich dennoch darauf ein, bietet das Gleichnis in der Tat einen interessanten Einstieg in die Frage nach den operativen und sozialen Grundvoraussetzungen des Helfens. Der Text: *„Da stand ein Gesetzeslehrer auf, und um Jesus auf die Probe zu stellen, fragte er ihn: Meister, was muss ich tun, um das ewige Leben zu gewinnen? Jesus sagte zu ihm: Was steht im Gesetz? Was liest du dort? Er antwortete: Du sollst den Herrn, deinen Gott, lieben mit ganzem Herzen und ganzer Seele, mit all deiner Kraft und all deinen Gedanken, und: Deinen Nächsten sollst du lieben wie dich selbst. Jesus sagte zu ihm: Du hast richtig geantwortet. Handle danach, und du wirst leben. Der Gesetzeslehrer wollte seine Frage rechtfertigen und sagte zu Jesus: Und wer ist mein Nächster? Darauf antwortete ihm Jesus: Ein Mann ging von Jerusalem nach Jericho hinab und wurde von Räubern überfallen. Sie plünderten ihn aus und schlugen ihn nieder; dann gingen sie weg und ließen ihn halbtot liegen. Zufällig kam ein Priester denselben Weg herab; er sah ihn und ging weiter. Auch ein Levit kam zu der Stelle; er sah ihn und ging weiter. Dann kam ein Mann aus Samarien, der auf der Reise war. Als er ihn sah, hatte er Mitleid, ging zu ihm hin, goss Öl und Wein auf seine Wunden und verband sie. Dann hob er ihn auf sein Reittier, brachte ihn zu einer Herberge und sorgte für ihn. Am andern Morgen holte er zwei Denare hervor, gab sie dem Wirt und sagte: Sorge für ihn, und wenn du mehr für ihn brauchst, werde ich es dir bezahlen, wenn ich wiederkomme.*

Was meinst du: Wer von diesen dreien hat sich als der Nächste dessen erwiesen, der von den Räubern überfallen wurde? Der Gesetzeslehrer antwortete: Der, der barmherzig an ihm gehandelt hat. Da sagte Jesus zu ihm: Dann geh und handle genauso[31].

Geholfen wurde in diesem Fall also von einem Menschen, der ein barmherziges Wesen zu haben schien. In jedem Fall aber nicht von denjenigen, die moralisch dazu verpflichtet gewesen wären (Priester) oder dem Hilfebedürftigen vom Standesrang am nächsten war (Levit). Müller spinnt die Geschichte weiter und enttarnt sie als eine eher rührselige Geschichte, da sie im Grunde eine unrealistische Handlungsaufforderung stellt. Die Aufforderung „Dann geh und handle genauso" ist unrealisierbar, da sie an zwei unrealistische Bedingungen geknüpft sei. Die Geschichte sei in dieser Art nur möglich, wenn erstens das Aufeinandertreffen des Samariters mit dem Hilfebedürftigen ein Einzelfall bleibt und zweitens, derjenige, der hilft, auch etwas zum Teilen übrig hat. Altruismus findet also nur in sehr engen Grenzen statt. Müller fragt, wie sie die Geschichte weiter entwickeln würde, wenn der Samariter mehrere solcher Begegnungen hätte und sich darauf einstellen müsste, dass sich solche Vorkommnisse auf seinen Handelsreisen häufen? Er würde entweder entmutigt vorbei gehen oder aber jedes Mal Vorkehrungen treffen und genügend Verbandszeug und Geld dabei haben, um die Kosten für Unterkunft, Verpflegung und Versorgung der Überfallenen zahlen zu können. Irgendwann würde dies aber mit seinen eigenen Erwerbsinteressen kollidieren, er zahlt ja nur drauf. Damit er weiter in solchen Situationen helfen kann, müsste er die Hilfe von nun an nur noch gegen Geld anbieten und wenn derjenige nicht genug davon hat, vielleicht eine Versicherung erfinden, um Geldzahlungen im Einzelfall auch absichern zu können. Irgendwann hätte er dann einen Nebenjob und würde dann vielleicht feststellen, dass der ihn davon abhält, seiner erfolgreichen Tätigkeit als Kaufmann nachzugehen. Vielleicht würden aber auch andere Menschen seinen Nebenjob übernehmen, die mit dem Ertrag zufrieden sind oder er gründet ein Franchise Unternehmen.

Was lehrt diese Geschichte als Gleichnis? Zum einen sicher die Botschaft, dass das alte Gesetz durch das neue Gebot der Gottes- und Nächstenliebe abgelöst wird.[32] Zum anderen lehrt das Gleichnis, dass der Mensch bereits vor jeglicher Anschauung durch den Menschen (bspw. wissenschaftlicher, philosophischer oder ständischer Art) gerecht ist und menschliche Würde besitzt. Würde fällt ihm nicht erst durch menschliche Entscheidung zu, sondern ist nach christlicher Auffassung bereits in ihm.

---

31 Lukasevangelium, Kapitel 10, Verse 25-37.
32 Vgl. Engelke 2003, S. 42.

Was lehrt das Gleichnis als banale Geschichte? Es scheint zwei Formen des Helfens zu geben; zum einen das vorbehaltlose, zum anderen das unter Vorbehalt stehende Helfen. Das vorbehaltlose Helfen ist auch unter dem Begriff *Altruismus*, dem selbstlosen Helfen, bekannt. Ob es diese Form tatsächlich gibt, kann aus soziologischer Sicht widerlegt werden.[33] Hilfe wird unter der Voraussetzung eines Vorbehaltes gewährt und zwar unter dem Vorbehalt, dass für das Helfen Überschüsse vorhanden sind. Allen Formen des Helfens – auch dem altruistischem – ist gemeinsam, dass sie Überschüsse auf Seiten des Helfers erfordern; Überschüsse an Zeit, Geld, Sachmitteln, Arbeitskraft, Nächstenliebe usw. Hinzu kommt, dass dieser Vorbehalt unterschiedlich motiviert sein kann, so zum Beispiel politisch, religiös, wissenschaftlich usw., denn Geld, Sachmittel, Arbeitskraft, Nächstenliebe oder andere Überschüsse als Medien des Helfens werden nur dann eingesetzt, wenn damit ein Sinn erfüllt und hiermit ihr Zweck erreicht werden kann. Der Sinn wird in der Regel als gegeben gesehen, wenn das Gewähren der angefragten Hilfe als systemerhaltend, -fördernd eingestuft wird. Der Sinn kann unterschiedlich begründet sein, so z.B. als Nächstenliebe, als christlich-moralischer Wert allgemein, als humanistische Idee, als politische Idee, als wissenschaftliches Wissen usw. Und genau in diesem Zustand einer in Gesellschaft getroffenen Sinnentscheidung (moralisch/religiös/politisch) befindet sich Helfen bis heute allgemein und Soziale Arbeit im Besonderen.

Zusammengefasst:

Merkmale des Helfens:
- Alle Formen des Helfens benötigen Überschüsse auf Seiten des Helfers.
- Jedes Helfen ist sinngebunden.
- Die Sinnentscheidung wird mit Blick auf die Einschätzung der kommunikativen Bedeutung von Hilfe für die eigenen Systemzwecke getroffen.

2 Helfen im Wandel gesellschaftlicher Entwicklung

In jeder Gesellschaft bilden sich konkrete Erwartungstypen für Situationsdefinitionen und ihre Folgehandlungen aus. Diese Erwartungstypen oder man könnte auch sagen: Strukturen wechselseitigen Erwartens, definieren Hilfe bzw. Nicht-Hilfe und steuern sie letztlich. Man kann sie so gesehen auch als tradierte „Vorverständigungen" (Luhmann) innerhalb der Kulturen bezeichnen. Dabei ist offensichtlich, dass sich diese Erwartungstypen von Kultur zu Kultur unterscheiden.

---

33 Vgl. Hillebrandt 2009.

Das heißt:

• Nur erwartbares Handeln kann in soziale Interaktionen aufgenommen, verstanden und damit auch erwidert werden. Das, was als erwartbar gesehen
werden kann, hängt wiederum von der spezifischen Lage einer Gesellschaft,
ihrer kulturellen Situation und ihrem kulturellen Wandel ab. In jedem Fall
also bezieht sich Helfen – ob privat oder professionell – auf das, was kulturell
hierzu ausgesagt wird.

Ein zweiter Aspekt ist, dass wir uns die so genannten Erwartungstypen nicht als statisches Strukturgebilde vorstellen dürfen. Da Helfen nur zustande kommt, wenn
es gesellschaftlich erwartet werden kann, und da gesellschaftliche Entwicklung
einem Wandel unterliegt, ist offensichtlich, dass sich mit diesem Wandel auch die
Form des Helfens ändert. Wie lässt sich dieser Formenwandel darstellen?
Wechselseitige Hilfe ist immer mit dem Problem des zeitlichen Kapazitätsaus-
gleiches verbunden. Was heißt das konkret? Stellen wir uns eine Gesellschaft vor,
in der all ihre Mitglieder sehr rhythmisch leben und die Zeiten, wann welches
Bedürfnis auftritt und wann welcher Bedürfnisbefriedigung nachgegangen wird,
allgemein feststehen. Solche Gesellschaften müssten zahlenmäßig sehr überschaubar sein, so z.B. einfache Stammesgesellschaften. Die Zeiten des Aufstehens, des
Jagens, der Essenszubereitung, der Mahlzeiten, des Ausbesserns der Wohnstätten
usw. sind eng an dem allgemeinen Auftreten und Befriedigen von Bedürfnissen
orientiert. Das bedeutet, dass die Sachdimension (= welches Bedürfnis) und die
Sozialdimension (= wessen Bedürfnis) in dieser Gesellschaftsform nicht unterschieden werden müssen. Man lebt sozusagen kongruent mit dem Ausgleich seiner Bedarfe. Solange es sich bei der Lebensführung um die Befriedigung relativ
weniger und allen bekannten Grundbedürfnissen dreht, sind auch alle Beteiligten
mit den Notlagen vertraut. Das erleichtert auch das Auslösen von Hilfehandlungen.[34]
Schwierig wird es nun, wenn die Befriedigung der Grundbedürfnisse durch die
Bedingungen der Umwelt nicht mehr befriedigend zugelassen wird (z.B. man-
gelndes Jagd- und damit Nahrungsangebot). Je größer nun eine Gesellschaft wird
und je unberechenbarer und unübersichtlicher, d.h. komplexer, ihre Umweltbe-
dingungen werden, desto weniger ist diese reziproke Lebensweise realisierbar. Es
können nicht mehr alle Bedürfnisse kongruent mit der Vielzahl von Personen
befriedigt werden. Man kann auch nicht mehr mit den potentiellen Notlagen vertraut sein. Das erschwert einerseits das Auslösen von Hilfshandlungen, macht sie
andererseits aber auch umso nötiger. Dies erklärt, weshalb sich aus der einfachen
wechselseitigen Hilfe archaischer Gesellschaften in höher entwickelten Kultur-

---

34 Vgl. Luhmann 1973, S. 25.

stufen schließlich eine moralische und rechtliche Struktur des Helfens ausbilden musste, die das Helfen als Ausgleich auftretender Bedarfe sozusagen wartefähig machte.

Schließlich kommt es dazu, dass eine Mehrheit der Menschen eine Vielzahl von unterschiedlichen Bedürfnissen erlebt. Die Verschiedenartigkeit der Bedürfnisse ist also nicht kongruent mit der Mehrheit von Personen. Welche Möglichkeiten bleiben Gesellschaften nun, ihren Bedarfsausgleich zu regeln? Die Antwort scheint einfach: es muss mit Wartezeiten gerechnet werden. Die Nichtidentität von Sach- und Sozialdimension führt zu Spannungen auf der Ebene menschlicher Beziehungen. Diese Spannungen lassen sich nur bearbeiten, in dem die Bedürfnisse und ihre Befriedigung in gewisser Weise wartefähig gehalten und zeitlich gestreckt werden können. Die Form der Einführung eines zeitlichen Bedarfsausgleiches trifft auch auf Hilfehandlungen und, wie wir noch sehen werden, ebenso auf die damit verbundenen Dankesverpflichtungen zu.

Der zeitliche Bedarfsausgleich besagt also, dass auf der Zeitachse sozialer Systeme Koordinationsprobleme ausgetragen werden müssen, die die Verschiedenartigkeit der Bedürfnisse (Sachdimension) mit der Mehrheit von Personen (Sozialdimension) in Einklang zu bringen versuchen.

Mit welchen Mitteln können nun diese Koordinationsprobleme ausgetragen werden? Wir werden sehen, dass dies mittels Einführung von Moral, Geld, Verträgen, Organisationen und rechtlichen Programmen möglich wurde.

Mit steigender gesellschaftlicher Komplexität machen Bedürfnisbefriedigung und Helfen also einen Wandel durch:

• vom wechselseitigen, reziproken Helfen (archaische Gesellschaft)
• zum professionellen, vertraglichen Helfen (hochkultivierte Gesellschaft)
• zum organisierten, programmierten Helfen (moderne Gesellschaft).

Hierzu findet sich in Müllers Berufsgeschichte ein interessantes Bild, was diesen Wandel recht gut ausdrückt (Abb. 2).

Der barmherzige Samariter   Englische Sozialarbeiterinnen   Zeitgenössischer Beziehungsarbeiter

Abb. 2: Helfen im Wandel

Im ersten Fall hat das Helfen ein Gesicht, im zweiten wird das Gesicht von der Uniformiertheit des Helfens dominiert. Norm und Kontrolle spielen hier eine Rolle. Und im dritten Fall ist nicht nur das Gesicht sondern die ganze Gestalt des Helfens nicht mehr klar umrissen, nur noch versuchsweise eigensinnig, aber doch erstarrt. Der Helfer ist nicht mehr zu unterscheiden von seinem Kontext, seiner Organisation, besteht scheinbar aus ihren Bausteinen. Hilfe als persönliche Begegnung zwischen Menschen läuft hier – bildhaft gesprochen – vor eine Wand. Der hier gezeigte Wandel hat mit dem zu tun, was Luhmann mit der Komplexitätssteigerung der Gesellschaft beschrieben hat. Hilfe und gegenseitiges Hilfeerwarten sind abhängig von dem Grad der Komplexität einer Gesellschaft. Dieser Grad stieg und steigt noch immer.

In komplexer werdenden Gesellschaften ist Hilfe für unterschiedliche Personen zu koordinieren, die sich zudem nicht kennen. Hinzu kommt, wie wir schon festgestellt haben, dass es sich um Personen handelt, die nicht immer die gleichen Bedürfnisse haben. Das erhöht den Koordinationsaufwand von Hilfe zusätzlich. Das heißt: je mehr Personen mit unterschiedlichen Bedürfnissen Hilfe benötigen, desto schwieriger, komplexer wird der Bedarfsausgleich, also der Ausgleich von Bedürfnissen durch Hilfe. Dadurch wird offensichtlich, dass die Formen des Bedarfsausgleiches entsprechend mit dem Wandel der Bedingungen in den Gesellschaften verändert werden mussten, also ebenfalls einem Wandel unterliegen.

Wenn wir uns ein Bild über die Form des Helfens ganz allgemein verschaffen wollen, werden wir feststellen, dass sich ausgehend von den archaischen Gesellschaften bis heute ein enormer Wandel vollzogen hat. Luhmann teilt die gesellschaftliche Entwicklung in drei Stufen ein:
a) archaische,
b) hochkultivierte und
c) moderne Gesellschaft.
Innerhalb dieser Entwicklung beobachtet Luhmann eine zunehmende Differenzierung von Gesellschaft. Diese verläuft stufenweise über die
a) segmentäre (archaische Stufe),
b) stratifikatorische (hochkultivierte Stufe) und
c) funktionale Differenzierung von Gesellschaft (moderne Stufe).
Was sich hinter diesen drei Differenzierungsbegriffen (segmentär, stratifikatorisch, funktional) verbirgt, werden wir jeweils in den folgenden Einführungen zu den drei Kulturstufen klären. Nur soviel vorab: Der Stufenbegriff ist ein wenig irreführend. Die einzelnen Stufen sind nicht als jeweils vollständige, voneinander abgeschlossene Stufenschritte zu verstehen. Das Hinzukommen der nächsten Stufe setzt nicht den Abschluss der vorherigen voraus. Statt von einer vollständigen Ablösung müssen wir von der Entstehung einer neuen, eigenständigen Ordnungsebene im Sinne fortschreitender Entwicklung und langsam fließender Übergänge sprechen.

Zusammengefasst:

Helfen im Wandel gesellschaftlicher Entwicklung:
- Helfen kommt nur zustande, wenn es gesellschaftlich erwartet werden kann.
- Erwartungstypen des Helfens sind kein statisches Strukturgebilde, sie unterliegen dem Wandel gesellschaftlicher Entwicklungen.
- Wandel der Formen des Helfens: vom wechselseitigen, reziproken Helfen (archaische Gesellschaft) zum professionellen, vertraglichen Helfen (hochkultivierte Gesellschaft) bis zum organisierten Helfen und zu festgelegten Hilfeprogrammen (moderne Gesellschaft).
- Keine in sich abgeschlossenen Prozesse als Stufen des Helfens, sondern Entwicklung jeweils neuer, eigenständiger Ordnungsebenen der Kommunikation von Hilfe.

3 Sozialevolutive Charakteristik

Archaische Gesellschaften sind einfache, relativ autonome und autarke Stammesgesellschaften. Es gibt sie vereinzelt heute noch. Daher kann mit dem Begriff „archaische Gesellschaft" auch nicht eine geschichtliche Epoche bezeichnet werden. Vielmehr drückt man hiermit den Entwicklungsstand in der Evolution von Gesellschaften aus.

In den archaischen oder auch als tribal bezeichneten Urgesellschaften (Stammesgesellschaften, Gentilgesellschaften) entstand die Schriftsprache erst in der Zeit des Überganges von den Urgemeinschaften zur Sklavenhaltergesellschaft. Entsprechende Aufzeichnungen, die Aufschluss über ihren kulturellen Kontext geben, existieren für unsere abendländische Kultur erst ab dieser Zeit. Als die frühesten schriftsprachlichen Aufzeichnungen gelten Homers Schriften, ca. 800 v. Chr. Es ist daher schwierig, sich ein wissenschaftlich fundiertes Bild über die archaischen Gesellschaften zu machen, zumal die Forschung auf diesem Gebiet zu unsicheren Erkenntnissen kommt, zumindest betrifft dies die Linguistik, die Kulturanthropologie und Ethnologie. Eine allgemeine soziologische Charakteristik hat Luhmann vorgenommen.

Der Mensch in archaischen Gesellschaften lebt in Verhältnissen, die insgesamt recht überschaubar, das heißt; von geringer Komplexität für jeden Einzelnen sind. Kleine verwandtschaftliche, wohngemeinschaftliche Einheiten leben in Dorf- bzw. Stammesgemeinschaften zusammen. Die Kommunikationsform ist die Sprache. Schriftzeichen werden hier und dort entwickelt, sind aber nicht das dominante Kommunikationsmedium. Die Arbeitsteilung geschieht auf der Basis von Geschlechts- und Altersrollen. Insgesamt ist die Herrschaft im Sinne einer anführenden Schicht nur sehr gering ausdifferenziert. Der Einzelne ist voll und ganz Mitglied seines Stammes. Vorstellungen über eine besondere Individualität sind für das Stammesleben nicht erforderlich und daher auch nicht bekannt. Die Identität des Einzelnen wird über seine Stammesgesellschaft begründet. Als archaische Gesellschaftsformen gelten also Lebensformen auf kulturell gering ausdifferenzierter Entwicklungsstufe, die in relativ gleichen Einheiten in voneinander relativ unabhängigen Abschnitten lebten. Luhmann nannte diese Form der Ausdifferenzierung von Gesellschaften auch *„segmentäre Differenzierung"*.

Zusammengefasst:

> **Archaische Gesellschaften sind segmentär differenziert.**
> **Segmentäre Differenzierung bezeichnet Gesellschaften mit geringer Komplexität, die**
> • segmentär, d.h. in voneinander unabhängigen Einheiten differenziert sind
>   – als verwandtschaftliche, wohngemeinschaftliche, kleine und überschaubare Einheiten (Dorf-, Stammesgemeinschaften) mit oraler Kommunikation,
>   – relativ gleiche Einheiten auf geringer Entwicklungsstufe,
>   – arbeitsteilige Gemeinschaften auf der Basis von Geschlechts- und Altersrollen,
>   – mit geringfügiger Ausdifferenzierung politischer Herrschaft
>   – und geringer Individualisierung.

4 Bedarfsausgleich

Kindheit: Die Lebensform tribaler, archaischer Gesellschaften könnte man aus heutiger Sicht auch als autark bezeichnen. Autarkie verheißt gerade für Menschen in hochzivilisierten Gesellschaften eine gewisse Attraktivität. Dies wäre aber eine Romantisierung der Verhältnisse. Bis zur Einführung der Sklaverei gab es in archaischen Gesellschaften zwar noch keine Schichten oder Klassen im heutigen Sinne, jedoch eine klare Trennung zwischen Anführerschaft und Volk. Zudem gab es auch eine Trennung zwischen Erwachsenen und Kindern. So gehörten Kinder erst nach vollzogener Initiation, etwa zwischen dem 10. und 14. Lebensjahr, als vollwertige Mitglieder zur Stammesgesellschaft. Diese Initiationen wurden rituell betrieben und waren aus heutiger Sicht oftmals sehr grausam. Sie dienten jedoch nicht irgendeinem Interesse an Unterdrückung oder Herrschaft durch Einzelne, sondern der Beweisführung, dass jemand zu dem Stamm gehören und in dem Stamm überleben können würde. Die für das Initiationsritual notwendigen Fertigkeiten erwarben die Kinder in der Zeit davor, im täglichen Zusammenleben mit den Eltern und Verwandten, aber auch im Spiel untereinander. Erwachsene stellten den Kindern spielerische Formen der Jagd und des Kampfes bereit. Nicht selten wurden auch die Kinder von Häuptlingen bis zur Initiation separat erzogen.[35] Neugeborene gehörten aber nicht automatisch zum Stamm und zu ihren Eltern. Sie sollten zur Überlebensfähigkeit des Stammes beitragen. Das war an die Erwartung bestimmter körperlicher Merkmale gebunden. Jungen waren, sofern

---

35 Vgl. Günther/Hofmann u.a. 1976, S. 27-34.

gesund geboren, willkommen für die Jagd und Kriegsführung. Mädchen galten in diesem Kontext oft ebenso als unerwünscht wie zu kleine, kranke, missgebildete oder anhaltend schreiende Neugeborene. Für die Kulturstufe archaischer Gesellschaften normal war in solchen Fällen das Töten oder Aussetzen und Wegwerfen der Kinder, deren Leben als Futter für wilde Tiere endete. Die Tötung, Aussetzung und Weggabe von Kindern nach der Geburt ist nicht nur typisch für archaische Gesellschaften. Auch in der Antike und in den späteren hochkultivierten Gesellschaften findet man diesen Umgang mit Neugeborenen. Erst als sich die Annahme durchsetzte, dass Kinder eine Seele haben, finden wir rechtliche Vorschriften zum Verbot der Kindestötung. Sie wurden etwa bis zur Mitte des vierten Jahrhunderts n. Chr. geschaffen.[36] Damit waren normative Voraussetzungen zur Beendigung der Kindestötung vorhanden. Sie ist aber als moralisch nicht universell anstößiges Verhalten – quasi inoffiziell – noch bis in das Mittelalter hinein zu beobachten.

Hilfebedürftigkeit: Helfen geschah im wechselseitigen Austausch. Ausnahmen bildeten solche Fälle, die Spezialkenntnisse erforderten, wie z.B. die Krankheitsbekämpfung oder Gerechtigkeitsfindung. Hierfür hatte man bestimmte Mitglieder des Clans, die entweder über entsprechende Fähigkeiten (Medizinmänner und -frauen, Geistbekämpfer usw.) oder Machtbefugnisse verfügten (Häuptlinge, Älteste).

Ein wesentliches Merkmal archaischer Gesellschaften ist die Tatsache, dass jedes ihrer Mitglieder mit all seinen Merkmalen dazu gehört und im Bedarfsfall nicht mit einzelnen Merkmalen (z.B. Krankheit), sondern mit allen Merkmalen aus der Gemeinschaft ausgeschlossen wurde (Tötung, Aussetzung, Verbannung). Anstalten, Heime, den Aufbau von Hilfeorganisationen gibt und gab es in archaischen Gesellschaften nicht, bzw. man braucht sie dort auch nicht, wie wir später noch sehen werden.

Luhmann hat den Wandel der Formen des Helfens beschrieben. Der Bedarfsausgleich in archaischen Gesellschaften war durch unmittelbare Gegenseitigkeit oder Wechselseitigkeit der Hilfe- und Dankesverpflichtungen geprägt. Die Form der gegenseitigen Hilfe ist ein Verhaltensprinzip, dass sich in der Evolution sowohl bei Menschen als auch in der Tierwelt bewährt hat. „In archaischen Gesellschaften gehörten Hilfs- und Dankeserwartungen unmittelbar zur Gesellschaftsstruktur, dienten der Konstitution des Zusammenhanges gesellschaftlichen Lebens"[37]. Helfen ist somit konstitutiv für den Erhalt von Gesellschaft. Die archaische Form des Helfens ist noch nicht an irgendwelche vertraglich festgelegten Gegenerwartungen gebunden. Sie wurde als Gabe angesehen und galt als selbstverständlich, da für den Erhalt der Stammesgesellschaft unmittelbar einsichtig. Hilfe war auch

---

36 Vgl. de Mause 1980, S. 45f und S. 82f.
37 Luhmann 1973, S. 32.

nicht an irgendeine Vorstellung von Gerechtigkeit gebunden, sie war ein Merkmal üblicher sozialer Austauschbeziehungen.

Aber das reziproke Verhältnis von Hilfe hat sich im Zuge der Weiterentwicklung archaischer, einfach kultivierter Gesellschaften hin zu hochkultivierten Gesellschaften verändert. Luhmann spricht von einer „Dehnbarkeit der Dankbarkeit"[38] Das hört sich etwas seltsam an, bezeichnet aber bildhaft, dass sich veränderte Formen von Dankesverpflichtungen im Laufe der weiteren gesellschaftlichen Entwicklung herausbilden konnten. Zudem ist damit der Umstand angesprochen, dass sich Hilfeanlass und Dankesverpflichtung im Laufe der gesellschaftlichen Evolution zeitlich immer weiter voneinander entfernt haben. Wie kann man sich diesen Prozess vorstellen?

Helfen kann man ganz allgemein als den Ausgleich von allgemeingültig anerkannten Bedarfen bezeichnen. Hilfe dient also dem Bedarfsausgleich. Wie wir schon feststellen konnten, verläuft der Bedarfsausgleich in archaischen Gesellschaften in der Regel unkompliziert. Das ist dem Umstand zu verdanken, dass sich die Lebensführung dort um die Befriedigung von relativ wenigen, allen bekannten Grundbedürfnissen von Personen dreht, die sich kennen. Das wiederum erleichtert das Auslösen von Hilfehandlungen und erklärt die Einführung zeitnaher, wechselseitiger, persönlicher Hilfs- und Abgabeverpflichtungen.

Auch wenn das Helfen noch nicht an Vorstellungen von Gerechtigkeit gebunden war, also eher in Form der Gabe praktiziert wurde, so konnte sie aber nur ausgelöst werden, wenn für sie Überschüsse vorhanden waren. Das nicht immer selbstverständliche Vorhandensein von Überschüssen setzt die Perspektive für Dankesverspflichtungen frei, sofern jemand angebotene Hilfe in Anspruch nahm. So mussten nicht nur für das Helfen, sondern auch für die Einlösung der Dankeserwartungen Überschüsse vorhanden sein. Diese kann man sich z.B. als wirtschaftliche Gegenleistungen, Arbeits- oder Kampfeshilfe, Unterwerfung, Prestigezuweisung usw. vorstellen. Wer Hilfe annahm sah sich also auch zunehmend unvorhersehbaren und auch unspezifischen Gegenerwartungen ausgesetzt.

Die Unvorhersehbarkeit der Auswirkungen der Inanspruchnahme von Hilfe nahm in dem Maß zu, wie die Gesellschaft mit fortschreitender Entwicklung und Größe zu immer neuen, anderen und auch zeitlich versetzten Möglichkeiten der Dankesverpflichtungen kommt. Je mehr Möglichkeiten von Dankbarkeit die Gesellschaft schafft, desto mehr wird Dankbarkeit zu einem dehnbaren Begriff. Mit Dehnung ist sowohl die Vielfalt der Dankeserwartungen als auch die zeitliche Dimension gemeint, in der die Dankesverpflichtung geltend gemacht wird. Je gedehnter sie erscheint, desto unberechenbarer greift sie in das Leben ein. Die Form der archaischen Hilfe wurde für die Menschen in dem Maße unbrauchbarer, wie sich die

38 A.a.O., S. 27.

Gesellschaft, in der sie lebten, vergrößerte und von einer einfachen Stammesgesellschaft zu größeren Einheiten heranwuchs. Der Bedarf nach einer Präzisierung
und Begrenzung von Hilfe wurde offensichtlich. Diese Präzisierung wird schließlich im Wandel der archaischen Gesellschaft zur hochkultivierten, komplexeren
Gesellschaft in der Herausbildung von Hilfeformen gefunden, die an Gerechtig-
keitsvorstellungen gebunden waren.

Der Bedarf an einer Präzisierung und verbindlichen Regelung von Hilfe war entstanden. Die Notwendigkeit des Helfens wurde zunehmend an die Herausbildung eines gesellschaftlichen Konsenses gebunden. In dem Maße, wie die Praxis
der wechselseitigen archaischen Hilfe unbedeutender, da unbrauchbar wurde,
musste das Motiv für Hilfe auf andere Weise beschafft und erhalten oder anders
ausgedrückt; vertraglich abgesichert werden. Dies geschah über die kulturelle Vermittlung einer religiös bestimmten Moral. Helfen wird zur christlichen Tugend
erklärt. Der Hilfesuchende kann sich dem Reichen in den Weg stellen und an
seine Hilfsbereitschaft appellieren. Damit gibt er ihm die Gelegenheit zur guten
Tat. Als konsensuale Gegenleistung betet er für sein Seelenheil im Himmel (Konsensualvertrag). Der Bedarf nach einer Vertraglichung von Hilfe konnte erst mit
dem Übergang archaischer Gesellschaften in höher entwickelte Gesellschaftsformen entstehen.

Zusammengefasst:

Bedarfsausgleich in archaischen Gesellschaften:
- Gegenseitige Hilfe ist ein Verhaltensprinzip, das sich in der Evolution sowohl bei Menschen als auch in der Tierwelt bewährt hat.
- Helfen ist eine Form des Bedarfsausgleiches.
- Der Bedarfsausgleich in ist archaischen Gesellschaften durch unmittelbare
Gegenseitigkeit oder Wechselseitigkeit der Hilfe- und Dankesverpflichtungen geprägt. Helfen ist ein Merkmal üblicher sozialer Austauschbeziehungen.
- Mit dem Übergang archaischer Gesellschaften zu hochkultivierten Gesellschaften ändert sich die Einstellung zu unerwünschten Neugeborenen. Kindestötung geht zugunsten der Kindesweggabe zurück.
- Mit dem Übergang zu hochkultivierten Gesellschaften entsteht der Bedarf
nach einer Präzisierung von Hilfe- und Dankesverpflichtungen.
- Im Übergang von den archaischen zu den hochkultivierten Gesellschaften
vollzieht sich der Wandel vom privaten, reziproken zum konsensualen, vertraglichen Helfen.

5 Die archaische Zeit aus gesellschaftstheoretischer Sicht

Zeitdimension: Evolutionär betrachtet sind archaische Gesellschaften einfache Gesellschaften, die über die Zugehörigkeit zu einem Stamm gekennzeichnet werden können. Stammesbewusstsein, das Gefühl einer Stammeszugehörigkeit, nennt man auch Tribalismus. Tribale Gesellschaften bestehen aus verwandtschaftlichen, wohngemeinschaftlichen, kleinen und überschaubaren Einheiten (Dorf-, Stammesgemeinschaften) mit überwiegend oraler Kommunikation. Das Zusammenleben ist arbeitsteilig und auf der Basis von Geschlechts- und Altersrollen organisiert. Die Gemeinschaften bilden eine nur geringfügige Ausdifferenzierung politischer Herrschaft aus. Der Grad der Individualisierung ist sehr gering und die Position der Individuen in der sozialen Ordnung fest zugeschrieben.

Sachdimension: Im Vergleich zu den sich später entwickelnden hochkultivierten und modernen Gesellschaftsformen sind archaische Gesellschaften segmentär (tribal) differenzierte Gesellschaften. Archaische Gesellschaften sind segmentär differenziert, da sie in weitestgehend voneinander unabhängigen Einheiten (Stämmen) leben, die für sich gegenseitig Umwelt sind. Archaische Gesellschaften stellen demnach relativ gleiche, segmentär differenzierte Einheiten auf einfacher Entwicklungsstufe mit geringer Komplexität dar. Die Identität des Einzelnen wird über seine Stammeszugehörigkeit begründet. Der Mensch gehört mit all seinen Eigenschaften dem Stamm an, sofern der Stamm diese Eigenschaften (z.B. Geschlecht) erwartet. Fehlen erwartete Eigenschaften, wird der ganze Mensch aus seinem Stammesverband ausgeschlossen (Ausgrenzung, Abstoßung).

Sozialdimension: Die Form der gegenseitigen Hilfe ist eine Form des Bedarfsausgleiches, die sich in der Evolution sowohl bei Menschen als auch in der Tierwelt bewährt hat. Helfen als eine Form des Bedarfsausgleiches in archaischen Gesellschaften ist durch unmittelbare Gegenseitigkeit oder Wechselseitigkeit der Hilfe- und Dankesverpflichtungen geprägt und ist ein Merkmal üblicher sozialer Austauschbeziehungen. Mit dem Übergang archaischer Gesellschaften zu hochkultivierten Gesellschaften ändert sich die Einstellung zu unerwünschten Neugeborenen. Kindestötung geht zugunsten der Kindesweggabe zurück. Mit dem Übergang zu hochkultivierten Gesellschaften entsteht der Bedarf nach einer Präzisierung von Hilfe- und Dankesverpflichtungen. Es vollzieht sich der Wandel vom privaten, reziproken zum konsensualen, vertraglichen Helfen.

6 Reflexionsvorschläge zur archaischen Zeit

1. **Anthropologie des Helfens:** Helfen benötigt ein Motiv. Dieses Motiv muss kulturell vermittelt werden (Glaube, Werte, Normen vermittelt über Erziehung, Sozialisation, Pädagogik, Politik und Religion). Ist das Helfen somit keine verlässliche Eigenschaft eines angeborenen Sozialverhaltens des Menschen? *(Stichworte: Prozess der Zivilisation, Instinktreduziertheit und Umweltoffenheit des Menschen; Entfremdung des Helfens durch organisiertes Helfen; bezahlte Nächstenliebe)*
2. **Kulturalität des Helfens:** Helfen ist kulturell vermittelt in Gesellschaft eingebunden. Die Hilfeformen – d.h. Hilfeerwartung, Hilfeerbringung und Dankeserwartung – sind daher nicht über alle Kulturen gleich beschaffen. Welche Beispiele lassen sich heute hierfür finden und was bedeutet dies für die praktische Soziale Arbeit in der Gegenwart? *(Stichworte: Ethnische, weltanschauliche, religiöse Unterschiede; Interkulturalität; interkulturelle Berufskompetenz)*
3. **Ethik des Helfens:** Helfen aus altruistischer Nächstenliebe ist nicht möglich, da auch diese Form der Hilfe an einen Zweck gebunden ist (Seelenheil, Bestätigung des eigenen Glaubens). Ist demnach die ,wahre' Gabe – d.h. ohne Eigennutz und Zweckbestimmung – überhaupt möglich? Darf Nächstenliebe zweckgebunden sein? Reicht eine politisch-gesellschaftliche Zwecksetzung des Helfens aus, um Hilfe sicherzustellen? Was passiert, wenn der Zweck des Helfens ausschließlich gesellschaftlich definiert wird? *(Stichworte: Altruismus und Zweckfreiheit des Handelns; Nächstenliebe; politischer Missbrauch und Theorieherrschaft; Theorie als notwendige, aber nicht hinreichende Bedingung, im Berufsalltag zu bestehen; Berufsethik)*
4. **Naturalisierung des Helfens:** Helfen, als unmittelbarer und wechselseitiger Austausch, ist Ausdruck natürlicher, archaischer Lebensformen. Kann diese Form der reziproken Hilfe heute in modernen Gesellschaften noch praktiziert werden und wenn ja: wo sind diese Orte? Welche Chancen aber auch Risiken liegen in dieser naturalisierten Form von Hilfe? *(Stichworte: Therapeutische und pädagogische Lebensgemeinschaften; sozialpädagogische Pflegefamilien; Mehr-Generationenhäuser; Selbsthilfegruppen; Helfersyndrom; burn-out)*

II. Hochkultivierte Gesellschaft

1 Sozialevolutive Charakteristik

Die Gesamtpopulation vor 100000 Jahren wird auf etwa 70000 Menschen geschätzt. Bis zur Jungsteinzeit (Neolithikum, ca. 10000/7500 v. Chr.) stieg sie auf
wenige Millionen an. Ab der Jungsteinzeit explodierte die Anzahl der Menschen
bis heute auf ca. 6,8 Milliarden. Auch wenn diese Zeit nur knapp ein Zehntel
der Menschheitsgeschichte ausmacht, liegt mit ihr die bisher dramatischste, un-
vergleichbar dynamischste und komplexeste Entwicklung der sozialen Evolution
vor uns.
Die Jungsteinzeit markiert den Übergang des Menschen vom Jäger und Sammler
zu sesshaften Kulturen. Die Voraussetzungen zu einem rapiden Bevölkerungswachstum sind geschaffen. Ackerbau und Viehzucht ernähren neue Menschen-
massen. Der Mensch formt zunehmend das Gesicht des Planeten. Archaische
Gesellschaftsformen entwickelten sich weiter in große Stammesgesellschaften
mit eigener Herrschaftsordnung und größerer kultureller Vielfalt. Luhmann fasst
diese weiter entwickelte Gesellschaftsform unter dem Begriff der *hochkultivierten
Gesellschaft* zusammen. Wie und wo kann der Übergang von der archaischen zur
hochkultivierten Ordnung bestimmt werden?
Von Hochkulturen sprechen wir dann, wenn eine Gesellschaft bestimmte cha-
rakteristische Merkmale aufweist. Hierzu gehört z.B. die Existenz von Städten,
die oftmals die Mittelpunkte von Handel und Herrschaft darstellten. Die Landwirtschaft dient nicht mehr ausschließlich der Selbstversorgung, sondern auch
dem einfachen Handel. Entsprechend ist sie technisch entwickelt (z.B. Bewäs-
serungssysteme) und erste Formen der Vorratshaltung werden entwickelt. Weiterhin typisch ist auch die Entdeckung der Arbeitsteilung und Entwicklung von
Gesellschaftsklassen mit Spezialisierungen und Klassenunterschieden. Auch die
Organisation von Politik und Verwaltung sowie der Aufbau eines Militärwesens,
als Mittel für Schutz und Machtgewinn, gehören dazu. Zentrale Merkmale sind
die Entwicklung und der Einsatz von Schrift als Kommunikationsmedium. Neben der Differenzierung des Schrifttums sind auch ausgebaute Religionen in Form
eines Allgottglaubens (Pantheismus) oder eines Eingottglaubens (Monotheismus)
zu nennen. Weitere Kennzeichen von Hochkultur sind die Musik, die bildende
Kunst und die Entwicklung von Wissenschaften. Ein wesentliches Merkmal von
Hilfe in hochkultivierten Gesellschaften schließlich ist die Hilfeerbringung in
Form der Ausdifferenzierung spezieller Hilfeorganisationen sowie ebenso speziel-

ler Programme und Funktionen, die wir im folgenden noch näher kennenlernen werden.

Die Zeit sogenannter Hochkulturen lässt sich in keine allgemeine Epochenzählung zwingen und verläuft auch geographisch unterschiedlich. Als älteste Hochkulturen sind die minoische auf Kreta (4500 v. Chr.) und die sumerische in Mesopotamien (4000 v. Chr.) bekannt. Weitere Hochkulturen sind mit der ägyptischen am Nil (4000 v. Chr.), der babylonischen zwischen Euphrat und Tigris (3800 v. Chr.) sowie der chinesischen (2000 v. Chr.) und phönizischen (1100 v. Chr.) beschrieben. In Mitteleuropa entwickeln sich erste soziale Differenzierungen in der Zeit, als Kupfer und Zinn in diese Region kamen, d.h. mit Beginn der Bronzezeit (etwa 2200 bis 1200 v. Chr.). Werkzeuge, vor allem aber Waffen für die Jagd, aber auch zum Kampf und zur Herrschaftsausübung, wurden damit wirkungsvoller einsetzbar. In der nachfolgenden Urnenfelderzeit (1200 bis 750 v. Chr.) und Eisenzeit (750 bis 450 v. Chr.) bildete sich in Mitteleuropa ein Kriegeradel mit großen kulturellen Umbrüchen und veränderten wirtschaftlichen Verhältnissen aus. In der Zeit etwa 600 v. Chr. breitete sich schließlich das Römische Reich (Imperium Romanum) aus. Es etablierte sich als universalistische Idee[39] in einem Gebiet mit vielen Völkern, Sprachen und Religionen und hielt sich im Westen bis etwa 5/600 n. Chr. Der Untergang des römischen Reiches endete im Übergang des oströmischen Reiches in das byzantinische Reich und in der Transformation des weströmischen Reiches in eine Reihe von germanischen Staaten, die spätestens seit dem siebten Jahrhundert als souverän gelten konnten.

Im Ergebnis entscheidend ist für die Kennzeichnung von Gesellschaften als Hochkultur, dass sich in ihr ein gemeinsames Denken und Fühlen durch Sprache, Kultur und Religion bilden konnte. Hochkultivierte Gesellschaften weisen damit einen höheren Grad von Komplexität für jedes Gesellschaftsmitglied auf als die archaischen Gesellschaften. Der einzelne Mensch war darauf angewiesen, viel mehr Informationen und Zusammenhänge des gesellschaftlichen Lebens zu bekommen und zu verarbeiten, um sein eigenes Leben führen zu können. Der Einzelne lief zum einen Gefahr, in der Masse zu verschwinden, zum anderen lenkte dieser Umstand aber auch den Blick auf das bedrohte Individuum und seine Bedürfnisse. Die Sicht für Individualität und Persönlichkeit wurde zwangsläufig geschärft.

Ein zentrales Merkmal hochkultivierter Gesellschaften ist die Herausbildung von Ungleichheit in Form schichtengebundener Machtstrukturen. Diese Form der gesellschaftlichen Differenzierung wird auch stratifikatorische Differenzierung genannt. Damit ist gemeint, dass die Menschen einer bestimmten Klasse zugewiesen sind. Diese Klassen stehen in einem Schichtenverhältnis von Über- und Unterordnung zueinander. Damit unterscheiden sich hochkultivierte Gesellschaf-

---

39 Als ein „imperium sine fine" (ein grenzenloses Reich).

ten deutlich von den archaischen Gesellschaften, die segmentär geordnet waren. Der Übergang von einer segmentären zu einer stratifikatorischen Ordnung setzt die Ausdifferenzierung einer Oberschicht als Teilsystem der Gesellschaft voraus. Entscheidend ist nicht allein das Vorliegen von einfachen Rangordnungen und Herrschaft (z.b. Häuptlingsfamilien). Diese Merkmale kommen auch in archaischen Gesellschaften vor. Entscheidend für das „Kippen der Ordnung"[40] ist die Ausbildung von sozialen Schichten, die fortan strukturbildend für die Gesellschaft sind. Zeitlich kann man dies an der Herausbildung der Adelsgesellschaft festmachen, also an dem spätmittelalterlichen, frühmodernen Europa (ab ca. 1250).[41] Hochkultivierte Gesellschaftsformen umspannen damit in etwa die Epochen der spätmittelalterlichen Gesellschaft und Neuzeit bzw. Renaissance, die Gesellschaft der Aufklärungszeit und die Gesellschaft der klassisch-idealistischen Zeit.

Zusammengefasst:

Hochkultivierte Gesellschaften sind stratifikatorisch differenziert. Stratifikatorische Differenzierung bezeichnet Gesellschaften mit höherer Komplexität, die
- in vertikalen Schichten differenziert sind als
  – große, wenig überschaubare Einheiten (Städte, Fürstentümer, Reiche) mit oraler und schriftlicher Kommunikation,
  – als ungleiche Einheiten auf höherer Entwicklungsstufe (Schichten, Stände, Klassen),
  – mit produktiver und wirtschaftlicher Arbeitsteilung (Landwirtschaft, Gewerbe und Handel) und einer
  – Ausdifferenzierung von Herrschaft, Rollen und Religion/Glaube, Ämtern und Verfahren,
  – mit Anfängen der Individualisierung von Persönlichkeit.

2 Bedarfsausgleich

Im Mittelalter und der Neuzeit beruhte das Helfen auf einer moralisch generalisierten, schichtenmäßig geordneten Erwartungsstruktur.[42] Helfen drückte einen schichtenbezogenen, gefestigten Status aus und wurde zur Standespflicht. Helfen in hochkultivierten Gesellschaften unterlag einem weiteren Formenwandel. Die-

---

40 Luhmann 1998, S. 657, vgl. auch S. 659.
41 A.a.O., S. 682f.
42 Luhmann 1973, S. 32.

ser Wandel kann als ein säkularer Prozess der Rationalisierung von Hilfe bezeichnet werden. Was heißt das konkret?

Das Motiv zur Umkehrbarkeit von Hilfelagen – wie es in archaischen Gesellschaften bekannt ist – wurde infolge Arbeitsteilung und Schichtendifferenzierung seltener. Mit der Entwicklung von Stammesgesellschaften zu größeren Lebensgemeinschaften (Dörfern, Städten) stellte sich die Motivation zur gegenseitigen Hilfe immer weniger unmittelbar dar. Gleichwohl war man auf Hilfe angewiesen. Um sie aufrecht zu erhalten, musste sie zunehmend kulturell über Ethik – und damit als Erziehung – vermittelt werden.

Durch den Wegfall der unmittelbaren Hilfe auf Gegenseitigkeit kann man also einerseits von einer Entpflichtung von Hilfe sprechen. Andererseits muss man von einer Verpflichtung zur Hilfe sprechen, da sie fortan moralisch gefordert und als kulturell erwünschtes, sinnvolles Handeln von Gesellschaft gefordert wurde. Die reziproke Form der Hilfeleistung wird also zunehmend durch eine andere und zwar durch eine vertragliche Form abgelöst. Man nennt diese Form des Vertrages auch Konsensualvertrag. Das sind Verträge, die jeder einhält, obwohl es gar keinen formalen Einzelvertrag gibt (z.B. „gibst du mir, so geb' ich dir"). Es besteht allgemein ein informeller, moralisch gebundener Konsens darüber, wie Handeln und Erleben in eine verbindliche Wechselbeziehung gesetzt werden können und damit praktisch Erwartungssicherheit hergestellt werden kann.

Mit der konsensualvertraglichen Hilfe wurde die Motivation zur mittelbaren Hilfeleistung stabilisiert. Unmittelbares, spontanes Helfen wurde dagegen immer mehr zur guten Tat und zur Tugend (freiwillige Pflicht; ritterliche Freigebigkeit, aristokratische Fürsorge). Das mittelbare Helfen wurde jedoch auf der Basis moralisch generalisierter Wertgrundlagen gesichert. Im Kontext mittelalterlicher christlicher Moral bedeutete dies vor allem, dass Armen Almosen in der konsensualen Erwartung gegeben wurden, dass der Almosennehmer dann für das Seelenheil des Gebenden beten wird. *„Sobald der Gülden im Becken klingt, im huy die Seel im Himmel springt"* (Johann Tetzel, 1504).

Hilfe konnte nicht mehr wie in archaischen Gesellschaften reziprok vergolten werden. Sie musste mittelbar honoriert werden. Dies geschah über das Medium Geld als Honorar, in spezialisierten Fällen auch in Form erster professionalisierter Hilfeleistungen (Ärzte, Priester, Juristen) sowie in allgemeinen Fällen als Almosengabe zur Erlangung des Seelenheils. Der Geldmechanismus vermittelte universell alle Befriedungsmöglichkeiten. Geld wurde zum generalisierten Hilfsmittel. Geld trat an die Stelle von Dankbarkeit. Das Problem der Bedarfsdeckung reduzierte sich damit auf ein Problem der Geldverteilung.

Hilfe gegen Geld, Geld als Hilfe gerieten jedoch zunehmend moralisch und wirtschaftlich in Misskredit: moralisch, da Armut schließlich immer weniger als Gott gegebenes Schicksal gesehen wurde, wirtschaftlich, da das Almosengeben immer mehr mit der wirtschaftlichen Kapitalbildung in Konflikt geriet. Die zunehmende Liquidität des Geldes führte dazu, dass Hilfe von überall her kommen konnte und damit auch vergleichbar wurde. Es gab aber noch keinen allgemeingültigen Maßstab von Gerechtigkeit, der Hinweise oder Auskunft darüber geben konnte, was als jeweils angemessene Hilfe anzusehen wäre. Es gab immer andere, die mehr Hilfe benötigten und andere, die mehr Geld geben konnten. Geld als Hilfe wurde vergleichbar. Diese Vergleichbarkeit drückte Hilfe auf ein Minimum herab. Mildtätigkeit wurde zur Zumutung und Selbstausbeutung. Allenfalls im privaten Raum konnte sie noch in der Form von Generosität eine Rolle spielen. Allgemeine, fremde Hilfe brauchte eine neue, von individuellen Entschlüssen unabhängige Form. Organisationen ergaben diese Form. Mit den hochkultivierten Gesellschaften erleben wir also den Wandel vom moralisch generalisierten, konsensualvertraglichen Helfen zum weltlichen, organisierten Helfen.

Zusammengefasst:

Bedarfsausgleich in hochkultivierten Gesellschaften:
- Helfen beruht im Mittelalter und der Neuzeit noch auf einer moralisch generalisierten, schichtenmäßig geordneten Erwartungsstruktur.
- Helfen drückt einen schichtenmäßig gefestigten Status aus und wird zur Standespflicht.
- Das Motiv zur Umkehrbarkeit von Hilfelagen wird infolge Arbeitsteilung und Schichtendifferenzierung seltener.
- Die Motivation zur Hilfe stellt sich immer weniger unmittelbar dar (Entpflichtung) und muss daher zunehmend kulturell vermittelt werden (Verpflichtung).
- Vom Helfen wird die reziproke Form der Hilfeleistung abgetrennt und durch die Form des Konsensualvertrages (Hilfe gegen Seelenheil) ersetzt.
- Armut wird immer weniger als von Gott gegebenes Schicksal aufgefasst.
- Geld als Hilfe gerät dadurch zunehmend in Misskredit.
- Fremdhilfe benötigt deshalb eine von den individuellen Entschlüssen unabhängige Form.
- Der Bedarf nach Organisationen und Hilfeprogrammen wird größer. Sie sind unabhängig von dem Hilfeentschluss Einzelner und damit stets verfügbar.

Wer Gut hat, sich ergötzt damit und teilt es nicht dem Armen mit,
dem wird versagt die eigne Bitt'.
(Sebastian Brant, 1494)

oder:

Sobald der Gülden im Becken klingt /
im huy die Seel im Himmel springt.
(Johann Tetzel, 1504)

3 Mittelalter und Neuzeit: Vom Almosen bis zur Arbeitspflicht

Komplexitätssteigerung ist das, was die gesellschaftliche Entwicklung mit der Herauslösung der Menschen aus den archaischen Lebensformen nach Luhmann also fortan kennzeichnet. Diese Geschichte schauen wir uns nun entlang der einzelnen Epochen genauer an. Hierzu hatten wir die historisch klärenden Fragen bereits im einleitenden Kapitel kennengelernt (Pkt. 1.4). Mit ihnen werden wir nun jede Epoche befragen.

3.1 Allgemeine gesellschaftliche Charakteristik

Mit dem Begriff Mittelalter wird allgemein eine Epoche in der europäischen Geschichte bezeichnet, die zwischen dem Ende der griechischen bzw. römischen Antike (etwa 5/600 n. Chr.) und dem Beginn der Neuzeit lag, also etwa von 500 bis zur Mitte des 15. Jahrhunderts nach Christi Geburt. Diese ca. tausendjährige Entwicklung des Mittelalters wird im Allgemeinen noch in drei Stufen unterteilt:

* Frühmittelalter: 500-1000
* Hochmittelalter: 1000-1250
* Spätmittelalter: 1250-1420

Über die Zeit des Frühmittelalters ist – ähnlich wie zu den Zeiten der archaischen Gesellschaftsformen – für unsere Thematik wenig bekannt. Im Allgemeinen setzt die Zeitrechnung in der europäischen Geschichte der Armenfürsorge erst mit dem Hoch- und Spätmittelalter ein. In dieser Zeit bildeten sich die ersten Städte. Es entwickelte sich eine prosperierende Warenwirtschaft in Europa. Das heißt auch, dass für diese Zeit eine deutliche soziale Ausdifferenzierung der Gesellschaft zu beobachten ist.[43] Wenn wir hier vom Mittelalter reden, ist damit also genau genom-

---

43 Vgl. Sachße/Tennstedt 1998, S. 23ff.

men das Hoch- und Spätmittelalter gemeint. Hiermit ist das spätmittelalterliche im Übergang zum frühmodernen Europa markiert. Die Adelsgesellschaft hatte bis zu diesem Zeitpunkt eine gefestigte Form erreicht und die Ausdifferenzierung dieser Gesellschaftsform kann im Sinne Luhmanns als stratifikatorische Gesellschaft bezeichnet werden.[44]

Mit der Renaissance beginnt von den historischen Großepochen aus gesehen die Neuzeit, die wir vom Mittelalter als eine Großepoche abgrenzen können. Mit dem Begriff Renaissance wird die kulturelle Wiedergeburt der Antike in Wissenschaft, Literatur, Musik und Kunst bezeichnet. Geistes- und kulturgeschichtlich bedeutete dies die Entwicklung eines an das Individuum gebundenen Freiheitsgedankens. Damit verbunden war unweigerlich die Herauslösung aus der ständischen Gesellschaftsordnung des Mittelalters.

Mit der Neuzeit verbinden sich viele Umbrüche in Wissenschaft, Technik, Religion und Wirtschaft. Es ist die Zeit der Erfindung des mechanischen Buchdruckes (um 1442 von Gutenberg) und der Entdeckung Amerikas (1492 von Kolumbus). Das geozentrische Weltbild (Ptolemäus) wurde endgültig durch das heliozentrische Weltbild (1514 von Nikolaus Kopernikus) abgelöst. Aus den sechs Büchern über die Bewegungen der Himmelskörper von Kopernikus erfuhren die Menschen, dass nicht die Erde, sondern die Sonne im Zentrum des Kosmos steht. Vor allem auch **Martin Luthers** (1483-1546) Reformationsbewegung (in der Öffentlichkeit 1517/18 durch seinen Thesenanschlag gegen den Ablass bekannt geworden) wird mit der Neuzeit identifiziert. Es ist auch die Zeit des Aufstiegs der Bankhäuser der Fugger und Medici und die Entwicklung der doppelten Buchführung zur Verbesserung der Kontrolle des wirtschaftlichen Erfolges, und es ist auch die Zeit der Bauernkriege und des sozialen Abstieges der Landbevölkerung.

Die Renaissance wird allgemein in drei Abschnitte eingeteilt:

- Frührenaissance: 1420-1500
- Hochrenaissance: 1500-1530
- Spätrenaissance: 1530-1630

In der Zeit des Mittelalters und der Neuzeit (Renaissance) flossen christliche, antike, keltische, germanische und slawische Entwicklungen zusammen. Wir behandeln die Zeit des Mittelalters und der Renaissance hier zusammenhängend. Wie war die Gesellschaft in dieser Zeit strukturiert?

Im Mittelalter war die Gesellschaft noch nach Ständen geordnet. Ihre christlich geprägte, moralisch generalisierte Geisteshaltung wird in Literatur, Kunst und

---

44 Vgl. Luhmann 1998, S. 682f.

Wissenschaft deutlich. Latein galt als die gemeinsame Bildungssprache. Die vorherrschende Wirtschafts- und Gesellschaftsform des Mittelalters war der Feudalismus (Lehnsherrenschaft).[45] Der universale Lehnsstaat herrschte mit einer klar festgelegten Stufung der Herrschaftsverhältnisse: Unfreie, Bauern, Handwerker, Kaufleute, Ministerialen, kleine Ritter, Freie, Grafen, Markgrafen, Bischöfe, Reichsäbte, Könige, Kaiser mit untereinander festgelegten Treuedienstverhältnissen. Das ganze Mittelalter ist von Herrschaftskämpfen zwischen Adel, Kirchen und Fürsten durchzogen. Im Hoch- und Spätmittelalter tauchte mit den privilegierten Stadtbewohnern – dem Bürgertum – eine weitere Gruppe als Mitglied in diesem Kräftespiel auf.[46]

Die Ständeordnung war Ausdruck einer von Gott gegebenen Ordnung. Entsprechend galten der geistliche Stand und der Klerus als der oberste Stand. Der Adelsstand war dem geistigen Stand einerseits untergeordnet und im Prinzip auch intellektuell von ihm abhängig, andererseits war er der Herrschaft ausübende Stand. Nach dem Adelsstand kam der bürgerliche Stand und der Bauernstand, sofern es sich um freie Bauern handelte. Die Besitzlosen und Bedürftigen bildeten den Armenstand, wobei die gewollt Besitzlosen, die sogenannten Bettelorden, eine Sonderstellung einnahmen. Sie bettelten nicht nur für sich, sondern auch für ungewollt Arme. Außerhalb der Ständeordnung bewegten sich die Sünder und Rechtsbrecher, die jedoch nicht als eine besondere Gruppe Armer wahrgenommen wurden, sondern im Armenstand mehr oder weniger ihren Platz fanden.

Der Mensch wurde standesgemäß, d.h. in seinen Stand hineingeboren und konnte in der Regel nicht aus ihm heraustreten. Der Adel und der Klerus bildeten hierbei eine Ausnahme. Dort waren Auf- und Abstiege möglich. Das hierarchische Ordnungsmodell griff natürlich auch innerhalb der Stände, so dass jeder im Prinzip gleichzeitig Obrigkeit und Untertan sein konnte. Diese Positionen wurden vom Standesdenken innerhalb der Stände (Ehestand, Vermögensstand, Berufsstand, Bauernstand, Adelsstand usw.) markiert. Bauern, Handwerker und Kaufleute waren Glieder ihrer Zunft (korporative Struktur) und ihres Standes. Das betraf in gewisser Weise auch den Bettler. Er gehörte dem Bettlerstand an. Der Mensch war im Wesentlichen durch das definiert, was ihm durch die Rechte seines Standes zukam. Das traf auch auf seine Nachkommen zu. Individualität im heutigen Sinne, z.B. als freie Berufswahl oder freie Partnerwahl, gab es nicht.

---

45 Die europäische Feudalgesellschaft entstand nach der Völkerwanderung. Die Zeit der Völkerwanderung ist das zeitgeschichtliche Bindeglied zwischen der späten Antike und dem frühen Mittelalter. Die feudale Gesellschaft entstand nach der Völkerwanderung (ca. 375-568) bereits im Frühmittelalter (500-1000, insbesondere ab 800) durch eine Verschmelzung der sich auflösenden antiken Gesellschaft und der germanischen Gesellschaften. Auf dem Gebiet des ehemaligen römischen Reiches entstanden mehrere germanische Königreiche.

46 Vgl. Elias 1999, S. 1.

Bereits in der Mitte des 14. Jahrhunderts kam es – nicht zuletzt wegen des Massensterbens durch die Pest, der Schätzungen zufolge bis zu einem Drittel der europäischen Bevölkerung zum Opfer fiel[47] – zur Steigerung des Arbeitskräftebedarfes und zu einer teilweisen Umverteilung und Okkupation von Vermögen. Es entstanden erste Frühformen kapitalistischer Produktionsweisen im Handwerk, besonders in Form der Arbeitszerlegung im Textilbereich und im Bauhandwerk im Rahmen von Stadterweiterungen. Die Überwindung der Pest brachte auch eine Befreiung von Ängsten und ökonomischen Aufschwung. Im 14. Jahrhundert lebten in Deutschland (Heiligen Römischen Reich Deutscher Nation) ca. 13 Mio. Menschen, von denen ca. 10% in Städten lebten. Städte waren überwiegend Gemeinwesen mit weniger als 1000 Einwohnern, also sehr kleine Einheiten.[48] Orientiert an einem allgemeinen Schichtenbegriff kann man sagen: es gibt eine breite Unterschicht, eine kleine Mittelschicht und eine noch kleinere, von wenigen Reichen besetzte, jedoch Macht und Herrschaft ausübende Oberschicht. Mit Beginn der Neuzeit bekamen die Städte im 15. und 16. Jahrhundert eine zunehmende Bedeutung.

Die Gesellschaft erlebte tief greifende Umwandlungsprozesse. Der Kapitalismus entwickelte sich mit fortschreitendem Handel zunehmend (Frühkapitalismus). Es bildete sich eine Bürgerschicht, deren Finanzkraft oft die des Adels übertraf (Fugger, Patrizier). Die Bauern bildeten den Großteil der Bevölkerung. Sie hatten unter den Steuern und Abgaben an den Adel sowie Frondiensten und Leibeigenschaft zu leiden. Sie lebten weitgehend am Existenzminimum und oft darunter. Sinkende Kaufkraft und steigende Bevölkerungszahlen führten immer wieder zu Aufständen (Bauernkriege). Die Kirche und der weltliche Adel gerieten zunehmend in ein Konkurrenzverhältnis zwischen weltlichem und religiösem Herrschaftsanspruch. Das Auseinanderklaffen von moralischem Anspruch und gelebter Wirklichkeit des Klerus förderten eine antikirchliche Stimmung im Volk. Reformatorische Bewegungen gewannen an Einfluss und Bedeutung. Ein Prozess der Abschaffung des Kirchenstaates und die mentale und materielle Trennung von Kirche und Staat waren die Folge.

---

47 Vgl. Bergdolt 2000. Die Forschung kommt hier zu unterschiedlichen Ergebnissen. So wird mittlerweile die allgemeine anerkannte Ein-Drittel-Schätzung bestritten. Auch wenn keine genauen Zahlen ermittelbar sind, müsse man von weit niedrigeren Zahlen ausgehen. Vgl. hierzu Vasold 2003.
48 Vgl. Sachße 1998, S. 24f.

Zusammengefasst:

Allgemeine gesellschaftliche Charakteristik:
- Das Mittelalter ist eine Epoche in der europäischen Geschichte zwischen der Antike und dem Beginn der Neuzeit.
- Christliche, antike, keltische, germanische und slawische Entwicklungen fließen zusammen.
- Die Gesellschaft ist nach Ständen geordnet.
- Eine moralisch generalisierte, christlich geprägte Geisteshaltung wird in Literatur, Kunst und Wissenschaft deutlich.
- Latein gilt als die gemeinsame Bildungssprache.
- Vorherrschende Wirtschaftsform ist der Feudalismus.
- Herrschaftsverhältnisse sind in einer Stufenordnung geregelt (Unfreie, Ministerialen, kleine Ritter, Freie, Grafen, Markgrafen, Bischöfe, Reichsäbte, Könige, Kaiser mit untereinander festgelegten Treuedienstverhältnissen).
- Der Einzelne ist Glied seiner Zunft, seines Standes (korporative Struktur).
- Die Ständeordnung ist Ausdruck einer von Gott gegebenen Ordnung von geistlichem, adeligem, bürgerlichem, armem und bedürftigem Stand.
- Individualität im heutigen Sinne gibt es nicht bzw. bildet sich erst mit Beginn der Neuzeit heraus.
- Die Neuzeit (Beginn 15. Jhdt.) ist die Zeit der großen gesellschaftlichen Umbrüche.
- Der Kapitalismus wird geboren.
- Reformatorische Bewegungen gewinnen an Bedeutung.

3.2 Weltbild und Philosophie

Das mittelalterliche Denken war vom christlichen Glauben an eine Heilserwartung der Erlösung geprägt. Das irdische Leben war nicht dazu geeignet, Glück und Erfüllung zu finden. Es galt vielmehr als Vorbereitung auf die Zeit nach dem Tod, die entweder zum Seelenheil im Himmel führte oder, im Falle des Misslingens, ewige Qualen in der Hölle bedeutete. Im Irdischen herrschte eher die Sehnsucht der Menschen über die düstere Welt hinaus, als das sorglos fidele, lebensfrohe und bunte Bild, was manch Einer aus heutiger Sicht vom Mittelalter haben mag. Denken wir nur an den Massentod, die Pest, auch als der „Schwarze Tod"[49] bezeichnet oder die Inquisition und Hexenverfolgungen.
Aber auch die Einflüsse griechischer antiker Kultur spielten zunehmend eine Rolle. So versucht einer der theologischen Hauptvertreter des Mittelalters, **Thomas von Aquin** (um 1225-1274), theologische Grundgedanken mit der Philosophie

---

49 Europäische Pandemie von 1347-1353.

von **Platon** (428-348 v. Chr.) und vor allem von **Aristoteles** (384-322 v. Chr.) zu verbinden. Die wissenschaftliche Betrachtung der Glaubenslehre fand so Zugang zum Gedanken praktizierter Barmherzigkeit.

Zur Zeit des Hochmittelalters war von einem Mann die Rede, der als einer der Ersten auf den gesellschaftlichen Wandel vom Früh- zum Hochmittelalter auf die immer stärkere Armut reagierte: **Franz von Assisi** (um 1181/2-1226). Zu seiner Zeit war die Gesellschaft im Umbruch von einer rein bäuerlich strukturierten zu einer Gesellschaft, in der es erste Städte und Anfänge einer echten Geldwirtschaft gab. Er versuchte die Botschaft Jesu sehr wörtlich zu nehmen und nach ihr zu handeln: „Willst Du vollkommen sein, so geh hin, verkaufe, was du hast, und gib es Armen." Diese Haltung erinnert an den barmherzigen Samariter. Armen vorbehaltlos zu geben, wird im Mittelalter zu einer zentralen Handlungsfigur, deren religiös begründeter Sinngehalt sich erst im Übergang zur Neuzeit mit den Fragen gesellschaftlicher Zwecksetzungen verbinden sollte, um in der organisierten, vergesellschafteten Hilfe der späteren modernen Gesellschaft gänzlich von der Bildfläche zu verschwinden.

Für die Zeit des Wandels vom Hoch- zum Spätmittelalter ist vor allem **Thomas von Aquin** (um 1225-1274) zu nennen. Als Theologe und katholischer Kirchenlehrer gehörte er zu den bedeutendsten und wirkmächtigsten Philosophen seiner Zeit. Er formulierte u. a. auch die von ihm nach dem Matthäus-Evangelium benannten sechs Werke der Barmherzigkeit:

- Hungrige speisen,
- Durstige tränken,
- Nackte bekleiden,
- Fremde beherbergen,
- Kranke pflegen,
- Gefangene besuchen.

Die Kirche fügte später ein siebtes Werk – Tote begraben – hinzu. Diese Werke der Barmherzigkeit kennzeichnen im Wesentlichen den Geist der Almosenlehre des Mittelalters. Geld in Form von Almosen sowie tätige Nächstenliebe waren die Mittel des Bedarfsausgleichs. Die Erbringung dieser Form wurde durch die Erlangung des Seelenheils letztlich moralisch gebunden und gesichert.

In der Neuzeit fand der Gedanke einer systematischen und rationalen Armenfürsorge eine zunehmende Beachtung. Ein Wegbereiter der großen Reformen städtischer Armenfürsorge war in seinen Schriften und Predigten der Priester und Theologe **Johannes Geiler von Kaysersberg** (bürgerlich: Johann Geiler, 1445-1510). Er berief sich hierbei nicht selten auf die Gedanken seines Freundes **Sebastian Brant** (1458-1521), einem Rechtsgelehrten und Verfasser des berühmt gewordenen „Narrenschiffes", ein Werk, das mit den Mitteln der Narrensartire zeitgenössische Missstände zu kritisieren und aufzudecken versuchte. Geiler und

48

Brant plädierten für einen gesellschaftlich-rationalen Umgang mit der Armut, der schließlich auch die Abschaffung des Bettelns zum Ziel hatte. Rationaler Umgang bedeutete vor allem, dass die Arbeitsverpflichtung Armer zunehmend in den Mittelpunkt der Armenfürsorge geriet. Bei Thomas von Aquin stand der Gedanke der Arbeit zwar schon im Dienste der christlichen Caritas und des Gemeinwohls, jedoch eher im Sinne der Erwirtschaftung von Geldmitteln zwecks Sicherung von Almosenpflichten gegenüber armen Menschen. Mit Beginn der Neuzeit verschob sich der Stellenwert von Arbeit im Kontext von Armut. Immer deutlicher wurde die Arbeitsverpflichtung des Armen selbst zur Überwindung seiner Armut betont. Deutlich formuliert hatte dies der Theologe **Wenzelslaus Linck** (1483-1547). Er entwarf in einer Schrift ein System des Umgangs mit gesellschaftlicher Armut. Demnach war jeder dazu verpflichtet, sich durch eigene Arbeit zu ernähren und Angehörige, die hierzu nicht mehr in der Lage waren, wirtschaftlich zu unterhalten. Erst wenn dies auch nicht mehr zu leisten war, sollte die Gemeinde eingreifen. Linck brachte neben **Martin Luther** (1483-1546) hiermit einen der bedeutsamsten Beiträge reformatorischen Gedankengutes in die Reform der Armenfürsorge ein.[50]

Umfassender und nachhaltiger auf die Entwicklung der städtischen Armenpflege hingegen wirkten die Ideen von **Juan Luis Vives** (1492-1540). Vives war ein spanischer Humanist, Philosoph, Lehrer und mit seinen Schriften auch ein Wegbereiter zu – aus seiner Zeit betrachtet – moderner Psychologie und Pädagogik. Neben der mittelalterlichen ‚Almosenlehre' entwickelte Vives den Gedanken einer Subventionspraxis (de subventione pauperem, 1526). Diese sah vor, dass Arme und ihre Kinder nicht Almosenempfänger bleiben, sondern zu Erziehung und zur Arbeit verpflichtet werden sollten, um auf diesem Wege aus dem Armenstand herauszufinden. Vives versuchte humanistische Ideale und die Kirchenlehre seiner Zeit in Übereinstimmung zu bringen. Seine zentralen Ideen waren:

• Der Mensch ist ein soziales Wesen.
• Not und Armut sind nicht gottgewollt, sondern durch die Habgier und Herrschsucht des Menschen selbst verschuldet (ökonomische Ursachen).
• Arbeitswille und Helfenwollen sind dem Menschen von Natur aus mitgegeben.
• Wohlhabende haben eine Pflicht, ärmeren Menschen zu helfen, andernfalls schaden sie der Gemeinschaft.
• Alle Bedürftigen haben die Pflicht zu arbeiten.
• Nicht was der Bedürftige fordert, sondern das, was ihn fördert, soll ihm gegeben werden.[51]

50 Vgl. Sachße 1983, S. 273.
51 Hier gibt es unverkennbare Parallelen zum heutigen Gedanken des aktivierenden Sozialstaates. „Fördern und Fordern" ist ein zentraler Leitgedanke neoliberaler Politik, in der europäischen Poli-

Vives Ideen entfalteten in seiner Zeit Wirkung in der praktischen Armenpflege. Arbeitspflicht, Arbeitsbeschaffung, Armenregistrierung und Kontrolle der Armen und der gesamte erzieherischer Impetus seiner Unterstützungstheorie sind im übrigen Elemente, die lediglich sprachlich moduliert bis heute eine Rolle in der Wohlfahrtspflege spielen.

Anfang des 16. Jahrhunderts entfaltete **Martin Luther** (1483-1546) sein Reformprogramm. Mit seinen kirchenreformerischen Absichten sah er den Aufbau eines staatlichen Bildungswesens für alle (und nicht nur für Adelige) und eine allgemein geregelte Armenfürsorge vor. Aber auch die freie, christliche Liebestätigkeit begann sich zu formieren. So gründete **Vinzenz von Paul** (1581-1660) 1617 in Frankreich eine karitative Frauenvereinigung für die Armen- und Krankenversorgung. Aus ihr sollte die weltweit größte Frauengemeinschaft der katholischen Kirche hervorgehen (*Association Internationale de Charité, AIC*).

Zusammengefasst:

Weltbild und Philosophie:
- Einfluss christlichen Glaubens als Vorbereitung auf das Gottesreich.
- Not und Armut werden lange Zeit als gottgewolltes Schicksal angesehen.
- Helfen ist in der Zeit des Mittelalters an die Dogmatik der Barmherzigkeit gebunden (Franz von Assisi, Thomas von Aquin).
- Die Mittel des Bedarfsausgleiches sind Geld und tätige Nächstenliebe (Thomas von Aquin).
- Mit Beginn der Neuzeit ist der geistige Boden für den Aufbau eines Bildungswesens und die Entwicklung einer geregelten Armenfürsorge bereitet (Martin Luther).
- Not und Armut werden in der Neuzeit zunehmend als vom Menschen verursacht angesehen.
- Die Arbeitspflicht gewinnt neben dem Almosen zunehmende Bedeutung für die Abwendung von Armut (Juan Luis Vives).

3.3 Kindheit, Jugend und gesellschaftliche Reaktion

In der mittelalterlichen Gesellschaft erfüllte die Familie in erster Linie die Funktion des Fortbestandes des Lebens, der Besitztümer und Namen. Sie hatte nach heutigem Verständnis kein Verhältnis zur Kindheit und keine individualisierte Vorstellung von Erziehung. Trotz vorhandener kategorialer Unterscheidungen zwischen Kind und Erwachsenem, gab es kein bewusstes Verhältnis zur Kind-

tik erstmals durch Tony Blair (englischer Premierminister von 1997-2007) vertreten.

heit. Sobald das Kind die ständige Fürsorge der Mutter, Amme oder Kinderfrau entbehren konnte (mit etwa sieben Jahren), gehörte es der Gesellschaft der Erwachsenen an; quasi als „zählebiges Überbleibsel"[52] angesichts der hohen Sterblichkeitsrate.

Eine gewisse Übergangsphase, ausgehend vom 14. Jahrhundert, verlieh dem Kind den Ausdruck oberflächlicher Besonderheit. Die Neigung, der Kindheit eine gewisse Besonderheit zuzuschreiben, ist aus der Ikonographie des 14. Jahrhunderts erkennbar. In ihr wird deutlich, dass dem Kind in den oberen Gesellschaftsschichten eine gewisse Persönlichkeit zuerkannt wurde, die der familiären Bedeutung Ausdruck verlieh.[53] Nach dem Kindheitsforscher Phillippe Ariès zu urteilen, waren Kinder in dieser Zeit kleine Erwachsene. Den Wandel im Umgang mit Kindheit hat u. a. auch Lloyd de Mause beschrieben. Er wählt dabei eine psychoanalytische Perspektive. Kinder rufen demnach bei Erwachsenen die selbst erlebten Ängste und Erfahrungen hervor. Diese Ängste werden abgewehrt oder in Form von Projektionen verarbeitet. Während in der Zeit von der Antike bis etwa zum 4. Jahrhundert n. Chr. noch der Kindermord bei unerwünschten Kindern keine seltene Erscheinung war, entwickelte sich in der Zeit des Frühmittelalters zunehmend die Form der Kindesweggabe. Die Vorstellung, dass auch Kinder eine Seele haben, setzte sich immer mehr durch. Das erschwerte den Gedanken der Tötung und beförderte die Weggabe der Kinder.

Behindert geborene Kinder wurden nach der Geburt oft getötet. Man fürchtete einen dämonischen Einfluss, wie etwa die Vorstellung, Satan habe das Kind heimlich ausgetauscht (daher auch die alten Bezeichnungen „Wechselbalg" und „Kielkropp"). Martin Luther empfahl, man solle diese „vom Satan als seelenloses Stück Fleisch in die Wiege gelegten Kinder direkt nach der Geburt ersäufen." Der Glaube an eine teuflische Besessenheit geistig behinderter Kinder drückte sich auch in den Hexenprozessen und exorzistischen Praktiken gegenüber geistig behinderten Erwachsenen aus. Im vermeintlich günstigsten Fall wurden sie auf Jahrmärkten als Narr zur Schau gestellt, zum Spielzeug und Gespött der Leute. Einen gewissen Respekt wiederum brachte man körperlich behinderten Kindern entgegen. Sie zählten zu den „würdigen" Armen, die – wie die erwachsenen Armen – ungestört vor den Stadttoren und auf den Marktplätzen betteln durften.

Ausgesetzte und verwaiste Kinder wurden, sofern sie nicht in Armut auf der Straße starben, in Pflegefamilien aufgenommen und dort als „Kostkind" geduldet. Vereinzelt wurden sie auch in Hospitälern oder Findel- und Waisenhäusern untergebracht und nicht selten dort zum Betteln herangezogen. Immer mehr dieser Einrichtungen verfügten an ihren Mauern auch über die sogenannte „Drehlade"[54],

---

52 Vgl. Ariès 1988, S. 209f.
53 A.a.O., S. 210f.
54 Diese Erfindung wird Papst Innozenz III zugerechnet (vgl. Röper 1976, S. 41).

die in heutiger Zeit als „Babyklappe" bekannt ist. Die Initiatoren dieser Hilfen waren in den Ordensgemeinschaften, bei Bischöfen, Äbten, in Ritterorden, in bürgerlichen Gemeinschaften und in Zünften zu finden. Es entstand damit aber kein institutionalisiertes Versorgungssystem. Das Hilfemotiv war an die für das Mittelalter typischen Hilfeformen gebunden. Unmittelbares Helfen – so wie in diesem Fall die Aufnahme in eine Familie – wird zur guten Tat und zur Tugend, aber eben nur eine freiwillige Pflicht, ähnlich der ritterlichen Freigebigkeit oder aristokratische Fürsorge.

Die Umkehrbarkeit der Hilfelagen, wie sie in archaischen Gesellschaften noch an der Tagesordnung war, wurde in dieser Zeit infolge der mittlerweile fortschreitenden Vergrößerung der Städte, der Arbeitsteilung und Schichtendifferenzierung immer seltener. Die Motivation zur Hilfe stellte sich immer weniger unmittelbar dar (Entpflichtung) und musste daher zunehmend kulturell vermittelt werden (Verpflichtung). Mittelbares Helfen – wie in diesem Fall die Kinderhospitäler, Findel- und Waisenhäuser usw. – geschah auf der Basis moralisch generalisierter Wertgrundlagen. Dabei wurde jedoch die Frage nach der Wirksamkeit für den Hilfeempfänger, für die jeweilige Schicht oder darüber hinaus, nicht gestellt. So wundert es nicht, dass den Kindern und Jugendlichen, bei denen die Motive des unmittelbaren und mittelbaren Helfens nicht zum Tragen kamen, nur übrig blieb, sich vagabundierend mit Betteln und Stehlen am Leben zu erhalten. Für Erwachsene war in dieser Zeit das verwaiste Kind allenfalls als sein Fürbitter und Erfüllungsobjekt seiner unmittelbaren Freigebigkeit interessant.

Ein Bedarf für Bildung, Erziehung und Versorgung von Kindern und Jugendlichen wurde im Mittelalter nur für die Abkömmlinge Adeliger und reicher Kaufleute gesehen. Dies betraf auch die sogenannten sieben freien Künste (Grammatik, Rhetorik, Dialektik, Arithmetik, Geometrie, Musik und Astronomie, später noch Medizin und Architektur) sowie die Gründung der ersten Universitäten zwischen dem 12. und 15. Jahrhundert. Der Begriff der „Schola", der sich ursprünglich auf die kaiserliche Leibwache, dann auf eine Gruppe bediensteter Krieger, danach auf eine Gruppe von bischofstreuen Geistlichen und später auf die Mönche eines Klosters und danach auf einen Chor bezog, bekam im 9. Jahrhundert die uns bis heute geläufige Bedeutung von Schule.[55] Erst in der Neuzeit gewann der Gedanke von Bildung und Erziehung als Mittel gegen Armut zunehmend Gewicht. Martin Luther forderte 1524 den Aufbau von christlichen Schulen und die Einführung einer allgemeinen Schulbesuchspflicht. Aber die Entwicklung verlief – bis über die Zeit der Spätrenaissance hinaus – zögerlich:

---

55 Vgl. Rouche in Ariès/Duby 1989, S. 405f.

Entwicklung der Schulpflicht

- 1559 Württemberg (nur für Jungen).
- 1598 Das evangelische Straßburg im Elsass, bis 1681 noch Territorium in Deutschland, führte erstmals auf dieser Welt eine gesetzliche Schulpflicht ein.
- 1642 Sachsen Gotha.
- 1647 Braunschweig-Wolfenbüttel.
- 1649 Württemberg (allgemein).

Auch spielten die Konfessionen eine Rolle. So waren die protestantischen Landesteile in der Einführung der Schulpflicht schneller als die katholischen. In Bayern wurde sie erst 1802 eingeführt, im evangelischen Sachsen hingegen auch erst 1835. Die Gesetze waren jedoch eher Papier als Realität. Es fehlte an Lehrern, an Schulgebäuden und an einer gemeinsamen Administration. Dass in der Realität schließlich noch die mittelalterliche Wahrnehmung des Kindheitsstatus als kleiner Erwachsener vorherrschte, mag die Tatsache erklären, dass erst 1596 in Amsterdam die erste Einrichtung gegründet wurde, die den Gedanken des Zuchthauses – das bis dato inklusive Todesstrafe auch dem Jugendlichen galt – mit dem Erziehungsgedanken verband und damit auch eine Trennung von dem Erwachsenenzuchthaus vollzog.[56]

---

56 Vgl. Scherpner 1979, S. 46f. Vgl. auch Winkler 1988, S. 239.

Zusammengefasst:

Kindheit, Jugend und gesellschaftliche Reaktion:
- Kinder erfüllen die Funktion von Fortbestand des Lebens, des Standes, der Besitztümer und des Namens.
- Ein bewusstes Verhältnis zur Kindheit und Jugend als eigenständige psychische Entwicklungsphase hat sich noch nicht herausgebildet.
- Bildung und Erziehung von Kindern betrifft nur die Abkömmlinge Adliger und reicher Kaufleute.
- Die allgemeine Entwicklung des Bildungsgedankens folgt dem Ziel, den Menschen zu Demut und zum christlichen Glauben zu führen. Die religiöse Einheit ist die Einheit der Bildungsidee.
- In der Neuzeit bekommt der Gedanke von Bildung und Erziehung als Mittel gegen Armut Bedeutung.
- Die Landesfürsten müssen sich mit Forderungen auseinandersetzen, Schulen zu errichten, um für alle Kinder einen allgemein geregelten Schulbesuch einzuführen. Auch die Armenfürsorge soll verbindlich geregelt werden (Martin Luther).
- Erste Anfänge einer Art erzieherischer Fürsorge sind Ende des 16. Jahrhunderts durch den Gedanken der Trennung von Erwachsenen- und Kindergefängnissen erkennbar.

3.4 Armut, Hilfebedürftigkeit und gesellschaftliche Reaktion

Wie bereits festgestellt, wurde die Armenfürsorge des Mittelalters stark durch die Almosenlehre **Thomas von Aquins** (1225-1274) geprägt. Demnach waren Arme und Behinderte ein notwendiger Teil der göttlichen und damit auch der sozialen Ordnung. Armen zu helfen war also Teil der Erfüllung des göttlichen Willens und damit Voraussetzung zur Erlangung des späteren Seelenheiles nach dem Tode (Konsensualvertrag: Almosen als Tausch- und Vertragsverhältnis).[57] Den sieben Werken der Barmherzigkeit fügten sich sieben geistliche Werke hinzu:

---

57 Vgl. Geremek 1988, S. 63.

Sieben Werke der Barmherzigkeit (Thomas von Aquin)

Leibliche Werke	Geistliche Werke
• Hungrige speisen (Hunger)	• Unwissende lehren
• Durstige tränken (Durst)	• Zweifelnde beraten
• Nackte bekleiden (Nacktheit)	• Traurige trösten
• Tote begraben (Unbeerdigtsein)	• Sünder bessern
• Fremde beherbergen (Obdachlosigkeit)	• Beleidiger nachlassen
• Kranke pflegen (Krankheit)	• Lästige und Schwierige ertragen
• Gefangene besuchen (Gefangenschaft)	• Für alle beten

Die Armen wurden von den Reichen zur Befriedigung der Grundbedürfnisse unterstützt. In dieser Zeit entstanden auch zahlreiche Stiftungen und Anstalten. Das Stiftungswesen ist ein bis heute anhaltendes Phänomen der Selbstorganisation von Hilfe. Seine Wurzeln liegen in der mittelalterlichen Armenfürsorge.

Die Betrachtung von Armut als Teil der göttlichen Ordnung begründete auch das Almosenwesen. „Das gesamte Mittelalter hindurch ist die kollektive Almosenvergabe eine Massenerscheinung"[58]. Klöster und Herrscher unterhielten regelmäßige Almosenverteilungen, oft auch zu festlichen Anlässen, bei Fürbitten für das Seelenheil Verstorbener und Nachlässen zugunsten von Kirchen und Stiftungen. Man unterschied Armut durch Krankheit, Unfall oder Missernte. Daneben gab es noch die selbst gewählte Armut, geprägt etwa durch den Mönch **Franz von Assisi** (1181-1226).

Die Rede von der Armut als Teil der göttlichen Ordnung und der allgemeinen Akzeptanz der Armut und des Bettlerstandes verklärt jedoch ein wenig die tatsächliche Situation. Das Verhältnis zur Armut, die Einstellungen der Menschen zu Armen, wurde zunehmend ambivalent. Richtig ist, dass Armut lange Zeit weitestgehend respektiert wurde. Richtig ist aber auch, dass Armut immer mehr mit dem Anschein von Makel in Verbindung gebracht wurde. Bereits im 13. Jahrhundert wurden zunehmend Kritikzeichen an Arme gerichtet, wie in der Geschichte der Armut von Bronislaw Geremek nachzulesen ist. Welch drastische Töne angeschlugen wurden, zeigen die Worte des französischen Dichters Guillaume de Clerc, der behauptete, „.... *die Armen seien nicht besser als die Reichen, denn sie seien „Verräter, Neider, Gotteslästerer, hochmütig und voller Mißgunst und Habgier, sie betrügen bei der Arbeit, versuchen sich um sie zu drücken, und was sie verdienen,*

58 A.a.O., S. 50.

verfressen und versaufen sie"[59]. Und auch Sebastian Brant bemerkte in seiner Moralsatire ironisierend: *„Gar mancher verlässt auf Betteln sich, der spielt, buhlt, hält sich üppiglich; denn hat er verschlemmt sein Gut und Hab', schlägt man ihm Betteln doch nicht ab: ihm ist erlaubt der Bettelstab. Mit Betteln nähren viele sich, die reicher sind als du und ich!"*[60].

Nach den Untersuchungen von Geremek stellt der mittelalterliche Ethos[61] „ … die materielle Not nicht als vorbildlich hin und sprach nicht dagegen, den Mangel als eine gesellschaftlich entbehrliche Erscheinung zu betrachten"[62]. So wurde im Mittelalter zunehmend der Gedanke präferiert, nur denjenigen Almosen zukommen zu lassen, die man kannte (Verwandten, Angehörigen). Mit dem Anwachsen der Stadtbevölkerung beschränkte sich Solidarität zunehmend auf die eigene Gruppe (Korporationen der Handwerker und Kaufleute, ständische Organisationen, Bruderschaften). Es entwickelt sich eine Form von Wohltätigkeit, die als private Form von Mitleid und Mildtätigkeit am Ende der hochkultivierten Gesellschaften übrigbleiben sollte und schon zwischen Wohltätigkeit und dem Bedarf nach Fürsorge durch Fremde unterschied. So entwickelten sich im ausgehenden Spätmittelalter erste Programme und Organisationen der Armenfürsorge.

Im gesamten Mittelalter entstand eine sehr heterogene Gruppe von bettelnden Menschen. „Die Inanspruchnahme von Hilfe kann … nicht als maßgebendes Kriterium gelten, um die Bettler als eine soziologische Kategorie zu definieren"[63]. Einerseits traf man diejenigen Armen an, die in Not geraten und auf die Hilfe anderer angewiesen waren. Dies waren oft die sogenannten „verschämten Armen"[64], die verarmten Mitglieder mittlerer und höherer Schichten. Andererseits gab es auch unselbständige Lohnabhängige, die sich als Nebenerwerbsbettler betätigen mussten, um über den Tag zu kommen. Zum dritten gab es aber auch eine große Zahl von Berufsbettlern. Zu den Berufsbettlern gehörten auch die Bettelorden. Bis zum Ende des 14. Jahrhunderts war dies aber kein Problem. Man unterschied nicht zwischen berechtigten und unberechtigten Bettlern. Betteln war sozusagen ein anerkannter Beruf und diejenigen, die ihn ausübten, wurden von der Gesellschaft nicht geächtet. Die Stadt nahm das Bild des Bettlers „ …. als einen festen

---

59 Geremek 1988, S. 42.
60 Brant 1494, S. 159.
61 [Anmerkung: Der Begriff Ethos hat hier nichts mit Aristoteles Verwendung des Begriffes zu tun. Aristoteles unterscheidet *Ethos* (Autorität und Glaubwürdigkeit), von Pathos (rednerische Gewalt und emotionaler Appell) und Logos (Folgerichtigkeit und Beweisführung) des Sprechers. Der Begriff Ethos wird von Geremek im allgemeinen Sinne als: Sitte, Brauch, Gewohnheit, Sinnesart, den Einzelnen und seine Zeit prägende Lebensgewohnheit verwendet].
62 Geremek 1988, S. 44.
63 A.a.O., S. 53f.
64 A.a.O., S. 165.

56

Bestandteil in ihre Struktur auf"[65]. Wenn auch nicht in der Regel, so kam es aber durchaus vor, dass die Bettler auch Steuern zahlten.

Aber wie schon bei den Einstellungen zur Armut angemerkt: dies beschreibt nur die Handlungsebene, nicht jedoch den sich wandelnden Prozess der Einstellungen zu diesem Thema. Arm sein wurde stets auch als Makel gesehen und die Einstellungen zur Überwindung dieses Makels führten mit fortschreitender wirtschaftlicher Entwicklung zunehmend zur Ausbildung veränderten sozialen Handelns gegenüber Armen. Der Anschein des Makels verstärkte sich auch dadurch, dass die Zurschaustellung von Not, Krankheit, Gebrechlichkeit und Verkrüppelung durchaus auch Anlass zu berufsständischem Ideenreichtum im Bemühen um die Effektivierung der Bettlertätigkeit gab. Die Grenzen zwischen sozialer Realität und Übertreibung bis hin zur Vortäuschung waren fließend.[66] Dies ist hingegen nicht der Grund für eine im 14. Jahrhundert einsetzende Verachtung von Armut. Die Konfrontation mit der um sich greifenden schwarzen Pest, das erste Aufkommen von Landflucht und Frühproletariat bis zu einem Anstieg der Massenarmut brachte den Armen und Bettlern ein zunehmendes Misstrauen in der Volksmeinung ein, angesiedelt zwischen Furcht und Verachtung.[67]

Im 15. Jahrhundert setzte ein Prozess der Restriktionen und zunehmenden Ausgrenzung von Armut ein.[68] Nicht mehr überall konnte sich der Arme dem Wohlhabenden in den Weg stellen. Die Almosenpraxis geriet zunehmend in Kritik. So ist auch Martin Luthers Forderung nach einer gemeinsamen Wohlfahrt als ein Schutzauftrag des Staates für seine Bürger zu verstehen. Mit Beginn des 16. Jahrhunderts setzte durch die Zunahme der Lohnarbeit in der Agrarwirtschaft ein erster Prozess der (vorindustriellen) Pauperisierung ein. In den Städten entwickelten sich zunehmende Spannungen und Unruhen durch die erdrückende Besteuerung sowie die „Beherrschung der Städte und Zünfte durch eine kleine Schicht von Patrizierfamilien"[69]. Das Ausmaß der bis zum Beginn des 16. Jahrhunderts entwickelten Armut lässt sich nur schwer abschätzen, auch weil die Armutsschwelle nicht genau definiert war. So unterschied man neben der Bettelarmut statistisch die „fleißige Armut"[70], die „verschämte Armut"[71] und die „rechtmäßige Armut"[72]. Weiterhin wurden Stadt- und Landarmut unterschieden. „Das Landproletariat

65 A.a.O., S. 60.
66 A.a.O., S. 67.
67 Vgl. Mollat 1984, S. 178 und S. 229.
68 Sachße 1998, S. 29f.
69 Mollat 1984, S. 196.
70 Arme, die in den Steuerlisten der Städte erschienen, also Arbeit hatten. Vgl. Geremek 1988, S. 146.
71 Verarmte aus der lohnarbeitenden und teilweise besitzenden Schicht (Handwerker, Kaufleute). Vgl. a.a.O., S. 77 und S. 165.
72 Arme, die aufgrund von Krankheit oder Gebrechlichkeit Anspruch auf Almosen haben. Ebd.

des Spätmittelalters lebte am Rande des biologischen Überlebens"[73]. Verstehen wir Armut als eine Situation, in der es Menschen nicht gelingt, mit den ihnen zur Verfügung stehenden Mitteln das Notwendigste für ihr Überleben sicherzustellen, sind nach sehr groben Schätzungen der ersten statistischen Erhebungen dieser Zeit ca. 40 bis 50% der Bevölkerung arm.[74] Etwa 20% der Einwohner in den Städten lebten unterhalb der Armutsgrenze. Andere Quellen gehen von 30-50% aus mit Steigerungen im 16. Jahrhundert bis zu 60% innerhalb der städtischen Bevölkerung.[75] Das ist aus der Sicht eines Almosengebers eine beträchtlich große Zahl, wenn man bedenkt, dass er mehr oder weniger moralisch verpflichtet war, Armen zu helfen. In jedem Fall erreichte die Ausdehnung der Armut in der Zeit vom 14. bis zum beginnenden 16. Jahrhundert die Dimensionen einer Massenarmut.[76] Das Elend der von Armut bedrohten und von Armut betroffenen Arbeiter wurde jedoch vom mittelalterlichen Ethos der Armut zunehmend ausgeschlossen. An die Stelle traten Misstrauen, Feindseligkeit und Repression.

Nach der Reformation (1517-1648) übernahmen Reichsstädte und Landesfürsten die Organisation der Armen- und Krankenpflege. Es setzte eine
• Rationalisierung,
• Kommunalisierung und
• Pädagogisierung der Armenfürsorge ein.

Rationalisierung: Die Bestrebungen zu einer Rationalisierung der Armenfürsorge drückte sich besonders in zwei Punkten aus:
a) Herausbildung feststehender Fürsorgekriterien und lokaler Zuständigkeiten und
b) Vereinheitlichung der Finanzierung.
Der Rationalisierungsprozess der Armutshilfe lässt sich an den städtischen Bettel- und Armenverordnungen ablesen, die im 15. Jahrhundert zunehmend erlassen werden. Die Zuständigkeit der Almosenvergabe der Kirchen wechselte verstärkt in die der städtischen Räte. Testamente und Stiftungen wurden nicht mehr nur den Kirchen, sondern immer häufiger den städtischen Räten übergeben oder auch nur zur Verwaltung überlassen. Dazu gehörten auch neue Bettelordnungen, die das Betteln in und vor den Kirchen verboten, so z.B. bereits in der ältesten bekannten Bettelordnung von 1370 aus Nürnberg. Als weitere Restriktionen wurden das Tragen von Bettelzeichen und Bestimmungen für die Prüfung von Bedürftigkeit sowie Bürgerordnungen eingeführt, die die Beherbergung von Armen über drei Tage hinaus untersagten.

---

73 A.a.O., S. 73.
74 Vgl. Geremek 1988, S. 152.
75 Vgl. Schilling 2005, S. 31.
76 Vgl. Mollat 1984, S. 190-227.

Kommunalisierung: Im 16. Jahrhundert wurde das Betteln grundsätzlich verboten. An seine Stelle trat eine Unterstützungspflicht der Stadt für Arme, sofern sie bedürftig waren. Weiterhin war auch nur die jeweilige Stadt hilfezuständig, in der der Arme lebte (Nürnberger Armenverordnung von 1522). Erstmals wurde also eine örtliche Zuständigkeit festgelegt. Ein gutes Beispiel hierfür ist das Stiftungswesen. Wenngleich es durch Adelige und reiche Kaufleute für geistige und soziale Zwecke ins Leben gerufen wurde, so unterschied man deutlich zwischen verschuldeter und unverschuldeter Not sowie Fremden und Einheimischen. So steht z.B. die heute noch existierende älteste Sozialsiedlung der Welt, die *Fuggerei in Augsburg* (1525)[77], nur bedürftigen Augsburgern offen.
Ein weiterer Aspekt dieser Kommunalisierung war auch das Bestreben, die Finanzierung der Armenfürsorge zu vereinheitlichen. Konkurrenzen einer kirchlichen und städtischen Armenfürsorge, wie in Nürnberg z.B. noch üblich, sollten durch Gründung gemeinsamer Armenfonds – wie z.B. in Straßburg – aufgehoben werden.

Pädagogisierung: Der Prozess der Rationalisierung der Armenfürsorge rückte die soziale Komponente der Armenhilfe stärker in den Vordergrund, während die religiöse Komponente immer mehr in den Hintergrund geriet. Diese hatte allenfalls im Rahmen der privaten Wohltätigkeit noch ihren Platz. Rationalisierung und Kommunalisierung der Armenpflege heißt aber auch, dass das Engagement von hauptberuflichen Armenpflegern immer bedeutender wurde. Rationalisierung der Armenfürsorge zog damit unmittelbar Bürokratisierung und Pädagogisierung der Armenfürsorge nach sich. Von den Armen wurden nicht vordergründig die Fürbitten des Seelenheils erwartet, sondern ein Verhalten, was mit den allgemeinen Moralvorstellungen der städtisch-handwerklichen Mittelschicht (Fleiß, Ordnung, Disziplin und Mäßigung) in Übereinstimmung stand. Entsprach jemand diesen Erwartungen nicht, verlor er sein Bettelzeichen.
Die Ursachen für eine Pädagogisierung von Armut werden bereits im späten Mittelalter deutlich. Pädagogisierung bedeutet in diesem Zusammenhang auch die Zunahme von Disziplinierung und ökonomischer Verwertung der Arbeitskräfte armer Menschen. Begründet wird sie vor allem mit einer Zunahme des Massenelends im 15. Jahrhundert. Armut wurde immer mehr als Folge von Nicht-Arbeit gesehen. Die Zeit der Armenfürsorge als Instrument der Arbeitserziehung war gekommen (Juan Luis Vives).

---

77 Gegründet von dem seinerzeit reichsten Kaufmann und Bankier Europas, Jakob Fugger dem Reichen.

Zusammengefasst:

Armut, Hilfebedürftigkeit und gesellschaftliche Reaktion:
- Der Bettlerstand ist zunächst ein eigenes gesellschaftliches Segment und Ausdruck einer von Gott gegebenen Ständeordnung.
- Armenfürsorge ist eine an christliche Moral gebundene Almosenpraxis.
- Mit dem Anwachsen der Städte beschränkt sich die Solidarität zunehmend auf die eigene Gruppe (Korporationen der Handwerker und Kaufleute, ständische Organisationen, Bruderschaften).
- Mit der Zunahme der Lohnarbeit setzt ein Prozess der Pauperisierung ein. Das Elend der Arbeiter wird vom mittelalterlichen Ethos der Armut zunehmend ausgeschlossen. An die Stelle treten Misstrauen, Feindseligkeit und Repression. Bis zum 16. Jahrhundert entwickelte sich eine Massenarmut.
- Mit ausgehendem Spätmittelalter verändert sich die Einstellung zur Armut. Es beginnt ein Prozess der Rationalisierung, Kommunalisierung und Pädagogisierung der Armenfürsorge.
- Mit Beginn des 16. Jahrhunderts sind Anfänge einer systematischen Armen-, Waisen- und Wohlfahrtsfürsorge erkennbar.

3.5 Zusammenfassung: Mittelalter und Neuzeit

1. **Wie kann die allgemeine gesellschaftliche Charakteristik beschrieben werden?** Das Mittelalter ist eine Epoche in der europäischen Geschichte zwischen der Antike und dem Beginn der Neuzeit. Christliche, antike, keltische, germanische und slawische Entwicklungen fließen zusammen. Die Gesellschaft ist nach Ständen geordnet. Eine moralisch generalisierte, christlich geprägte Geisteshaltung wird in Literatur, Kunst und Wissenschaft deutlich. Latein gilt als die gemeinsame Bildungssprache. Vorherrschende Wirtschaftsform ist der Feudalismus. Herrschaftsverhältnisse sind in einer Stufenordnung geregelt. Der Einzelne ist Glied seiner Zunft, seines Standes (korporative Struktur). Die Ständeordnung ist Ausdruck einer von Gott gegebenen Ordnung von geistlichem, adeligem, bürgerlichem, armem und bedürftigem Stand. Individualität im heutigen Sinne gibt es nicht. Die Neuzeit (Beginn 15. Jhdt.) ist die Zeit der großen gesellschaftlichen Umbrüche. Der Kapitalismus wird geboren. Reformatorische Bewegungen gewinnen an Bedeutung.
2. **Von welchem Weltbild und welcher Philosophie ist diese Zeit geprägt und welche geistigen Protagonisten und Ideengeber sind maßgebend in der Behandlung der sozialen Fragestellung?** Der christliche Glaube gewinnt vor allem als Vorbereitung auf das Gottesreich Einfluss auf den Menschen. Not und Armut werden lange Zeit als gottgewolltes Schicksal angesehen. Helfen ist in

der Zeit des Mittelalters an die Dogmatik der Barmherzigkeit gebunden (Franz von Assisi, Thomas von Aquin). Die Mittel des Bedarfsausgleiches sind Geld und tätige Nächstenliebe (Thomas von Aquin). Mit Beginn der Neuzeit ist der geistige Boden für den Aufbau eines Bildungswesens und die Entwicklung einer geregelten Armenfürsorge bereitet (Martin Luther). Not und Armut werden in der Neuzeit zunehmend als vom Menschen verursacht angesehen. Für die Abwendung von Armut gewinnt neben dem Almosen die Arbeitspflicht zunehmende Bedeutung (Juan Luis Vives).

3. **Welche Einstellungen zur Kindheit und Jugend allgemein sowie zu ihren Beschädigungen im Speziellen herrschen in dieser Zeit vor und wie drücken sich diese organisatorisch und programmatisch im Erziehungs- und Bildungsverständnis aus?** Kinder erfüllten die Funktion von Fortbestand des Lebens, des Standes, der Besitztümer und des Namens. Ein bewusstes Verhältnis zur Kindheit und Jugend als eigenständige psychische Entwicklungsphase hat sich noch nicht herausgebildet. Bildung und Erziehung von Kindern betrifft nur die Abkömmlinge Adliger und reicher Kaufleute. Die allgemeine Entwicklung des Bildungsgedankens folgt dem Ziel, den Menschen zu Demut und christlichem Glauben zu führen. Die religiöse Einheit ist die Einheit der Bildungsidee. In der Neuzeit bekommt der Gedanke von Bildung und Erziehung als Mittel gegen Armut Bedeutung. Die Landesfürsten müssen sich mit Forderungen auseinandersetzen, Schulen zu errichten, um für alle Kinder einen allgemein geregelten Schulbesuch einzuführen. Auch die Armenfürsorge soll verbindlich geregelt werden (Martin Luther). Erste Anfänge einer Art erzieherischer Fürsorge sind Ende des 16. Jahrhunderts durch den Gedanken der Trennung von Erwachsenen- und Kindergefängnissen erkennbar.

4. **Welche Einstellungen zur Armut und Hilfebedürftigkeit prägten diese Zeit und wie drücken sich diese organisatorisch und programmatisch im Umgang mit Armut aus?** Der Bettlerstand ist ein eigenes gesellschaftliches Segment und Ausdruck einer von Gott gegebenen Ständeordnung. Armenfürsorge ist eine an christliche Moral gebundene Almosenpraxis. Mit dem Anwachsen der Städte beschränkt sich die Solidarität zunehmend auf die eigene Gruppe. Mit der Zunahme der Lohnarbeit setzt ein Prozess der Pauperisierung ein. Bis zum 16. Jahrhundert entwickelt sich eine Massenarmut. Das Elend der Arbeiter wird vom mittelalterlichen Ethos der Armut zunehmend ausgeschlossen. An die Stelle treten Misstrauen, Feindseligkeit und Repression. Mit ausgehendem Spätmittelalter verändert sich die Einstellung zur Armut. Es beginnt ein Prozess der Rationalisierung, Kommunalisierung und Pädagogisierung der Armenfürsorge. Mit Beginn des 16. Jahrhunderts sind Anfänge einer systematischen Armen-, Waisen- und Wohlfahrtsfürsorge erkennbar.

Der ziellose Mensch erleidet sein Schicksal,
der zielbewusste gestaltet es. Sapere aude!
(Immanuel Kant, 1784)

4 Europäische Aufklärung:
Von der Arbeitspflicht bis zur Arbeitserziehung

Zur Phase der hochkultivierten Gesellschaft gehört nach dem Mittelalter und der Renaissance auch die Phase der Aufklärung und der darauf folgenden Klassik und beginnenden Industrialisierung. In dieser Zeit kämpften die Eliten von Kirche, Recht, Politik, Staat, Wirtschaft und Bildung um die Kriterien des richtigen Handelns. Es war die Zeit, in der die Gründung von Organisationen einen Prozess gesellschaftlicher Differenzierung hervorrief. Organisationen spielen in der Ausbildung autonomer gesellschaftlicher Funktionssysteme der späteren modernen Gesellschaft eine entscheidende Rolle.[78] Mit der Industrialisierung ist der Übergang zur Moderne bereits überschritten. Doch zunächst zur europäischen Aufklärung.

4.1 Allgemeine gesellschaftliche Charakteristik

Die Zeit der europäischen Aufklärung bezeichnet die Entwicklung der Gesellschaft im 17. bis 18. Jahrhundert. Die geistige Entwicklung in dieser Zeit wurde davon geprägt, dass fortan der Mensch sein Handeln durch den Gebrauch seines selbständigen Denkens selbst bestimmen sollte. Mit den Mitteln der Vernunft – dem Mut, sich seines eigenen Verstandes zu bedienen (Immanuel Kant) – sollten althergebrachte, starre Vorstellungen von der Natur und den Dingen der Welt überwunden werden. Die Natur sollte nicht länger erlitten, sondern mit den Kräften des Verstandes beherrscht werden.

Die Aufklärung stellte in vielerlei Hinsicht die Gegenbewegung ihrer Zeit dar. Als bürgerliche Emanzipationsideologie diente sie der Erhebung der abhängigen Klassen im politischen Kampf gegen die ständisch-feudale Ordnung und absolute Monarchie.[79] „Der zentralistische Machtstaat des Barockzeitalters, der ohne die geringsten Skrupel über den Untertan einfach verfügte und ihn in jeder Weise für seine Machtsteigerung einsetzte, ... wird in der Aufklärungsepoche allmählich

---

78 Vgl. Türk 2005, S. 74-84.
79 Vgl. Klaus/Buhr 1972, S. 153.

zum Wohlfahrts- und Rechtsstaat"[80]. Vom 17. Jahrhundert bis zum Ende des 18. Jahrhunderts sollte sich ein gesellschaftlicher Wandel vollziehen: vom Absolutismus über den aufgeklärten Absolutismus und in Frankreich bis zur siegreichen Revolution (1789-1799). Mit der Aufklärungszeit ist die Befreiung der Menschen aus den Fesseln der Adelsherrschaft (Absolutismus) und damit der Übergang von der höfischen Barockkultur zu einer rein bürgerlichen Kultur verbunden. Die zentralistischen Machtstaaten mit ihrer Monarchie und Feudalherrschaft wurden abgeschafft und durch Volksregierungen ersetzt. Die Abschaffung der bestehenden Wirtschafts- und Standesschranken sollten jedem Einzelnen den Zugang zu Wohlstand und Bildung ermöglichen.

Eine Befreiung aus materiellen und ideellen Herrschaftsansprüchen, kurz: die Abschaffung des Absolutismus bedeutete auch die zunehmende Herauslösung aus kirchlichen Zusammenhängen. Dieser Prozess wird mit dem Begriff der Säkularisierung beschrieben. Sie ist ein zentrales Merkmal der Aufklärungszeit.

Säkularisierung bedeutet:

Die Loslösung
• des Einzelnen,
• des Staates und
• gesellschaftlicher Gruppen
aus den Bindungen an die Kirche (Verweltlichung).

Säkularisierung ließe sich auch mit „Verweltlichung" oder aus religiöser Perspektive mit „Entchristlichung" übersetzen. Die europäische Aufklärung war von einem Prozess der Loslösung des Einzelnen, des Staates und gesellschaftlicher Gruppen aus den Bindungen an die Kirche gekennzeichnet. Von der Säkularisierung begrifflich zu trennen ist die *Säkularisation*. Mit diesem Begriff wird die die staatliche Einziehung und Nutzung kirchlichen Besitzes und Eigentums und die Übernahme kirchlicher Herrschaftsterritorien bezeichnet.

Säkularisierung hat viele Aspekte: Religionsverbot, Bekämpfung und Verfolgung der Kirchen und ihrer Anhänger, später aber Religionsfreiheit, Abschaffung der Kirchensteuer usw. Mit der Säkularisierung sind besonders zwei Aspekte gesellschaftlichen Wandels verbunden:

a) die institutionelle Trennung von Kirche und Staat und
b) die mentale Trennung von Kirche und Staat.

Mit der Aufklärungsepoche war der geistige Boden einer Loslösung aus kirchlich-religiösen Abhängigkeiten bereitet. Die verfassungsmäßige Trennung von Kirche und Staat wurde hingegen in den meisten europäischen Staaten erst spät vollzogen

---

80 Reble 1980, S. 130.

(in Deutschland z.b. erst mit der Weimarer Verfassung von 1919, in der Schweiz sogar erst 1980 und in Österreich schon 1867. Der Prozess der mentalen Trennung dauert im Grunde heute noch an. Denken wir z.b. an die Werteentwicklung in modernen, hochindustrialisierten Ländern, wird dies deutlich. Allerdings laufen mentale Trennungen einher mit neuen mentalen Bindungen. Einige Menschen – oft Politiker – sprechen z.b. vom Werteverfall, andere, wie z.b. der Soziologe Ulrich Beck, vom Wertepluralismus.[81] Beides scheint zu stimmen. Während auf der einen Seite religiöse Werte durch weltliche Werte ersetzt werden (in Wirtschaft z.b. Respekt durch Habgier und Rücksichtslosigkeit) bekommen andere religiöse Orientierungen verstärkt neue Anhänger.[82] Säkularisierung und damit auch die Überwindung geistiger und politischer Machtkonzentration ist weltweit betrachtet bis heute ein offener Prozess.

Die europäische Aufklärung führte in England (1688/89) und hundert Jahre später in Frankreich (1789) schließlich in die Revolution und zur Abschaffung des feudalherrschaftlichen Ständestaates. In Deutschland hingegen gelang eine Revolution nicht.[83] Während die Aufklärung in Frankreich seit dem 17. Jahrhundert gesellschaftlich, moralkritisch und schließlich revolutionär auftrat, erreichte die

---

81 Vgl. Beck 1986.
82 Dies betrifft den religiösen Fundamentalismus nicht nur in den monotheistischen Religionen und dem Hinduismus (zum Hinduismus vgl. Six in ders. u.a. 2004, S. 247-268), sondern auch in den modernen synkretistischen Religionen (z.B. Mormonen, Zeugen Jehovas. Vgl. Larsen in Six u.a. 2004, S. 69-90. Zum Christentum vgl. Remele in Six u.a. 2004, S. 53-68; zum Judentum vgl. Ingber a.a.O., S. 91-116 und zum Islam vgl. Lohlker a.a.O., S. 117-134; Buchta a.a.O., S. 135-162; Faath a.a.O., S. 163-184; Kramer a.a.O., S. 185-200; Damir-Geilsdorf a.a.O., S. 201-226 und Schied a.a.O., S. 227-246). Weiterhin ist die vermehrte Suche junger Menschen nach friedlichen Religionspraxen erkennbar (Vgl. Wippermann/Calmbach 2007).
83 Deutschland war bis 1871 als nationale Einheit noch nicht existent. Vielmehr bestand es als ein Verband aus souveränen großen und mittelgroßen sowie vielen Klein- und Kleinstterritorien sowie Freier Reichsstädte (Heiliges Römisches Reich Deutscher Nation, 962-1806). Als solches war es bis zu seinem Untergang (1809) mit der expansiven, kriegerischen Politik innerer und äußerer Mächte beschäftigt. Nach der Niederlage Napoleons und damit dem Niedergang des Rheinbundes wurden mit dem 1815 gegründeten Deutschen Bund (1815-1866) die alten monarchischen Herrschaftsverhältnisse nicht überwunden. Die sogenannte Märzrevolution von 1848 brachte im Deutschen Bund zwar Forderungen der Gewährung von Bürger- und Freiheitsrechten, die Einsetzung liberaler Landesregierungen, vor allem aber die Schaffung eines deutschen Nationalstaats mit gesamtdeutscher Verfassung und einer Volksvertretung zu Gehör. Die Einrichtung der Frankfurter Nationalversammlung war schließlich das erste frei gewählte Parlament für ganz Deutschland. Dieses Konstrukt scheiterte jedoch ein Jahr später. Der folgende Norddeutsche Bund (1866-1871) war schließlich die Vorbereitung der kleindeutschen Lösung. Diese wurde nach dem deutschen Sieg im Krieg von 1870/71 gegen Frankreich als preußisch dominierte Reichseinigung von oben mit der darauffolgenden Ausrufung des Deutschen Kaiserreichs umgesetzt. Nicht zuletzt durch die Politik Bismarcks, dem ersten Reichskanzler des Deutschen Kaiserreichs, wurden revolutionäre Bestrebungen der Arbeiter und Bauern und die widerstreitenden Interessen der gesellschaftlichen Gruppen eingedämmt.

englische Aufklärung vom 17. bis zum 18. Jahrhundert den Höhepunkt ihrer Entwicklung in der beginnenden industriellen Revolution einerseits und mit der schrittweisen Abwendung der englischen Bourgeoisie von ihrer revolutionären Vergangenheit andererseits.[84]
Auch wenn es der deutschen Aufklärung im Gegensatz zu England und Frankreich nicht gelang, eine revolutionäre Umgestaltung der politischen Verhältnisse zu bewirken, beeinflusste die Aufklärungsbewegung die deutsche, wie die gesamte europäische Philosophie, Literatur, Kunst und Wissenschaft. Ein entscheidender Einschnitt in der Entwicklung der deutschen Aufklärung erfolgte mit der Literaturbewegung des „Sturm-und-Drang" um 1770[85] und erreichte ihren Höhepunkt mit dem Philosophen **Georg Friedrich Wilhelm Hegel** (1770-1831). Die Idee von der Befreiung des Individuums aus der straffen und zentralistischen Lenkung des Absolutismus und der kirchlichen Autorität manifestierte sich in der neuen, weltbürgerlichen Einstellung vom Menschen, in dem Gedanken der allgemeinen Menschenwürde. „Zum ersten Mal in der Weltgeschichte hat die Aufklärung das Bild einer freien Gesamtmenschheit entworfen"[86].
Während der Absolutismus mittlerweile überwunden ist, hält die Aufklärung geistesgeschichtlich bis heute noch an, sowohl europäisch als auch weltgesellschaftlich. Aufklärung bedeutet philosophisch betrachtet nicht nur die Befreiung von Herrschaft in materieller, sondern auch in geistiger Hinsicht (Emanzipation). Die geistige Entwicklung wurde von der Idee des selbständigen Denkens und Handelns des Subjekts bestimmt. Die Grundidee der Emanzipation des Subjekts wurde also mit Beginn des 17. Jahrhunderts geboren und ist bis heute noch ein aktuelles Thema von Bildung, Erziehung und Sozialer Arbeit.

Zusammengefasst:

Allgemeine gesellschaftliche Charakteristik:
- Verstand geht über Mystik und Glaube,
- Ende des Absolutismus,
- Säkularisierung,
- Revolution (Frankreich, England),
- Assimilation, politische Angleichung und Anpassung der gesellschaftskritischen Gruppen (Deutschland),
- bis heute andauernder Gedanke der Emanzipation.

---

84 Vgl. Klaus/Buhr 1972, S. 156.
85 Vgl. a.a.O., S. 169 (Dichter der Sturm-und-Drang Periode waren außer J. W. von Goethe besonders Johann Gottfried Herder (1744-1803), Jakob Michael Reinhold Lenz (1751-1792), Friedrich Maximilian von Klinger (1752-1831), Johann Christoph Friedrich von Schiller (1759-1805).
86 Hofmann 1979, S. 33.

4.2 Weltbild und Philosophie

Jean Jaques Rousseau

Der dem Wesen der Aufklärung gemäße Rationalismus bekämpfte jede Art der Metaphysik. Der Kraft des menschlichen Verstandes vertrauend und von der kontinuierlichen Durchsetzung der Vernunft und der Menschheitsgeschichte überzeugt, strebte der Rationalismus der Aufklärung nach glatten, widerspruchsfreien Lösungen auf allen gesellschaftlichen Ebenen. Gegen dieses rationalistische Aufklärungsverständnis trat vor allem **Jean Jacques Rousseau** (1712-1778) auf. Rousseau war ein französisch-schweizerischer Schriftsteller, Philosoph und Pädagoge. Er wuchs in einfachen Verhältnissen als Sohn eines Uhrmachers in Genf auf. Seine Mutter starb bei seiner Geburt. Seine Jugendzeit verlebte er bei einem Landpfarrer, bei dem Rousseau jedoch keine Schulbildung erhielt. Stattdessen wurde er in eine Kupferstecherlehre gegeben, die er jedoch nicht zu Ende führte. Vielmehr riss er aus und begab sich auf einige unruhige Wanderjahre. Schließlich fand er Unterschlupf bei einer mütterlichen Freundin und Zeit und Muße, sich im Eigenstudium mit Philosophie, Mathematik, Latein, Geschichte, Geographie, Astronomie, Physiologie und Botanik zu beschäftigen. Mit Gelegenheitsjobs (Musiklehrer, Hauslehrer, Graveur, Feldvermesser) versuchte er sich über Wasser zu halten. Er verließ Genf und wanderte nach Paris. Dort heiratete er ein Schenkmädchen, bekam mit ihr fünf Kinder, die er alle im Findelhaus ablieferte. Auf eine Preisfrage der Akademie zu Dijon, ob die Erneuerung der Wissenschaften und Künste zu einer Verbesserung der Sitten geführt habe, antwortete er in einem Aufsatz mit einem deutlichen „Nein". Er bekam dafür den ersten Preis (1749). Danach folgten mehrere, später berühmt gewordene Schriften, die **Johann Wolfgang von Goethe** (1749-1832) und auch später **Friedrich Engels** (1820-1895) bei ihren eigenen Werken inspirierten. Eines seiner berühmtesten und bekanntesten Werke war der Erziehungsroman „*Emile ou de l'Éducation*"[87] (1762), der nicht nur wissenschafts- und kulturkritisch war, sondern seinerzeit auch als kirchenfeindlich eingestuft wurde. Das Buch kam auf den Index und brachte Rousseau die Flucht nach England ein. Schließlich durfte er nach Paris zurückkehren. Dort war es ihm lediglich erlaubt als Notenschreiber zu arbeiten, denn der Haftbefehl galt weiterhin. Rousseau starb 1778 auf dem Gut eines adeligen Gönners.[88] Seine Schriften und Theorien werden durch seine

---

87 Emil oder über die Erziehung.
88 Vgl. Günther u.a. 1976, S. 147.

Ablehnung des feudalistischen Systems und seinen Glauben an den Fortschritt der Menschheit und ihrem Schlüssel – die Erziehung – getragen. Erziehung musste für ihn jedoch „negative Erziehung" sein.

Rousseaus einleitende Worte zu seinem pädagogischen Hauptwerk: *„Emil oder über die Erziehung"*, lesen sich wie eine Anklage gegen die herrschende, als nicht kindgerecht empfundene Praxis. *„Man kennt die Kindheit nicht: mit den falschen Vorstellungen, die man von ihr hat, verwirrt man sich umso mehr, je weiter man geht. Die Klügsten bedenken nur, was Erwachsene wissen müssen, aber nicht, was Kinder aufzunehmen imstande sind. Sie suchen immer nur den Mann im Kind, ohne daran zu denken, was er vor seinem Mannsein war"*[89]. Hier wird bereits angedeutet, dass Rousseau gleichermaßen „Aufklärer" und Kritiker der Aufklärung war. *„Alles ist gut, wie es aus den Händen des Schöpfers kommt; alles entartet unter den Händen des Menschen"*[90]. Diese philosophische Grundeinstellung begleitete Rousseaus gesamte Pädagogik. Die Natur bildet hierbei den Zentralbegriff seiner Philosophie. Rousseau definierte ihn zunächst in krasser Gegensätzlichkeit zur Kultur. Kulturelle Entwicklung setzte er gleich mit einer verhängnisvollen Fortentwicklung des Menschen von seinem eigentlichen, ursprünglich positiven Naturzustand. Wissenschaft, Literatur, Künste bzw. sämtliche Kulturleistungen des Menschen waren für Rousseau der Ursprung allen menschlichen Übels, bedeuteten Ursache von Unfreiheit, Ungleichheit und gesellschaftlichem Zerfall.[91]

Rousseau war jedoch genötigt, diesen in seiner ersten und zweiten Preisschrift vertretenen Natur-Kultur-Antagonismus zu relativieren, da er nicht allein an der Kulturkritik, sondern auch an der Verbesserung der menschlichen Gesellschaft interessiert war. Mit seinem Werk *„Contract social"* (Gesellschaftsvertrag) gab er eine Staatstheorie und mit seinem *„Emile"* ihre entsprechende Pädagogik bekannt. Die zentrale Aufgabe, die Rousseau in seinem Gesellschaftsvertrag politisch lösen wollte, lautete: *„Finde eine Form des Zusammenschlusses, die mit ihrer ganzen gemeinsamen Kraft die Person und das Vermögen jedes einzelnen Mitgliedes verteidigt und schützt und durch die doch jeder, indem er sich mit allen vereinigt, nur sich selbst gehorcht und genauso frei bleibt wie zuvor"*[92]. Diese als Quadratur des Kreises anmutende Aufgabe lässt sich analog zu Rousseaus Pädagogik lesen. Die Lösung sah er in der Fortbewegung von der modernen Kultur durch Hinwendung zur Natur. Die Erziehungsidee einer von ihm als „natürliche Erziehung" benannten Erziehung ging von der anthropologischen Annahme aus, dass der Mensch von Natur aus „gut", infolge kulturell erlittener Blessuren jedoch degeneriert und zu regenerieren sei.

---

89 Rousseau 1971 (1762), S. 5.
90 A.a.O., S. 9.
91 Vgl. Rousseau 1. und 2. Preisschrift, zit. in Reble 1971, S. 166-176.
92 Rousseau 1977 (1762), S. 17.

Der degenerierte und zu regenerierende Mensch: Die Vorstellung von der biologischen Sonderstellung des Menschen war zu Zeiten Rousseaus schon bekannt, denn Weltoffenheit und Lernfähigkeit waren die Erkenntnisse, die die anthropologische Grundlegung pädagogischer Theorien seiner Zeit ermöglichten. So war auch für Rousseau der Mensch erziehungs- und lernbedürftig. Im ersten Buch seines *„Emile"* stellte er fest: *„Wir werden schwach geboren und brauchen die Stärke. Wir haben nichts und brauchen Hilfe; wir wissen nichts und brauchen Vernunft. Was uns bei der Geburt fehlt und was wir als Erwachsene brauchen, das gibt uns die Erziehung"*[93]. Den Beginn der geistigen Entwicklung lokalisiert Rousseau in der Zeit ab der Geburt: *„Mit der Geburt sind wir zum Lernen fähig, aber wir wissen nichts und kennen nichts. Die Seele ist in unvollkommene und halbgebildete Organe eingebettet. Sie empfindet nicht einmal ihr eigenes Dasein ... Ich wiederhole: Die Erziehung des Menschen beginnt mit der Geburt. Ehe er spricht, ehe er hört, lernt er schon"*[94].

Das dem neugeborenen Menschen sehr deutlich zugestandene Erziehungsbedürfnis siedelt Rousseau jedoch primär nach dem 12. Lebensjahr an, wenn *„... die Stärke und die Fähigkeit des Geistes ..."*[95] soweit erstarkt sind, dass der bis dahin angesammelte *„Überfluss an Kräften"* einer direkten Schulung zugeführt werden darf. Vor dieser Zeit erschöpft sich die Erziehung in der Kinderpflege, die aus einfacher Nahrung, abhärtenden Badetechniken, schlichter Kleidung und viel Bewegung bestand. Für Rousseau widerspricht positive Erziehung (intentionale, gerichtete Erziehung) der Natur des Menschen und es erscheint ihm nichts wichtiger, als positive Erziehung vom Kind fernzuhalten. Er erinnert sich mit Pathos und seiner ihm eigenen Einbildungskraft an seine (fiktive) Mutter: *„Ich wende mich an dich, liebe und weise Mutter. Du hast es verstanden, dich von der Heerstrasse fernzuhalten und das Bäumchen vor dem Zusammenprall mit der öffentlichen Meinung zu behüten"*[96].

Rousseaus Sorge um das mit Erziehungsmaßnahmen umgebene Kind wird besonders in seinen Vorstellungen zur Kinderpflege deutlich. Er spricht sich für das Aufwachsen in einer freien Landluft aus: *„Städte sind das Grab des Menschen"*[97]. Die Beimischung von Wein in das Wasser zur Waschung Neugeborener findet er unnatürlich und die Angewohnheit, Kinder warm zu baden, hält er für dekadent und gesundheitsgefährdend, da es die Widerstandskräfte der Kinder schwäche. Mit grenzenlosem Vertrauen zu den Selbstentfaltungskräften und einem im

---

93 Rousseau 1971 (1762), S.10.
94 A.a.O., S. 37
95 A.a.O., S. 157
96 A.a.O., S. 9 (Anmerkung: Rousseau meint übrigens, wie er in einer Fußnote bekannt gibt, nicht seine eigene Mutter. Vgl. a.a.O., S. 10).
97 A.a.O., S. 35.

Menschen bereits angelegten Lebensplan, und mit grundsätzlichem Misstrauen gegenüber den menschlichen Kulturleistungen, sieht Rousseau im Aufspüren der menschlichen Anlagen und ihrer Regeneration zum Naturzustand die einzige Möglichkeit, das Spannungsverhältnis Natur-Kultur zu lösen.

Zurück zur Natur: Die bereits angesprochene Sorge um die gefährdete Zeit des Kindes bis zum 12. Lebensjahr zwingt Rousseau zu einer negativen Erziehung. *„Es ist die Zeit, wo Irrtümer und Laster keimen, ohne dass man Mittel hätte, sie auszurotten. Hat man ein Mittel, so sind die Wurzeln bereits so tief, dass man sie nicht mehr ausreißen kann.*[98] *Wäre es nur ein Sprung von dieser Mutterbrust bis ins vernünftige Alter, so wäre die heutige Erziehung richtig … Die erste Erziehung muss also rein negativ sein"*[99]. Rousseaus *„Zurück zur Natur"* ist letztlich der Versuch, eine Idee von Kultur zu verwirklichen, die den Kulturzustand durch die Negation ihrer erzieherischen Anpassung überwinden will.

Natur als Schule: *„Was die Schüler im Schulhof untereinander lernen, ist hundertmal nützlicher als alles, was man ihnen in der Klasse sagen kann"*[100]. Rousseau hält nichts von der Synthetisierung des Lernens. So wie er die natürliche Autorität der Sprache fordert, so ist ihm auch an dem Gebrauch von Erfahrung als Erziehungsmittel gelegen. Sein Grundsatz: *„Haltet eurem Zögling keine Reden: Er darf nur aus der Erfahrung lernen"*[101] trifft auch hier wieder voll zu. Dementsprechend stark fällt auch Rousseaus Abneigung gegen Bücher in der Erziehung aus. Er sagt: *„Ich hasse Bücher"*[102]. *„Die Lektüre ist die Geißel der Kindheit"*[103]. Das einzige Buch, welches er gelten lässt, ist Daniel Defoes Roman *„Robinson Crusoe"* (1719). In ihm wird der Mensch auf die Ausgangslage reduziert, die Rousseau zwecks Zurückeroberung der natürlichen Ordnung wiederherstellen will.[104] Soweit es geht, will Rousseau die künstlichen Lern- und Erziehungsmittel umgehen. Ihm geht es weniger um die Lernmethoden als um die Lernmotivation. **John Lockes** (1632-1704) Idee zum Beispiel, mit Hilfe von Lesewürfeln das Lesen zu lehren, hält Rousseau für ungeeignet. Das Interesse am Lesen solle nicht künstlich geweckt werden. Da Rousseau ein Gegner didaktischen Materials ist und vielmehr dafür plädiert, den Alltag in den Erziehungs- und Bildungsprozess einzubeziehen, ist er auch nicht darauf angewiesen, konkrete Alternativen aufzuzeigen. Vielmehr

---

98 A.a.O., S. 72.
99 Vgl. a.a.O., S. 11.
100 A.a.O., S. 110.
101 A.a.O., S. 71.
102 A.a.O., S. 179.
103 A.a.O., S. 100.
104 Emils fiktive Erziehung fand in ländlicher Umgebung statt.

ist er überzeugt, dass Emil irgendwann mit einer Lebenssituation konfrontiert wird, die in ihm unmittelbar den Wunsch, Lesen zu können, erweckt. Und da sich Rousseaus Pädagogik nicht unter Zeitdruck stellen lässt,[105] ist seine Argumentation sogar schlüssig; denn Zeitgewinn durch Synthetisierung der Erziehung ist bei ihm identisch mit Entfernung von dem im Kind angelegten natürlichen Entwicklungsplan.

Contract social: Rousseaus radikale Kulturkritik sucht Kindheit aus der Macht aller kirchlichen und aristokratischen Autorität zu entreißen, und fernab dieser Zivilisation idealtypisch heranzubilden. Der hierin verborgenen Autonomiekonzeption gibt Rousseau in seiner Staatsidee vom *„Gesellschaftsvertag"(contract social)* ihr politisches Gesicht. Ein gesellschaftlicher Zusammenschluss, der die Summe aller individuellen Freiheitsbegriffe schützt, soll gefunden werden. Der Bürger muss Schritt für Schritt zur Republik, zu einem Volk werden, dass seine Regierung selber einsetzt, befähigt und durch *„Erziehungsarbeit"*[106] entwickelt und seine kulturell *„fehlentwickelten, selbstsüchtigen Interessen"* zugunsten sozialer umgestaltet. Rousseaus fiktiv entworfene Erziehungskonzeption liefert das Menschenbild hierzu. Rousseau war mit seinen politisch philosophischen Schriften einer der geistigen Wegbereiter der französischen Revolution. Seine pädagogischen Schriften, insbesondere sein Erziehungsroman *Emile oder über die Erziehung* beeinflussten nachhaltig besonders die philanthropische Pädagogik des 18. und die spätere Reformpädagogik des 19. Jahrhunderts im deutschsprachigen Raum.
Wenn wir über die Philosophie der Aufklärung und ihre Auswirkungen auf die Erziehungsidee sprechen, ist außer Rousseau besonders **Immanuel Kant** (1724-1804) zu nennen. Er gilt als einer der bekanntesten, wirkungsreichsten und bis heute am meisten rezipierten Philosophen der Aufklärung. Kant, u. a. durch Rousseaus Theorie des Gemeinwillens inspiriert, stellte in seinen philosophischen Arbeiten vier Grundfragen:
• Was kann ich wissen? = Erkenntnistheorie
• Was soll ich tun? = Ethik
• Was darf ich hoffen? = Religionsphilosophie
• Was ist der Mensch? = Anthropologie
Seine Sichtweise von Aufklärung wird in den beiden nachfolgenden Zitaten sehr anschaulich dargelegt. Sie zeigen, dass Aufklärung vor allem ein Sachverhalt ist, der unmittelbar an der Verantwortung eines jeden einzelnen Menschen ansetzt:
„Aufklärung ist der Ausgang des Menschen aus seiner selbstverschuldeten Unmündigkeit. Unmündigkeit ist das Unvermögen, sich seines Verstandes ohne Leitung eines

---

105 Rousseau 1971, S. 72.
106 Vgl. Vogel 1974, S. 96.

70

anderen zu bedienen. Selbstverschuldet ist diese Unmündigkeit, wenn die Ursache derselben nicht am Mangel des Verstandes, sondern der Entschließung und des Mutes liegt, sich seiner ohne Leitung eines andern zu bedienen. Sapere aude! Habe Mut, dich deines eigenen Verstandes zu bedienen! ist also der Wahlspruch der Aufklärung. Faulheit und Feigheit sind die Ursachen, warum ein so großer Teil der Menschen, nachdem sie die Natur längst von fremder Leitung freigesprochen (naturaliter maiorennes), dennoch gerne zeitlebens unmündig bleiben; und warum es anderen so leicht wird, sich zu deren Vormündern aufzuwerfen. Es ist so bequem, unmündig zu sein. Habe ich ein Buch, das für mich Verstand hat, einen Seelsorger, der für mich Gewissen hat, einen Arzt, der für mich die Diät beurteilt usw., so brauche ich mich ja nicht selbst zu bemühen. Ich habe nicht nötig zu denken, wenn ich nur bezahlen kann; andere werden das verdrießliche Geschäft schon für mich übernehmen"[107].

Immanuel Kant

Die Grundvoraussetzungen für die Entfaltung der menschlichen Vernunft und Überwindung des letztlich dogmatischen, metaphysisch-theologischen Weltbildes war also die Heranbildung eines mündigen, sich seines Verstandes bemächtigenden, aufgeklärten Bürgers. Wenn der Zustand gesellschaftlicher Wirklichkeit nicht länger als vom Schicksal gegeben oder von Gott gewollt hingenommen werden sollte, so musste der Mensch mündig werden. Die Aufgabe eines jeden Menschen sollte es nun sein, mündig über sich selbst und seine Zukunft zu urteilen, entsprechende Entscheidungen zur Gestaltung seiner Zukunft zu treffen und auf diese Weise einen Weg der Befreiung von der Schicksalhaftigkeit des Daseins zu finden. Gesamtgesellschaftlich bedeutete dies, dass sich ein Bewusstsein heranbildete, dass Geschichte nicht länger als Erlebtes und Erlittenes, sondern von Menschen als etwas selbst Gestaltbares wahrnehmen sollte.

Aber welche Möglichkeiten haben die Menschen, ihr Schicksal in die eigene Hand zu nehmen? Welche Möglichkeiten zur Beseitigung von Unmündigkeit bleiben dem Menschen? Ein erster Schritt ist, die Dinge eben nicht mehr als gottgewollt hinzunehmen, sondern sie zu hinterfragen. Wenn man so etwas systematisch tut, nennt man das Wissenschaft. Diese schließlich – so glaubt man – schafft das Wissen, den Menschen aus seiner Unmündigkeit zu befreien. Aber allein damit ist es nicht getan. Errungenes Wissen darf nicht verloren gehen, es muss – um weiter wirken zu können – an nachfolgende Generationen weitergegeben werden. Erziehung bekommt hier die Funktion von Bildung. Der Ausgang des Menschen

---

107 Kant Band 8, S. 35.

aus seiner selbstverschuldeten Unmündigkeit, erfährt durch Bildung und Erziehung erst seine gesellschaftliche Form.[108] So nimmt es auch nicht Wunder, dass zur Zeit der französischen Aufklärung die Menschen besonders aktiv wurden, sich über Erziehung und Bildung die Köpfe zu zerbrechen. Eine „Pädagogisierung der Wissenschaft und des ganzen Lebens"[109] war die unausweichliche Konsequenz für die Begeisterung der Nutzanwendung einer Ratio für alle Menschen. „Aber die vernunftgemäße Ordnung der Gesellschaft verwirklicht sich nicht von selbst. Ihr Hebel ist die Erziehung"[110]. Der Mensch ist – wie Kant anmerkte – „ ... *das einzige Geschöpf, das erzogen werden muss*"[111]. „*Der Mensch kann nur Mensch werden durch Erziehung. Er ist nichts, als was die Erziehung aus ihm macht*"[112].
In den anthropologischen und ethischen Grundfragen kommen Rousseau und Kant zu den gleichen Ergebnissen. Sie drücken sich in der Idee einer den Anlagen des Menschen gerechten Erziehung und Bildung und eines nach Regeln der Gerechtigkeit aufgebauten Staatsvertrages aus. Mit dem 18. Jahrhundert war das pädagogische Jahrhundert geboren. Erziehung und Bildung im Kontext der die Aufklärungszeit kennzeichnenden Säkularisierung bedeutete jedoch nicht, dass fortan kirchliche, theologisch begründete Pädagogik und Armenfürsorge nicht mehr stattfanden. Wie wir noch sehen werden, ist das Gegenteil der Fall.

Zusammengefasst:

Weltbild und Philosophie:
* Jean Jacques Rousseau und Immanuel Kant sind die geistigen Wegbereiter für den Erziehungs- und Bildungsgedanken als Schlüssel für die Herstellung von Mündigkeit und einer auf Gerechtigkeit aufbauenden Gesellschaft.
* Rousseaus pädagogische Schriften beeinflussen besonders die Pädagogik des 18. und die spätere Reformpädagogik des 19. Jahrhunderts im deutschsprachigen Raum.
* Nach Kant ist die Überwindung des dogmatischen, metaphysisch-theologischen Weltbildes Grundvoraussetzungen für die Entfaltung der menschlichen Vernunft.
* Die Heranbildung eines mündigen, sich seines Verstandes bemächtigenden, aufgeklärten Bürgers ist damit oberstes Ziel. Der Weg zu diesem Ziel führt einzig über Erziehung.
* Mit dem 18. Jahrhundert ist das pädagogische Jahrhundert geboren.

108 Adorno 1981, S. 133.
109 Vgl. Reble 1980, S. 135.
110 Hofmann 1979, S. 33.
111 Kant Band 9, S. 441.
112 A.a.O., S. 443.

4.3 Kindheit, Jugend und gesellschaftliche Reaktion

Wie sich die Geschichte der Kindheit im Wandel der Beziehung von Pädagogik und Kindheitsstatus vollzogen haben könnte, ist von zwei in Antithese zueinander stehenden Ansätzen historischer Kindheitsforschung untersucht worden. Philippe Ariès sieht die Geschichte der Kindheit als einen Vorgang der Trennung von Kindern und Erwachsenen, die in vorzivilisatorischer Zeit noch in unmittelbarer, sinnlicher Gemeinschaft lebten. Er bezeichnet einen gesellschaftlichen Zustand als vorzivilisatorisch, sofern pädagogische Literatur (u.a. Manierschriften) entweder noch nicht existierten oder aber noch keinen Einfluss auf die Form und Art der Beziehung zwischen Erwachsenen und Kindern nahmen.[113]
Im Gegensatz zu Ariès' zivilisationskritischem Ansatz steht die Theorie von Lloyd de Mause. De Mause vertritt einen psychoanalytischen Ansatz und ist an der Psychogenese und ihrem evolutiven Wandel interessiert. Er wendet sich gegen die von Ariès vertretene These, dass Kinder in der vorzivilisatorischen Gesellschaft aufgrund fehlender Erziehungs- und Kindheitsvorstellungen glücklicher und entfaltungsfähiger gewesen wären.[114] Er sieht das treibende Moment des Einstellungswandels zur Kindheit weder technologisch, noch ökonomisch begründet. Vielmehr setzt er voraus, dass die zentrale Antriebskraft dieses Wandels „... in den ‚psychogenen' Veränderungen der Persönlichkeits- oder Charakterstruktur, die sich aufgrund der Generationsfolge der Interaktionen zwischen Eltern und Kindern ergeben"[115], zu finden ist. Trotz der Gegensätzlichkeit der beiden Ansätze lässt sich übereinstimmend feststellen, dass mit dem beginnenden 14. Jahrhundert eine Entwicklung größer werdender Sensibilität für den Kindheitsstatus in Gang kam. Dies bedeutete aber nicht nur Zunahme von Empathie, sondern auch die Zunahme von Zwängen in den Generationenbeziehungen. Sie vermitteln sich über die Zunahme von Erziehungsinstitutionen (Ariès) sowie über immer enger werdende Beziehungen zwischen den Generationen (de Mause). Die Abkehr vom Bild des Kindes als kleiner Erwachsener, das noch bis zum Spätmittelalter zu beobachten ist, kennzeichnet besonders die Zeit des Humanismus der Neuzeit. Die Entwicklung des Erziehungsgedankens hingegen und die Entfaltung pädagogischer Ideen, die eine kindgerechte Intention – immer gemessen an den Verhältnissen des damaligen Zivilisationsstandes – zum Ausdruck zu bringen suchte, nahmen in der Aufklärung des 17. und 18. Jahrhunderts schließlich so richtig Fahrt auf.

---

113 Vgl. Hengst 1977, S. 15.
114 Vgl. de Mause 1977, S. 18.
115 A.a.O., S. 14.

Erziehungs- und Bildungsverständnis: Ein Beispiel für ein Bemühen um ein kindgerechtes Erziehungs- und Bildungsverständnis lässt sich beim Didaktiker **Wolfgang Ratke** (1571-1635) mit seiner psychologisch ausgerichteten Erziehung und Unterrichtsplanung belegen. In einer seinen didaktischen Schriften (1615) vertrat er das Prinzip des zwanglosen, lustvollen Lernens. *„Man soll die Jugend nicht schlagen zum Lernen oder um Lernens willen ... Es ist auch wider die Natur ... So ist der menschliche Verstand also beschaffen, dass er mit Lust muss fassen, was er behalten soll"*[116]. Und einleitend: *„... die Natur braucht eine andere, ihre bequeme Ordnung, womit der Verstand des Menschen etwas erfasset; ... aller widernatürlich und gewalttätige oder gezwungen Lehren und Lernen ist schädlich und schwächt de Natur"*[117]. Und noch radikaler: *„Nichts werde gelehrt, was wieder verlernt werden muss"*[118].

Ein weiteres Beispiel finden wir bei dem tschechischen Philosophen und Pädagogen **Johann Amos Comenius** (1592-1670). Er forderte die Einführung einer allgemeinen Schulbildung für alle Kinder und entwickelte in seiner *„Didactica magna"* (1628/32) eine Art Sozialisationsmodell. Er erkannte vier Phasen des Aufwachsens, dessen erste Phase, die Kindheit vom 1. bis zum 6. Lebensjahr, in seiner Schrift *„Informationen der Mutterschul"*[119] noch einmal gesondert zur Sprache kam.[120] Ein weiteres Beispiel lässt sich mit der Erziehungslehre des englischen Philosophen **John Locke** (1632-1704) anführen. In ihr wird ein spezielles Verständnis für die Bedeutung der frühen Kindheit deutlich. Kindliches Lernen möchte er spielerisch verstanden wissen, *„... als eine Art des Spiels oder der Erholung"*[121]. Nicht vergessen darf man, dass Lockes Idee der Arbeitsschulen für Kinder vom 3. bis zum 14. Lebensjahr ganz im Interesse des Kapitals stand, das verwertbare, ausbeutungsfähige Arbeiter brauchte; ein Merkmal der Waisenhausgründungen des 17. und 18. Jahrhunderts, auf das wir noch zu sprechen kommen werden.

Arbeits- Zucht- und Waisenhäuser: Eines der schließlich berühmtesten Beispiele finden wir im Pietismus.[122] Mit dem Begriff Pietismus wird eine deutsche Reformbewegung des 17. Jahrhunderts bezeichnet, die von der Irrtumslosigkeit der Bibel ausging. Private Bibelkreise im Haus waren wichtiger als der Gottesdienst in der Kirche. So gesehen war auch der Pietismus eine Reaktion auf die ersten Anfänge

---

116 Wolfgang Ratke: „Artikel, auf welchem sich führnehmlich der Ratichianische Lehrkunst beruhet", zit. in: Reble 1971, S. 113.
117 A.a.O., S. 112.
118 Ratke zit. in: Günther/Hofmann u.a. 1978, S. 117.
119 Informatorium školy materské (1630).
120 Vgl. Reble 1980, S. 109 u. 115 u. Comenius, zit. in Reble 1971, S. 131.
121 John Locke: „Gedanken über Erziehung" zit. in Reble 1980, S. 158 f.
122 Pietas: Pflichtgefühl; Pietismus: Streben nach Frömmigkeit, negativ auch: Frömmelei

August Hermann Francke

der Aufklärung. Der Pietismus war eine Bewegung, die auf eine religiöse und gesellschaftliche Erneuerung und die Vollendung der Reformation zielte. Er trat europaweit und konfessionsübergreifend in Erscheinung. Die Verbesserung der Welt durch tätige Frömmigkeit, eine durch und durch religiöse Lebenspraxis, spielte dabei die zentrale Rolle (praxis pietatis). Hierzu gehört auch die Gründung von Findel- und Waisenhäusern. Hier traten besonders die Pietisten **Philipp Jacob Spener** (1635-1705) und **August Hermann Francke** (1663-1727) hervor. Spener gründete in Frankfurt am Main eine Einrichtung, mit der Arbeits-, Zucht- und Waisenhaus integriert wurden. Francke gründete ungleich größere Einrichtungen in Glaucha bei Halle; die bis heute bekannten *Franckeschen Stiftungen*. Aus der seinerzeit aufkommenden Gründung von privaten Armenschulen und Waisenhäusern ist mit den Franckeschen Stiftungen zu Halle (auch *Glauchasche Anstalten* genannt) eine der größten, auch international bekannten Einrichtungen hervorgegangen. Sie existiert heute noch und beherbergt eine Reihe von kulturellen, wissenschaftlichen, pädagogischen und sozialen Einrichtungen, wie z.B. Kindertagesstätten, Kinderhorte, Generationenhaus, Familienkompetenzzentrum für Bildung und Gesundheit, Schulen, Schul- und Familienangebote, Ferienprogramme, kultur-, museums-, kunst-, medien- und ökopädagogische Angebote sowie Archive, Bibliotheken u.v.m.

Francke war der erste Pädagoge, der gezeigt hatte, dass man mit Armut auch viel Geld verdienen kann. Er war Professor an der neuen Universität in Halle (1692) und Pfarrer in dem Dorf Glauchau vor den Toren der Stadt. Francke zählte bei seinem Amtsantritt in Glauchau ca. 200 Häuser und 37 Kneipen und Absteigen (Schenk- und Wirtshäuser). Mit seinem Amt als Pfarrer stellten sich ihm also Herausforderungen, die für die strengen Prinzipien und Maßstäbe eines Pietisten besonders groß gewesen sein dürften.

Francke gründete eine Armenschule, die schnell zum Waisenhaus wurde. Darauf folgten eine Bürgerschule, eine Lateinschule und eine Mädchenschule. Schließlich erweiterte er seine Zielgruppe um Adlige und reiche Bürger. Er gründete hierfür eine Erziehungsanstalt mit dem Namen *Pädagogium*. Schließlich fasste er alle Schulen und das Waisenhaus zu einer Stiftung zusammen. Die zündende Idee zur Kapitalbeschaffung für seine Stiftung hatte er nicht nur mit der Idee der Ansammlung von Stiftungskapital. Kapitalzuwachs realisierte er vor allem mit seiner Idee der *„erwerbenden Anstalten"*. Eine Buchhandlung, eine Druckerei und eine Apotheke sicherten schließlich die wirtschaftlichen Grundlagen seines Unternehmens. Zum Ende seines Wirkens war eine Schulstadt mit über 2500 Schülern und

Mitarbeitern entstanden.[123] Dieses in seiner Zeit beeindruckende Unternehmen stand für eine Pädagogik, die im Grunde einem pessimistischen Menschenbild folgte.[124] Der Mensch war von Grund auf alles andere als gut, sondern mit der Erbsünde belastet und „*verderbt*".

Zusammenfassend lässt sich feststellen, dass sich in der Zeit der Vor- und Frühaufklärung die Entdeckung der Kindheit, im Sinne des Bestrebens nach einem kindgerechteren Umgang, bereits herausgebildet hatte. Auch wenn sie – wie z.B. bei Locke und Francke – in den Dienst herrschender oder weltanschaulich religiöser Interessen gestellt wurde, so wird ein Wandel im Verhältnis der Generationen gemessen an mittelalterlichen Vorstellungen deutlich. Die Reformer, die Moralisten gegen die Anarchie der mittelalterlichen Gesellschaft, waren schließlich die Vorreiter einer Renaissance des erzieherischen Interesses, die eine Bedeutung der Erziehung für die Schaffung einer sittlichen Ordnung wiederentdeckten.[125] Das neue Interesse an der Erziehung hatte seine Auswirkung auf die Familie. Sie „ … hört auf, lediglich eine privatrechtliche Institution zum Zwecke der Weitergabe von Eigentum und Namen zu sein, sie bekommt eine moralische und geistige Funktion … Die Fürsorge für das Kind weckt neue Empfindungen, schafft eine Affektivität, … Die Eltern begnügen sich nicht mehr damit Kinder in die Welt zu setzen… Die Moral der Zeit verlangt von ihnen, dass sie sämtlichen Kindern … das Rüstzeug fürs Leben verschaffen … Die Schule nimmt nun die Stelle der traditionellen Lehre ein, … die unter dem Schutz der Gerichtshöfe und der Polizei steht … Der außerordentliche Aufschwung der Schule im 17. Jahrhundert ist eine Konsequenz dieses neuen Interesses der Eltern an der Kindererziehung"[126].

Wie schon oben beschrieben, hatten Württemberg, Straßburg im Elsass, Sachsen-Gotha und Braunschweig-Wolfenbüttel die Schulpflicht bereits eingeführt. Andere Landesteile drängten nach. Preußen führte die Schulpflicht 1717 ein. Ein heftiger Kritiker der Pädagogisierungswelle, die in Frankreich noch um einiges intensiver verlief als in Deutschland, war Jean J. Rousseau. Seine einleitenden Worte zu seinem pädagogischen Hauptwerk, dem Erziehungsroman „*Emil oder über die Erziehung*", lesen sich wie eine Anklage gegen die herrschende, als nicht kindgerecht empfundene Praxis.

„Man kennt die Kindheit nicht: mit den falschen Vorstellungen, die man von ihr hat, verwirrt man sich umso mehr, je weiter man geht. Die Klügsten bedenken nur, was

---

123 Günther u.a. 1976, S. 145.
124 Vgl. März 1980, S. 35f.
125 Renaissance insofern, als dass die in Vergessenheit geratenen Unterschiede der Altersklassen des „Neolithikum" und die „griechische paideia", deren Übergangszeit vom Kind zum Erwachsenen im Zeichen der Initiation oder irgendeiner Form der Erziehung standen, wiederentdeckt wurden. Vgl. hierzu Ariès 1960, S. 559f.
126 A.a.O., S. 561.

Erwachsene wissen müssen, aber nicht, was Kinder aufzunehmen imstande sind. Sie
suchen immer nur den Mann im Kind, ohne daran zu denken, was er vor seinem
Mannsein war"[127]. Hier wird bereits angedeutet, dass Rousseau gleichermaßen
Aufklärer und Kritiker der Aufklärung war.

Rousseaus Kritik nimmt die Vorherrschaft eines sich an den Fertigkeiten und
Gelehrtheiten Erwachsener orientierenden Bildungsideals aufs Korn. Dieses Bild
hatte seiner Meinung nach in der gesamten geschichtlichen Entwicklung der Erziehung und Bildung seine Geltung; angefangen von der Urgesellschaft (archaischen Gesellschaft) über die Antike und Sklavenhaltergesellschaft, bis hin zum
Christentum des Mittelalters, weiter über die Renaissance, Reformation und Ge-
genreformation bis schließlich zur Blütezeit des Feudalismus und dessen Verfall
im Spätbarock und beginnenden Zeitalter der Aufklärung.

Rousseau war ein Vertreter des Kleinbürgertums und leidenschaftlicher Kritiker
der herrschenden Feudalordnung. Er vertrat die Auffassung, dass es weder sehr
Reiche noch überhaupt Bettler geben dürfe. Den Schlüssel hierzu sah er in einer
Rückkehr zu einer „natürlichen" Einzelerziehung, einer nationalen Staatserzie-
hung (nicht in Hand von Privaten oder Kirchen) und einem Gesellschaftsvertrag,
in dem das Staatsideal der formalen Gleichheit aller Bürger vor dem Gesetz festgeschrieben sein sollte. Mit der Erziehung von Kindern Armer hatte er hingegen
nichts im Sinn. Die Reichen galten als erziehungsbedürftig, da sie ihm am meisten
‚kulturell verbogen' schienen. Arme hingegen waren aus Rousseaus Sicht diesen
kulturellen Negativeinflüssen am wenigsten ausgesetzt und bedurften folglich keines Korrektivs.[128]

Das ritterlich höfische Bildungsideal und das humanistisch-theologische Bildungsideal, die mit Ende des 17. Jahrhunderts zusammenflossen, hatten aus Rousseaus
Sicht eines gemeinsam. Sie hatten eine falsche Vorstellung von Kindheit. Wie wir
gehört haben, war Kindheit als eigenständige Entwicklungsphase bereits in der
Aufklärung allen bewusst. Kindheit war fester Bestandteil des menschlichen Ge-
fühls- und Gemütslebens (Affektivität). Was Rousseau mit seiner Kritik einführte
war also nicht die Notwendigkeit einer Entdeckung von Kindheit. Vielmehr ging
es ihm um eine andere Vorstellung von Kindheit, einen anderen Kindheitsbe-
griff. *„Alles ist gut, wie es aus den Händen des Schöpfers kommt; alles entartet unter*
den Händen des Menschen." In dieser Anklage wird Rousseaus Annahme eines im
Menschen angelegten Entwicklungsplanes wohl sehr deutlich. Mit dieser Annahme wurde Rousseau zu einem der bekanntesten Vertreter sogenannter *„negativer*
Erziehung". Seine Kritik an der pädagogischen Intervention und sein Votum für
das sich Entwickeln-Lassen bildeten schließlich die Argumentationsbasis sämtli-

---

127 Rousseau 1971 (1762), S. 5.
128 Vgl. Günther/Hofmann u. a. 1976, S. 157.

cher nachfolgender reformpädagogischer Entwicklungen bis in das 20. Jahrhundert hinein.
Die pädagogische Wirklichkeit seiner Zeit prägte Rousseau hingegen nicht. Mit seiner Position war er einer der radikalsten Kritiker und Provokateur der pädagogischen Ideen und Erziehungswirklichkeit seiner Zeit. Sie brachte ihm die Verfolgung durch den französischen Klerus, die Zensur und Verbrennung seines „Emile" und die Flucht vor seiner Verhaftung ein.[129]

Kontrapunkt: Rousseaus Kritik wendet sich gegen ein Erziehungs- und Bildungsverständnis, gegen eine Pädagogik, die wir heute als „Schwarze Pädagogik"[130] bezeichnen würden. Mit dem Glauben an die weltverbessernde Kraft der Erziehung werfen die Erziehungs- und Bildungspraktiken des 17. Jahrhunderts die ersten Schatten dieser schwarzen Pädagogik voraus. Eine kleine Auswahl aus den Erziehungsschriften dieser Zeit gibt einen Einblick[131]:

> *„In zwanzig Jahren durch Erziehung eine neue Welt"* (von J. B. Schupp, 1667)
> *„Notwendigkeit der Postzensur für Anstaltszöglinge"* (von August Hermann Francke, 1722)
> *„Wann ist das Prügeln erfordert?"* (von Johann Gottlob Krüger, 1752)

Diese Schatten einer sich aufbauenden schwarzen Pädagogik sollten im 19. Jahrhundert noch länger werden. Als totale Institutionen einer schwarzen Pädagogik müssen aus heutiger Sicht auch die Formen der mittelbaren Hilfe für verwaiste Kinder und Jugendliche dieser Zeit gesehen werden. Sie griffen in der Gründung von Waisenhäusern um sich. Diese Waisenhäuser waren in der Regel mit einem Werk- und Zuchthaus kombiniert und die Kinder dort nichts anderes als billige Arbeitskräfte für die vorindustriellen, gewerblichen Großbetriebe mit Handarbeit (Manufakturen).[132] Selbst die entgegen dieser Typik im Rahmen von Inspektionen seinerzeit als positiv empfundenen „Halleschen Anstalten" August Hermann Franckes – wir haben sie weiter oben schon kurz kennen gelernt – können hier nicht völlig ausgenommen werden. „Ausschaltung des natürlichen Ichs, Ignorierung seiner schöpferischen Kräfte, Beugung des Willens unter das göttliche Gesetzt (waren, H.L.) der erzieherische Weg, um dem Wirken Gottes im Menschen Raum zu geben. Das gab der Pietistischen Pädagogik in den Halleschen Anstalten ihren strengen gesetzlichen Charakter"[133]. Pietistische Kinderfürsorge stand ganz im Dienste eines religiösen Errettungsbestrebens.
Pädagogisch-didaktisch war Francke durchaus innovativ für seine Zeit. Er suchte mit dem Aufbau eines „Naturalienkabinetts" und lehrreichen Gängen in die Natur

---

129 Vgl. Ahrbeck 1978, S. 103-108.
130 Vgl. Rutschky 1977.
131 A.a.O., in o. g. Reihenfolge S. 58, 184, 170.
132 Vgl. Scherpner 1966, S. 80f.
133 Ranft zit. in Röper 1976, S. 119.

stets auch den anschauenden Unterricht. Auch seine Versuche, die Lehrer seiner Anstalt in diesem Sinne fort- und weiterzubilden waren für seine Zeit einzigartig. Die – im lutherischen Sinne – Öffnung von Erziehung und Bildung für Kinder aller Standesschichten hat nach heutigem Verständnis durchaus sozialarbeiterische und sozialpädagogische Facetten. Sein ökonomisches Geschick schließlich würde Francke in heutiger Zeit den Ruf eines äußerst erfolgreichen Sozialmanagers einbringen. In der Konsequenz unterstütze Francke mit seinem Werk aber noch stark die absolutistische Ordnung seiner Zeit. Sein pädagogisches Konzept war letztlich klassenbezogen differenziert. So sollten arme Kinder in der Regel nicht die Lateinschule besuchen. Seine pietistische Grundhaltung schließlich förderte auch die für seine Zeit sehr strenge Vorstellung von Zucht im erzieherischen Alltag. Das preußische Herrscherhaus fand Franckes Wirken und seine Ideen schließlich ideal, um gehorsame Untertanen für eigene Zwecke zu erhalten. Die Idee des pädagogischen Unternehmertums hingegen, war mit Francke geboren.

Christian Gotthilf Salzmann

Einer der schärfsten Kritiker der Waisenanstalten war der evangelische Pfarrer und Pädagoge **Christian Gotthilf Salzmann** (1744-1811). Salzmann arbeitete an der von **Johann Bernhard Basedow** (1724-1790) gegründeten und geprägten Schule, dem *Philantropinum*, in Dessau. 1784 gründete Salzmann eine eigene Anstalt in Schnepfenthal. Basedow und Salzmann waren Philanthropen.[134] Im *Krebsbüchlein* (1780, 3. Aufl. 1792) kritisierte Salzmann in ungewöhnlicher Form die Erziehungspraktiken seiner Zeit. Mit seinem *Konrad Kiefer* (1796) war er als der deutsche Jean-Jacques Rousseau bekannt geworden. Ähnlich wie in Rousseaus *Emile* stellte Salzmann in seinem Erziehungsroman seine romantischen Erziehungsvorstellungen vor. Im Ameisenbüchlein (1806) sind seine Überzeugung und Ideen von der Notwendigkeit der *„Erziehung der Erzieher"* nachzulesen. Mit seinem sechsteiligen Roman *„Carl von Carlsberg oder über das menschliche Elend"* (1783/87) griff Salzmann die Waisenanstalten an, und er empfahl ihre radikale Auflösung und Unterbringung der Kinder in Pflegefamilien. Auch Basedow kritisierte schon zehn Jahre vor Salzmann die Waisen- und Zuchtanstalten und sprach sich für ihre Abschaffung und die Verteilung der Kinder an arme Bauernfamilien als billige Lohnarbeiter aus.[135]

---

134 Der Philanthropismus (Philanthrop: Menschenfreund) ist eine Wortschöpfung des 18. Jahrhunderts. Er bezeichnet eine deutsche Reformbewegung zur Zeit der Aufklärung. Die philanthropische Pädagogik war besonders von Rousseau inspiriert und Grundlage der späteren Reformpädagogik im 19. Jahrhundert.
135 Vgl. Basedow: Die Konsequenz der Erziehung ist die Erziehungsdiktatur (1773). Zit. in Rutsch-

Ihn trieben aber noch eher ökonomische, denn psychologisch-pädagogische Motive an. Bei aller Kritik, die die Waisenhausgegner an den inhumanen Verhältnissen, denen die Kinder in den Häusern ausgesetzt waren, ins Feld führten, waren die Kostengesichtspunkte das dominierende Motiv, dass zu den vielen Waisenhausschließungen führte. Man rechnete in dieser Zeit sehr genau die Kostenersparnis aus, die bei der Familien- und Verwandtenpflege im Gegensatz zur Unterbringung in den Waisenhäusern entstand. Sie lag immerhin bei knapp fünfzig Prozent.[136] Salzmann war nicht der Urheber, aber einer der theoriegebenden Protagonisten des Waisenhausstreites zum Ende des 18. Jahrhunderts. Dieser Streit wurde in Zeitungen und humanitären Gesellschaften ausgetragen und führte teilweise zu Schließungen von Einrichtungen in Pforzheim, Potsdam, Ludwigsburg, Weimar, Wiesbaden, Darmstadt, Coburg und an verschiedenen Orten Schleswig-Hollsteins und Bayerns.[137] Favorisiert wurde fortan die verstärkte Unterbringung in Pflegefamilien. Die wiederum schlechten Erfahrungen mit den Bedingungen in den Pflegefamilien führten aber letztlich im 19. Jahrhundert zur Durchsetzung einer Anstaltspädagogik.[138]

Zusammengefasst:

Kindheit, Jugend und gesellschaftliche Reaktion:
* Kindheit bedeutet nun vor allem erziehungsbedürftige Kindheit. Dadurch bekommt Kindheit einen eigenen Status.
* Erziehung und Bildung stehen in dem Bemühen um eine diesem Kindheitsstatus als angemessen zu gestaltende Form (z.B. Spiel).
* Die spezifische Form für arme Kindheit wird in der Arbeit gesehen.
* Die Anstaltspädagogik setzt sich durch (Arbeits-, Zucht- und Waisenhäuser).
* Die von dem Pietisten August Hermann Francke gegründeten Armenschulen und Waisenhäusern (Franckeschen Stiftungen/Halle) stehen hierbei Modell.
* Einer der schärfsten Kritiker der Waisenanstalten ist der evangelische Pfarrer und Pädagoge Christian Gotthilf Salzmann. Er ist einer der ideengebenden Protagonisten des ersten Waisenhausstreites in der Geschichte der Heimerziehung.
* Der Glaube an die weltverbessernde Kraft von Erziehung führt in eine lange Geschichte pädagogischer Irrtümer (schwarze Pädagogik).

---

ky 1977, S. 97, S. 100.
136 Vgl. Scherpner 1979, S. 94.
137 Vgl. Niederberger 1997, S. 75.
138 Vgl. Röper 1976, S. 140-160.

4.4 Armut, Hilfebedürftigkeit und gesellschaftliche Reaktion

Nach dem Ende des dreißigjährigen Krieges (1618-1648) zerfiel das Deutsche Reich in über dreihundert souveräne Territorien von Fürstentümern, Reichstädten, Reichsritterschaften, Abteien und Reichsdörfern. Der Westfälische Friede (1648, Rathäuser zu Münster und Osnabrück) garantierte allen das Recht, auch mit dem Ausland Verträge abzuschließen. Nach außen und innen erschien das römisch-deutsche Kaiserreich durch die territoriale Zersplitterung ohnmächtig und gelähmt. Es vollzog sich jedoch eine gewisse Vereinheitlichung im Denken mit Blick auf den Herrschaftsanspruch und die Souveränität der eigenen Landesherren. Dieses Denken kann mit der Idee der legitimen Gewaltsamkeit und des Aufbaus eigener Verwaltungsapparate (Max Weber) zur Sicherung und Durchsetzung der Gewaltmacht des Landesherren beschrieben werden. Dieser Prozess stützte auch den bereits angesprochenen Prozess der Säkularisierung. Die bereits im Spätmittelalter verbreitete Kommunalisierung der Armenfürsorge nahm im 17. und 18. Jahrhundert ihren weiteren Verlauf, nun jedoch in der engen Einbindung der Bemühungen um den Aufbau eigener Verwaltungsapparate in den Territorien. Es entstanden Almosenämter und Armenkassen mit immer mehr besoldeten Armenpflegern *(Armenvögten)* und ehrenamtlichen Honoratioren. Die mit der Reformation einsetzenden Anfänge der Kommunalisierung der Armenfürsorge nahmen ihren weiteren Lauf. Nun wurde genau unterschieden zwischen den einheimischen und fremden Armen. Auch die Frage der Bedürftigkeit, die Entwicklung geeigneter Prüfkriterien, wurde zur zentralen Frage der Almosenverwaltungen.

Versuche einer positiven Bestimmung der Förderung und Unterstützung Armer traf eher die sesshafte Armut. Für die wandernde Armut, seinerzeit als *„Vagantentum"* bezeichnet, bedeutete die rationale Auseinandersetzung mit Armut, geeignete Maßnahmen zur Unterdrückung von Bettelei zu entwickeln. Ende des 18. Jahrhunderts wird der Anteil der Vaganten an der Gesamtbevölkerung auf ca. 10% geschätzt.[139] Diese Zahl macht jedoch das quantitative Problem und die Grenzen der Leistungsfähigkeit für die Gemeinwesen dieser Zeit nicht deutlich. So waren besonders die Gebiete mit hoher Ansiedlung von Klöstern und Kirchen betroffen. Sie waren durch ihre Almosengaben in besonderer Weise geeignet, Anziehungspunkt für umherziehende Arme zu sein. Der Anteil der Vaganten wurde in solchen Fällen auf bis zu einem Viertel der Stadtbevölkerung gezählt.

Flächendeckend entwickelte man nun in den Städten Bettelordnungen, die das Betteln grundsätzlich unter Verbot und Strafe stellten (Landesverweisung, Gefängnis, Körperstrafen und Brandmarken) und allenfalls Ausnahmeregelungen für

---

139 Sachße 1998, S. 102.

bestimmte Orte und Zeiten enthielten. Im 18. Jahrhundert traten die Zwangsarbeit und der Aufbau von Zucht- und Arbeitshäusern an ihre Stelle. Aber das Betteln wurde damit nicht abgeschafft. Grund hierfür war das bereits im Spätmittelalter entwickelte Heimatprinzip. Es führte dazu, dass jede Gemeinde versuchte, Fremde aus ihrer Stadt fernzuhalten oder wieder abzuschieben. Hierzu ein historisches Zitat: *„Wenn nemlich in einem Dorfe sich ein Krüppel oder kranker Bettler findet, der nicht fort kann, so wird er von dem Anspänner, an dem die Reihe ist, aufgeladen, ins nächste Dorf gefahren, dort von neuem aufgeladen und solange herumgefahren, bis er tot ist oder wieder gehen lernt, welches letztere selten geschieht"*[140]. Bezüglich der gesunden Bettler war dies keine Lösung und führte im Ergebnis zu einer herumschweifenden, heimatlosen Armutspopulation. Aus diesen „Bettlerschüben" wurden nicht selten auch „Bettlerjagden". Der Gedanke der Zucht- und Arbeitshäuser – so wie von Juan Luis Vives bereits in der Hochrenaissance vertreten – wurde immer populärer.

Vier Entwicklungsstränge flossen hierbei zusammen:
1. die Tradition der stationären Armenpflege der Hospitäler, Armen- und Waisenhäuser,
2. der Gedanke der Arbeitserziehung,
3. die Ablösung von der Todes- und Körperstrafe durch Zwangsarbeit und Zwangserziehung und
4. die Entdeckung des produktiven Nutzens aller verfügbaren Arbeitskräfte im Dienste der Wirtschaftsförderung (Aufsteigen der Manufakturproduktion mit zunehmender Industrialisierung).

Aber auch das Wissen um die gesellschaftlich bedingten Ursachen von Armut wird größer. So erkannte der bei den Fürstentümern einflussreiche Theologe und Begründer der Statistik als Wissenschaft, **Johannes Peter Süßmilch** (1707-1767), Armut als Folge der aufkommenden Manufakturproduktion. *„Der Reichtum ist eine Mutter der Armut"*[141]. Süßmilch war einer der ersten, der den Fürsten sozial- und wirtschaftpolitische Maßnahmen empfahl, um eine Art soziales Gleichgewicht herzustellen. Kennzeichnend für das 18. Jahrhundert ist sicher ein zentraler Unterschied zu allen Epochen vorher: Die soziale Kontrolle baut Abweichler in die Gesellschaft ein, indem sie sie aus- und einschließt (Arbeitserziehung, Zwangsarbeit, Zwangserziehung).[142]

---

140 A.a.O., S. 110.
141 Süßmilch zit. in Sachße 1983, S. 278.
142 Systemtheoretisch ausgedrückt: „Inklusion durch Exklusion".

Zusammengefasst:

Armut, Hilfebedürftigkeit und gesellschaftliche Reaktion:
- Das Bettlerprinzip wird durch das Arbeitsprinzip abgelöst.
- Armenfürsorge ist weiterhin stark religiös motiviert, aber verbunden mit einer stärkeren Bindung des Helfens an Fragen nach seinem gesellschaftlichen Nutzen.
- Der Ausbau reglementierender Bettelordnungen und einer systematischen, auch ökonomisch nutzbaren Armen-, Waisen-, und Wohlfahrtszwangsfürsorge ist die Folge. Hierbei fließen vier Entwicklungsstränge zusammen:
  - die Tradition der stationären Armenpflege der Hospitäler, Armen- und Waisenhäuser,
  - der Gedanke der Arbeitserziehung,
  - die Ablösung von der Todes- und Körperstrafe durch Zwangsarbeit und Zwangserziehung und
  - die Entdeckung des produktiven Nutzens aller verfügbaren Arbeitskräfte im Dienste der Wirtschaftsförderung (Aufsteigen der Manufakturproduktion mit zunehmender Industrialisierung).
- Das Wissen um die gesellschaftlich bedingten Ursachen von Armut wird größer.

Die Zeit der Aufklärung ist noch nicht abgeschlossen. Im Grunde hält sie heute noch an, aber wir nennen die heutige Epoche die Moderne. Wenn modern „neuzeitlich, neuartig" heißt, dann kann man sagen, dass die Aufklärung gegenüber dem Mittelalter bereits modern war. Man kann aber weiterhin feststellen, dass es innerhalb der Aufklärung wiederum neuartige, also moderne Entwicklungen gab. Eigentlich ist dies in allen Epochen ein Merkmal, da jede Zeit auch ihre Kritiker fand und findet, die eine Unzufriedenheit mit ihrer Zeit empfanden: *„Das Unbehagen in der Kultur"*[143], wie es der Begründer der Psychoanalyse, **Siegmund Freud** (1856-1939), später einmal treffend bezeichnete. Dieses Unbehagen will etwas anderes, als gesellschaftlich vorgeschrieben wird.

So lassen sich in der Aufklärung drei weitere Phasen ausmachen: Die Klassik, der Idealismus und die Romantik. In der Zeit der Klassik, des Idealismus und der Romantik ging es weiterhin um die Idee der Aufklärung. Aber, ähnlich schon wie bei Rousseau, ging es auch hier um eine Art von geistiger Gegenbewegung zur Aufklärung.

---

143 Freud 1939, S. 64.

4.5 Zusammenfassung: Aufklärung

1. **Wie kann die allgemeine gesellschaftliche Charakteristik beschrieben werden?** Vom 17. Jahrhundert bis zum Ende des 18. Jahrhunderts vollzieht sich in Europa ein gesellschaftlicher Wandel von der höfischen Barockkultur zu einer rein bürgerlichen Kultur. Vor allem wird mit dem Begriff der Aufklärung die Befreiung des Volkes aus den Fesseln der Adelsherrschaft (Absolutismus) verbunden. Die zentralistischen Machtstaaten mit ihrer Monarchie und Feudalherrschaft sollen abgeschafft und durch Volksregierungen ersetzt werden. Die Abschaffung der bestehenden Wirtschafts- und Standesschranken sollen jedem Einzelnen den Zugang zu Wohlstand und Bildung ermöglichen. Mit der Aufklärungszeit ist die Befreiung des Menschen aus den materiellen und ideellen Herrschaftsansprüchen des Adels (Absolutismus) und der Kirche (Säkularisierung) gelungen. Aufklärung bedeutet somit sowohl die Befreiung von materieller, als auch von geistiger Herrschaft (Emanzipation).

2. **Von welchem Weltbild und welcher Philosophie ist diese Zeit geprägt und welche geistigen Protagonisten und Ideengeber sind maßgebend in der Behandlung der sozialen Fragestellung?** Die geistige Entwicklung wird von der Idee des selbständigen Denkens und Handelns des Subjekts bestimmt. Dem erkennenden Subjekt wird fortan ein Rationalismus zugetraut, der nach glatten, widerspruchsfreien Lösungen auf allen gesellschaftlichen Ebenen sucht. Der Verstand und die praktische Vernunft (Kant) gehen über Mystik und Glaube. Jean Jacques Rousseau und Immanuel Kant sind die geistigen Wegbereiter für den Erziehungs- und Bildungsgedanken als Schlüssel für die Herstellung von Mündigkeit und einer auf Gerechtigkeit aufbauenden Gesellschaft. Rousseaus pädagogische Schriften beeinflussen besonders die Pädagogik des 18. und die spätere Reformpädagogik des 19. Jahrhunderts im deutschsprachigen Raum. Nach Kant ist die Überwindung des dogmatischen, metaphysisch-theologischen Weltbildes Grundvoraussetzung für die Entfaltung der menschlichen Vernunft. Die Heranbildung eines mündigen, sich seines Verstandes bemächtigenden, aufgeklärten Bürgers ist damit oberstes Ziel. Der Weg zu diesem Ziel führt einzig über Erziehung. Mit dem 18. Jahrhundert ist das pädagogische Jahrhundert geboren. Aufklärung lebt als philosophische Idee heute noch. Sie sucht sich in der kulturellen Assimilation und politischen Angleichung und Anpassung unterschiedlicher gesellschaftlicher Gruppen und Ethnien ihren Weg. Sie folgt dem Grundgedanken der Emanzipation als Ausdruck von Befreiung von jeglicher geistiger und materieller Herrschaft und Bevormundung.

3. **Welche Einstellungen zur Kindheit und Jugend allgemein sowie zu ihren Beschädigungen im Speziellen herrschen in dieser Zeit vor und wie drückt sich
   dies organisatorisch und programmatisch im Erziehungs- und Bildungsverständnis aus?** Kindheit bedeutet nun vor allem erziehungsbedürftige Kindheit.
   Dadurch erhält Kindheit einen eigenen Status. Erziehung und Bildung stehen
   in dem Bemühen um eine diesem Kindheitsstatus als angemessen zu gestaltende Form (z.b. Spiel). Die spezifische Form für arme Kindheit wird in der
   Arbeit gesehen. Die Anstaltspädagogik setzt sich durch (Arbeits-, Zucht- und
   Waisenhäuser). Die von dem Pietisten August Hermann Francke gegründeten
   Armenschulen und Waisenhäusern (Franckeschen Stiftungen/Halle) stehen
   hierbei Modell. Einer der schärfsten Kritiker der Waisenanstalten ist der evangelische Pfarrer und Pädagoge Christian Gotthilf Salzmann. Er ist einer der
   ideengebenden Protagonisten des ersten Waisenhausstreites in der Geschichte
   der Heimerziehung. Der Glaube an die weltverbessernde Kraft von Erziehung
   führt in eine lange Geschichte pädagogischer Irrtümer (schwarze Pädagogik).

4. **Welche Einstellungen zur Armut und Hilfebedürftigkeit prägen diese Zeit
   und wie drücken sich diese organisatorisch und programmatisch im Umgang mit Armut aus?** Das Bettlerprinzip wird durch das Arbeitsprinzip abgelöst. Armenfürsorge ist weiterhin stark religiös motiviert, aber verbunden mit
   einer stärkeren Bindung des Helfens an Fragen nach seinem gesellschaftlichen
   Nutzen. Der Ausbau reglementierender Bettelordnungen und einer systematischen, auch ökonomisch nutzbaren Armen-, Waisen- und Wohlfahrtzwangs-
   fürsorge ist die Folge. Hierbei fließen vier Entwicklungsstränge zusammen:
   a) die Tradition der stationären Armenpflege der Hospitäler, Armen- und
   Waisenhäuser, b) der Gedanke der Arbeitserziehung, c) die Ablösung von der
   Todes- und Körperstrafe durch Zwangsarbeit und Zwangserziehung und d)
   die Entdeckung des produktiven Nutzens aller verfügbarer Arbeitskräfte im
   Dienste der Wirtschaftsförderung (Aufsteigen der Manufakturproduktion mit
   zunehmender Industrialisierung). Das Wissen um die gesellschaftlich bedingten Ursachen von Armut wird größer.

Die allgemeine Schiefheit der Menschen in allen bürgerlichen Verhältnissen
und ihre allgemeine Verhärtung im gesellschaftlichen Zustand
ist eine Folge der inneren Verstümmelung der Naturkräfte
unseres Geschlechts in diesem Stand.
(Johann Heinrich Pestalozzi, 1797)

5 Klassik, Idealismus, Romantik: Von der Arbeitserziehung bis zur Erziehungsarbeit

5.1 Allgemeine gesellschaftliche Charakteristik

Die Klassisch-idealistische Epoche wird in der Zeit vom letzten Drittel des 18. Jahrhunderts bis zum ersten Drittel des 19.Jahrhundert verortet (ca. 1770-1830). Diese Zeit wird oft auch der Aufklärungsepoche zugerechnet. Dennoch spricht einiges dafür, die klassisch-idealistische Epoche gesondert zu betrachten. Mit ihr sind sowohl Veränderungen im wirtschaftlich-politischen als auch im literarisch-philosophischen Bereich angesprochen. Das Bürgertum stieg weiter auf, und die Standesunterschiede und politischen Schranken wurden abgebaut. Auch wurde in den veränderten Einstellungen zum Staat das Volk stärker zum Subjekt des politischen Geschehens (französische Revolution, Freiheitskriege usw.). Erste verfassungs- und wohlfahrtsstaatliche Ansätze werden erkennbar. Vielleicht mehr als die Veränderungen auf politisch-wirtschaftlichem Gebiet wirken die geistig-weltanschaulichen Auseinandersetzungen in und aus dieser Zeit.

Zusammengefasst:

Allgemeine gesellschaftliche Charakteristik:
* Weiterer Aufstieg des Bürgertums und Abbau der Standesunterschiede.
* Staat wandelt sich ansatzweise zum Kultur- und Verfassungsstaat.
* Der Mensch und sein Verlangen nach Individualität stehen im Mittelpunkt.

5.2 Weltbild und Philosophie

Zwei geistige Strömungen treffen aufeinander: der Geist der Aufklärung und – als eine Art Gegenbewegung – die Ideen der „Sturm-und-Drang Periode", der „Klassik", und der späteren „Romantik". Geistig-weltanschaulich gelangt die Zeit der deutschen Klassik in Dichtung und Philosophie über die rationalistische Einstellung der Aufklärung hinaus. Sie rückt die irrationalen und individuellen Kräfte des Menschen mehr in den Mittelpunkt. Nicht allein die Gesellschaft, sondern das Individuum rückte in den Vordergrund philosophischer und damit auch pädagogischer Betrachtungen. In der Dichtung („Sturm und Drang") tritt das Irrationale in den Vordergrund. Die folgende „Klassik" prägt der Versuch des Ausgleichs von Rationalem und Irrationalem, während mit der „Romantik" wieder die Rückkehr zum Irrationalen beobachtbar wird.

Die dem Rationalismus der Aufklärung entgegen gesetzte Naturbegeisterung fand in Deutschland ihren Niederschlag in einem neuen Lebensgefühl, das sich in der Sturm-und-Drang-Dichtung des mittleren 18. Jahrhunderts literarisch manifestierte. „Das aufkommende ‚Maschinenwesen' hatte Goethe schwere Beklemmungen gemacht"[144]. Was Rousseau bereits mit seinem Protest gegen den Rationalismus der Aufklärung andeutete, wird im Protest der Jugend gegen das „tintenklecksende Säkulum" und der Wiederentdeckung der Irrationalität polemisch zum Ausdruck gebracht. Dieser auch als „Deutsche Bewegung" bezeichnete Aufstand der Jugend fand seine hauptsächlichen Vertreter in **Johann Wolfgang von Goethe** (1749-1832), **Johann Gottfried Herder** (1744-1803), **Jakob Michael Reinhold Lenz** (1751-1792), **Friedrich Maximilian von Klinger** (1752-1831) und **Johann Christoph Friedrich von Schiller** (1759-1805). Die Wiederentdeckung der Irrationalität suchte eine Synthese zwischen den sich widerstreitenden Kräften von Rationalität und Irrationalität. Hierbei fand eine gewisse Rückbesinnung zu den Werten des bürgerlichen Lebens statt, das im Dienst an der Gemeinschaft stehen sollte. Dieser Wandel, der literarisch bei Goethe und Schiller zu verzeichnen war und dessen Philosophie in erster Linie durch **Johann Gottlieb Fichte** (1762-1814), **Friedrich Wilhelm Joseph Schelling** (1775-1854) und **Friedrich Daniel Ernst Schleiermacher** (1768-1834) vertreten wurde, bekam in der Dichtung der Romantik[145] des ausgehenden 18. Jahrhunderts eine erneute, sich gegen die späte Aufklärung richtende Form des Protestes. „Aus ihr spricht nicht jugendliches Kraftgefühl wie beim Sturm-und-Drang, ... sondern eher ... Disharmonie und Erlösungsbedürfnis"[146].

---

144 Litt 1955, S. 43.
145 Zum Beispiel Friedrich Freiherr von Hardenberg, der sich Novalis (1772-1801) nannte und Joseph von Eichendorff (1788-1857).
146 Reble 1980, S. 173.

Zusammengefasst:

Weltbild und Philosophie:
- Der rationale Geist der Aufklärung und die Ideen des „Sturm-und- Drang", der „Klassik", und der späteren „Romantik" treffen aufeinander.
- Es formiert sich eine geistige Gegenbewegung im „Sturm-und-Drang" und der späteren Romantik. Nicht die einseitige Betonung des rationalen, sondern auch die Betrachtung der irrationalen Seiten des Menschen finden stärkere Beachtung (Gefühle, Liebe, Ängste, Zorn usw.).
- Das Individuum wird stärker im Spannungsfeld von gesellschaftlichen und eigenen Bedürfnissen wahrgenommen.

5.3 Kindheit, Jugend und gesellschaftliche Reaktion

Die „Sturm-und-Drang"-Bewegung hatte für die Entwicklung des Bildungsgedankens und das spätere Bildungswesen in Deutschland eine große Bedeutung. Der in der Aufklärung propagierten Verstandesbildung wurde das Bild des individuell in sich gebildeten Menschen entgegengesetzt. *„Jeder sei auf eigene Art ein Grieche, aber er sei's"*[147]. Nicht der angepasste Bürger mit rational verwertbaren Eigenschaften soll das Ziel von Bildung sein. Vielmehr soll der Mensch in seinen emotionalen und phantasiebezogenen Bedürfnissen und Kräften gesehen werden. Auch hier schwingen Ideen Rousseaus mit.

Rousseaus Wirkungsgeschichte verlief in Frankreich in erster Linie auf politischem Gebiet. In Deutschland hingegen beeinflussten seine Einstellungen zur Kindheit und Erziehung die literarische und pädagogische Szenerie. Mit Rousseau setzte sich eine veränderte Einstellung zum Kindheitsstatus durch. Sie fand ihren Ausdruck in der Annahme einer kindspezifischen Emotionalität und Bildungsbedürftigkeit. Die mittelalterliche Einstellung: *„Wer ein Kind sieht, sieht nichts"*[148] wurde von Vorstellungen einer Kindheit als einem eigenständigen Wert abgelöst. *„Ein Kind sei euch heiliger, als die Gegenwart, die aus Sachen und Erwachsenen besteht"*[149] sagte der deutsche Schriftsteller und Bewunderer Rousseaus, **Johann Paul Friedrich Richter**, der sich **Jean Paul** (1763-1825) nannte.

Die Förderung des Kindes, bei gleichzeitig zielgerichteter Disziplinierung, war besonders in den Familien der Oberschicht des 18. Jahrhunderts anzutreffen. Es „... manifestierte sich erstmals ein ausgeprägtes psychologisches Interesse an der

---

147 Goethe zit. in Reble 1980, S. 176.
148 Whiting, zit. in Tucker, in: de Mause 1977, S. 327.
149 Jean Paul: „Levana oder Erziehlehre" 1963 (1807), S. 20 (Jean Paul hieß ursprünglich Johann Paul Friedrich Richter. Seine Namensänderung ist auf seine große Bewunderung für J.J. Rousseau zurückzuführen).

Kindheit, das auf dem Wissen um die prägende Bedeutung von Kindheitsein-drücken beruhte"[150]. Das ,Kindsein' in den Oberschichten bedeutete aber etwas anderes als in den nichtbesitzenden Klassen. So konstatiert Norbert Elias in seiner Theorie der soziokulturellen Evolution die zunehmende „Psychologisierung der Verhaltensvorschriften, d.h. ... ihre stärkere Durchtränkung mit Beobachtungen und Erfahrungen ..."[151] als den Ausdruck für „... die rascher fortschreitende Ver-höflichung der Oberschicht"[152]. Während in der Oberschicht die Verhaltensmodi-fikation das Kindsein hier berührten, hielt sich in den Unterschichten auch noch über das 18. Jahrhundert hinaus die ältere gleichmütige Einstellung gegenüber den Kindern als ein von den existentiellen Nöten der Eltern abhängiges Produkt. So stößt man auch noch in dieser Zeit auf Berichte von den auf Londons Mist-haufen „verrottenden Säuglingen"[153] der Unterschichtsfamilien.

Wir hatten es also zum einen mit einem zunehmenden Schonraum der Kindheit in der Oberschicht und zum anderen mit den vom Erziehungsprozess weitgehend ausgeschlossenen, durch Armut und Gleichgültigkeit benachteiligten, weggege-benen oder getöteten Kindern der Unterschicht zu tun. Die sich anbahnende Durchpädagogisierung aller Lebensbereiche der Kinder der Oberschicht ging mit dem durch Vernachlässigung hervorgerufenen physischen und psychischen Miss-brauch von Kindern der Unterschicht einher.[154] An dem eigentlichen Kindheits-status schien sich bis dahin nicht viel verändert zu haben. ,Kindsein' bedeutete somit immer auch in gewisser Weise ,Opfersein'; entweder Opfer mangelnder Fürsorge und Elternliebe oder Opfer zu reichlicher Erziehungsbemühungen.

Den von der Aufklärungspädagogik inspirierten Pädagogen, den Philanthropisten, stand ein großes, Erziehungsideen anreizendes Potential gegenüber. Man machte sich zum Anwalt des Kindes. Wie sehr der Kindheitsstatus reflektiert und als ein Faktum der Willkür und Ausbeutung definiert wurde, mag der folgende Original-auszug aus einer Erziehungsschrift Ch. G. Salzmanns, dem Krebsbüchlein (1792), verdeutlichen. Wir hatten Salzmann bereits weiter oben im Zusammenhang des Waisenhausstreites als ein Verfechter der Kinderrechte kennengelernt. Seine An-klage liest sich wie ein Plädoyer hierfür:

„In den Ländern, die wir nur in der Absicht besuchen, um uns mit ihren Schätzen zu bereichern, sind nun einmal durch ein, die Menschheit entehrendes Vorurteil, den Landesbewohnern die Rechte der Menschheit entwunden, und den Europäern das unumschränkte Recht, sie zu mißhandeln, zugestanden worden... Aber wozu diese Weitläufigkeit, da wir solche Krempel in der Nähe haben können? Gleichwohl hat

---

150 Hardach-Pinke/Hardach 1968, S. 49.
151 Elias 1999, S. 375.
152 Ebenda.
153 Vgl. Johansen 1978, S. 129f.
154 Vgl. de Mause 1977, S.17.

doch auch bey uns das Vorurteil eine gewisse Gattung der Menschen zur völligen Un-
terjochung verdammt, und ihren Beherrschern eine unumschränkte Freiheit, sie nach
eigener Willkür zu behandeln, zugestanden. Die Grausamkeiten unter denen sie win-
seln, sind zahllos. So wie die ersten Christen alles Unglück, das sich im römischen
Reiche ereignete, entgelten mussten: so müssen auch diese gemeiniglich allen Verdruss
empfinden, der in ihrer Vorgesetzten Häuser entsteht, ohne dass sie sich verantworten
dürfen. Sie werden oft in Gesellschaften zur Beschimpfung aufgestellt, und haben keine
Erlaubnis, deswegen zu klagen; man peitscht sie, man haut sie mit Ruthen, oft ohne et-
was verwirket zu haben; oft martert man sie mit langsamen Qualen zu Tode, und die
mehresten ihrer empfindsamen Mitbürger hören ihr Geschrey, sehen sie peinigen, ohne
hierinne etwas unbilliges zu finden. Diese, unter dem Drucke seufzende Menschenart
sind die Kinder, und ihre Unterdrücker die Eltern"[155].

Die Philanthropen prägten mit einer Fülle von volkspä-
dagogischen Publikationen (Didaktischen Schriften,
Methodenbüchern, Lesebüchern, Erziehungsroma-
nen, Schulplänen) und Reformideen des Schulwesens
(Philanthropine) den pädagogischen Trend des 18.
Jahrhunderts. Der Grundgedanke von der Menschwer-
dung durch Erziehung bestimmte die erziehungsfreu-
digen Intentionen bis in die Zeit der Industrialisierung
hinein. Das von der klassischen und romantischen
Dichtung und in der Philosophie beschworene Huma-
nitätsideal kennzeichnete hingegen in dieser Zeit nicht

Johann Heinrich Pestalozzi

die pädagogische Wirklichkeit von Kindern der Unter-
schicht. Dies wollte der Schweizer Pädagoge **Johann Heinrich Pestalozzi** (1746-
1827) ändern.

Armen- und Waisenhäuser: Mit Pestalozzi – stark von Rousseau inspiriert – betritt ein Pädagoge die Bühne der Armenerziehung, der weit über die Landesgren-
zen hinaus Beachtung fand. Mit Pestalozzi ist der Gedanke einer Volkserziehung
für Kinder aller Schichten verbunden. Er suchte nach einem Modell der Armenerziehung, das in seiner pädagogischen Beziehungsgestaltung über die bei Francke
praktizierte Form von Erzieherliebe als Stilmittel hinausgehen sollte. Pestalozzi
entwickelte für seine Arbeit eine sogenannte Elementarmethode. Ihr liegt die
Auffassung zugrunde, dass Kompliziertes aus Einfachem zusammengesetzt ist.
Demnach müsse es darum gehen, das Kind in einem geplanten Prozess von der
ersten sinnlichen Anschauung zu begrifflicher Erkenntnis zu führen. Das Kind

---

155 Salzmann 1792, S. IVf.

müsse hierfür an die Anschauung der einzelnen Elemente, aus denen das Ganze besteht, herangeführt werden. Dieses „Anschauungsprinzip" erfreute sich unter den Erziehern seinerzeit zunehmender Beliebtheit.[156] Pestalozzis Pädagogik lässt sich aber nicht auf die Elementarmethode reduzieren. Für Pestalozzi stand die christliche Liebe (agape) als völlige Hingabe des Erziehers an das bedürftige Kind im Zentrum seiner Pädagogik. Eine Sichtweise, mit der er sich selbst in seinen Einrichtungen nicht ohne Selbstüberforderung immer wieder ins Zentrum seiner Erziehungs- und Lehrtätigkeit stellte. Er galt als der erste, der den neuzeitlichen Bildungs- und Erziehungsgedanken mit dem Grundgedanken der Hilfeleistung verknüpfte. Auch stellvertretende, ersetzende Erziehung sollte sich dabei an dem Modell der Familie orientieren. An einer Entwicklung und Verbesserung der Lebenslage der Armen war aber auch bei Pestalozzi nur im Rahmen der von ihm akzeptierten Standesgrenzen gedacht. Auch seine Vorstellung, dass die Kinder für ihren eigenen Unterhalt arbeiten sollten, war selbst für diese Zeit befremdlich.[157] Pestalozzi gründete seine erste Einrichtung in Neuhof (1774-1780). Seine zweite Einrichtung war das Waisen- und Armenhaus in Stans. Die Erfahrungen, die er dort machte, sind bis heute in seinen sogenannten „Stanser Briefen" von 1799 dokumentiert. Weitere Institute folgten in Burgdorf (1800-1804) und Yverdon (1804-1825).

Bis in die heutige Zeit ist die Grundfigur der familienorientierten Erziehung in der Sozialen Arbeit präsent. Mit der Orientierung an dem Familienideal begann in der Fremderziehung eine „morphologische Lüge"[158], wie Josef M. Niederberger es etwas drastisch beschreibt. Kritisiert wird damit die Tatsache, dass eine Erziehung, die sich am Familienideal orientiert, niemals dieses Ideal auch glaubhaft praktizieren kann. Diese Form der Erziehung gibt – durchaus in guter Absicht – vor, Familie zu sein. Sie kann es rein faktisch aber nicht umsetzen, da sie die Qualität elterlicher und geschwisterlicher Beziehungen letztlich berufsmäßig nicht herstellen kann. Bei Pestalozzi wäre der Vorwurf der Lüge sicher nicht angemessen. Man kann jedoch von einem Irrtum sprechen, denn Lüge geschieht stets vorsätzlich und wider besseres Wissen. Bei Pestalozzi war der Glaube an das Familienideal aber durchaus von der Überzeugung einer pädagogisch organisierten Übertragbarkeit getragen.

Pestalozzi erzielte mit seinen pädagogischen Schriften, ähnlich wie Rousseau, viel Erfolg. Zu seinen Lebzeiten bezog man sich auf seine Schriften, so z.B. auch **Friedrich Wilhelm Christian Carl Ferdinand von Humboldt** (1767-1835)[159], auf den die Einführung des bis heute bei uns bestehenden dreigliedrigen Schulsystems

---

156 Vgl. Arbeitsgruppe Pädagogisches Museum 1981, S. 33.
157 Vgl. Röper 1976, S. 172.
158 Niederberger 2002, S. 174.
159 Geläufig unter dem Namen: Wilhelm von Humboldt.

zurückzuführen ist.[160] Aber nicht nur Humboldt ist ein Beispiel für die Wirkung, die von Pestalozzi ausging. Pestalozzi wurde zu einer Zentralfigur der Pädagogikgeschichte. Seine zahlreichen pädagogischen Schriften, besonders die Niederschriften seiner pädagogischen Arbeit im Kloster Stans (Stanser Brief, 1799) und sein vierteiliger Volksroman *Lienhard und Gertrud* (1781/1787) gerieten in der zweiten Hälfte des 19. Jahrhunderts und darüber hinaus in den Diskurs der Pädagogik, der schließlich unter dem Begriff *Sozialpädagogik* geführt wurde. In seiner praktischen Arbeit hingegen scheiterte Pestalozzi letztlich an seinen eigenen Ansprüchen. Er musste alle Einrichtungen nach relativ wenigen Jahren wieder schließen. Sein zuletzt gegründetes Erziehungsinstitut (in Yverdon) hielt sich zwar über zwanzig Jahre, zerbrach aber schließlich an den Streitigkeiten über seine Nachfolge und wurde geschlossen.

Ein bis heute bekanntes Erfolgsmodell legte hingegen **Friedrich Wilhelm August Fröbel** (1782-1852) vor. Fröbel, oft als Jünger Pestalozzis bezeichnet, erfand den Kindergarten. Eigentlich war dies ein Nebenprodukt seiner Arbeit. Im Kern ging es ihm um die Entwicklung einer umfassenden Erziehungslehre und Spieltheorie. So entwickelte er z.B. eine Lehre von den Phasen der kindlichen Entwicklung. Er unterschied zwischen Säuglingsphase, Kleinkindphase und Knabenphase. Die Phasen begriff er als Entwicklungsstufen des Kindes und er ordnete ihnen spezifische Formen des Erlebens von *Ich* und *Welt* zu. Die in den Stufen gegebenen Bildungsaufgaben koppelte er eng an die phasenabhängigen Bedürfnisse des kindlichen Spiels. Hieraus entstanden auch die bis heute bekannten Fröbelschen Lehr- und Beschäftigungsmittel als Mittel der Fremd- und Selbstbildung (sogenannte *„Fröbelsche Spielgaben"*). Bezeichnenderweise beschrieb Fröbel seine 1817 gegründete *„Allgemeine deutsche Erziehungsanstalt"* (zunächst in Grießheim, dann nach Keilhau bei Rudolfstadt verlegt) auch als *„Anstalt zur Pflege des Beschäftigungstriebes für Kindheit und Jugend"*[161]. Auch ist mit Fröbel die Entstehung des Berufes der Kindergärtnerin, dem Vorläufer der heutigen Erzieherinnenausbildung, verbunden. Seine Erfahrungen und Ideen publizierte Fröbel werbewirksam in den *„Kleinen Keilhauer Schriften"*. Der in der heutigen Diskussion geforderte Gedanke des Bildungsauftrages als ein Merkmal der Qualifizierung von Pädagogik in Kinder- und Tageseinrichtungen kann durchaus an Fröbels Erziehungslehre anknüpfen.

Friedrich Fröbel

---

160 In Humboldts Plänen waren dies die Elementarschulen, die Gymnasien und die Universitäten. Heute versteht man unter Dreigliedrigkeit des Schulsystems das System der weiterführenden Schulen nach dem Besuch der Grundschule (Hauptschule; Realschule; Gymnasium).
161 Vgl. Reble1980, S. 228.

Der von der Aufklärung und Romantik stark beeinflusste Fröbel erweckte bald den Argwohn der preußischen Regierung. Hierfür war nicht nur die Namensverwechselung mit seinem Neffen Karl Fröbel verantwortlich. Sein Erziehungsideal des freien, selbsttätigen, denkenden Menschen brachte ihn in den Ruf eines Demagogen, Atheisten und Aufrührers. Der Begriff von der vorschulischen Erziehung wurde von Fröbel geprägt. In allen Landesteilen entstanden neue Kindergärten und bestehende Einrichtungen reorganisierten sich nach dem Fröbel-System. Die Revolution (1848), die Fröbel ausdrücklich begrüßte, scheiterte hingegen. Mit dem preußischen Kindergartenverbot, dem sich auch weitere deutsche Staaten anschlossen, wurde Fröbels Lebenswerk als sozialistisch denunziert und zu seinen Lebzeiten zerstört. Erst acht Jahre nach seinem Tod wurden Kindergärten wieder zugelassen (1860).

Kontrapunkt: So sehr Kindheit im 18. und 19. Jahrhundert zunehmend zur Projektionsfläche von Erziehung und Errettung wurde, so wenig ist damit gesagt, dass sich die Situation von Kindheit und Jugend grundlegend verbesserten. Eine kleine Auswahl von Erziehungsschriften zeigt dies deutlich:[162]

> *„Aufforderung zur Unterwerfung" (Friedrich Eberhard von Rochow, 1772)*
> *„Die Konsequenz der Erziehung ist die Erziehungsdiktatur" (Johann Bernhard Basedow, 1773)*
> *„Notwendige Willkür des irdischen Vaters als Vertreter des himmlischen" (Joachim Heinrich Campe, 1779)*
> *„Erklärung des pädagogischen Totalitarismus" (Ernst Christian Trapp, 1784)*
> *„Wodurch man das Geständnis der Onanie erlangt" (Peter Villaume, 1787)*
> *„Einkreisung eines fehlerhaften Kindes" (Joachim Heinrich Campe, 1788)*
> *„Warum Kinder verzichten sollen und Erwachsene genießen dürfen" (C. F. Weisse, 1791)*
> *„Der erzieherische Wert einer Hinrichtung" (C. F. Weisse, 1791)*
> *„Eine Inszenierung des Strafaktes" (Christian Gotthilf Salzmann, 1796)*
> *„Untergang der Welt durch Onanie" (Johann Sailer, 1809)*
> *„Die Erziehung, ein ewiger, doch heiliger Krieg" (Johann Sailer, 1809)*
> *„Die Indizien für onanistische Betätigung" (August Hermann Niemeyer, 1810)*
> *„Die Stahlarznei der Männlichkeit"[163] (Jean Paul, 1811)*
> *„Der Erzieher ist ein Organ der Gottheit" (B. Blasche, 1828)*

So müssen die von Rousseau inspirierten Philanthropen Basedow, Salzmann, Campe, Trapp, Rochow, der Humanist Jean Paul, die Volkserzieher Pestalozzi und

---

162 Vgl. Rutschky 1977, in o.g. Reihenfolge S. 4, 97, 83, 150, 19, 183, 282, 6, 392, 322, 149, 303, 292, 65.

163 Hierunter verstand man verdeckt inszenierte Degen- und Mantelstücke, wie z.B. den plötzlichen Überfall der friedlich durch die Heide wandernden Familie (Der Übeltäter war ein vom Vater gekaufter Schauspieler, der vor den Augen der nichtsahnenden Ehegattin und ihren Kindern vom todesmutigen Vater in die Flucht geschlagen wurde. So sollten die Kinder Mut und Ehre aus erster Hand erlernen).

Fröbel – wie viele andere aus der Zeit der deutschen Aufklärung auch – nicht nur aus der Perspektive ihrer reformerischen Kraft, sondern auch aus dem Blickwinkel der damit neu geschaffenen Probleme gesehen werden. Diese lagen vor allem in der für diese Zeit nicht untypischen Sexualfeindlichkeit und – Fröbel ausgenommen – körperlichen und psychischen Züchtigung. Hiervon kann man weder Pestalozzi noch Salzmann und erst recht nicht Francke ausnehmen. Obwohl sie auf die Liste „schwarzer Pädagogik" zu setzen sind, ist ihre ideengeschichtliche Wirkung auf die weitere Geschichte der Sozialpädagogik und Sozialarbeit nicht zu unterschätzen. Ihre publizistische Tätigkeit machte letztlich ihre Erfolgsgeschichte aus.

Gelegentlich wird in historischen Analysen festgestellt, dass die in der Geschichte der Pädagogik und Sozialen Arbeit als Klassiker hochgehaltenen Pädagogen des Pietismus und Philanthropismus in der praktischen Erziehungsarbeit scheiterten.[164] Was ihre praktischen Erziehungskompetenzen anging, waren sie sinnbildlich in gewisser Weise ihrem Vorbild J. J. Rousseau sehr ähnlich. Rousseau ließ praktische Erziehungskompetenz in eigener Zuständigkeit offensichtlich missen, er gab jedes seiner fünf Kinder im Findelhaus ab. Nun ist die Feststellung des Scheiterns in derartigen Analysen stets bemüht, sich nicht naiv und damit ahistorisch an den Maßstäben heutiger Vorstellungen und Theorien einer vernünftigen Pädagogik auszurichten. Alles andere wäre unwissenschaftlich und unredlich. So sind z.B. Beschwerden der Eltern über die drastischen Erziehungsmethoden Franckes und auch die ablehnende Verwunderung von Dorfbewohnern über die häufigen Prügelstrafen Pestalozzis belegt.[165] Unbestreitbar leuchten jedem die psychologisch verheerend wirkenden Folgen der Erziehungspraktiken dieser Zeit als plausible Kennzeichen einer letztlich scheiternden Pädagogik ein.[166] Dennoch muss man fragen, ob mit dem moralisch aufgeladenen Begriff des Scheiterns ein Erkenntnisgewinn verbunden sein kann. Einer Analyse der pädagogischen Wirkungsgeschichte stehen moralische Kategorien jedenfalls im Wege. Historische Positionen müssen stets auch danach befragt werden, ob es in der Zeit ihrer Entwicklung schon progressivere Positionen mit einer weiterreichenden Praxis gegeben hat.[167] Aus dieser Perspektive kann man dann vom Scheitern der hier behandelten Personen nicht mehr sprechen.

---

164 Für die Einordnung in die Pädagogikgeschichte vgl. allgemein bei Rutschky 1980. Zu Salzmann vgl. Niederberger 1997, S. 78; zu Pestalozzi vgl. a.a.O., S. 84ff; zu Francke vgl. a.a.O., S. 66ff. und Röper 1976, S. 119.
165 Vgl. Röper und Niederberger a.a.O.
166 Vgl. Rutschky a.a.O.
167 Vgl. Müller 1999, S. 119.

Zusammengefasst:

> **Kindheit, Jugend und gesellschaftliche Reaktion:**
> * Vorstellungen einer kindspezifischen Emotionalität und Bedürfnislage setzen sich immer mehr durch. Hiervon sind überwiegend die Kinder der oberen Schichten betroffen.
> * Arme Kindheit gerät hingegen kaum in den gesellschaftlichen Schonraum von Bildung und Erziehung und fällt weiterhin einer gewissen pädagogischen Gleichgültigkeit und den Verwertungsinteressen von Anstaltspädagogik zum Opfer.
> * Mit Pestalozzi wird der Grundgedanke der Erziehung mit dem Grundgedanken von Hilfe verbunden. Der Begriff von der vorschulischen Erziehung wird von Fröbel geprägt.
> * Man macht sich zum Anwalt des Kindes.
> * Pietistische und philanthropische Hilfeideale werfen hingegen ihre Schatten pädagogischer Selbstüberschätzung voraus und hinterlassen eine Pädagogik voller Irrtümer („schwarze Pädagogik").

5.4 Armut, Hilfebedürftigkeit und gesellschaftliche Reaktion

Deutschland war in der Mitte des 18. Jahrhunderts nur ein geographischer Begriff, und wurde erst mit der Reichsgründung 1871 zu einem nationalen Begriff. Der größte Teil der Bevölkerung, ca. 70 bis 80 Prozent, lebte noch auf dem Lande.[168] Mit der zweiten Hälfte des 18. Jahrhunderts ist die Entstehung eines Frühproletariats verbunden. Starkes Bevölkerungswachstum, eine auf Gewinnerzielungsabsichten reformierte Landwirtschaft und die ansteigende Entwicklung der staatlich unterstützten Manufakturarbeit, die teilweise auch im staatlichen Monopolbesitz betrieben wurde, waren hierfür ausschlaggebend. Merkantilisierung[169] und insbesondere in Preußen die Militarisierung waren die Ursachen für einen gesamtgesellschaftlichen Disziplinierungsprozess. Die Disziplinierung der Menschen durch Gutsherrenschaft und Heereswesen strahlte auf eine Sozialdisziplinierung des gesamten Armenwesens aus.

Die gewinnorientierte Landwirtschaft beeinflusste die landwirtschaftliche Produktion. Die Kartoffel trat in der zweiten Hälfte des 18. Jahrhunderts ihren Siegeszug in Deutschland an, in München nicht zuletzt durch die Initiative des englischen

---

168 Vgl. Sachße/Tennstedt 1998, S. 179.

169 Der Merkantilismus war im absolutistischen Europa die herrschende Wirtschaftsform. Ziel war die Erhaltung bzw. Vermehrung der Geldmenge im eigenen Land. Das Mittel hierfür war die positive Handelsbilanz der Gesamtwirtschaft, d.h.: Der Export soll den Import von Gütern übertreffen. Entsprechend werden Exporte staatlich gefördert, Importe durch Zölle gehemmt.

Offiziers und Erfinders der sogenannten Armensuppe, dem späteren Reichsgrafen von Rumford, **Benjamin Thompson** (1753-1840)[170]. Kartoffeln sowie der Anbau von Flachs, Tabak, Hopfen und besonders Getreide sowie der gleichzeitige Rückgang der Viehwirtschaft gaben der feudal-agrarischen Gesellschaft Auftrieb und verschlechtern die Ernährungslage der Bevölkerung drastisch. Bauern wurden mit einer unerträglichen Abgabenlast an Grundherrn, Leibherrn, Gerichtsherrn, Landesherren, Kirchen sowie Leistungen zur Erhaltung gemeindlicher Einrichtungen (u.a. Wege, Brücken, Schulen und Armenkassen) überzogen. Preissteigerungen und stagnierende, teilweise fallende Löhne, trugen zur Verarmung bei.
Die zunehmende Manufakturarbeit[171] zerstörte immer mehr kleine Handwerksunternehmen, so dass es den Handwerkszünften nicht mehr gelang, die soziale Sicherung ihrer Mitglieder sicherzustellen. Das preußische Militär verschlang viele junge Menschen, die der Landwirtschaft und dem Gewerbe fehlten. Frauen und Kinder wurden zunehmend in die gewerbliche Produktion gezwungen.
Verarmte Bauern, Handwerker, Witwen, Waisen, Kranke und Verkrüppelte, insbesondere Preußens aktive und ehemalige Soldaten, bildeten fortan die wachsende Armenbevölkerung. So stieg die Armutsbevölkerung in Berlin z.B. in der Zeit von 1750-1801 um das Neunfache.[172] Hinzu kam die wachsende Zahl der umherziehenden Armen. Unter ihnen bildeten sich auch zunehmend organisierte Diebesbanden, die in Deutschland erstmals zwischen der zweiten Hälfte des 18. Jahrhunderts und dem beginnenden 19. Jahrhundert auftraten.
Nach der französischen Revolution (1789-1799) galt der Grundsatz der Staatsarmenpflege. Im ausgehenden 18. Jahrhundert kam es in einer Reihe deutscher Städte zu einer Reihe von Reformen in der Armenhilfe für Erwachsene. Das eingangs erwähnte Prinzip der Disziplinierung spielte hierbei eine tragende Rolle. So stand die Einführung der Arbeitsverpflichtung in den folgenden Armenreformen im Vordergrund. Ein weiteres Reformkennzeichen war die Einführung des Eh-

---

170 Thompson war ein Mann mit einer etwas schillernden Karriere: Kaufmännische Lehre, Gelegenheitsarbeiten und wandernder Schulmeister in Amerika, Besuch von Physikvorlesungen in Harvard, Heirat einer reichen Witwe, Flucht zu den britischen Truppen, Reise nach England und Militärkarriere, danach Wechsel in den Dienst des bayrischen Kurfürsten, was ihn später zum Kriegsminister und Reichsgrafen werden ließ. Thompson war ein Erfinder und Tüftler. Er trug zur Weiterentwicklung der Wärmelehre (im Zusammenhang mit Öfen) und der Verbesserung von Schusswaffen (im Zusammenhang mit Schwarzpulver) bei, regte den Bau des sogenannten „Englischen Gartens" an, der zur Erholung der Soldaten und der Verbesserung ihrer landwirtschaftlichen Fähigkeiten aber auch als allgemein zugänglicher Park dienen sollte. Thompson erfand unter anderem auch die angeblich nahrhafte sogenannte Rumfordsche Armensuppe (Knochenbrühe, Hülsenfrüchte, Graupen, Kartoffeln, Wurzeln, Essig und ggf. Fleisch). Die Suppe fand Verbreitung in den Armenanstalten ganz Europas (Vgl. Sachße 1983, S. 279).
171 In erster Linie Seide, Samt, Gold, Silber, Porzellan; vgl. a.a.O., S. 95.
172 A.a.O., S. 101.

renamtes. Ausgangspunkt war die Gründung der Hamburger Armenanstalt von 1788 und die bürgerliche Armenpflege in Elberfeld. Die Armenpflege in Elberfeld hatte 1800 als geschlossene Armenpflege begonnen. Sie war Vorläufer des späteren offenen Elberfelder Systems. Zentrale Merkmale der Reform waren:

• Arbeitszwang,
• kommunale Arbeitsbeschaffung,
• Dezentralisierung durch Bezirkseinteilung,
• Hausarmenpflege und
• ehrenamtliche Wahrnehmung der Aufgaben der Armenfürsorge.

Auch die Hamburger Kinder- und Jugendfürsorge orientiert sich an dem Prinzip des Arbeitszwanges für erwachsene Arme. Die Hamburger Armenreform ist als das erste bürgerschaftlich organisierte Engagement zur Verbesserung der Kinderfürsorge bekannt. Unter der Leitung des Hamburger Handelskaufmanns **Caspar Voght** (1752-1839) wurde die Kinderfürsorge gesondert nach dem Muster der Hamburger Armenanstalt weiterentwickelt. Unterricht und Arbeitserziehung wurden für alle Armenkinder Hamburgs verbindlich. Die Idee des Arbeitszwangs für Kinder war aber nicht neu, wenn wir uns an Pestalozzi erinnern. Auch in der Erwachsenenfürsorge ist uns dies bereits bei J. J. Vives begegnet. Neu hingegen ist, dass sich der Staat dieses Prinzips bedient. Die Hamburger Armenreform von 1788 – hier insbesondere durch den Theologen **Johann Georg Büsch** (1728-1800) getragen – fand Nachahmung in Bremen (1779), Lübeck (1801) und Braunschweig (1805).

Die napoleonischen Kriege und die französische Besatzung führten zum Ende der Hamburger Armenreform. Nach Kriegsende (1814) wurde das Modell nicht weiter verfolgt. Liberalistische Ideen aus England nahmen nun Einfluss auf die Armenfürsorge. Zunehmend fand eine Bevölkerungstheorie Anerkennung, die sich strikt gegen private und erst recht staatlich gelenkte Wohltätigkeit wandte. **Thomas Robert Malthus** (1766-1834), ein britischer Ökonom – vormals Pfarrer – versuchte mathematisch zu belegen, dass das Bevölkerungswachstum gleich einem naturgesetzlichen *„struggle for existence"*[173] stets überproportional zum Wirtschaftswachstum steigt. Mit seinem Bevölkerungsgesetz versuchte Malthus nachzuweisen, dass staatliche Interventionen zur Bekämpfung von Armut selbige nur verschärfen würden, da sie dazu beitrügen, den Kinderreichtum armer Bevölkerungsschichten noch zu verstärken. Nur die Nicht-Unterstützung und Abschaffung der Armenfürsorge würde zu einem quasi evolutiven Ende der Ar-

---

173 Charles Robert Darwin (1808-1882), einer der Mitbegründer der Evolutionstheorie, übertrug übrigens diese ökonomische Analyse von Malthus auf die biologische Evolution als „survival of the fittest" (nicht umgekehrt!).

mut führen.[174] Malthus Gedanken führten in England zu einer Verschärfung der Armengesetzgebung und Sanktionen für die Antragsteller. Wer öffentliche Unterstützung durch die Armenhilfe bezog, verlor die bürgerlichen Ehrenrechte, das Wahlrecht für das Kommunal- und das Landesparlament. Außerdem musste er die Einweisung in ein Arbeitshaus zwecks Feststellung seines Arbeitswillens fürchten. Das Arbeitshaus wurde 1865 obligatorisch in England und Wales eingeführt. Die geplante abschreckende Wirkung war enorm.[175]

Für die deutsche Entwicklung geht man davon aus, dass Malthus' Ideen zur Entwicklung liberaler Gesellschaftspolitik und in den politischen Bestrebungen zur Schaffung eines liberalen Rechtsstaates beigetragen haben. Liberale Politik sieht sich einer Haltung verpflichtet, die staatliche Eingriffe in das Leben von Gesellschaft, Wirtschaft und Familie weitestgehend ablehnt.[176]

Zusammengefasst:

Armut, Hilfebedürftigkeit und gesellschaftliche Reaktion:
- Merkantilisierung und Militarisierung lassen den Anteil der Armutsbevölkerung drastisch ansteigen.
- Nach der französischen Revolution (1789-1799) gilt der Grundsatz der Staatsarmenpflege. Die Folge ist eine Armenreform mittels verstärkten Aufbaus einer systematischen, kommunalen Armenfürsorge.
- Die Einführung der Arbeitsverpflichtung steht in den Armenreformen im Vordergrund.
- Das Prinzip des Arbeitszwanges setzt sich endgültig durch.
- Armenverordnungen und Armengesetzgebungen werden fortan im Geiste liberaler Gesellschaftspolitik verschärft.

5.5 Zusammenfassung: Klassik

1. **Wie kann die allgemeine gesellschaftliche Charakteristik der jeweiligen Epoche beschrieben werden?** Die Zeit der Klassik wird der Aufklärungsepoche zugerechnet. Mit der klassisch-idealistischen Epoche sind Veränderungen im wirtschaftlich-politischen aber auch im literarisch-philosophischen Bereich angesprochen. Die Gesellschaft erlebt einen weiteren Aufstieg des Bürgertums und den Abbau von Standesunterschieden. Mit den veränderten Einstellungen zum Staat wird das Volk stärker zum Subjekt des politischen Geschehens (französische Revolution, Freiheitskriege usw.). Der Staat wandelt sich ansatzweise

---

174 Vgl. Malthus 1977 (1798), S. 20-27 und S.45f.
175 Vgl. Müller 1999, S. 32ff.
176 Vgl. Scherpner 1979, S. 117ff.; vgl. auch Engelke 2002, S. 179-188.

zum Kultur- und Verfassungsstaat. Erste verfassungs- und wohlfahrtsstaatliche Ansätze werden erkennbar. Ebenso wie die Veränderungen auf politisch-wirtschaftlichem Gebiet wirken die geistig-weltanschaulichen Auseinandersetzungen in dieser Zeit. Der Mensch und sein Verlangen nach Individualität stehen im Mittelpunkt.

2. **Von welchem Weltbild und welcher Philosophie ist diese Zeit geprägt und welche geistigen Protagonisten und Ideengeber sind maßgebend in der Behandlung der sozialen Fragestellung?** Der rationale Geist der Aufklärung und die Ideen des „Sturm-und-Drang", der „Klassik" und der späteren „Romantik" treffen aufeinander. Es formiert sich eine geistige Gegenbewegung im „Sturm-und-Drang" und der späteren Romantik. Nicht die einseitige Betonung des rationalen, sondern auch die Betrachtung der irrationalen Seiten des Menschen finden stärkere Beachtung (Gefühle, Liebe, Ängste, Zorn usw.). Das Individuum wird stärker im Spannungsfeld von gesellschaftlichen und eigenen Bedürfnissen wahrgenommen.

3. **Welche Einstellungen zur Kindheit und Jugend allgemein sowie zu ihren Beschädigungen im Speziellen herrschen in dieser Zeit vor und wie drückt sich dies organisatorisch und programmatisch im Erziehungs- und Bildungsverständnis aus?** Vorstellungen einer kindspezifischen Emotionalität und Bedürfnislage setzen sich immer mehr durch. Hiervon sind überwiegend die Kinder der oberen Schichten betroffen. Arme Kindheit gerät hingegen kaum in den gesellschaftlichen Schonraum von Bildung und Erziehung und fällt weiterhin einer gewissen pädagogischen Gleichgültigkeit und den Verwertungsinteressen von Anstaltspädagogik zum Opfer. Mit Pestalozzi wird der Grundgedanke der Erziehung mit dem Grundgedanken von Hilfe verbunden. Der Begriff von der vorschulischen Erziehung wird von Fröbel geprägt. Man macht sich zum Anwalt des Kindes. Pietistische und philanthropische Hilfeideale werfen hingegen ihre Schatten pädagogischer Selbstüberschätzung voraus und hinterlassen eine Pädagogik der Irrtümer („schwarze Pädagogik").

4. **Welche Einstellungen zur Armut und Hilfebedürftigkeit prägen diese Zeit und wie drücken sich diese organisatorisch und programmatisch im Umgang mit Armut aus?** Merkantilisierung und Militarisierung lassen den Anteil der Armutsbevölkerung drastisch ansteigen. Nach der französischen Revolution (1789-1799) gilt der Grundsatz der Staatsarmenpflege. Eine Armenreform mittels verstärkter Bestrebungen nach dem Aufbau einer systematischen, kommunalen Armenfürsorge ist die Folge. Die Einführung der Arbeitsverpflichtung steht in den Armenreformen im Vordergrund. Das Prinzip des Arbeitszwanges setzt sich endgültig durch. Armenverordnungen und Armengesetzgebungen werden fortan im Geiste liberaler Gesellschaftspolitik verschärft.

6 Die hochkultivierte Zeit aus gesellschaftstheoretischer Sicht

Zeitdimension: Die hochkultivierten Gesellschaften umfassen in etwa die Zeitepochen: Mittelalter-Renaissance-Aufklärung-Klassik. Evolutionär betrachtet sind hochkultivierte Gesellschaften hoch entwickelte Gesellschaften, in denen die Gesellschaftszugehörigkeit über die Zugehörigkeit zu einer sozialen Schicht und der Akzeptanz von Rangdifferenzen gekennzeichnet ist. Hochkultivierte Gesellschaften bestehen aus großen, wenig überschaubaren, vertikal geordneten Einheiten (Städte, Fürstentümer, Reiche) mit oraler und schriftlicher Kommunikation. In dieser Gesellschaftsform hat sich eine produktive und wirtschaftliche Arbeitsteilung (Landwirtschaft, Gewerbe und Handel) ausgebildet. Ebenso hat sich eine Herrschaftsordnung mit spezifischen Rangdifferenzierungen, Rollen, Ämtern und Verfahren mit Anfängen der Individualisierung von Persönlichkeit ausgebildet.

Sachdimension: Im Vergleich zu der sich später entwickelnden modernen Gesellschaft und der vorherigen archaischen Gesellschaft sind hochkultivierte Gesellschaften stratifikatorisch differenziert. Hochkultivierte Gesellschaften sind stratifikatorisch differenziert, da sie in weitestgehend ungleichen Einheiten (Schichten, Ständen, Klassen) leben, die für sich gegenseitig Umwelt sind. Hochkultivierte Gesellschaften stellen demnach ungleich differenzierte Einheiten auf höherer Entwicklungsstufe mit hoher Komplexität dar. Der Mensch gehört als Mitglied seines Standes (seiner Schicht, seiner Klasse) mit seiner gesamten Identität dazu oder wird bei Regelverstoß in untere Schichten, Stände, Klassen verwiesen. Karriereaufstieg ist die Ausnahme, nicht die Regel. Sein Platz in der Gesellschaft wird dem Menschen durch Zugehörigkeit zu einer sozialen Schicht zugewiesen. Er ist immer weniger Teil von einem Ganzen. Der Teil (Stand, Schicht, Klasse) wird zu seinem Ganzen. Dies gibt ihm seine Identität und zwingt ihn im Fall des Ausschlusses (Abstieg oder Aufstieg) zu einer neuen Identität.

Sozialdimension:
Helfen als eine Form des Bedarfsausgleiches in hochkultivierten Gesellschaften drückt einen schichtenmäßig gefestigten Status aus und wird zur Standespflicht. Es findet ein Wandel statt vom vertraglichen, teilweise professionalisierten Helfen hin zum organisierten Helfen. Geld und Reglementierung von Geld als Bedarfsausgleich sein auffallende Merkmale von Hilfe in dieser Zeit. In der Zeit des Mittelalters bis zur Renaissance wird das Motiv zur Umkehrbarkeit der Hilfelagen infolge Arbeitsteilung und Schichtendifferenzierung seltener. Die Motivation zur Hilfe stellt sich immer weniger unmittelbar dar (Entpflichtung) und muss daher

zunehmend kulturell vermittelt werden (Verpflichtung). Vom Helfen wird die reziproke Form der Hilfeleistung abgetrennt und durch die Form des Konsensualvertrages (z.b.: Hilfe gegen Seelenheil oder Hilfe gegen Geldzahlung) ersetzt und dadurch die Motivation zur mittelbaren Hilfeleistung stabilisiert. Unmittelbares Helfen wird zur guten Tat und zur Tugend (freiwillige Pflicht; ritterliche Freigebigkeit, aristokratische Fürsorge). Mittelbares Helfen geschieht auf der Basis moralisch generalisierter Wertgrundlagen ohne Frage nach Wirksamkeit für die jeweilige Schicht oder darüber hinaus. Hilfe wird nicht reziprok vergolten, sondern honoriert a) in professionalisierten Formen durch Geld (Ärzte, Priester, Juristen) und b) in alltäglicher Form durch Seelenheil. Bedarfsausgleiche erstrecken sich über längere, von der Bedeutung der Ereignisse unabhängige Zeit. Der Geldmechanismus vermittelt universell alle Befriedungsmöglichkeiten, tritt an die Stelle von Dankbarkeit und wird zum generalisierten Hilfsmittel. Die Bedarfsdeckung reduziert sich auf ein Problem der Geldverteilung.

In der Zeit der Aufklärung geraten Hilfe gegen Geld, und Geld als Hilfe moralisch und wirtschaftlich zunehmend in Misskredit: Moralisch, da Armut nicht mehr als Gott gegebenes Schicksal angesehen wird; wirtschaftlich, da Almosen immer mehr in Konflikt mit der wirtschaftlichen Kapitalbildung gerät. Die Liquidität des Geldes führt dazu, dass Hilfe von überall her kommen kann und damit auch vergleichbar wird. Es gibt aber noch keinen allgemeingültigen Maßstab für jeweils angemessene Hilfe. Es gibt immer andere, die mehr Hilfe benötigten und oder andere, die mehr Geld geben können. Diese Vergleichbarkeit drückt Hilfe auf ein Minimum ab.

In der Zeit der Klassik wird Mildtätigkeit zur Zumutung und Selbstausbeutung. Allenfalls im privaten Raum kann sie noch in der Form von Generosität eine Rolle spielen. Allgemeine, fremde Hilfe braucht eine neue, von individuellen Entschlüssen unabhängige und verlässliche Form. Organisationen ergeben diese Form.

7 Reflexionsvorschläge zur hochkultivierten Zeit

1. **Pädagogisierung des Helfens:** In der Neuzeit bekommt der Gedanke von Bildung und Erziehung als Mittel gegen Armut Bedeutung. Spätestens mit den PISA- bzw. OECD-Bildungsstudien und den regelmäßigen Armuts- und Reichtumsberichten der Bundesregierung weisen empirische Befunde darauf hin, dass mangelnde Bildung ein Armutsrisiko darstellt. Kann Soziale Arbeit auch zu einer besseren Bildung beitragen und wenn ja, welches Bildungsverständnis sollte sie dann vertreten? *(Stichworte: Kindergarten und Bildungsauftrag; soziales Lernen; informelle und nichtformelle Bildung; Schlüsselqualifikationen; soft-skills; Jugendhilfe und Schule; Schulsozialarbeit).*

2. **Aktivierende Hilfe:** Hilfe wurde bereits im späten Mittelalter an die Verpflichtung zur Arbeit gekoppelt. Wer in heutiger Zeit Arbeitslosengeld II erhält, sich jedoch nicht ausreichend auf dem Arbeitsmarkt bewirbt und/oder Arbeits- oder Qualifizierungsangebote ablehnt, bekommt weniger Unterstützung. Ist dieser Ansatz eines gesellschaftlichen Zwanges – oder positiv ausgedrückt: des Forderns und Förderns – hilfreich für Individuum und Gesellschaft? Birgt dieser Ansatz nur Chancen oder auch Risiken? *(Stichworte: Zumutbarkeitsklausel; Langzeitarbeitslosigkeit; De-Qualifizierung).*

3. **(Re)-Privatisierung des Helfens:** Die mittelalterliche Armenfürsorge orientierte sich moralisch an den „sieben Werken der Barmherzigkeit". Seit Beginn der 1990er Jahre gewinnt man den Eindruck, dass einige dieser Barmherzigkeitsakte auch in der professionellen Sozialen Arbeit aufleben. Der rapide, bundesweite Anstieg von sogenannten „Tafeln"177, immer mehr Mittagsküchen, Kleider- und Einrichtungskammern in sozialen Brennpunkten erinnern an einige dieser mittelalterlichen Werke der Barmherzigkeit („Durstige tränken", „Hungrige speisen", „Nackte bekleiden"). Ist die Einrichtungen von solchen Hilfsdiensten, für die es keinen gesetzlichen Anspruch gibt, mit dem Anspruch professioneller Sozialer Arbeit vereinbar oder hat dies mit professionell begründeter Hilfe nichts mehr zu tun, sondern nur noch mit Mildtätigkeit? *(Stichworte: Soziale Gerechtigkeit; Charities; sozialpolitische Effekte des mildtätigen Helfens; Fürsorge versus Empowerment).*

4. **Privatisierung und Ökonomisierung des Helfens:** Die Idee, dass sich soziale Einrichtungen das Kapital für ihre Arbeit selber beschaffen, hatte bereits August Hermann Francke mit seiner Idee der „erwerbenden Anstalten" in den Jahren 1695 bis 1720 äußerst erfolgreich umgesetzt. Auch die heutigen über 430 Kinderdörfer von Hermann Gmeiner finanzieren sich nur etwa über 1% aus öffentlichen Mittel, da die Finanzierung über unterschiedlichste Formen der Privatfinanzierung gesichert wird (Sponsoring, Beiträge, Gönner, Patenschaften, Stiftungen, Zustiftungen, Nachlässe, Testamente, Schenkungen, Spenden, PR Aktionen usw.). Würde man diese Form des Helfens – die in Amerika im übrigen Tradition hat – wieder einführen, käme dies für uns einer Art der Re-Privatisierung und auch Ökonomisierung von Wohltätigkeit gleich. Wäre dies auch ein Weg für unsere Gesellschaft? *(Stichworte: Fundraising, Sponsoring und seine sozialpolitischen Effekte; Sozial- und Wohlfahrtsstaat; Stiftungswesen; Kommunitarismus).*

---

177 Tafeln sind freigemeinnützige Organisationen, die überschüssige Lebensmittel im Handel und bei Herstellern einsammeln und kostenlos an sozial und wirtschaftlich benachteiligte Menschen verteilen. Nach den ersten vier Gründungen von 1994 in den Städten Hamburg, Berlin, Düsseldorf und München ist die Anzahl in 2008 auf über 800 Tafeln angestiegen (vgl. ZEIT Magazin Nr. 1/2008).

5. **Familiarisierung des Helfens:** Bereits im 18. Jahrhundert entbrannte der erste Streit um die bessere Ersatzerziehungsform: Pflegefamilie oder Heim? Einer der schärfsten Kritiker der Waisenanstalten war derzeit der evangelische Pfarrer und Pädagoge Christian Gotthilf Salzmann. Die letzte große Auseinandersetzung in dieser Frage wurde in den 1970er Jahren mit der sogenannten „Heimkampagne" („Holt die Kinder aus den Heimen") geführt. Heimerziehung wurde aber nicht abgeschafft. Vielmehr wurde sie reformiert und hat sich zu einem sehr differenzierten Erziehungs- und Betreuungssystem entwickelt. Unter anderem hat man sich hierbei auch an familienanalogen Betreuungsangeboten orientiert (Wohngruppe, sozialpädagogische Pflegestelle usw.). Lässt sich die Frage nach der besten Erziehungshilfe mit der Frage „Familie oder Heim?" beantworten? *(Stichworte: Heimrevolte und Heimkampagne; Differenzierung der Heimerziehung; Pflegefamilien, Pflege- und Adoptionsvermittlung).*

III. Moderne und spätmoderne Gesellschaft

Der Begriff der „Moderne" ist als Epochenbegriff etwas unscharf. Er wird mit der Überwindung des mittelalterlichen Denkens in Verbindung gebracht, also in etwa mit dem späten Mittelalter und Beginn der Neuzeit (1250-1450). Gelegentlich findet man hierfür auch den Begriff „Frühmoderne". Überwiegend wird die Moderne jedoch mit Entwicklungen in Verbindung gebracht, die im 18. und 19. Jahrhundert begannen:
• Geistesgeschichtlich mit der Aufklärung,
• politisch mit der Französischen Revolution,
• ökonomisch mit der Industrialisierung.
Der Begriff „moderne Gesellschaft" ist auch sozialevolutiv abgrenzbar vom Begriff der „hochkultivierten Gesellschaft". Mit ihm ist der Wandel von Gesellschaft als Umbruch in allen Bereichen des individuellen, gesellschaftlichen und politischen Lebens gegenüber der Tradition markiert und wäre hiernach bereits mit der Aufklärungsepoche anzusetzen. Dieser Umbruch ist jedoch eher geistesgeschichtlich und weniger als bereits konsolidierte Gesellschaftsform erkennbar. Dies geschieht erst mit der Industrialisierung und ihren darin gegebenen tiefgreifenden, gesellschaftlichen Strukturveränderungen. Daher wird die beginnende Moderne, die Herausbildung der sogenannten „modernen Gesellschaft" also, mit der Industrialisierungsepoche markiert.
Ich teile die Moderne in drei Abschnitte ein:
• Industrialisierung (beginnende Moderne, ca. 1820-1900),
• Anfang bis Mitte 20. Jahrhundert (Moderne, ca. 1900-1945),
• Mitte 20. Jahrhundert bis heute (Spätmoderne/Postmoderne, ab 1945).

1 Sozialevolutive Charakteristik

Aus den hochkultivierten Lebens- bzw. Gesellschaftsformen heraus entwickelten sich die industrialisierten Gesellschaften. In ihrer Folge von Technologisierung, Ökonomisierung und damit auch Globalisierung erreichen sie ein hohes Maß gesellschaftlicher Differenzierung. Moderne Gesellschaften sind in Zeiten der Industrialisierung noch stark stratifikatorisch, d.h. nach Schichten differenziert. Gleichzeitig ist jedoch die Ausbildung einer funktionalen Differenzierung beobachtbar. Es bilden sich immer mehr eigene, relativ autonome Funktionssysteme zur Bearbeitung ungleicher gesellschaftlicher Aufgaben aus. Beispiele für solche Funktionssysteme sind das Recht, die Wirtschaft, die Politik, die Wissenschaft, die Bildung und Erziehung, die Religion, die Medizin, die Kunst und die Massenmedien. Diese bearbeiten relativ eigenständig ihre jeweiligen Aufgaben für die Gesellschaft. Die für hochkultivierte Gesellschaften typischen Schichtendifferenzierungen sind zwar nicht aufgehoben, stellen aber nicht mehr die dominierende Grundlage der weiteren gesellschaftlichen Ausdifferenzierung und Strukturbildung dar. Im Zusammenhang funktionaler Differenzierung gewann die *Organisation* eine besondere Bedeutung. Organisationen sind die Einheiten, die die Aufgaben der Funktionssysteme bearbeiten Der Begriff der Organisation als eine Form gesellschaftlichen Handelns ist mit dem 19. Jahrhundert eng verbunden. „Die moderne, nachrevolutionäre Gesellschaft sucht ihre eigene Form – teils im Unterschied zu den Adelsgesellschaften der europäischen Tradition, teils als Abwehrbegriff gegen die Unruhen, die die französische Revolution nach sich gezogen hatte. Es geht um den Wiederaufbau auf neuen, zukunftsträchtigen Grundlagen"[178]. Diese Grundlage fand ihre Form in der Organisation.

Zusammengefasst:

Moderne Gesellschaften sind funktional differenzierte Gesellschaften. Funktionale Differenzierung bezeichnet Gesellschaften mit höchster Komplexität, die
* in verschiedene Funktionssysteme differenziert sind in einer
  – nicht mehr überschaubaren Vielfalt des Erlebens und Handelns mit oraler, schriftlicher und medialer Kommunikation, als
  – relativ gleiche, voneinander unabhängige Einheiten auf hoher Entwicklungsstufe zur
  – Sicherung ungleicher und spezialisierter Problembearbeitung für das Gesamtsystem in Form der
  – Ausdifferenzierung in gesellschaftliche Funktionssysteme (Politik, Recht, Wirtschaft, Wissenschaft, Familie usw.) mit relativ gleicher Macht.
  – Die Welt wird zu einem gigantischen Sozialsystem (Weltgesellschaft).

2 Bedarfsausgleich

Was für die Ausdifferenzierung der beginnenden modernen Gesellschaft allgemein gilt, gilt auch für die Ausdifferenzierung ihrer Hilfeformen. Fürsorge wird fortan als planmäßige, rational organisierte Hilfeleistung zur gesellschaftlich er-

178 Luhmann 2006, S. 13.

wartbaren Konstante. Die moderne Gesellschaft „ … konstituiert eine Umwelt, in der sich organisierte Sozialsysteme bilden können, die sich aufs Helfen spezialisieren. Damit wird Hilfe in nie zuvor erreichter Weise eine zuverlässig erwartbare Leistung"[179].

Die Armenpflege geht sukzessive an den Staat über. Die Daseinsvorsorge wird von der Wirtschaft übernommen, während die Daseinsnachsorge Sache organisierter Hilfeleistungen wird. Hilfe wird in Form organisierter und spezialisierter Sozialsysteme geleistet. Auf der Organisationsebene differenziert sich ein System der privaten (bürgerlichen und kirchlichen) und öffentlichen (kommunalen und staatlichen) Wohlfahrt aus. Dazu gesellt sich die Ausdifferenzierung einer Armenpolitik mit rechtlichen Programmen (Sozialgesetzen, Sozialversicherungen). Sie entwickelt Programme der Problembearbeitung in Form von Gesetzes- und Versicherungswerken, beruflichen Funktionen und Spezialisierungen, Handlungskonzepten und Methoden. Die Organisationen arbeiten nicht an der Änderung von Strukturen, die Hilfebedürftigkeit erzeugen. Letztlich können sie die „Problemfälle" nicht verhindern, sondern arbeiten an deren „Beseitigung"[180] Hilfe wird zur gesellschaftlich erwartbaren Leistung. In der modernen Gesellschaft des 20. Jahrhunderts differenzieren sich die gesellschaftlichen Funktionssysteme weiter aus. Im Kontext des Helfens sind es hier besonders die Funktionssysteme Politik, Recht und Wissenschaft, die stets neue Programme entwickeln. Auch sind es die Funktionssysteme, die an der Frage der Problemverhinderung arbeiten (z.B. Präventionsprogramme).

Zusammengefasst:

Bedarfsausgleich in modernen Gesellschaften:
* Armenpflege geht an den Staat über.
* Hilfe wird in Form organisierter und spezialisierter Programme geleistet.
* Daseinsvorsorge wird von der Wirtschaft übernommen, Daseinsnachsorge ist Sache organisierter Hilfeleistungen.
* Organisationen arbeiten nicht an der Änderung von Strukturen, die Hilfebedürftigkeit erzeugen.
* Sie verhindern daher nicht die „Problemfälle", sondern arbeiten an deren „Beseitigung".
* Hilfe wird zur gesellschaftlich sicher erwartbaren Leistung.

179 Luhmann 1973, S. 32.
180 A.a.O., S. 35.

Die Himmel erzählen nicht mehr die Ehre Gottes,
sondern die Ehre Galileis, Keplers und Newtons.
(Auguste Comte, 1842)

3 Industrialisierung: Von der Erziehungsarbeit bis zur Zwangsarbeit und Ausbeutung

Die Zeit des Idealismus und der Romantik sowie der ihnen vorausgegangenen Klassik sollte im 19. Jahrhundert ein vorläufiges Ende finden. Religiöse und metaphysische Betrachtungen traten in den Hintergrund und wurden durch das zunehmende Interesse an den naturwissenschaftlichen und technischen Erfolgen verdrängt. Unter dem Druck der neuen Produktionsverhältnisse entstanden Proletariat und Massenarmut einerseits sowie das verstärkte Interesse an der Realisierung von Individualitätsidealen andererseits.[181]

3.1 Allgemeine gesellschaftliche Charakteristik

Die Zeit der Industrialisierung wird hier von ca. 1820-1900 datiert. Die deutschen Städte – bis 1830 relativ wenig gewachsen – entwickeln sich explosionsartig. Wissenschaftliche Erkenntnisse zur Bedeutung der Hygiene im Alltag setzen sich immer mehr durch. Die ersten Ingenieurlösungen in der Entwicklung eines städtischen Abwasserkanalsystems finden hohe Akzeptanz. Die Städte werden sauberer und der Wohnraum verteuert sich auch hierdurch. Arme können sich Stadtwohnungen immer weniger leisten und werden in die Gebiete mit billigem Wohnraum verdrängt.

Das 19. Jahrhundert ist ein Jahrhundert der Monopolbildungen. Die Entwicklungen relativ überschaubarer Lebensräume zu massenhaften Ballungszentren des Zusammenlebens und Arbeitens wird durch den Aufbau industrieller Produktionszentren und durch das enorme Bevölkerungswachstum forciert. Zwischen 1830 und 1900 verdoppelt sich die Bevölkerungszahl von ca. 24 auf ca. 60 Millionen Menschen. Die kapitalistische Produktionsweise – in Form der Arbeitsteilung in den Manufakturen des 18. Jahrhunderts schon bekannt – erreicht mit der Erfindung der Werkzeugmaschine und später der Dampfmaschine[182] ihren

---

181 Vgl. Richter 2001, S. 58.
182 Sie wurde bereits 1712 von Thomas Newcomen (1663-1729) erfunden und 1769 von James Watt (1736-1819) zum Patent angemeldet. In der Landwirtschaft und in den Fabriken kam sie

verhängnisvollen Verlauf.[183] Es begann eine schicksalhafte Beziehung zwischen
Mensch und Maschine.
Die Entwicklung der Wirtschaft verlief im Europa des 19. Jahrhunderts rasant.
Die Zahl der Fabrikarbeiter verdoppelte sich in der Zeit von der Gründung des
Deutschen Kaiserreiches (1871) bis 1900 von sechs auf zwölf Millionen. Besonders in der zweiten Hälfte des 19. Jahrhunderts setzten die Ausbreitung der Städte
und die folgende sogenannte Landflucht ein. Die wachsende Industrie in den
neu entstandenen Ballungszentren übte eine Anziehungskraft auf große Teile der
armen Landbevölkerung aus.[184] 1910 schließlich hatten zwei Drittel der Bevölkerung ihren Wohnsitz in der Stadt.[185] Mit den Gründerjahren des Kaiserreiches
kam auch ein wirtschaftlicher Aufschwung. Die Klassengegensätze lösten sich aber
nicht auf, und die Spannungen der europäischen Nationalstaaten nahmen untereinander zu. Die im ersten Jahrzehnt des neuen Jahrhunderts sich verschärfende
ökonomische Situation und der Militarismus des deutschen Kaiserreichs führten
schließlich mit zum Ersten Weltkrieg.
Im Zuge der Industrialisierung und des zunehmenden Interesses an naturwissenschaftlichen und technischen Erfolgen, geriet der Arbeiter immer mehr ins
Hintertreffen. Durch die kapitalistische Produktionsweise entstand schließlich
eine Klassengesellschaft, in der die Unterschiede zwischen Arm und Reich immer größer wurden. Zunehmende Landflucht und immer größer werdende Städte und Ballungszentren führten dazu, dass überschaubare Lebensräume gänzlich
verschwanden.
Bis zum Ausgang des 19. Jahrhunderts ist ein Teil der Bevölkerung existenziell
durch die Industrie zerrüttet und zum Proletariat abgesunken. Das Privateigen-
tum an immer mehr Produktionsmitteln, die zunehmende Verunsicherung der
Lebensgrundlage der Arbeiter, die Entfremdung der Arbeit und die Enthuma-
nisierung des Arbeitsprozesses sind Ursachen sozialer Spannungen und politischer Befreiungskämpfe. Die von **Karl Marx** (1818-1883) entwickelte Analyse
der ökonomischen Verhältnisse führte zum Aufruf an die proletarischen Massen,
ihre entfremdeten Lebensbedingungen durch die revolutionäre Mobilisierung der
Arbeiterklasse und die Abschaffung des Privateigentums aufzuheben. Der Aufruf
führte nicht zur Revolution. Das Leben im Zeitalter der Industrialisierung wurde
durch die Macht der Unternehmer und die Armut der Arbeiter bestimmt. Vor
diesem historischen Hintergrund entstand die Arbeiterbewegung.

---

in der zweiten Hälfte des 18. Jahrhunderts immer mehr zum Einsatz und beförderte letztlich den
Industrialisierungsschub im 19. Jahrhundert.
183 Vgl. Reble 1980, S. 246f u. vgl. Hofmann 1979, S. 95.
184 A.a.O., S. 243f.
185 Vgl. Sachße/Tennstedt 1998, S. 179.

Seit **Klaus Mollenhauer** (1928-1998) wird die Geburtsstunde der Sozialarbeit/ Sozialpädagogik in der Industrialisierung lokalisiert.[186] Mit der Entkoppelung von Produktion und Sozialisation steigen die Reproduktionsrisiken der Menschen. Auch wenn es das Urphänomen „Hilfe" schon immer gegeben hat, so wird ihr mit den Anfängen der Industrialisierung offensichtlich eine besondere Rolle zugewiesen. Die Wiederherstellung menschlichen Arbeitsvermögens und die Unterstützung bei der Sicherung und Erziehung der Nachkommenschaft ist nunmehr Aufgabe des Staates. Dies operativ umzusetzen, wird Aufgabe vergesellschafteter Hilfe. Hilfe ist nunmehr endgültig in die Form von Vergesellschaftung gegossen. *Sozialarbeit, Sozialpädagogik, Soziale Arbeit* werden die Bezeichnungen dieser modernen Hilfeformen sein.[187]

Zusammengefasst:

Allgemeine gesellschaftliche Charakteristik:
- Das 19. Jahrhundert ist das Jahrhundert der Monopolbildungen (Dampfmaschinen-Jahrhundert).
- Das gesellschaftliche Interesse an naturwissenschaftlichen und technischen Erfolgen nimmt rapide zu.
- Die kapitalistische Produktionsweise führt zu Urbanisierung, Wanderungsbewegungen, Rückgang überschaubarer Lebensräume und Zunahme von Ballungszentren.
- Ergebnisse sind die Klassengesellschaft und die Proletarisierung der Massen, Verarmung, Entfremdung und existenzielle Zerrüttung.
- Die Industrialisierung befördert die Idee der Sozialpädagogik / Sozialarbeit.

---

186 Vgl. Mollenhauer 1958.
187 Der Begriff Sozialpädagogik wurde erstmals 1846 von Karl Mager (1810-1858) gebraucht. Er bezeichnete aber keine spezifische Handlungsfelder erzieherischer oder fürsorgerischer Praxis. Dies geschah erst mit Gertrud Bäumer (1873-1954) *(„alles was Erziehung, aber nicht Schule und nicht Familie ist")*. Mager reklamierte den Begriff in Abgrenzung zu einer Individualpädagogik als eine Gesellschaftserziehung im Sinne einer Staatspädagogik. Paul Natorp (1854-1924) legte später (1899) einen systematischen Entwurf einer Sozialpädagogik vor. Sozialpädagogik bezeichnet hierin die Schaffung der Voraussetzung im Individuum zum Leben in der Gemeinschaft – der Herstellung eines Gemeinschaftssinns durch Erziehung – und war an alle Kinder und Jugendlichen gerichtet (vgl. Kessl/Otto 2007, S. 4f).

3.2 Weltbild und Philosophie

Der philosophische Idealismus der Klassik und Romantik wird abgelöst durch das Wissenschaftsideal von Forschung und Technik. Naturalismus und Materialismus sind nunmehr das Credo. Der Satz von **Auguste Comte** (1798-1857) *„Die Himmel erzählen nicht mehr die Ehre Gottes, sondern die Ehre Galileis, Keplers und Newtons"*[188] gibt einen Eindruck von dem Prozess der „Selbstvergottung des einzelnen Ich"[189]. Den Naturwissenschaften gleich streben auch die Psychologie und die Soziologie sowie die Geschichtswissenschaften mit empirischer Forschung nach der Entdeckung allgemeiner Gesetze der Kulturentwicklung. Der selbstbewusste Rationalismus und Optimismus der Aufklärung kehrt mit dem Bewusstsein von Technik und Naturwissenschaft wieder. Die Wissenschaften prägen fortan ein mechanisierendes, atomisierendes Weltbild. Naturwissenschaften und technischer Fortschritt läuten eine neue Ära ein: die Ära der modernen Gesellschaft, die Moderne. Das Maschinenzeitalter hatte begonnen.

Charles Robert Darwin (1809-1882), der Begründer der modernen Evolutionstheorie, erklärte die Entwicklung des Menschen an seinen Lebensraum als einen naturgesetzlichen Vorgang von Anpassung durch Variation und Selektion. **Karl Marx** (1818-1883) sieht in den ökonomischen Verhältnissen von Gesellschaft die kulturentscheidenden Kräfte. Sein politisches Gegenprogramm sowie aufkommende Kulturkritik und philosophische Gegenströmungen, wie z.B. mit **Arthur Schopenhauer** (1788-1860) und **Friedrich Nietzsche** (1844-1900) gedanklich stark vertreten, blieben zu dieser Zeit noch relativ wirkungslos.

Zusammengefasst:

Weltbild und Philosophie:
- Der philosophische Idealismus der Klassik und Romantik wird durch eine mechanistische, atomistische Welterklärung abgelöst.
- Man nimmt an, dass es allgemeingültige Gesetze der Kulturentwicklung gibt, die nur über empirische Forschung entdeckt werden können.
- Exakte Wissenschaften drängen den Stellenwert von Religion und Metaphysik zurück.
- Karl Marx sieht in den ökonomischen Verhältnissen von Gesellschaft die kulturentscheidenden Kräfte.

---

188 Comte zit. in Reble 1980, S. 245 (Isidore Marie Auguste François Xavier Comte, kurz Auguste Comte (1798-1857), war ein französischer Philosoph und Mathematiker und u. a. ein Mitbegründer der Soziologie).
189 Vgl. Richter 2001, S. 35.

3.3 Kindheit, Jugend und gesellschaftliche Reaktion

Kindheit – Eine neue Abhängigkeit: Kindheit im 19. Jahrhundert bedeutet die Zunahme bürgerlicher, aber besonders auch proletarischer Kindheit. Das Bürgertum suchte sich nach zwei Seiten zu separieren, auf der einen Seite vom Adel, auf der anderen vom gemeinen Volk. Eine spezifische proletarische Kindheits- und Jugendphase scheint sich erst dort abzuzeichnen, wo die Separation der Kinder und Jugendlichen aus dem Prozess der gesellschaftlichen Produktion beginnt und die Kinder und Jugendlichen „... einem formalisierten, gesellschaftlichen Erziehungsprozess unterworfen werden"[190]. Beide Prozesse, die Separation aus der Produktion, und der Aufbau gelenkter Erziehung, lösten sich nicht unmittelbar voneinander ab, sondern verliefen lange Zeit parallel. Sie besorgten aber letztlich die zunehmende Abhängigkeit der Jugend von ihren Eltern.

Zwei Folgen hatte diese Separation der Kinder und Jugendlichen aus dem Erwerbsleben: einerseits wurden sie in die materielle und später auch emotionale Abhängigkeit ihrer Eltern gebracht, andererseits verbesserte sich ihre gesundheitliche Situation.[191] Das Verbot der Kinderarbeit in Deutschland (1869) setzte den ruinösen Folgen der Industriearbeit bei Kindern – auch der Kinderselbstmord wurde langsam bekannt – vorerst ein Ende.[192]

Im 19. Jahrhundert wurde die Sozialisation der Kinder und Jugendlichen durch einen zunehmenden Abhängigkeitsstatus von der Familie bestimmt. Es ist die Zeit der Entdeckung des Jugendalters.[193] Wir erleben einen weiteren Wandel der Einstellungs- und Verhaltensmodellierung in den Eltern-Kind-Beziehungen. Dieser Wandel hängt mit der Entwicklung von der Produktions- zur Konsumtionsfamilie zusammen. In dem Maße, wie die Funktionen häuslicher Produktion aus der Familie hinausverlagert wurden, erfolgte die häusliche Zurückgezogenheit der bürgerlichen Frau.[194] In der bürgerlichen Familie entstand eine gewisse sentimentale Auffüllung durch die häusliche Zurückgezogenheit der Frau. Das hatte für das Kind die Ambivalenz zur Folge, einerseits als ein ‚Wert-an-Sich' betrachtet zu werden, andererseits den Eltern total ausgeliefert zu sein. Das machte sich auch in den Einstellungen zur Kindersexualität bemerkbar. So entwickelte sich besonders im Deutschland des 18. und 19. Jahrhunderts der Nährboden sexualfeindlicher Einstellungsweisen. Waren bis zum Ende des 18. Jahrhunderts die Schlafgemeinschaften in der Unterschicht noch üblich, so starben sie in der Mittel- und Oberschicht langsam aus. Die nächtliche Isolation hatte die Entwicklung von Scham

---

190 Schuhmann/Korff/Schuhmann 1976, S. 166.
191 Vgl. Johansen 1978, S. 133f.
192 Vgl. Zenz 1979, S. 34.
193 Vgl. Gillis 1980, S. 105fff.
194 Vgl. Weber-Kellermann 1980, S. 141.

und Moral und ihre später hinzutretenden Rationalisierungen zur Folge. Die Familie wurde zunehmend zu einem Ort der Intimität und Isolation, „einem Kinderzimmer der Tugend"[195]. Das Erziehungsziel bestand darin, das Kind zu sozialisieren, anzupassen und auszubilden. Auch das Interesse der Väter an Erziehung wurde größer.[196] Die Schulpflicht, zur Zeit der Aufklärung in vielen deutschen Landesteilen zumindest rechtlich etabliert, wurde nun auch in Bayern (1802) und in Sachsen (1835) eingeführt. Auch die Schulbesuchdauer wurde ausgedehnt. In Berlin wurden kommunale Armenschulen gegründet (die erste 1827), die den regelmäßigen Schulbesuch besonders der Arbeiterkinder sicherstellen sollten. Die bereits bestehenden Privatschulen wurden unter kommunale Aufsicht gestellt. Damit wurde ihr vorläufiges Ende eingeläutet. Immer mehr Privatschulen, meist als Nebenerwerb von arbeitslosen Handwerkern gegründet, gaben ihre Arbeit auf und wurden von der Stadt übernommen. Das vom preußischen Bildungsreformer **Wilhelm von Humboldt** (1767-1835) übernommene Konzept Pestalozzis, die gestufte Einheitsschule, stand hierbei Pate. Stufung des Lehrplans, Schulbesuchskontrolle, planmäßige Ausbildung, Prüfung und Bezahlung der Lehrer entwickelten sich zunehmend zum Standard auch der Armenschulen.[197]

Die von der Klassik und Romantik inspirierten Ideen der Selbstbildung und Entwicklung zur Selbständigkeit, die Freiheitsidee einer ästhetischen Erziehung scheinen jedoch im technischen Denken des 19. Jahrhunderts immer mehr zu verstummen. Die Wissenschaft zieht sich in Ablehnung jeglicher Metaphysik auf empirische Forschung von Einzelwissenschaften zurück. Nach dem Vorbild der Naturwissenschaften und der Annahme allgemeingültiger Entwicklungsgesetze entsteht schließlich auch ein positivistisches Bildungsideal. Dieser Entwicklung parallel verliefen die Bemühungen der Herbartianer um eine methodisch-didaktische Systematik der Unterrichtspraxis. **Johann F. Herbart** (1776-1841) entwickelte erstmals ein psychologisch begründetes, pädagogisches System, das der ethischen Zwecksetzung alle Aufgaben der Erziehung und Bildung unterordnete.[198] Kern seiner Pädagogik ist die von ihm entwickelte „*Formalstufentheorie*", die den Prozess von Bildung als systematische Folge – von der Wissensaufnahme bis zur Wissensanwendung – beschreibt.

Neben der methodisch angelegten Wissensvermittlung war für Herbart der Begriff der „*Zucht*" eine elementare Voraussetzung eines erziehenden Unterrichtes. Zucht stand für eine ständige, unmittelbare Willenserziehung. Sie sollte von der Person

195 Vgl. Ussel zit. in Schèrer 1973, S. 71.
196 Vgl. de Mause 1980, S. 84.
197 Vgl. Arbeitsgruppe Pädagogisches Museum 1981, S. 24f.
198 Vgl. Günther/Hofmann u.a. 1976, S. 255 u. Reble 1980, S. 233.

ausgeführt werden, die für den Zögling Identifikations- und Unterwerfungsfigur zugleich darstellen konnte.[199] Herbarts Ideen wurden nach seinem Tode, in der zweiten Hälfte des 19. Jahrhunderts, wirksam. Einige seiner Anhänger – die sogenannten Herbartianer – versuchten eine allgemeingültige Schulmethodik zu etablieren. Dieser Versuch mündete in den Formalismus und Schematismus eines erstarrten Unterrichts, vornehmlich in der Volksschulbildung. Aber auch die höheren Schulen wurden durch den Herbartianer Otto Frick beeinflusst. Der Vorwurf von Formalismus und Erstarrung muss allerdings eher die sich in der Nachfolge Herbarts wissenden didaktischen und methodischen Verregelungen treffen, als die pädagogischen Ideen Herbarts selbst. Die Etablierung der Pädagogik als eigenständige universitäre Disziplin gilt als ein Verdienst der Herbartianer.

Social-Pädagogik: Im Kontext der Etablierung einer wissenschaftlichen Pädagogik wurde auch der Begriff *„Social-Pädagogik"* eingeführt. Der Begriff wurde erstmals 1844 von dem Schulpädagogen und Herbartianer **Karl Wilhelm Eduard Mager** (1810-1858) verwendet. *„Social-Pädagogik"* war nach Mager ein Gegenbegriff zur Individualpädagogik. Damit kritisierte er die Sichtweisen einer Pädagogik Lockes, Rousseaus, der Philanthropisten, Pestalozzis, Herbarts u.a. Sie waren nach Magers Ansicht zu einseitig an der Entwicklung des Individuums orientiert und ließen die Gesellschaft – hier die deutsche Kulturnation – außer Acht. Aufgabe der Erziehung sei daher die Entwicklung eines gesellschaftlichen Bewusstseins. Sozialpädagogik ist demnach eine Volkserziehung, der sich jede Einzelerziehung unterzuordnen habe.

Der Schulpädagoge **Friedrich Adolph Wilhelm Diesterweg** (1790-1866) wandte sich gegen eine zu stark kirchliche und auch staatliche Einflussnahme auf Erziehung. Pädagogik hatte nach seinem Verständnis die Erziehung zu einem kritischen und mündigen und – ähnlich wie bei Mager – gleichzeitig sich dem Gemeinwohl der Gesellschaft verpflichtenden Staatsbürger zum Gegenstand. Den Begriff der *Sozialpädagogik* verwendete Diesterweg 1851 als eine Pädagogik, die sich mit den Erziehungsaufgaben zu beschäftigen habe, die mit dem durch die industrielle Entwicklung entstandenen Pauperismus (Verarmung) entstanden sind.

Nationalerziehung: Ein gemeinsamer Nenner der Bildung des Idealismus, die Nationalerziehung (Bildung und Erziehung für alle), kehrte in den schulpolitischen und pädagogischen Kämpfen des mittleren 19. Jahrhunderts zurück.[200] Im Laufe der folgenden drei Jahrzehnte wurde aber das Misstrauen seitens der preußischen Regierung gegenüber den Forderungen nach einer allgemeinen Volksbildung im-

199 „Vielmehr findet die Zucht nur in dem Maße Platz, wie eine innere Erfahrung dem ihr Unterworfenen zuredet, sie sich gern gefallen zu lassen." (Herbart zit. in Reble 1971, S. 406).
200 Vgl. Günther/Hofmann u.a. 1976, S. 203, 205, 289 u. vgl. Reble 1980, S.230 u. 237f.

mer größer. Konservative Kräfte sahen in den Bestrebungen eines einheitlichen Aufbaus des Schulwesens aufklärerisch-kirchenfeindliche Tendenzen, die es zu bekämpfen galt. Nach der gescheiterten 1848er Revolution[201] wurde das gesamte Volksbildungswesen radikal vereinfacht. So konnte sich eine Volksbildung als System sozialer Kontrolle durchsetzen. Bereits in der ersten Hälfte des 19. Jahrhunderts verselbständigte sich eine amtlich verordnete Schuldisziplin gegen die Erziehungs- und Lehrinhalte. Diese Entwicklung spitzte sich nach der Revolution zu. Die preußischen Regulative von 1854 inthronisierten das Fach Religion als das Erziehungsmittel, sahen die einklassige Volkshochschule vor und reduzierten den Fächerkanon allgemein auf religiös-sittliche Inhalte.[202]
Fortan wurden Erziehung und Bildung zunehmend zu einem Instrument der Sozialdisziplinierung. Die uns mittlerweile bekannte Liste einer schwarzen Pädagogik muss auch für die Pädagogik unter dem Zeitgeist der Industrialisierung fortgesetzt werden, wie uns einige Titel gängiger Erziehungsschriften dieser Zeit wieder zeigen:[203]

„Die Demütigung als Erziehungsmittel" (Handbuch, 1851)
„Selbstverleugnung, die Tugend des Erziehers" (Handbuch, 1874)
„Der Erzieher in der Nachfolge Jesu" (Heinrich Gräfe/Julius Schumann, 1878)
„Zur Metaphysik von Zucht und Strafe" (Handbuch, 1887)
„Pädagogische Schläge sind Schläge des Liebhabers" (Handbuch, 1887)
„Die Militarisierung der Schulsprache" (H. F. Kahle, 1890)
„Strafen sind natürlich, Belohnungen künstlich" (H.F. Kahle, 1890)
„Die Kindheit als Krankheit" (Ludwig von Strümpell, 1890)
„Altklug, Frühreif, Blasiert, Überklug" (Handbuch, 1895)
„Entartungen der Elternliebe" (A. Matthias, 1902)

Kindheit und Jugend werden wie eine synthetische, formbare Masse betrachtet. Erziehung erscheint als ein Projekt der Aufklärung, dass die Befreiung des Menschen aus seiner Unmündigkeit nur in der Überwindung seiner für schlecht befundenen Natur erkennt. Rousseaus Vorstellung, dass der Mensch von Natur aus gut sei, ist hier nicht mehr zu entdecken. Verwaiste, verwahrloste, arme und proletarische Kindheit wurde weiterhin Zielgruppe verstärkter pädagogischer Bemühungen und Ausgrenzungen. Für das 19. Jahrhundert ist die Herausbildung von drei Formen typisch:

---

201 Erhebung demokratischer, liberaler und auch sozialistischer Kreise im Bürgertum, denen sich verarmte Bauern und Arbeiter (Bauern- und Weberaufstände) – sprich das zunehmende heranwachsende Proletariat – im Jahr 1848 anschlossen. Der Aufstand mündete u.a. in den Versuch, einen deutschen Nationalstaat mit demokratischer Verfassung zu gründen. Die Revolution scheiterte an der Niederschlagung dieses Versuches durch österreichische und preußische Truppen.
202 Vgl. Schumann/Korff/Schumann 1976, S. 122.
203 Vgl. Rutschky 1977, in o.g. Reihenfolge S. 412, 82, 73, 377, 433, 243, 46, 140, 114 u. 52.

a) die Rettungshausbewegung,
b) die staatliche Zwangserziehung,
c) die Heilpädagogik.

Rettungshäuser: Verwaiste und verwahrloste Kinder fanden weiterhin das Interesse der in der Tradition von Pietismus und Philanthropismus stehenden privaten Wohltätigkeit. Johann Hinrich Wichern (1808-1881) knüpfte an diese Tradition an. Wichern war ein evangelischer Theologe. Er besuchte als Kind eine Privatschule, in der nach der Pädagogik Pestalozzis unterrichtet wurde. Sein Werk war eng mit den Problemen des frühindustriellen Zeitalters verbunden. Wichern sah die Ursache der Verwahrlosung von Kindern und Jugendlichen nicht im Kapitalismus selbst begründet. Die aufstrebende Industriegesellschaft sah er vielmehr im Kontext eines Verfalls der Sitten und einer Verflachung christlicher Werte. Der

Johann Hinrich Wichern

Staat schien ihm unverdächtig, was mit einem seiner Kommentare zu dem von ihm gegründeten Rettungshaus für Kinder – dem *„Rauhen Haus"* in Hamburg (1833) – deutlich wurde: *„Die Anstalt trachtet danach, dem Wohle des Staates ... förderlich zu sein, ohne ihm je lästig werden zu wollen"[204]*. Wicherns Staatstreue beleuchtet aber nur die eine Seite. Umgekehrt achtete er strengstens darauf, dass sich der Staat aus seiner Arbeit heraushielt. So betrachtete er seine Einrichtung nicht als ein Jugendgefängnis oder als eine der seinerzeit üblichen *„Korrektionsanstalten"*. Ganz im Geiste Pestalozzis ging es ihm um die Vorbereitung junger Menschen auf ein selbständiges Leben. Anders als Pestalozzi, dessen persönliches Scheitern für Wichern ein sicheres Zeichen für eine zu stark weltlich ausgerichtete Pädagogik schien[205], ging es Wichern um die Errettung der Seelen. Wicherns Pädagogik wurde von einer missionarischen Errettungsidee getragen. Das Familien- und Gemeinschaftsideal bestimmte Wicherns erzieherische Absichten, die er in seiner Anstaltserziehung verfolgte. Der Weg der Erlösung des Menschen zum „Guten" führt über seine Rettung vom „Bösen", hier also den Schutz von Kindern und Jugendlichen vor Verwahrlosung (Rettungshausbewegung). Mit der Orientierung an dem Familienideal setzte Wichern das auf Pestalozzi zurückzuführende Familienprinzip fort. Neben dem *„Rauhen Haus"* in Hamburg entstanden weitere Rettungshäuser in Württemberg und in Weimar. Seit 1842 vertrat Wichern den Gedanken der *„Inneren Mission"* und gab 1848 den Anstoß zur Gründung eines

---

204 Wichern zit. in Hamburger, in: Thole 2005, S. 763.
205 Vgl. Henseler 2000, S. 203.

Verbandes, der heute unter dem Namen „*Diakonisches Werk*" zu einem der sechs großen Wohlfahrtsverbände in Deutschland gehört. Das „*Rauhe Haus*" existiert heute noch als eine der modernsten Einrichtungen der Kinder- und Jugendhilfe. Die Gründung der sogenannten „*Rettungshäuser*" war in erster Linie eine von der evangelischen Seite getragene Bewegung. Das katholische Fürsorgeerziehungswesen zog – wenn auch zögerlich – mit der Ausbreitung des katholischen Ordenswesens, hier in erster Linie der Schwesternkongregationen, ab 1848 nach. Das Bild vom „*Zögling*" veränderte sich in der Pädagogik der katholischen Einrichtungen jedoch eher nachteilig. Einen großen Einfluss auf die Ausrichtung der Erziehungsprinzipien hatte seinerzeit der katholische Moral- und Pastoraltheologe, Domdekan **Johann Baptist von Hirscher** (1788-1865). Hirscher verurteilte die Folgen der Industrialisierung und forderte das Verbot der Kinderarbeit. Noch bis ins 19. Jahrhundert hinein wurden Kinder aus Waisenhäusern als Arbeitskräfte an Manufakturbetriebe ‚vermietet'.

Für die „Rettungsarbeit" forderte Hirscher strengere Prinzipien und eine direkte Anbindung an die Bischofsleitung. Das Bild vom „*Zögling*" bekam jedoch eine eher negative Färbung vom „*bösartigen, widerspenstigen, feindseligen, rohen und verlogenen Kind*"[206]. Das Kind galt primär als verdorben und korrektionsbedürftig. Strenge, Härte, Zucht und Ordnung waren hierfür die gebotenen Mittel. „Aus den Rettungshäusern Wicherns wurden ‚Zuchthäuser für Kinder', … aus der kleinen, altersheterogenen Familiengruppe wurde eine Saalgemeinschaft von Zöglingen"[207]. Diese Entwicklung verschränkte sich mit dem nun aufkommenden Interesse des Staates an der Einführung der Zwangserziehung.

Zwangserziehung: Im letzten Drittel des 19. Jahrhunderts betritt ein neuer Akteur die Bühne: der Staat, repräsentiert durch die öffentliche Zwangserziehung. Im zweiten Drittel des 19. Jahrhunderts erhalten materielle und die damit verbundenen psycho-sozialen Notlagen erhöhte politische Aufmerksamkeit. Eine intensive Diskussion über die Einführung von Zwangserziehung wurde in den 1860er Jahren im Großherzogtum Hessen geführt. Die Landtagsabgeordneten Friedrich Küchler und Wilhelm Klingelhöffer beantragten ein öffentliches Zwangserziehungsgesetz für das Großherzogtum Hessen mit den folgenden Worten: „*Der Staat darf nicht länger zusehen, wie auf solche Weise eine böse Saat in seinem Schoß aufschießt, welche, anstatt ihm nützliche Bürger zu schaffen, nur zu lästiger Bevölkerung der Zuchthäuser dient*".[208] Die Diskussionen bewegten sich zwischen den unvereinbaren Vorstellungen von staatlicher Erziehungshilfe auf der einen und privater Wohltätigkeit auf der anderen Seite. Man konnte sich zunächst nicht

206 Röper 1976, S. 199.
207 A.a.O., S. 211 u. S. 229.
208 Uhlendorff 2003, S. 47.

einigen und gründete verstärkt Rettungshäuser nach dem Vorbild Wicherns. Mit diesem Vorbild hatten sie jedoch nicht viel zu tun, da sie sich größtenteils über öffentliche Zuschüsse refinanzierten und auch unter der Aufsicht der Gemeindeverwaltungen standen.[209]

Einige Jahre nach der Gründung des Deutschen Kaiserreiches (1871) wurden in einigen Mitgliedstaaten Zwangserziehungsgesetze eingeführt, so auch 1887 in Hessen.[210] Für die dort intensiv geführte Diskussion über die Einführung der Zwangserziehung mag dies spät gewesen sein. Allerdings ging man in Hessen weit über das Zwangserziehungsgesetz Preußens von 1878 hinaus. So wurde in Hessen die Herausnahme von Kindern und Jugendlichen im Alter zwischen 6 und 16 Jahren aus der Familie erlaubt, wenn sie „ … eine Verwahrlosung an den Tag legen, welche die erzieherische Einwirkung der Eltern und der Schule als unzureichend erscheinen lässt"[211]. Diese Regelung griff dem späteren Bürgerlichen Gesetzbuch (BGB) von 1900 weit voraus.

Die öffentliche Zwangserziehung sah die Ursachen von Verwahrlosung erstmals in den sozial-strukturellen Zusammenhängen – Armut, Wohnverhältnisse, Ernährung, Gesundheit, Geburts- und Sterblichkeitsraten – begründet. Dieser Umstand darf aber nicht darüber hinwegtäuschen, dass mit der öffentlichen Zwangserziehung – der Zwangsarbeit in „Korrektionsanstalten" – eine Gemeinschaftserziehung verfolgt wurde, deren sozialdisziplinierende Absicht sich nahtlos in das staatliche Erwachen eines Interesses an einer gesellschaftlichen Verwertung von Pädagogik einfügt. Wie wir gesehen haben, gab es bereits seit dem Mittelalter die Tradition der nicht-staatlichen Waisen- und Findelhäuser. Diese Form privater Wohltätigkeit setzte sich in den pietistischen und philanthropischen Traditionen der Aufklärungszeit und späteren Klassik fort. Die Armen- und Waisenhauspädagogik bekam in Zeiten von Industrialisierung, Reichsgründung und mit den Anfängen einer gemeinsamen Sozialpolitik schließlich das Gesicht einer staatlich gelenkten Jugendfürsorge, die Detlef Peukert in seiner sozialgeschichtlichen Analyse der Entstehung der deutschen Jugendfürsorge (1878-1932) trefflich zusammenfasst: „Jugendfürsorge ist ein Kind der Moderne. Als öffentliche Angelegenheit wurde der korrigierende Umgang mit Minderjährigen, deren normale Sozialisation gestört schien, wie ihr gesellschaftlich auffälliges Verhalten zeigte, zuerst in der Zeit der Aufklärung und des Absolutismus begriffen, sodann, nach einer Phase liberaler Gesellschaftspolitik, in der sich laissez faire und Privatwohltätigkeit ergänzen sollten, in den 1880er Jahren konzentriert angegangen, als sich der Gedanke staatlicher ,Socialpolitik' in ersten gesetzlichen und institutionellen Regelungen niederschlug. Solche ,Socialpolitik' aber und mit ihr die beginnende Jugendfürsorge, sollte über

---

209 Vgl. a.a.O., S. 52f.
210 Preußen (1878), Baden (1886), Hamburg (1887), Hessen (1887).
211 Uhlendorff 2003, S. 67.

den Notbehelf hinaus gesellschaftlich restrukturierend wirken. Hinter dem vielgebrauchten Schlagwort stand eine Vision menschenfreundlicher Intervention in gestörte soziale Zustände, pädagogisch bemühter Hebung jener Gruppen, die auf der Soll- statt auf der Habenseite des Fortschrittes gelandet waren. Zivilisationspathos und Fortschrittsoptimismus waren Geburtshelfer einer Jugendfürsorge, die sich als sozialpädagogischer Zweig reformierter Sozialpolitik begriff[212].
Die seit dem Mittelalter bestehenden, überwiegend privaten Erziehungsanstalten beauftragten sich mit der Wahrnehmung der Erziehungsgewalt im Wesentlichen selbst. Mit dem Zwangserziehungsgesetz kam die Verleihung der Erziehungsgewalt aber plötzlich von außen, vom Staat.[213] Das Kind wurde zum gesellschaftlich definierten „Fall." Hiermit begann ein Prozess, der der Sozialpädagogik bis heute ein Doppelgesicht verleiht: „Zuwendung zu den Erziehbaren und Ausgrenzung der Unerziehbaren gemeinsam bildeten das Janusgesicht der modernen Sozialpädagogik"[214].

Heilpädagogik: Eine Sonderheit des 19. Jahrhundert muss noch in den Blick genommen werden: die Entstehung der *Heilpädagogik*. Der Begriff „Heil" leitet sich von dem griechischen „holos" = „ganz" ab, wobei „ganz" auch „Glück" bedeutet. Die Heilpädagogik versteht sich allgemein als ein Zweig der Sonderpädagogik. So gesehen geht die Heilpädagogik bereits auf den Begründer des Schulunterrichtes für Taubstumme, **Charles Michel de l'Épée** (1712-1789), und für Blinde, **Valentin Haüy** (1745-1822), zurück.[215]
Der Begriff *Heilpädagogik* entstand jedoch erst im 19. Jahrhundert im Kontext der Arbeiten des Arztes und Pädagogen **Jan-Daniel Georgens** (1823-1886) und des Pädagogen **Heinrich Marianus Deinhardt** (1821-1880). Georgens und Deinhardt gingen zunächst von einem sehr pragmatischen Verständnis einer bestimmten Form pädagogischer Hilfe aus: „ … *die Praxis kann nicht warten, bis die Wissenschaft fertig ist* "[216] war ihre pragmatische Sicht der Dinge. Heilpädagogik wurde derzeit – im Sinne heilender Prozesse und Einflüsse – als eine der Medizin nachschreitende Pädagogik gesehen. Diese Sichtweise stand in der Tradition der französischen Ärzte **Marc Gaspard Itard** (1774-1838) und **Edouard Séguin** (1812-1880). In dieser heils-orientierten Tradition stehend gründeten Georgens und Deinhardt eine Heil- und Erziehungsanstalt mit dem Namen „*Levana*"[217]. In

---

212 Peukert 1986, S. 306.
213 Vgl. Röper 1976, S. 212f.
214 A.a.O., S. 307.
215 Vgl. Möckel 2007, S. 30-64.
216 Georgens/Deinhardt 1861, S. 24.
217 Levana = altröm. Göttin, die von den Müttern angerufen wurde, damit der Vater das zur Gewinnung von Wachstumskraft auf den Erdboden gelegte Neugeborene aufhebe (lat. levare) und

dieser Einrichtung sollten geistig und körperlich behinderte Kinder mit einem erhöhten pädagogischen Aufwand betreut werden. Man sprach hier durchaus schon von Individualisierung, die in der üblichen Pädagogik bei Nichtbehinderten nicht möglich sei. Georgens und Deinhardt veröffentlichten 1861 und 1863 ihr zweibändiges Werk „*Die Heilpädagogik mit besonderer Berücksichtigung der Idiotie und der Idiotenanstalten*"[218].

Das Verständnis einer heilenden Pädagogik wurde später bei **Maria Montessori** (1870-1952), **Hans Asperger** (1906-1980) und **Theodor Hellbrügge** (1919) weitergeführt, jedoch in der weiteren Entwicklung der Heilpädagogik kontrovers diskutiert. „Heil" in Heilpädagogik ist nach heutigem Verständnis nicht mehr ‚heilen' im medizinischen Sinne, also die Wiederherstellung eines gesunden, beeinträchtigungsfreien Zustandes. Heilpädagogik wird heute im Sinne einer durch eine professionelle Grundhaltung vermittelten Verganzheitlichung und Erfüllung von Lebenssinn verstanden.[219] Heilpädagogik war in seinen Ursprüngen jedoch nicht nur ein konzeptioneller Begriff. Mit ihr verband sich schnell die Herausbildung eigener praktischer und wissenschaftlicher Handlungsfelder. Sie entsprang einer pädagogisch motivierten Behindertenhilfe für Kinder und später auch für Erwachsene, aus der sich eigene Praxisfelder und eine eigene Profession und Wissenschaft entwickelten. Die Frage nach einer Heilpädagogik als eigenständige wissenschaftliche Disziplin oder Teil der Sozialen Arbeit ist dabei stets von untergeordneter Bedeutung geblieben.

---

damit anerkenne. Nach ihr benannte Jean Paul 1806 seine Erziehungslehre „Levana".
218 Vgl. Gröschke 1997, S. 87ff.
219 Vgl. Faust 2007, S. 22.

Zusammengefasst:

Kindheit, Jugend und gesellschaftliche Reaktion:

- Kindheit wird als eigenwertiger Entwicklungsprozess separiert.
- Eltern zeigen ein zunehmendes Interesse am Erziehungsgeschehen und Erziehungserfolg ihrer Kinder. Der Erziehungsauftrag wird durch zunehmende institutionalisierte Erziehung und Bildung vom Erziehungsauftrag der Eltern separiert.
- Kindheit steht weiterhin auf der Liste einer schwarzen Pädagogik und wird zunehmend zum Objekt nostalgischer Idealisierung, Gehorsamserziehung, Sexualunterdrückung und Sozialdisziplinierung.
- Nach dem Vorbild der Naturwissenschaften und der Annahme allgemeingültiger Entwicklungsgesetze entsteht ein positivistisches Bildungsideal in Verbindung mit einem vordergründigen Interesse an industriell verwertbarer Bildung. Zu dieser Entwicklung parallel verliefen die Bemühungen um eine methodisch-didaktische Systematik der Unterrichtspraxis (Johann F. Herbart).
- Eine Stärkung der Volksschulen, aber auch wachsendes Misstrauen gegen eine allgemeine Volksbildung, treffen aufeinander.
- Eine Vereinfachung der Volksbildung als soziale Kontrolle ist die Folge.
- Kindheit und Jugend unter dem Zeichen der Industrialisierung bedeuteten vor allem proletarische Kindheit und Jugend.
- Verwaiste, verwahrloste, arme und proletarische Kindheit wird Zielgruppe verstärkter pädagogischer Bemühungen (Johann H. Wichern). Für das 19. Jahrhundert ist die Herausbildung von drei Formen typisch:
  - die Rettungshausbewegung,
  - die staatliche Zwangserziehung,
  - die Heilpädagogik.
- Der Begriff der Sozialpädagogik wird als Mittel der Volkserziehung und Bekämpfung der durch Verarmung entstehenden Erziehungsaufgaben eingeführt.
- Die Tradition der privaten Kinderfürsorge wird mit dem Zwangserziehungsgesetz von 1878 gebrochen.
- Neben die private Jugendfürsorge tritt die kommunale, staatliche Jugendfürsorge mit der Gründung eigener Einrichtungen.
- Die Armen- und Waisenhauspädagogik bekommt schließlich das Gesicht einer staatlich gelenkten Jugendfürsorge.
- Abweichende Kindheit wird zum gesellschaftlich definierten „Fall" von Anpassung und Ausgrenzung.
- Das Interesse an der Erziehung und Bildung behinderter Kinder kann sich mit der Heilpädagogik eigene Wege suchen.

3.4 Armut, Hilfebedürftigkeit und gesellschaftliche Reaktion

Das Ausmaß der Armut zur Zeit der Industrialisierung wurde wohl am besten von **Friedrich Engels** (1820-1895) beschrieben. In seinem 1845 erschienenen Werk *„Die Lage der arbeitenden Klasse in England"* beschrieb er die hoffnungslos verarmten Lebenslagen des Industrie-, Bergwerks- und Ackerbauproletariats Englands. England gilt als das Mutterland des industriellen Kapitalismus, und Engels Beobachtungen waren auf die Situation anderer Industrieländer, so auch Deutschland, übertragbar. Die Arbeits- und Lebensverhältnisse waren auch nach derzeitigem Maßstab menschenunwürdig. Das Proletariat lebte in sozialen und wirtschaftlichen Verhältnissen, die entweder direkte Armut oder die ständige Bedrohung von Armut und das Abrutschen in das von Marx und Engels sogenannte *„Lumpenproletariat"* (Bettler, Vagabunden, Prostituierte) bedeuteten. Wie eingangs unter der allgemeinen Gesellschaftscharakteristik schon bemerkt, führte der Aufruf von Karl Marx und Friedrich Engels in Deutschland nicht zu einer revolutionären Umgestaltung von Gesellschaft oder zur politischen Bekämpfung armutverursachender Gesellschaftsstruktur. Vielmehr differenzierte sich in Deutschland das bis dahin gewachsene System privater und öffentlicher Wohlfahrtspflege weiter aus. Mit dem 19. Jahrhundert entwickelte sich neben einem System der offenen Armenpflege ein System der geschlossenen Armenpflege im öffentlichen (kommunalen und staatlichen) und freien (privaten und kirchlichen) Bereich. Es setzte eine starke Ausdifferenzierung der privaten und staatlichen Hilfeorganisation mit jeweils eigenen Programmen ein. Wie schon erwähnt, wurde öffentliche Fürsorge durch die französische Revolution und mit der *„Erklärung der Menschenrechte"* von 1793 zur Pflicht der Städte und Landgemeinden: Dem Staat kommt es zu, für die Ernährung und für die Verpflegung derjenigen Bürger zu sorgen, die sich ihren Unterhalt nicht selbst verschaffen und denselben auch von andern Privatpersonen, welche nach besondern Gesetz dazu verpflichtet sind, nicht erhalten können. Das *„Allgemeine Landrecht"* Preußens (Teil II, Artikel 19 von 1794) folgte dieser Regelung.[220] Bis heute hat sich an diesem Prinzip nichts geändert. Zunehmend griffen rechtliche Programme in das gesamte System der bereits bestehenden freien und emporkommenden öffentlichen Wohlfahrtspflege ein. Politische und pädagogische Interessen sollten sich in der Folgezeit immer mehr miteinander verschränken.[221] Im 19. Jahrhundert vollzog sich die private Wohltätigkeit zunächst noch relativ fern vom kommunalen staatlichen Armenwesen. Erst im letzten Drittel des 19. Jahrhunderts kam es mit der Politik der Arbeitsversicherungen zu einer stärkeren Indienstnahme der Privatwohltätigkeit für die

---

220 Wendt 1995, S. 115.
221 Vgl. Kessl/Otto 2007, S. 6.

kommunale Armenpflege.[222] Es sind Anfänge einer Armenpolitik in dem Maße erkennbar, wie der Anteil des Industrieproletariats zunahm. Armenpolitik wurde durch Arbeiterpolitik ergänzt. Diese bestanden vor allem in Bestrebungen zur Einführung eines Sozialversicherungsprinzips zum Schutz vor den Risiken der Krankheit und Invalidität und der Versorgung im Alter (Abb. 10).

Herausbildung staatlicher Armenfürsorge im 19. Jahrhundert

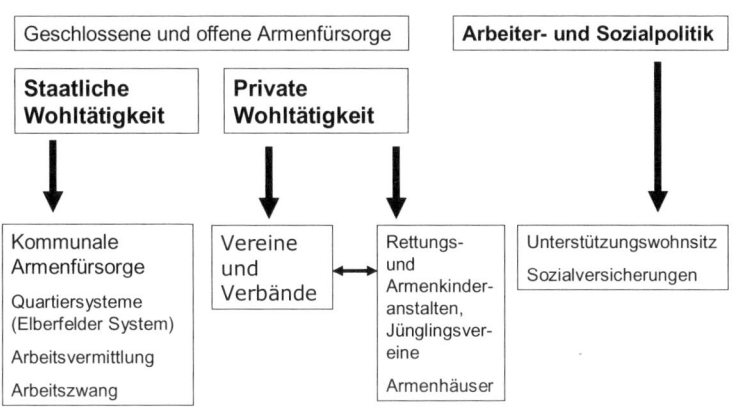

Abb. 10: Staatliche Armenfürsorge im 19. Jahrhundert

Offene Armenpflege im privaten Bereich: Die durch Kriege und Revolution hervorgerufenen politischen Umbrüche, kirchlich-religiöse Erneuerungsbestrebungen und die bürgerliche Frauenbewegung waren die Motoren der Privatwohltätigkeit im 19. Jahrhundert. In der offenen Armenpflege bildeten sich unterschiedliche Vereinigungen der Privatfürsorge aus. Zu nennen sind hier vor allem:

• die sogenannten *„Vaterländischen Frauenvereine"*,
• das *„Deutsche Rote Kreuz"*,
• die kirchliche Armenpflege in der katholischen *„Caritas"*, der evangelischen
• *„Diakonie"* und der *„Jüdischen Wohlfahrtspflege"*,
• die *„Wanderarbeitsstätten"* und *„Arbeiertkolonien"*.

Vaterländische Frauenvereine: Die angesichts der Befreiungskriege Preußens gegen Napoleon eingeführte Wehrpflicht (1813) brachte ein Engagement religiös motivierter Frauen für die Armen- und Krankenpflege hervor. Ihr Engagement sollte durch den preußisch-österreichischen Krieg (1866) und den deutsch-franzö-

---

222 Vgl. Sachße/Tennstedt 1998, S. 222f.

sischen Krieg (1870/71) weiteren Anschub bekommen. Die sogenannten „*Vaterländischen Frauenvereine*" und die später im „Deutschen Frauenverbund" zusammengeschlossenen Frauenvereine erlebten im 19. Jahrhundert einen deutlichen Aufschwung. In Friedenszeiten verpflichteten sich die Vereine zur Linderung von Notständen, die durch Krankheit, Epidemien, Naturkatastrophen, Feuersbrünste, Teuerungen usw. entstanden. Die Gründung der „*Vaterländischen Frauenvereine*" erfolgte zeitlich etwas versetzt zur Gründung des „*Deutschen Roten Kreuzes*"[223].

Das Deutsche Rote Kreuz (DRK): Der Schweizer Kaufmann **Henry Dunant** (1828-1910) war von der Not und dem Elend der auf dem Schlachtfeld zurückgelassenen Verwundeten tief erschüttert und organisierte mit Dorfbewohnern zivile Hilfe. Dunat gilt als Begründer der Internationalen Rotkreuz- und Rothalbmond-Bewegung, wofür er 1901 den Friedensnobelpreis erhielt. 1863 wird in Genf das „*Komitee der Fünf*" gegründet, der Vorläufer des heutigen „*Internationalen Komitees vom Roten Kreuz*". Die Rotkreuz- und die muslimische Rothalbmondbewegung sind weltumfassend. Die 1864 beschlossene Genfer Konvention[224] geht wesentlich auf Vorschläge Dunants zurück. Zur Privatwohltätigkeit des 19. Jahrhundert kann man die Vereine des Roten Kreuzes streng genommen nicht hinzurechnen. Erst in der Weimarer Republik standen karitative und wohlfahrtsorientierte Friedensaufgaben im Vordergrund, was 1921 in Deutschland zur Gründung des Deutschen Roten Kreuzes führte. Heute ist das DRK in vielen Feldern des Rettungswesens, der Katastrophen-, Gesundheits-, Alten-, Jugend- und Sozialhilfe tätig.

Kirchliche Armenpflege: Die kirchliche Armenpflege suchte ihre Form ebenfalls in der verbandlich organisierten Caritas und Diakonie. Bereits aus der Apostelgeschichte war mit der „*Einsetzung der Sieben*" für die Organisation der Armenunterstützung eine Form bekannt, die letztlich neben der wörtlichen Verkündigung und Verbreitung des Glaubens durch die Apostel die ebenso christliche tätige Verkündigung des Glaubens in der Funktion des Diakons für die tägliche Armenunterstützung erlaubte.[225] Die evangelische Kirche brachte mit der Gründung vieler Einzelinitiativen als erste ihre Aktivitäten der Armenpflege in die Form des diakonischen Dienstes. Sie wurden mit dem Gesamtverband der „*Inneren Mission*" (Diakonisches Werk) gebündelt. Diesem Vorbild folgte die katholische Kirche knapp fünfzig Jahre später mit der Gründung der Caritasverbände und ihrer Zusammenführung in den „*Deutschen Caritasverband*".

---

223 Vgl. Sachße/Tennstedt 1998, S. 223f.
224 Das international geltende Genfer Abkommen schützt Verwundete, Kranke und Schiffbrüchige, Kriegsgefangene und Zivilpersonen in Kriegszeiten.
225 Vgl. Engelke 2004, S. 42ff.

Das Diakonische Werk (Innere Mission): Vor dem Hintergrund der sozialen Not des 19. Jahrhunderts gründeten evangelische Christen an vielen Orten in Deutschland Vereine und Anstalten für Krankenpflege, Kindererziehung, Seelsorge und Mission. Der Hamburger Theologe **Johann Hinrich Wichern** (1808-1881) fasste diese Einzelinitiativen mit seinem Programm der *„Inneren Mission"* zu einer breiten Bewegung zusammen. Die Geschichte der verbandlich organisierten Diakonie begann 1848. Wichern entwarf beim Wittenberger Kirchentag das Programm der *„Inneren Mission gegen geistliche und materielle Armut sowie soziale Not"*. Der *„Centralausschuß für die Innere Mission der Deutschen Evangelischen Kirche"* wurde gebildet. Danach entstanden überall in Deutschland Verbände der *„Inneren Mission"* mit teilweise rechtlich selbstständigen, sozialpädagogischen, fürsorgerischen und pflegerischen Heimen, Anstalten und Einrichtungen.

Deutscher Caritasverband: Die Gründung des *„Caritasverband für das katholische Deutschland"* im Jahr 1897 geht auf den katholischen Priester **Lorenz Werthmann** (1858-1921) zurück. Vorbild war ihm hierbei die von protestantischer Seite bereits 1848 gegründete *„Innere Mission"*. Ähnlich wie vor ihm bereits Wichern nahm Werthmann eine gewisse Distanz zum Staat ein. Neben der staatlichen Wohlfahrtspflege sollte stets eine freie Wohlfahrtspflege betrieben werden. Dabei waren aus Werthmanns Sicht soziale Gesetze und wirkungsvolle Organisationen sowie Fachlichkeit allein nicht die hinreichenden Voraussetzungen zur Lösung der sozialen Frage. Solange die Caritas nicht das Bewusstsein eines jeden Menschen in Gesellschaft antreiben könne, waren Hilfe und Fürsorge in seinen Augen wirkungslos. Werthmann leitete 23 Jahre lang den *„Charitasverband für das katholische Deutschland"*, der 1921 in *„Deutscher Caritasverband"* umbenannt wurde.

Jüdische Wohlfahrtspflege: In Berlin wurde 1899 der *„Verband für die jüdische Wohlfahrtspflege"* gegründet. Er folgte der *„Zedaka"*, dem hebräischen Begriff für Wohltätigkeit im religiösen Judentum.[226] Die Überwindung von Armut als ein „Erzübel" ist Konsens in der rabbinischen Tradition.[227] Ähnliche Zentralen bildeten sich in Frankfurt, Breslau, Hamburg, Köln, Hannover, Königsberg, Mainz, Wiesbaden, Stettin, Darmstadt, Stuttgart und Leipzig sowie als Landesverbände in Württemberg, Baden, Hessen-Nassau, Hessen-Darmstadt und Westfalen. Heute ist die *„Zentralwohlfahrtsstelle der Juden in Deutschland"* (ZWST) neben dem *„Zentralrat der Juden"* die zweite öffentliche Institution der jüdischen Gemeinden in Deutschland. Als Dachorganisation der jüdischen Gemeinden in Deutschland ist sie gesamtverantwortlich für die Unterstützung der jüdischen Gemeinden in ihrer Sozial- und Jugendarbeit.

---

226 Grundgedanke der „Zedakah" ist „Gerechtigkeit als Quelle des Wohltuns." Sachße/Tennstedt 1998, S. 232 .

227 Vgl. Sacks in ZEDAKA 1992, S. 14ff.

Wanderarbeitsstätten: Die vom frühen Mittelalter bis zur Moderne zu beobachtende Organisation von Hilfe als Form des menschlichen Bedarfsausgleichs kann als ein selbstorganisierendes Phänomen betrachtet werden. Ein solches exemplarisches Beispiel selbstorganisierender privater Wohlfahrtspflege zur Zeit der Industrialisierung sind nicht nur die gerade vorgestellten Wohlfahrtsvereine- und -verbände, die bis heute existieren. Weitere Beispiele lassen sich innerhalb dieser großen Wohlfahrtsvereine auch auf der Ebene der ihnen angeschlossenen Einrichtungen aufzeigen, so wie die bis heute noch in beeindruckender Größe bestehenden *„Von Bodelschwinghschen Anstalten Bethel"*. **Friedrich von Bodelschwingh**

(1831-1910) war ein evangelischer Pastor und Theologe. Er arbeitete in der auf J. H. Wichern zurückgehenden Inneren Mission. 1872 wurde er Leiter der 1867 gegründeten *„Evangelischen Heil- und Pflegeanstalt für Epileptische"* bei Bielefeld. Die von ihm 1874 in *„Bethel"* (hebräisch: Haus Gottes) umbenannte Anstalt machte er zu einer der bedeutendsten Einrichtungen der *„Inneren Mission"*. Im Auftrag Bielefelder Kaufleute nahm sich v. Bodelschwingh auch armer, umherziehender Männer an. Nach seinem Motto *„Arbeit statt Almosen"* gründe-

Friedrich v. Bodelschwingh

te er in Deutschland die schon aus Belgien bekannten *„Arbeiterkolonien"* (Wanderarbeitsstätten). Dort sollten die durch die Industrialisierung entstandenen Wanderarbeiter Unterkunft und Arbeit finden: eine auch später von der katholischen Kirche und den jüdischen Gemeinden übernommene Idee, die sich in heutiger Zeit mit unterschiedlichen Beschäftigungs-, Arbeits-, Wohn- und Betreuungsangeboten an obdachlose, wohnungslose Männer und Frauen richtet.

Heute sind die *„Von Bodelschwinghschen Anstalten"* primär in der ambulanten und stationären Behinderten- und Altenhilfe, Jugend- und Wohnungslosenhilfe sowie gemeindenahen psychiatrischen Versorgung tätig. Zu ihr gehören Akutkrankenhäuser, psychiatrische Kliniken und Ausbildungsstätten.

Offene Armenpflege im öffentlichen Bereich: Die größeren Städte, die oftmals auch Industriestandorte waren, mussten sich mit einer stark wachsenden Armenbevölkerung auseinandersetzen. Am stärksten war hiervon die Stadt Elberfeld betroffen. Bereits 1800 versuchte diese Stadt die zunehmende Bettelei mithilfe der Errichtung eines „allgemeinen Armeninstituts" abzuschaffen. Dieses geschlossene Armenhaus kam jedoch durch die stark ansteigende Zahl der Armenbevölkerung bald an seine Grenzen. Die Bettelei nahm zu. Unter Mitwirkung des Elberfelder Bankiers **Daniel von der Heydt** (1802-1874) wurde 1853 schließlich ein offenes System der Armenpflege eingeführt. Hierbei stand eine Idee des Pfarrers, Theologen und Begründers der freien Kirche Schottlands, **Tho-mas Chalmers** (1780-1847), Pate.[228] Er gilt als Erfinder eines Systems ehrenamtlicher Hausbesuche mit dezentraler Bezirksstruktur, später *„friendly visitors"* genannt. Chalmers empfand das Almosengeben als entwürdigend für die Bittsteller. Besonders beklagte er, dass sich hierdurch an ihrer Situation nichts nachhaltig ändert. So trat Chalmers für die Haltung *„No alms"* und den Aufbau eines ehrenamtlichen Besucher- und Patensystems ein, was er in seiner Pfarrgemeinde auch einführte. Chalmers teilte seine Gemeinde in kleinere Bezirke ein. Ehrenamtliche

Thomas Chalmers

Helfer überprüften die Bedarfslage der Hilfebedürftigen. Danach wurde recherchiert, ob sich Verwandte, Freunde oder Nachbarn für sie einsetzen konnten. Fiel diese Möglichkeit aus, wurden Paten in der begüterten Schicht gesucht.

Daniel von der Heydt hatte sich vor Ort einen Eindruck von Chalmers Konstruktion der *„friendly visitors"* verschafft. Das System der Bezirksaufteilung und der Ehrenamtlichkeit war bereits in Ansätzen auch in der Hamburger Armenreform von 1788 angelegt, die – wenn auch mit großen Schwierigkeiten – eine ehrenamtliche und dezentrale Organisationsstruktur hervorgebracht hatte. Bis auf das Patenschaftensystem übernahm Heydt die Konstruktion von Chalmers und der Hamburger Armenreform. Man teilte die Stadt Elberfeld in 252 Quartiere ein. Je 15 dieser Quartiere wurden zu einem Bezirk zusammengefasst. Jeder Bezirk bekam einen ehrenamtlichen *„Bezirksvorsteher"* und ebenso bekam jedes Quartier einen ehrenamtlichen *„Armenpfleger/Provisor"*. Ehrenamtliche Bezirksvorsteher und Armenpfleger bildeten die Bezirksverwaltung, die in regelmäßigen Abständen, meist vierzehntägig, mit der Armenverwaltung die Hilfebedarfe berieten. Diese bestanden aus Nahrungsmittelgutscheinen, Kleidung und Einrichtungsgegenständen, selten auch Geldzahlungen.

Die ehrenamtlichen Armenpfleger der Bezirksverwaltung wurden auf Vorschlag der Kirchen benannt, und sie mussten ihr Amt drei Jahre lang ausüben. Es war ein hoheitliches Amt, dem man sich nicht einfach entziehen konnte. Die Arbeit der Arbeitsverwaltung wurde nebenamtlich von Mitgliedern der Stadtverwaltung übernommen. Die Armenverwaltung führte die Rechtsaufsicht und das Rechnungs- und Kassenwesen. Arbeitsfähige Arme versuchte man durch Arbeitsvermittlungen an Privatunternehmen und eigene, kommunale Arbeitsbeschaffungen mit Arbeit zu versorgen.

---

228 Vgl. Beutel 2007, S. 234-254.

Das **Elberfelder System** baute die private Fürsorge in die behördliche Organisation ein. Mit diesem System wurde endgültig die Unterscheidung *„arbeitsunfähiger und arbeitsfähiger Armer"* vollzogen. Das System nahm die bis hierhin in der kirchlichen und bürgerlichen Armenpflege entwickelten Regelungen als Grundsätze seiner Organisationsprinzipien auf:

a) Ehrenamtliche Arbeit freiwilliger Helferinnen,

b) Dezentralisierung der Armenpflege,

c) Selektion zum Zwecke der Überprüfung und Kontrolle von Bedürftigkeit durch Beschluss von Hilfebedürftigkeit in den Bezirksversammlungen (nicht mehr als vier Familien oder Alleinstehende pro Helfer),

d) zeitliche Befristung von Unterstützung zwecks Vermeidung von Dauerleistungen (14 Tages-Frist) und

e) Arbeitszwang durch Arbeitsbeschaffung und Arbeitsvermittlung.

Das Elberfelder System wurde zu einem Vorbild in der Organisation der Armenpflege und von vielen weiteren Städten übernommen.[229] Wie man noch sehen wird, ist die Erfolgsgeschichte des *„Elberfelder Systems"* jedoch nicht durch die reine Übernahme, sondern durch eine kritische Modifikation in den meisten deutschen Städten bestimmt.

Öffentliche Wohlfahrtspflege und ihr Verhältnis zur freien Wohlfahrtspflege: Ende des 19. Jahrhunderts setzten verstärkte Bestrebungen ein, die staatlich-kommunale Armenpflege und die kirchliche und bürgerliche Privatwohltätigkeit aufeinander abzustimmen. In der Privatwohltätigkeit sah man Entwicklungen, die der öffentlichen Armenpflege zuwiderliefen. Seitens der öffentlichen Armenpflege beklagte man unkontrollierbare, teilweise auch konkurrierende Unterstützungsleistungen, Doppelunterstützungen, Missbrauch, Planlosigkeit bei der Almosenvergabe und beklagte die Wohltätigkeit als eine Art Modeerscheinung. Man forderte den Aufbau von Hilfen, die koordinierte, aufeinander abgestimmte Vorgehensweisen zwischen öffentlicher und privater Wohlfahrt ermöglichten. Als beispielgebend wurde auf das Elberfelder System hingewiesen. Schließlich führten auch die Ausbreitung und das starke Wachstum der beiden dezentral operierenden Wohlfahrtsverbände – Innere Mission und Caritasverband – zu einer lobbyistischen Haltung der Privatwohltätigkeit gegenüber der staatlich-kommunalen Armenpflege. Auch dies weckte und förderte die Haltung und das Interesse an einer öffentlichen Wohlfahrtspflege als eine kontrollierende und steuernde Instanz.[230]

---

229 So z.B. von Bremen, Breslau, Dresden, Gotha, Köln, Krefeld, Leipzig und Münster.
230 Vgl. Sachße/Tennstedt 1998, S. 241ff (dort als „Funktionssyndrome" beschrieben; a.a.O., S. 242).

Geschlossene Armenpflege: Neben der offenen, sowohl privat als auch öffentlich organisierten Armenpflege, hatte die geschlossene Armenpflege im 19. Jahrhundert einen eigenen Stellenwert. Im privaten Bereich hatten sich bereits die besprochenen Waisenanstalten und die Anstalten für Behinderte und Kranke (s.a. Heilpädagogik) herausgebildet. Im öffentlichen Bereich wurde das Prinzip der Arbeitshäuser und Arbeitsanstalten weiter ausgebaut. Hinzu kam, dass man Arbeitslosigkeit nun im Falle von Armut mit öffentlichen Sanktionsmitteln begegnen konnte. Zum einen setzten sich polizeiliche Zwangsmaßnahmen durch. Der „armenpolizeiliche Arbeitszwang“, seinerzeit als „*Detention*“ bezeichnet, autorisierte zum Gewahrsam in einer Arbeitsanstalt auch ohne ein Verschulden im strafrechtlichen Sinne. Zielgruppe waren die Obdachlosen. Zum anderen setzte sich die Sichtweise durch, dass Arbeitsverweigerung im Kontext von Armut als Straftatbestand zu bewerten sei. Bereits im preußischen Strafgesetzbuch (1843) wurde der Begriff des „*arbeitsscheuen Armen*“ verwendet und strafrechtlich geregelt. Diese Regelung wurde im Strafgesetzbuch des Deutschen Reiches übernommen: „*Mit Haft wird bestraft, wer, wenn er aus öffentlichen Armenmitteln eine Unterstützung empfängt, sich aus Arbeitsscheu weigert, die ihm von der Behörde angewiesene, seinen Kräften angemessene Arbeit zu verrichten*“[231].
Arbeitshaus und Arbeitszwang spielten bei der Durchsetzung der Industrialisierung und den Kapitalinteressen eine zweitrangige Rolle. Die noch im Frühkapitalismus des 18. Jahrhunderts verfolgte Idee, Arbeitshäuser als Mittel der Produktivitätssteigerung einzusetzen, ging in den Zeiten der Großindustrie des 19. Jahrhunderts nicht auf. In den Arbeitshäusern fand Arbeit zunehmend als Selbstbeschäftigung statt, die abgekoppelt von der ökonomischen Entwicklung letztlich keinen industriellen Nutzen hervorbrachte. Arbeitshaus und Arbeitszwang spielten stattdessen die Rolle des gesellschaftlichen Misstrauens gegen Arme und der staatlichen Sanktion von Empfindungen des Missbrauchs öffentlicher Mittel.

Arbeiterpolitik und staatliche Versicherungssysteme: Ein wesentliches Merkmal in den Einstellungen zur Armut des 19. Jahrhunderts kann in der Entdeckung armer Menschen für die Interessen der Kapitalakkumulation gesehen werden. Die Produktion industriellen Aufschwungs fraß ein Heer von Tagelöhnern und Gelegenheitsarbeitern, das leicht einsetzbar mit niedrigem Lohn und geringer bis völlig fehlender sozialer Absicherung überall dort verfügbar gemacht wurde, wo die Herausbildung industrieller Ballungszentren dies erforderte. Die freie Binnenwanderung armer Menschen, ihre „innerstaatliche Migration“[232] wurde praktisch zur strukturellen Voraussetzung für die industrielle Entwicklung. So

---

231 § 361 Nr. 5 u. 10 RStGB; zit. in Sachße/Tennstedt 1998, S. 247.
232 A.a.O., S. 205.

wurden Beschränkungen des Armenrechtes, die Arme an ihren Wohnort banden, mit der Armen- und Freizügigkeitsgesetzgebung Preußens (1842) zugunsten eines freien Arbeitsmarktes aufgehoben (Wohnortprinzip). Fortan galt der „Unterstützungswohnsitz (UWG)"[233]. Mit der Gründung des Deutschen Reiches (1871) galt dieser in fast allen Staaten des Deutschen Reiches. Unterstützungsberechtigt wurde man fortan, wenn man zwei Jahre seinen neuen Wohnsitz beibehielt und dies nachweisen konnte. Man konnte also – positiv formuliert – eine Art freies Niederlassungsrecht wahrnehmen und war im Bedarfsfall nicht mehr an seinen Herkunftswohnsitz gebunden. Letztlich stellte diese Regelung ein Instrument zur Förderung der Arbeiterbinnenwanderung dar. Eine Folge war, dass sich Leistungsbeziehungen zwischen Bürger und Staat als eine wechselseitige Beziehung entwickelten. Erwartungen von Loyalität und Leistung wurden eng miteinander verknüpft wahrgenommen.[234] So kann man sagen, dass die Entstehung wohlfahrtsstaatlicher Leistungsbeziehungen auf die Armen- und Freizügigkeitsgesetzgebung Preußens zurückzuführen ist. Das Prinzip des UWG gilt im Grunde heute noch und wird bei der Frage der Abklärung von sozialgesetzlichen Ansprüchen als „gewöhnlicher Aufenthalt" bezeichnet. Eine bestimmte Frist wird dabei nicht automatisch zugrunde gelegt, vielmehr werden in der Regel sechs Monate als allgemeine Orientierungsgröße angenommen.

Der Anteil der Proletarier an der Gesamtbevölkerung nahm im Kapitalismus des 19. Jahrhunderts rapide zu. Die durch den Kapitalismus individualisierten Lebensrisiken wurden von den Produktionsbetrieben nicht aufgefangen. Eine alternative Armenpolitik wurde erforderlich. Das Versicherungsprinzip spielte hierbei eine zentrale Rolle. Wie man Armut und Bettelei durch die Einführung von Versicherungen verhindern kann, hatte man bereits im 17. Jahrhundert gelernt. Mit der Einführung einer privaten Risikoversicherung gegen Brand- und Wasserschäden sah man eine rechtliche Grundlage, das Betteln von derart geschädigten Personen gesetzlich zu verbieten. Auch der bereits in der Hamburger Armenreform von **Caspar Voght** (1752-1839) verbreitete Gedanke zur Einführung von *„Pensionskassen"* war bekannt. Der Versicherungsgedanke wurde nun angesichts des ansteigenden Proletariats aus staatlicher Sicht funktional. So beginnt mit den 80er Jahren des 19. Jahrhunderts ein Prozess der Einführung einer Arbeiterversicherungsgesetzgebung in der Form eines gesetzlich geregelten Versicherungszwangs.[235]

Eine bis in die heutige Zeit aktuelle sozialstaatliche Institution wurde mit den ersten sogenannten Bismarck'schen Sozialversicherungswerken eingeleitet. Mit den Pflichtversicherungen gegen Krankheit (1883), industrielle Unfälle (1884) sowie Invalidität und Alter (1889) reagierte das Deutsche Reich unter seinem ersten

---

233 A.a.O., S. 23. Vgl. auch Sachße/Tennstedt 1998, S. 205.
234 Vgl. Bommes/Scherr 2000, S. 117f.
235 Vgl. Sachße/Tennstedt 1998, S. 263.

Reichskanzler **Fürst Otto von Bismarck** (1815-1898) als erstes europäisches Land auf die veränderten sozialökonomischen und politischen Folgen von Bevölkerungswachstum, Verstädterung und Industrialisierung. Damit fand eine strategische Maßnahme ihren Ausdruck, die von politischen Motiven geleitet war. Sozialistische und revolutionäre Entwicklungen sollten durch die geschickte Steuerung einer Politik „mit Zuckerbrot und Peitsche" abgewendet werden. Der deutsche Sozialstaat ist also kein Kind der Arbeiterbewegung, sondern das Ergebnis konservativer Politik im Kaiserreich. Die Einflüsse der erstarkenden Arbeiterbewegung sollten abgewehrt werden. Die Bismarck'schen Sozialgesetzgebungen waren für diese Politik das Zuckerbrot und die „Sozialistengesetze"[236] (1878) die Peitsche.

Wissenschaft: Die Gestaltung des Sozialen geriet also zunehmend in den Blick politischer Interessen. Mit Gestaltung ist aber auch das Interesse an Gestaltbarkeit und damit die Frage nach den Möglichkeiten und Notwendigkeiten sozialer Reformen aufgeworfen. Adressat für diese Fragen wurde zunehmend die Wissenschaft, derzeit insbesondere die „Nationalökonomie und Hygienewissenschaft"[237]. Nationalökonomie (heute in Volkswirtschaft und Sozialwissenschaft aufgeteilt) war die Wissenschaft, die der Politik klare, empirisch gesicherte Entscheidungsgrundlagen liefern sollte. Hierbei sollte sie nicht nur erklären, wie die Dinge zusammenhängen. Vielmehr sollte sie auch Lösungen erarbeiten, die den Vorstellungen einer gemeinsamen, deutschen Kulturnation dienen konnten, orientiert an den Normen von „Sittlichkeit und Gerechtigkeit". Wissenschaft hatte somit eine normative, einheitstiftende Funktion, und wurde als ethische Basis politischen Entscheidens und Handelns betrachtet.

Zusammenfassend stellen wird fest: Armenfürsorge steht im 19. Jahrhundert zunehmend im Interesse von Wohlfahrtspflege, Politik und Wissenschaft.

Wohlfahrtspflege, Politik und Wissenschaft mit Blick auf Armut

Offene Armenpflege im privaten Bereich
• Frauenvereine, Deutsches Rotes Kreuz, kirchliche Wohlfahrtsverbände, Wanderarbeitsstätten.
Offene Armenpflege im öffentlichen Bereich
• Hamburger Armenreform, Elberfelder System.
Geschlossene Armenpflege
• Arbeitshäuser und Arbeitszwang.

---

236 Das „*Gesetz gegen die gemeingefährlichen Bestrebungen der Sozialdemokratie*" verbot sozialdemokratische und sozialistische Aktionen und Organisationen.
237 Sachße/Tennstedt 1988, S. 19.

Verhältnis öffentlicher und freier Wohlfahrtspflege
• Stärkere Verbindungen zwischen privater und öffentlicher Wohlfahrt werden gesucht.
Arbeiterpolitik und staatliche Versicherungssysteme
• Unterstützungswohnsitz (UWG).
• Erste Sozialversicherungen (Otto v. Bismarck).
Wissenschaft
• Nationalökonomie.
• Hygienewissenschaft.

Zusammengefasst:

Armut, Hilfebedürftigkeit und gesellschaftliche Reaktion:
• Armenpflege differenziert sich als offene Armenfürsorge sowohl in der privaten (freien) als auch in der öffentlichen (kommunalen) Wohlfahrtspflege weiter aus. Beide Seiten nehmen immer mehr Verbindung miteinander auf. Parallel dazu entwickelt sich ein System geschlossener Armenpflege.
• Die Politik stellt Fragen der Gestaltung des Sozialen. Beschränkungen des Armenrechtes, die Arme an ihren Wohnort binden, werden mit Einführung des Prinzips vom „Unterstützungswohnsitz" (UWG) (1842) aufgehoben. Erste Sozialversicherungen werden gesetzlich vorgeschrieben.
• Der UWG wird zugunsten eines freien Arbeitsmarktes, die Sozialversicherungen zur Abwendung von Sozialismus und Revolution eingeführt.
• Die Wissenschaft schließlich stellt Fragen der Gestaltbarkeit des Sozialen als Fragen von Ökonomie und Hygiene.
• Die Einstellungen zur Armenfürsorge bewegen sich damit in der Bandbreite von religiöser, sozialreformerischer und politisch-ökonomischer Motivation. Strategisch wird die soziale Befriedung von Gesellschaft über vier Ansätze versucht:
  1. Arbeit wird immer mehr zum Integrationsideal. Das gilt folglich auch für die Bemühungen, die die Schaffung der persönlichen Voraussetzungen zur Erbringung dieses Integrationsideals zum Ziel hatten. Erziehung zur Arbeit, Ausdauer, zu Fleiß, zur Ordnung und Pünktlichkeit stehen somit ganz im Zeichen einer zunehmenden Sozialdisziplinierung armer Bevölkerungsschichten.
  2. Selektion von Hilfebedürftigkeit (Abschreckung, Abstandsgebote zu unteren Lohnverhältnissen, Reduzierung öffentlicher Ausgabenlast).
  3. Arbeiterpolitik und Sozialversicherungen als präventiver Schutz vor den jetzt durch Kapitalismus individualisierten Lebensrisiken.
  4. Nutzung der Wissenschaft als ethische Basis des Handelns.

3.5 Zusammenfassung: Industrialisierung

1. **Wie kann die allgemeine gesellschaftliche Charakteristik der jeweiligen Epoche beschrieben werden?** Das 19. Jahrhundert ist das Jahrhundert der Monopolbildungen (Dampfmaschinen-Jahrhundert). Das gesellschaftliche Interesse an naturwissenschaftlichen und technischen Erfolgen nimmt rapide zu. Die kapitalistische Produktionsweise führt zu Urbanisierung, Wanderungsbewegungen, Rückgang überschaubarer Lebensräume und Zunahme von Ballungszentren. Ergebnisse sind: Klassengesellschaft, Proletarisierung der Massen, Verarmung, Entfremdung und existenzielle Zerrüttung. Die Industrialisierung befördert die Idee der Sozialpädagogik/Sozialarbeit.

2. **Von welchem Weltbild und welcher Philosophie ist diese Zeit geprägt und welche geistigen Protagonisten und Ideengeber sind maßgebend in der Behandlung der sozialen Fragestellung?** Der philosophische Idealismus der Klassik und Romantik wird durch eine mechanistische, atomistische Welterklärung abgelöst. Man nimmt an, dass es allgemeingültige Gesetze der Kulturentwicklung gibt, die nur über empirische Forschung entdeckt werden können. Exakte Wissenschaften drängen den Stellenwert von Religion und Metaphysik zurück. Karl Marx sieht in den ökonomischen Verhältnissen von Gesellschaft die kulturentscheidenden Kräfte.

3. **Welche Einstellungen zur Kindheit und Jugend allgemein sowie zu ihren Beschädigungen im Speziellen herrschen in dieser Zeit vor und wie drückt sich dies organisatorisch und programmatisch im Erziehungs- und Bildungsverständnis aus?** Kindheit wird als eigenwertiger Entwicklungsprozess separiert. Eltern zeigen ein zunehmendes Interesse am Erziehungsgeschehen und Erziehungserfolg ihrer Kinder. Der Erziehungsauftrag wird durch zunehmende institutionalisierte Erziehung und Bildung vom Erziehungsauftrag der Eltern separiert. Kindheit steht weiterhin auf der Liste einer schwarzen Pädagogik und wird zunehmend zum Objekt nostalgischer Idealisierung, Gehorsamserziehung, Sexualunterdrückung und Sozialdisziplinierung. Nach dem Vorbild der Naturwissenschaften und der Annahme allgemeingültiger Entwicklungsgesetze entsteht ein positivistisches Bildungsideal in Verbindung mit einem vordergründigen Interesse an industriell verwertbarer Bildung. Zu dieser Entwicklung parallel verlaufen die Bemühungen um eine methodisch-didaktische Systematik der Unterrichtspraxis (Johann F. Herbart). Eine Stärkung der Volksschulen, aber auch wachsendes Misstrauen gegenüber einer allgemeinen Volksbildung, treffen aufeinander. Eine Vereinfachung der Volksbildung – praktisch als eine Form sozialer Kontrolle – ist die Folge. Kindheit und Jugend unter dem Zeichen der Industrialisierung bedeuten vor allem proletarische Kindheit und Jugend. Verwaiste, verwahrloste, arme und proletarische Kind-

heit werden Zielgruppe verstärkter pädagogischer Bemühungen (Johann H. Wichern). Für das 19. Jahrhundert ist die Herausbildung von drei Formen typisch: die Rettungshausbewegung, die staatliche Zwangserziehung und die Heilpädagogik. Der Begriff der Sozialpädagogik wird als Mittel der Volkserziehung und Bekämpfung der durch Verarmung entstehenden Erziehungsaufgaben eingeführt (Karl W. E. Mager, Friedrich A. W. Diesterweg). Die Tradition der privaten Kinderfürsorge wird mit dem Zwangserziehungsgesetz von 1878 gebrochen. Neben die private Jugendfürsorge tritt die kommunale, staatliche Jugendfürsorge mit der Gründung eigener Einrichtungen. Die Armen- und Waisenhauspädagogik bekommt schließlich das Gesicht einer staatlich gelenkten Jugendfürsorge. Abweichende Kindheit wird zum gesellschaftlich definierten „Fall" von Anpassung und Ausgrenzung. Das Interesse an der Erziehung und Bildung behinderter Kinder kann sich mit der Heilpädagogik eigene Wege suchen.

4. **Welche Einstellungen zur Armut und Hilfebedürftigkeit prägen diese Zeit und wie drücken sich diese organisatorisch und programmatisch im Umgang mit Armut aus?** Armenpflege differenziert sich als offene Armenfürsorge sowohl in der privaten (freien) als auch in der öffentlichen (kommunalen) Wohlfahrtspflege weiter aus. Beide Seiten nehmen immer mehr Verbindung miteinander auf. Parallel dazu entwickelt sich ein System geschlossener Armenpflege. Die Politik stellt Fragen der Gestaltung des Sozialen. Beschränkungen des Armenrechtes, die Arme an ihren Wohnort binden, werden mit Einführung des Prinzips vom „Unterstützungswohnsitz" (UWG) (1842) aufgehoben. Erste Sozialversicherungen werden gesetzlich vorgeschrieben. Der UWG wird zugunsten eines freien Arbeitsmarktes eingeführt, ebenso die ersten Sozialversicherungen zur Abwendung von Sozialismus und Revolution. Die Wissenschaft schließlich stellt Fragen der Gestaltbarkeit des Sozialen als Fragen von Ökonomie und Hygiene. Die Einstellungen zur Armenfürsorge bewegen sich damit in der Bandbreite von religiöser, sozialreformerischer und politisch-ökonomischer Motivation. Strategisch wird die soziale Befriedung von Gesellschaft über vier Ansätze versucht:

– Arbeit und Sozialdisziplinierung armer Bevölkerungsschichten als Integrationsideal,
– Selektion von Hilfebedürftigkeit,
– Arbeiterpolitik und erste Sozialversicherungen als Schutz vor Sozialismus und Arbeiterkampf,
– Nutzung der Wissenschaft als ethische Basis des Handelns.

Ein geistiges Wesen ist also nicht mehr trieb- und
umweltgebunden, sondern umweltfrei, und, wie
wir es nennen wollen, weltoffen.
Ein solches Wesen hat Welt.
(Max Scheler, 1928)

4 Moderne und Niedergang: Von der Zwangsarbeit und Ausbeutung bis zur Vernichtung

Wir hatten den Beginn der Moderne mit den ökonomischen Umbrüchen der Industrialisierung markiert. Mit der Industrialisierung wurde die stratifikatorische Differenzierung von Gesellschaft von der Ebene feudalistisch monarchischer Strukturen auf die Ebene von politisch-ökonomischen Schichten und Klassen verlagert. Gleichzeitig differenzierte sich Gesellschaft nach einem neuen Muster aus. Neben die stratifikatorische tritt die funktionale Differenzierung. Damit ist der Prozess der allmählichen Entwicklung voneinander unabhängiger gesellschaftlicher Teilsysteme gemeint. Der Begriff „Schicht/Klasse" verliert in der gesellschaftlichen Entwicklung zunehmend an Bedeutung. Die Bildung autonomer Funktionssysteme, wie Recht, Wirtschaft, Politik, Erziehung und Bildung, Religion usw. nimmt hingegen zu. Im engeren Sinne kann man den Begriff der Moderne auch mit dem Zeitpunkt verbinden, mit dem die stratifikatorische Differenzierung weitestgehend von einer funktionalen Differenzierung abgelöst wird. Funktionale Differenzierung bezeichnet damit auch einen Umbruch in allen Bereichen des individuellen, gesellschaftlichen und politischen Lebens gegenüber der Tradition. Die Moderne hat sich sozusagen selbst erreicht. Politisch lässt sie sich etwa an der Ablösung des Deutschen Kaiserreiches durch die Weimarer Republik verorten. Nachdem wir den Beginn der Moderne mit der Industrialisierung (etwa 1820-1900) und der Gründung des Kaiserreiches (1871) in den Blick genommen haben, schauen wir uns die Moderne nun in vier weiteren Schritten an:

a) Untergang der Ära Bismarcks im deutschen Kaiserreich, Erster Weltkrieg sowie Ende des Kaiserreiches (1890-1918),
b) Beginn und Verfall der Weimarer Republik (1918-1933),
c) Machtübernahme durch die Nationalsozialisten bis zum Ende des Zweiten Weltkrieges (1933-1945),
d) Wiederaufbau nach 1945 bis heute.

Wie man sieht, gestaltet sich die Entwicklung der Herrschaftsverhältnisse immer komplexer. Das liegt in erster Linie daran, dass sich in dieser Zeit drei politische Systeme abwechselten. Das Deutsche Kaiserreich geht seinem Ende entgegen und ist mit dem Ersten Weltkrieg am Boden, die Weimarer Republik steigt auf, verfällt aber nach relativ kurzer Zeit und das Chaos des Nationalsozialismus mit dem Zweiten Weltkrieg bricht aus.

Die Verortung des Nationalsozialismus (1928-1945) in der Geschichte Sozialer Arbeit bereitet allgemein Probleme. Die Zeit des Nationalsozialismus war ein gewaltsamer Bruch mit allem, was die Geschichte von Hilfe, Fürsorge und Sozialer Arbeit an Wandlungen hervorgebracht hatte. Daher wird es für diesen zeitlichen Abschnitt notwendig sein, die Situation der Sozialen Arbeit im Nationalsozialismus gesondert zu betrachten.

4.1 Allgemeine gesellschaftliche Charakteristik

Die erste Hälfte des 20. Jahrhunderts erlebte Deutschland in einer dichten Folge politischer, ökonomischer und sozialer Katastrophen. Im ersten Drittel des 20. Jahrhunderts bildete sich eine Entwicklung umfassend politischer, ökonomischer und geistiger Krisenlagen heraus. Getreu dem kapitalistischen Wirtschaftsliberalismus einer sich selbst ordnenden Welt, entstand die Kartellindustrie mit ihrer gesamten Überproduktion und Expansion auf den sich der Konkurrenz verschließenden Weltmärkten. Die sich verschärfende ökonomische Situation und der Militarismus des deutschen Kaiserreichs führten schließlich zum Ersten Weltkrieg. Damit wurde auch der hoffnungsvolle Aufschwung der Zeiten des späten Kaiserreiches zunichte gemacht. Die internationalen Verflechtungen lassen den Österreichisch-Serbischen Konflikt zum Weltkrieg werden. Dieser Krieg forderte um die 17 Millionen Todesopfer.

Die Konzentration der industriellen Produktion in die Rüstungsindustrie reduzierte die Konsumgüterproduktion. Volksvermögen floss in die Rüstungsindustrie, um auf den Schlachtfeldern verpulvert zu werden. Die kapitalistische Monopolbildung von Produktionsmitteln gaben die Arbeiter jeglicher Ausbeutung und existentieller Bedrohung schutzlos preis. Karl Marx' Prophezeiung der absoluten Verelendung der arbeitenden Schichten nahm konkrete Gestalt an. Die Weltwirtschaftskrise (1929) nahm ihren Anfang im Zusammenbruch der New Yorker Börse und zog einen Kollaps der Volkswirtschaften in allen Industrienationen mit Massenverelendungen und Massenarbeitslosigkeit nach sich. Die Hauptgläubigerrolle der USA für die Kredite an Frankreich und England und die Reparationspflichten Deutschlands aus dem Ersten Weltkrieg ließen Amerika als materiellen Sieger aus dem Weltkrieg hervorgehen. Der zeitweilige, scheinbare Wiederaufstieg der deutschen Wirtschaft durch US-Kredite, konnte in der Weltwirtschaftskrise die hohe Staatsverschuldung nicht einholen. Im Laufe der wirtschaftlichen Depression verfiel die junge hoffnungsvolle Weimarer Demokratie Deutschlands von 1919, die sogenannten „goldenen Zwanziger Jahre", der faschistischen Allmachtsideologie.

Die Partei der Nationalsozialisten (NSDAP) errang 1928 nur 2,6 Prozent der Wählerstimmen, 1930 waren es bereits 18,3 und 1932 schließlich 37,3 Prozent.[238] Damit wurde sie stärkste Partei im Reichstag. Mit dem Ermächtigungsgesetz von 1933 sowie den bereits vorangegangenen zwei Notverordnungen gab der Deutsche Reichstag den Nationalsozialisten (NS) freie Hand für die Gleichschaltung und damit die faktische Unterwerfung aller Organe und relevanten Gruppen unter ihre NS-Herrschaft. Es war eine Machtübergabe und keine Machtübernahme. Die hoffnungsvollen wohlfahrtsstaatlichen Ideen der Weimarer Republik (1918-1933) erfuhren ihren Untergang mit der Übergabe der Macht an die Nationalsozialisten (1933) und dem bald folgenden, vernichtenden Zweiten Weltkrieg (1939-1945). Dieser Krieg forderte an die 60 Millionen Todesopfer. Erst im Wiederaufbau, in der zweiten Hälfte des 20. Jahrhunderts, entfaltete sich die Idee des Wohlfahrtsstaates als ein verfassungsrechtliches Element.

Zusammengefasst:

Allgemeine gesellschaftliche Charakteristik:
Die erste Hälfte des 20. Jahrhunderts ist von tiefgreifenden politischen und ökonomischen Katastrophenerfahrungen geprägt:
- Industriegesellschaft, Kartellindustrie, Verelendung der arbeitenden Schichten,
- Erster Weltkrieg und Ende des Kaiserreiches (über 17 Millionen Todesopfer),
- Weimarer Republik,
- Weltwirtschaftskrise, Massenarbeitslosigkeit,
- Faschismus, Nationalsozialismus,
- Zweiter Weltkrieg und Holocaust (bis zu 60 Millionen Todesopfer),
- Wiederaufbau aus den geistigen und materiellen Trümmern.

4.2 Weltbild und Philosophie

Das Europa der Jahrhundertwende brachte in seinem ungebrochenen Willen zur Welteroberung ein Weltbild hervor, das der geistigen Erfassung des Menschenwesens neue Rätsel aufzugeben schien. Der Mensch war offensichtlich zu bewundernswerten technologischen Kulturleistungen und gleichermaßen unter ihrer Verwendung zur Zerstörung seiner eigenen Existenz befähigt; ein Dualismus der den späten **Siegmund Freud** (1856-1939) zur Annahme eines sich im Menschen im ständigen Widerstreit befindenden Lebens- und Todestriebes führte.[239]

---

238 Vgl. Sachße/Tennstedt 1992, S. 24.
239 Vgl. Freud 1979, S. 107.

Einen Vorausblick in das sich anbahnende Chaos gab der deutsche Philosoph **Friedrich Wilhelm Nietzsche** (1844-1900) bereits zum Ende des 19. Jahrhunderts: *„Was ich erzähle, ist die Geschichte der nächsten zwei Jahrhunderte. Ich beschreibe, was kommt, was nicht mehr anders kommen kann: die Heraufkunft des Nihilismus. Diese Geschichte kann jetzt schon erzählt werden: denn die Notwendigkeit selbst ist hier am Werke. Diese Zukunft redet schon in hundert Zeichen, dieses Schicksal kündigt überall sich an; für diese Musik der Zukunft sind alle Ohren bereits gespitzt. Unsere ganze europäische Kultur bewegt sich seit langem schon mit einer Tortur der Spannungen, die von Jahrzehnt zu Jahrzehnt wächst, wie auf eine Katastrophe los: unruhig, gewaltsam, überstürzt: einem Strom ähnlich, der ans Ende will, der sich nicht mehr besinnt, der Furcht davor hat, sich zu besinnen"*[240].

Nietzsche, gleichermaßen als faschistisch missbrauchter Prophet gerettet[241] und Wegbereiter für den faschistischen Rassismus verurteilt[242], zeichnete in seiner Vorrede zu seinem *„Versuch einer Umwertung aller Werte"* das Bild einer Untergangsstimmung, das sich angesichts der folgenden zwei Weltkriege so unzweifelhaft wie dramatisch bestätigte.

Der Nährboden des Faschismus hatte neben der ökonomischen sicherlich auch eine geistige Komponente. Die Überwindung des metaphysischen Denkens zugunsten der materialistischen Welteroberung förderte den Fortschrittsglauben an Wissenschaft und Technik. Ein *„kulturelles Unbehagen"* machte sich bereits um die Jahrhundertwende bemerkbar. Ähnlich wie die *„Sturm-und-Drang-Bewegung"* dem Rationalismus ihrer Zeit entgegentrat, wandte sich in Deutschland die *„Jugendbewegung"* gegen die Monopolbildung der Industrialisierung und deren künstliche *„Asphaltkultur"*[243].

Auch die Naturwissenschaften stießen auf erste Grenzen. Es wird wissenschaftlich unbestritten gezeigt, dass sich die Natur nicht in letzter Konsequenz durch objektive Gesetzmäßigkeiten erklären lässt. Die Kausalmethodik mechanistischer Welterklärung geht nicht zu hundert Prozent auf.[244] Dies beförderte einen Wandel im naturwissenschaftlichen Denken. Philosophie und Naturwissenschaften rückten wieder näher zusammen. Die Lebensphilosophie bezieht metaphysische und religiöse Fragen wieder mit ein und der Neukantianismus erkennt die „Grenzen der naturwissenschaftlichen Begriffsbildung"[245]. Verfechter der Eigenständigkeit

---

240 Bonsel, Einleitung zu Nietzsche 1959, S. 13.
241 Vgl. a.a.O., S. 12.
242 Vgl. Richter 1979, S. 58.
243 Vgl. Reble 1980, S. 267.
244 Beispiele hierfür sind Plancks Quantentheorie, Einsteins Relativitätstheorie, Heisenbergs Unsicherheitsrelation.
245 A.a.O., S. 269.

137

der Sozial- und Geisteswissenschaften, insbesondere auch der Erziehungswissenschaften und der Psychologie, bekamen Auftrieb. Ein psychoanalytisches Interesse am Menschen wurde wach. In allen Bereichen menschlichen Fortschritts erfuhr der aufgeklärte, sich aus dem metaphysischen Dasein des Mittelalters befreite Verstandesmensch – das notwendig gewordene Individuum – empfindliche Grenzsetzungen. Aus psychoanalytischer Sicht kann die Geschichte des Individuums auch als eine Geschichte der Illusion von der menschlichen Allmacht verstanden werden; dem Ausbruch des Menschen aus dem Mittelalter und seiner auf dem Weg der Welteroberung erlittenen narzisstischen Kränkungen. Oder anders gesagt: eine Geschichte des beschädigten Individuums. Der Psychoanalytiker **Horst-Eberhard Richter** (1923) zeigt auf, wie im 19. Jahrhundert die Chancen zur Realisierung großer Individualitätsideale unter dem Druck der neuen Produktionsverhältnisse und ihrem Versagen zu schwinden begannen und wie sich ganze Generationen des Bürgertums auf ihrem Weg in den Ersten Weltkrieg und dem darauf schnell verfallenden hoffnungsvollen Neuanfang der Weimarer Republik – mit der hieraus folgenden Marschrichtung zum Nationalsozialismus – in den Visionen vom „Übermenschen" des Philosophen Nietzsche wiederfinden konnten. „An Nietzsches Übermenschvision teilzuhaben, bot wenigstens eine gewisse phantasierte Entschädigung für den Bedeutungsschwund des Individuums im heraufdämmernden Zeitalter der Vermassung, der Verbürokratisierung, der Verwertung des Menschen als Ware"[246].
Nun dürften den breiten Massen Nietzsches philosophische Gedanken in der vereinfachten und verfälschten Interpretation einer Einteilung der Menschheit in edle Herrenmenschen und eher tierähnliche Untermenschen nicht bekannt gewesen sein. Und auch die Überlieferung, dass Nietzsche angeblich einer von Hitlers Lieblingsphilosophen gewesen sei, kann nicht zu dem Schluss führen, dass Nietzsche den philosophischen Nährboden für den Nationalsozialismus gelegt habe oder gar geistiger Urheber des Faschismus gewesen sei. Aber Nietzsches Gedanken können als ein Spiegel der damaligen gesellschaftlichen Situation und des sich darin ausbreitenden geistigen Klimas gesehen werden. Das 19. Jahrhundert ist für die Menschen mit einem ungeheuren Komplexitätsaufbau verbunden. Der Mensch sieht sich auf vielfältige Weise in neu entstandene soziale Systeme eingespannt. Er ist in ein ihm kaum überschaubares Feld gesellschaftlicher, wirtschaftlicher und politischer Zusammenhänge und die darin gegebenen Rollenanforderungen gestellt. Diese Funktionalisierung des Menschen bereitet in ihm die Ambivalenz von Ohnmacht, ein Gefühl des Ausgeliefertseins an anonyme Systeme auf der einen und den Willen zur Selbstbestimmung in der Frage der Mitgestaltung von Gesellschaft auf der anderen Seite. Diese Ambivalenz wird zur Frage der Selbstbe-

246 Richter 1979, S. 58.

wahrung. Eine Frage, die weder politisch, ökonomisch, sozial noch philosophisch oder pädagogisch einfach zu beantworten ist. In jedem Fall aber bekommt diese Frage auf allen Ebenen starken Auftrieb, auch und gerade weil sie auf so verschiedenartige Weise strittig wurde.[247]

Zusammengefasst:

Weltbild und Philosophie:
- Untergang großer Individualitätsideale unter dem Druck der Produktionsverhältnisse.
- Blüte der Jugend- und Wandervogelbewegung.
- Erfahrung der Grenzen von Naturwissenschaften (Neukantianismus).
- Ambivalenz von Gefühlen des Ausgeliefertseins an anonyme Systeme auf der einen und vom Willen zur Selbstbestimmung in der Frage der Mitgestaltung von Gesellschaft auf der anderen Seite.

4.3 Kindheit, Jugend und gesellschaftliche Reaktion

Im 19. Jahrhundert wird eine Tendenz zur nostalgischen Idealisierung von Kindheit erkennbar. Mit dem Bild von Kindheit sind die Suche und die Sehnsucht nach besseren Zeiten verbunden. Kindheit wird zur Projektionsfläche der Erwachsenenwelt und ihren bürgerlichen Erziehungsidealen für eine bessere Welt. Der Kindheitsstatus verändert sich mit all den problematischen aber auch verbessernden Begleiterscheinungen. Die Beschreibungen glücklicher Kindheiten – was immer in der jeweiligen Zeit als hierfür benennbare Merkmale angesehen wurde – tauchten erstmals im 19. Jahrhundert auf. Diese Tendenz setzte sich in den Autobiographien des 20. Jahrhunderts fort, aber auch die ersten psychoanalytischen und soziologischen Distanzierungen, die das Bild glücklicher Kindheiten als idyllisierende Kindheitsbeschreibung in Frage stellten.[248] Bereits das ausgehende 19. Jahrhundert liefert Hinweise für die Annahme einer veränderten kindlichen Psyche, die ihre eigenen Reaktionsweisen auf die sie umgebende und eindringende Umwelt herausgebildet hatte. So bildeten sich allmählich auch neue Formen psychischer Gegenwehr heraus, wie bspw. der Kinderselbstmord, der erstmals statistisch ermittelt werden konnte.[249] Die Separation von Kindheit als eigenwertiger Entwicklungsprozess war allgemein bewusst. Zum Ende des 19. Jahrhunderts konnte ein spezieller Zweig der Psychologie, die Kinderpsychologie, als systematische Wissenschaft von sich Reden machen. Zu nen-

247 Vgl. Reble 1980, S. 270f.
248 Hardach-Pinke/Hardach 1978, S. 50.
249 Vgl. Johansen 1978, S. 160f.

nen ist hier das Werk des englischen Physiologen (sic!) **Wilhelm Thierry Preyer** (1841-1897).[250] Ein tieferes Verständnis über die Bedeutung früher Kindheitserlebnisse brachte schließlich die Triebtheorie von **Siegmund Freud** (1856-1939). Er führte die drei Instanzen „*Ich*", „*Es*" und „*Über-Ich*" ein. Sein Modell der ontogenetischen Entwicklung benannte die Eltern als die zentrale Vermittlungsinstanz von Normen und Werten, die für die intrapsychische Entwicklung des Kindes in direkter Weise wirksam werden. Freuds Libidotheorie brachte neue Einblicke in die menschliche Triebstruktur und Erkenntnisse über ihre Zusammenhänge mit neurotischen und psychotischen Erkrankungen hervor. Die riskante und komplexe Rolle von Erziehung, als unmittelbare Versagungsinstanz, wurde damit deutlich. Kindheit im beginnenden 20. Jahrhundert stand besonders in Deutschland nicht nur unter dem Vorzeichen eines zunehmenden psychologischen Interesses, sondern sie wurde auch unter dem Zeichen politischer Verwendungsinteressen – sowohl von links als auch von rechts – wahrgenommen. So standen die „*Selbsterziehungs- und Selbstpolitisierungsideen*" innerhalb der sozialistischen und marxistischen Arbeiterjugendbewegung, beispielsweise in den „*Kinderrepubliken*" der „*Kinderfreundebewegung*", ganz unter dem Zeichen der Hoffnung, neue organisierte Mitkämpfer gewinnen zu können.[251] Diese Bewegung in der Zeit der Weimarer Republik konnte ihren Nachwuchs jedoch nicht besonders wirksam organisieren, ganz im Gegensatz – wie wir noch sehen werden – zur faschistischen Organisation der „*Hitler-Jugend*" nach der Machtübernahme (1933).

Erziehung und Bildung: Die Pädagogik befand sich im beginnenden 20. Jahrhundert in einer eigentümlichen Lage. Es war die Zeit der wissenschaftlichen Pädagogik und der sie bekämpfenden Reformpädagogik einerseits sowie die Zeit der ersten hoffnungsvollen Ideen einer geisteswissenschaftlichen Pädagogik andererseits. Und es war die Zeit der Einverleibung jeglicher Pädagogik durch den Nationalsozialismus.

Schule: Bis zur Jahrhundertwende entwickelte sich bereits ein gefächertes Schulsystem. Einen Aufschwung erfuhr angesichts des technisch orientierten Jahrhunderts das Realschulwesen, welches dem Bedürfnis nach praktisch verwendungsfähigem Nachwuchs entsprechen sollte. Die formale Gleichberechtigung der höheren Schulformen – Gymnasium, Oberrealschule und Realgymnasium – wurde bis 1900 erreicht.[252] Bis zur Jahrhundertwende hatte sich das öffentliche

---

250 W. Th. Preyer: Die Seele des Kindes. Beobachtungen über die geistige Entwicklung des Menschen in den ersten Lebensjahren. Leipzig 1882. Preyers Werk bildete die Grundlage der modernen Entwicklungspsychologie.
251 Freud 1940, S. 94 u. S. 132f.
252 Vgl. Reble 1980, S. 259f.

Schulwesen schon stark verzweigt. Neben der Volksschule und den sogenannten höheren Schulen hatte sich eine Reihe von Fach- und Fortbildungsschulen gebildet, wie z.B. auch verschiedene Sonderschultypen. Als eine besondere Schulform muss man auf die oft vergessenen Industrieschulen hinweisen. Für die armen Kinder und Jugendlichen des neu entstandenen Proletariats machte sich eine neue Erfindung auf den Weg. Sie bestand darin, Erziehung und Bildung für die Interessen der Industrie einzusetzen. In sogenannten Industrieschulen sollten Kinder für die Erfordernisse des industriellen Erwerbslebens vorbereitet werden. **Rudolf Joseph Lorenz Steiner** (1861-1925), eher bekannt durch die heutigen anthroposophischen Waldorfschulen, war einer der Protagonisten in Deutschland. 1919 wurde in Stuttgart die erste Waldorfschule als eine Betriebsschule für die Kinder der Arbeiter und Angestellten der *„Waldorf-Astoria-Zigarettenfabrik"* gegründet. Die Verbindung manueller Arbeit und schulischer Erziehung geht bereits auf Pestalozzi zurück. Die Industrieschulen setzten sich aber aus ökonomischen Gründen nicht durch.

Die Nationalsozialisten führten 1938 eine allgemeine Schulbesuchspflicht für deutsche Kinder ein (Reichsschulpflichtgesetz), was weniger von einem aufgeklärten pädagogischen Impetus als von der politisch-ideologischen Absicht von Gleichschaltung getragen war.

Erziehung als Wissenschaft: Die Zucht-und-Ordnungs-Pädagogik der Herbartianer hatte inzwischen ihre Wirksamkeit entfaltet und erfuhr scharfe Kritik seitens der emporkommenden Schulreformbewegung. Die Schulreformbewegung bezog ihre geistige Grundlage aus der von der schwedischen Pädagogin **Ellen Karolina Sophie Key** (1849-1926) maßgeblich initiierten Reformpädagogik. Die reine, durch Auswendiglernen und ohne selbständiges Denken gekennzeichnete Wissensvermittlung war aus Sicht der Reformpädagogen nicht kindgemäß. Die öffentlichen Schulen kamen ihr wie Strafanstalten vor und waren *„Seelenmord"*. Die Vertreter der Reformpädagogik forderten mehr Selbständigkeit und Freiheit für die Lernenden und die Ausrichtung der Lehrmethoden an den Bedürfnissen und Fähigkeiten der Kinder. Die beiden gegensätzlichen pädagogischen Richtungen standen wiederum in einer gewissen Nähe zu den sich anbahnenden Erziehungsprinzipien des Nationalsozialismus: das herbartianische Prinzip züchtigender Erziehung auf der einen sowie die der Erbgesundheitslehre nahestehende Reformpädagogik Ellen Keys auf der anderen Seite. Auch die stärker gewordene geisteswissenschaftliche Pädagogik nahm eine eher ambivalente, größtenteils verständnisvolle, kleinerenteils ablehnende Haltung gegenüber dem Faschismus ein.[253]

---

253 Vgl. Rang 1986, S. 50.

Sozialpädagogik: Von der normativen, überzeitlichen Erziehungswissenschaft Herbarts auf der einen und den ebenso überzeitlichen Überzeugungen der Reformpädagogik auf der anderen Seite setzte sich die geisteswissenschaftliche Pädagogik ab. Sie wurde im sozialpädagogischen Kontext vor allem von **Herman Nohl** (1879-1960) beeinflusst. Der Mitte des 19. Jahrhunderts eingeführte Begriff der Sozialpädagogik wurde vor Nohl besonders von **Paul Gerhard Natorp** (1854-1924) bearbeitet.

Für den Philosophen Natorp stand der Gemeinschaftsgedanke im Vordergrund. Natorp entwickelte 1907 seine theoretische Konzeption von Sozialpädagogik als Antwort auf die soziale Frage. Sozialpädagogik sah er nicht als eigenständigen Erziehungsbereich, sondern – ähnlich wie bei Mager – als Gegensatz zur Individualpädagogik. Daher knüpfte er auch an die volkserzieherischen Gedanken Pestalozzis und nicht an die individualpädagogischen Ideen Rousseaus an. Für Natorp war Sozialpädagogik jegliche Erziehung und Bildung zur Gemeinschaft durch Gemeinschaft. Insofern ist für Natorp letztlich Sozialpädagogik der Versuch einer Neubegründung der Disziplin Pädagogik einerseits und der Etablierung von Sozialpädagogik jenseits von Wohlfahrt und Fürsorge.[254]

Natorps Begriff von Sozialpädagogik setzte sich nicht durch. Der Diskurs über eine Sozialpädagogik wurde in der weiteren Entwicklung vor allem von seinem Kritiker **Alois Fischer** (1880-1937) weitergeführt. Er arbeitete insbesondere den Zusammenhang einer Sozialpädagogik mit den Fragen und Erkenntnissen der Sozialwissenschaften und Psychologie sowie den weiteren Forschungsbedarf heraus.[255] Der weitere sozialpädagogische Diskurs wurde vor allem aber von dem Pädagogen und Philosophen **Herman Nohl** (1879-1960) beeinflusst. Nohl gilt als der Großvater der Sozialpädagogik. Nohl griff auf die philosophische Pädagogik von **Friedrich Schleiermacher** (1768-1834) und **Wilhelm Dilthey** (1833-1911) zurück. Sie kann als erste und einzige Pädagogik ihrer Zeit gelten, die die Geschichtlichkeit von Pädagogik erkannte.[256] Sie war auch der Impulsgeber für die theoretische und berufsethische Orientierung der sozialpädagogischen Bewegung der Weimarer Zeit. **Herman Nohl** war der erste Lehrstuhlinhaber in Deutschland, der sich dem Bereich der Jugendhilfe in Theorie und Praxis widmete. Seine Analyse über die Entstehung der Sozialpädagogik – aus den unterschiedlichsten gesellschaftlichen

Herman Nohl

Einflüssen heraus – ermöglichte es ihm, die auf Schulfragen verengte Pädagogik für gesellschaftliche Entwicklungen und damit für die „soziale Frage" zu öffnen.

---

254 Vgl. Henseler 2000, S. 202 und Niemeyer 1998, S. 108.
255 Vgl. Henseler 2000, S. 172f.
256 Wulf 1978, S. 15f.

Die Idee der „Volkserziehung", die bei ihm auch die Familien-, Schul- und Sozialpädagogik umfasste, konnte er auf diese Weise weiterentwickeln. So sollte nach Nohls Verständnis z.b. das Jugendamt nicht nur eine helfende, sondern vor allem eine sozialisierende Funktion entfalten.

Sozialpädagogische Bewegung: Die *„sozialpädagogische Bewegung"* steht in einem engen Zusammenhang mit der *„Jugendbewegung".* Mit der um die Jahrhundertwende entstandenen Jugendbewegung erhielt die Jugendfrage im ersten Drittel des 20. Jahrhunderts einen zunehmenden gesellschaftlichen Stellenwert. Den pädagogischen Reformeifer der Weimarer Zeit begleitete eine Diskussion um die Sozialpädagogik als eine Form der Pädagogisierung der gesamten Wohlfahrtspflege und eine neue, gerechte Sozialpolitik. 1925 wurde die *„Gilde Soziale Arbeit"* gegründet, ein Zusammenschluss jugendbewegter Schüler Herman Nohls – z.b. **Curt Bondy** (1894-1972) und **Erich Weniger** (1894-1961) – und ehrenamtlicher und beruflich tätiger Menschen in der Sozialen Arbeit. Soziale Arbeit war für sie identisch mit sozialer Verantwortlichkeit. Im Zentrum der Reformüberlegungen stand die Reform der Fürsorgeerziehung. Ihre Perspektive war eine rein pädagogische.[257]

Im Jahr der Machtübernahme durch die Nationalsozialisten löste sich die Gilde selbst auf. 1947, zwei Jahre nach Kriegsende, nahm die Organisation ihre Arbeit wieder auf, und sie besteht bis heute.

Der sozialpädagogischen Bewegung ging es um die Institutionalisierung der Jugendwohlfahrt und die Verberuflichung der Wohlfahrtspflege und Jugendarbeit. Vor allem Herman Nohls Verständnis einer Pädagogik, die die Veränderung des Menschen und nicht der Gesellschaft in das Zentrum pädagogischer Bemühungen rückte, fand großen Anklang. „Der gemeinsame Nenner der sozialpädagogischen Bewegung lag letztlich in der Überzeugung, dass der Pädagogik für die Lösung der gesellschaftlichen Probleme eine neue und stetig wachsende Bedeutung zukomme ..."[258]. Die geisteswissenschaftliche Pädagogik und die Reformpädagogik erhielten jedoch auch heftige Kritik, insbesondere durch den österreichischen Psychoanalytiker und Pädagogen **Siegfried Bernfeld** (1892-1953). Seine Worte zu den Grenzen der Erziehung (1925) fanden aber (noch) kein Gehör.[259]

---

257 Vgl. Henseler 2000, S. 184ff.
258 Schnurr 1997, S. 11.
259 Bernfeld versuchte Erkenntnisse der Psychoanalyse mit dem Marxismus zu verbinden. Er war führend in der österreichischen Jugendbewegung und einer der wichtigsten Wissenschaftstheoretiker in der psychoanalytischen Bewegung. Er verband marxistische Grundgedanken mit der Psychoanalyse Freuds zu einer klassenkämpferischen „neuen Erziehungswissenschaft". In dem von ihm geleiteten *Kinderheim Baumgarten* (Wien 1921) versuchte er seine Vorstellungen zu verwirklichen. 1922 eröffnete er seine psychoanalytische Praxis in Wien. 1925 ging er an das psychoanalytische Institut. 1934 emigrierte er in die USA und war dort am psychoanalytischen Institut tätig. In Deutschland wurde Bernfeld als Vorläufer der antiautoritären Erziehung (wie-

Die faktische Wirkung der sozialpädagogischen Bewegung war in den von ihr intendierten Handlungsfeldern – vor allem in der Heimerziehung, den Wohlfahrtsämtern, den Volkshochschulen und der Jugendarbeit – eher gering. Umso höher jedoch war ihre publizistische Ausstrahlung in der fachlichen und öffentlichen Diskussion. Auch ihre Wirkung in der Ausbildung von Wohlfahrts- und Jugendpflegerinnen, insbesondere auch -pflegern, die aus der Jugendbewegung kamen, wird eher hoch eingeschätzt. Es zeichnete sich – neben Schule – ein weiteres pädagogisches, ein sozialpädagogisches Berufsethos ab.[260] Dies wurde zunächst von den Folgen der Weltwirtschaftskrise (1929) überrannt. In den Zeiten des Verfalls der Weimarer Republik verband sich schließlich der Rest der sozialpädagogischen Bewegung ideell mit den neuen Hoffnungen, die durch den aufkommenden Nationalsozialismus vermittelt wurden, statt diesen – anscheinend nicht richtig erkannten Feind – zu bekämpfen.

Fürsorgeerziehung: Das im Deutschen Reich eingeführte Zwangserziehungsgesetz (1878) brachte nichts Gutes. Arme Kindheit wurde zum „Fall" abweichenden Verhaltens. In den Jahren zwischen 1912 und 1931 erschien eine Vielzahl von Publikationen in Form von Anklageschriften, Selbstzeugnissen, Romanen und Bühnenstücken zu den Auswüchsen staatlicher Zwangserziehung. Die Liste der Anklagen war lang: Mangel an qualifizierten Erziehungspersonen, überbordende Strenge, Zucht und Ordnung, Zwang, sinnlose Beschäftigung, Demütigungen, Gewaltanwendung, sexuelle Unterdrückung, Hospitalisierungen, drakonische Bestrafungsaktionen wie Einzel- und Dunkelhaft u.v.m. füllten die Liste einer schwarzen Anstaltspädagogik.
Ein Novum trat mit der Pädagogisierung des Jugendlichenstrafvollzuges hinzu. Nach dem Vorbild der angloamerikanischen Jugendgerichte entstanden mit dem Inkrafttreten des Jugendgerichtsgesetzes (RJGG) von 1923 Jugendgerichte und die Jugendgerichtshilfe. Die dunkle Zeit der Anstaltserziehung kannte zudem erste Ansätze einer Heimdifferenzierung. Hintergrund hierfür waren Erkenntnisse in der Medizin, der Psychiatrie und Psychologie. Erste Ansätze einer reformierten „Anstaltspädagogik" mit koedukativen, berufsvorbereitenden und später auch psychoanalytischen Elementen werden erkennbar.[261] Ein Vorbild war hier die Ar-

der) bekannt. Sein bis heute bekanntes Werk *„Sisyphos oder die Grenzen der Erziehung"* (1925) zeigt seine antipädagogische Sicht der Dinge. Bernfelds damalige geringe akademische Akzeptanz wird an seinen zu seiner Zeit als Handicap geltenden Eigenschaften festgemacht: Er war Marxist, Psychoanalytiker und Jude. Dies und seine wissenschaftlich fundierte Ausführung über die ideelle Selbstüberschätzung der Pädagogik machten ihn zur Unperson im pädagogischen Diskurs seiner Zeit. Erst nach seinem Tod wurde Bernfeld insbesondere durch Mollenhauer in den Diskurs der Pädagogik gehoben (vgl. hierzu Niemeyer 1998, S. 195-214).
260 Schnurr 1997, S. 12.
261 Vgl. Scherpner 1979, S. 177f.

beit von **August Aichhorn** (1878-1949), der in Österreich eine Einrichtung auf der Grundlage eines psychoanalytisch-pädagogischen Konzeptes führte. Versuche jugendbewegter Fürsorgeerziehungspraxis waren vor allem mit dem Namen des der Reformpädagogik verpflichteten **Karl Wilker** (1885-1980) verbunden. Seine Pädagogik der Fürsorgeerziehung in der Erziehungsanstalt *„Der Lindenhof"* verstand sich als erfrischend fürsorgekritischer sowie erfahrungs- und sinnenfreudiger Versuch gegen den *„Sumpf verlogener Kultur, sich prostituierender Gesellschaft, raffgieriger Kapitalismusses"*[262]. Weitere Namen, wie Walter Hermann und Curt Bondy (Jugendstrafvollzug bzw. Gefängnispädagogik) sind in diesem Zusammenhang zu nennen.

Auch die Medizin entdeckte die Fürsorgeerziehung. Sie trat jedoch schnell in eine standespolitische Konkurrenzlage zu den Pädagogen. Der in Münster wirkende Gerichts- und Sozialmediziner **Heinrich Többen** (1880-1951) setzte sich bereits zur Zeit der Entstehung des Reichsjugendwohlfahrtsgesetzes (RJWG) für eine obligatorische und kategorische medizinische Diagnostik bei der Feststellung von Fürsorgeerziehung ein.[263] Tatsächlich war diese Diagnostik und die Einrichtung von *„Sonderanstalten für sogenannte Unerziehbare"* auch im Entwurf des RJWG in Artikel 70 (2) vorgesehen. Többen hatte 1921 in einem über 1000 Seiten umfassenden Buch über *„Die Jugendverwahrlosung und seine Bekämpfung"* die Psychiatrisierung der Jugendfürsorge vorangetrieben.[264] Seine Vorstellungen fanden ihren Niederschlag im geplanten Artikel 70 (2), der aber aus finanziellen Gründen nicht in das RJWG aufgenommen wurde.[265]

Insgesamt muss man feststellen, dass es in dieser Zeit nicht zu einer durchgreifenden Reform der Fürsorgeziehung kam.[266] Die Medizin hingegen sollte unter den Vorzeichen des aufkommenden Nationalsozialismus noch einen zunehmenden aber unheilvollen Stellenwert in der Jugendfürsorge bekommen.

---

262 Wilker zit. in Niemeyer 1998, S. 187 (Anmerkung: Gleichwohl stand auch Wilker, ähnlich wie Ellen Key, dem eugenischen Gedanken sehr nahe. Vgl. a.a.O., S. 193).
263 Vgl. Dudek 1999, S. 169.
264 Vgl. Fischer 1994, S. 526.
265 Vgl. Dudek 1999, S. 169.
266 Vgl. Röper 1976, S. 241.

Zusammengefasst:

Kindheit, Jugend und gesellschaftliche Reaktion:
* Psychologisches Verständnis von Kindheit und Jugend.
* Die Triebtheorie Siegmund Freuds bingt ein tieferes Verständnis über die Bedeutung früher Kindheitserlebnisse hervor.
* Fürsorge einerseits, Sozialdisziplinierung andererseits.
* Zucht-und-Ordnungs-Pädagogik erfährt scharfe Kritik seitens der emporkommenden Schulreformbewegung.
* Beide Erziehungsrichtungen – hier Strenge und Zucht, dort Naturverbundenheit und Eugenik – stehen in einer gewissen Nähe zu den sich anbahnenden Erziehungsprinzipien des Nationalsozialismus.
* Kindheit steht nicht nur unter dem Vorzeichen eines zunehmenden psychologischen Interesses, sondern auch unter dem Zeichen politischer Verwendungsinteressen der Arbeiterjugendbewegung zur Weimarer Zeit und später der Indoktrination von Jugend in Schulen, Universitäten, Hitlerjugend und anderen nationalsozialistischen Erziehungsstätten.
* Mit der um die Jahrhundertwende entstandenen Jugendbewegung erhält die Jugendfrage im ersten Drittel des 20. Jahrhunderts einen zunehmenden gesellschaftlichen Stellenwert.
* Den pädagogischen Reformeifer der Weimarer Zeit begleitet eine Diskussion um die Sozialpädagogik als eine Form der Pädagogisierung der gesamten Wohlfahrtspflege und eine neue, gerechte Sozialpolitik.
* Die wissenschaftliche Sozialpädagogik geht vor allem auf Paul Natorp (1854-1924) und Herman Nohl (1879-1960) zurück.
* Die von Nohl beeinflusste sozialpädagogische Bewegung findet u.a. in der 1925 gegründeten Gilde Soziale Arbeit ihren Ausdruck.
* Ihr Anliegen ist die Pädagogisierung der gesamten Wohlfahrtspflege und Verwirklichung einer neuen, gerechten Sozialpolitik.
* Zu einer durchgreifenden Reform kommt es nicht.
* In den Zeiten des Verfalls der Weimarer Republik verbinden sich Teile der sozialpädagogischen Bewegung ideell mit den neuen Hoffnungen, die durch den aufkommenden Nationalsozialismus vermittelt werden, statt diesen – anscheinend nicht richtig erkannten Feind – zu bekämpfen.

4.4 Armut, Hilfebedürftigkeit und gesellschaftliche Reaktion

Mit Beginn der 1890er Jahre begann ein Ausbau der Fürsorgemaßnahmen über die klassische Armenfürsorge hinaus. Damit entwickelte sich auch ein neues Verständnis über die gesellschaftlichen Aufgaben öffentlicher Fürsorge. Planvolles, wissenschaftlich begründbares Handeln war nun immer mehr gefragt. In den 1920er Jahren wurde der Begriff der Fürsorge zu einem universellen Instrument materieller Existenzsicherung auf minimalem Niveau. Da die individuelle Daseinsvorsorge durch die Wirtschaft versagte, wurde der Staat zum Wohlfahrtsstaat mit der Folge der Herausbildung einer Armenverwaltung in den Kommunen. Neben der weiteren Ausdifferenzierung der privaten Wohlfahrtspflege setzten eine Etablierung der kommunalen Fürsorge und ein Ausbau der staatlichen Rechtsprogramme ein.

Mit den ersten drei Jahrzehnten des 20. Jahrhunderts setzte sich die Ausdifferenzierung der Wohlfahrtspflege des 19. Jahrhunderts fort. Sie mündete in einen Prozess der Zentralisierung der privaten Wohltätigkeit, die nun in Abgrenzung zur staatlichen *„öffentlichen Wohlfahrtspflege"* als *„freie Wohlfahrtspflege"* bezeichnet wurde. Das Verhältnis öffentlicher und freier Wohlfahrtspflege wurde zunehmend als regulationsbedürftig thematisiert und schließlich als ein Nebeneinander funktionaler Arbeitsteilung harmonisiert.[267]

Mit dem Ausbau der Wohlfahrtspflege – insbesondere der öffentlichen – setzte ein Prozess der Verwissenschaftlichung und Verberuflichung des Sozialen ein. Dieser Prozess fand seine Anfänge bereits in den Zeiten des Kaiserreiches und erfuhr nun im ersten Drittel des 20. Jahrhunderts weiteren Auftrieb. Das Zusammenwachsen der öffentlichen und privaten Wohlfahrt zum Ende des 19. Jahrhunderts nahm seine weitere Entwicklung in dem Übergang zu einem Wohlfahrtsstaat. Mit der Weimarer Reichsverfassung (WRV) von 1919 wurde der neue Staat als parlamentarische Republik, als Rechts- und Sozialstaat geboren.[268] Wohlfahrtspflege und

---

267 Vgl. Sachße 2003, S. 75.

268 Die Begriffe Wohlfahrtsstaat und Sozialstaat sind nicht identisch. Mit dem Begriff Sozialstaat wird ein Verständnis von Staat ausgedrückt, in dem der Staat seinen Bürgerinnen und Bürgern lediglich in nicht mehr aus eigener Kraft zu bewältigenden Notsituationen hilfreich zur Seite springt. Der Begriff Wohlfahrtsstaat ist hingegen weitreichender. Der Begriff der Wohlfahrt hat seinen Ursprung in den christlichen Gedanken von Karitas und Diakonie. Mit ihm ist die planmäßige, Allgemeinwohl fördernde Sorge für notleidende und gefährdete Menschen gemeint. Mit der Verbindung zum Wort Wohlfahrts-Staat wird die Auffassung vertreten, dass der Staat die Rolle für die Herstellung des Allgemeinwohls seiner Bürger zu übernehmen habe. Hierbei ist zwischen dem Begriff des absolutistischen und liberalen Wohlfahrtsstaates zu unterscheiden. Ersterer griff mit staatlichen Vorstellungen von „Freiheit und Glückseligkeit" dirigistisch in die Privatsphäre seiner Bürger ein, zweiter versucht durch rechtsstaatliche Prinzipien und marktwirtschaftliche Eingriffe die Freiheit seiner Bürgerinnen und Bürger zu schützen. Der Wohlfahrt-

Volksbildung sollten seine Integrationsformeln sein. Mit dem Verfall der Weimarer Republik und der Zeit des Nationalsozialismus war das vorläufige Ende eines hoffnungsvollen Reformprozesses Sozialer Arbeit gekommen.

Zusammenschlüsse und Neugründungen in der freien Wohlfahrtspflege: Neben den bereits Ende des 19. Jahrhunderts entstandenen Wohlfahrtsverbänden (Deutsches Rotes Kreuz, Innere Mission, Deutscher Caritasverband und jüdische Hilfswerke) kamen die Arbeitwohlfahrt (1919), der Paritätische Wohlfahrtsverband (1920) und der Zentrale Wohlfahrtsausschuss der christlichen Arbeiterschaft (1921) als weitere Verbände der freien Wohlfahrtspflege hinzu. Mit dem Zusammenschluss der jüdischen Hilfewerke (1917) und der Anerkennung des Zusammenschlusses der Caritasverbände durch die Deutsche Bischofskonferenz (1916) waren die Zentralisierungsbestrebungen der jüdischen und katholischen Hilfeorganisationen vollzogen.

Die **Zentralwohlfahrtsstelle der deutschen Juden (ZWST)** wurde 1917 gegründet, um die vielfältigen jüdischen Hilfswerke und sozialen Einrichtungen der jüdischen Gemeinschaft zu koordinieren und sich um die jüdischen Kriegsteilnehmer und ihre Hinterbliebenen zu kümmern. In der Zeit der Weimarer Republik war die ZWST in die Deutsche Liga der freien Wohlfahrtspflege eingebunden.[269] Die Zentralwohlfahrtsstelle der jüdischen Gemeinden in Deutschland wurde zur Dachorganisation der jüdischen Gemeinden in Deutschland und als solche gesamtverantwortlich für die Unterstützung der Gemeinden in ihrer Sozialarbeit, wie auch für die Organisation und Koordination der Jugendarbeit. Vor der ZWST waren bereits ihre drei Gründungsorganisationen in der Wohlfahrtspflege aktiv.[270] Als nicht-politische Vertretung der jüdischen Gemeinden ist sie heute neben dem Zentralrat der Juden die zweite öffentliche Institution der jüdischen Gemeinden in Deutschland.

Arbeiterwohlfahrt (AWO): Die Arbeiterwohlfahrt war ein Element der sozialdemokratischen Arbeiterbewegung im Übergang vom 19. zum 20. Jahrhundert. Das Deutsche Reich war nach dem Ersten Weltkrieg zerstört, politisch instabil, wirtschaftlich und sozial ruiniert. Millionen Menschen waren in Not und hungerten. Die Kriegsversehrten, die Opfer des Krieges, die Witwen, die Waisenkinder waren ohne soziale Hilfen. Eine bisher nicht gekannte Massenverelendung in Deutschland forderte die Selbsthilfe und die praktische Solidarität vieler freiwilli-

---

sidee haftet somit ein gewisses staatsintervenistisches Verständnis weiterhin an.

269 A.a.O., S. 302.

270 Deutsch-Israelitische-Gemeinde-Bund (D.I.G.B), der unabhängige Orden B'nai Brith (U.O.B.B.) und der Jüdische Frauenbund (vgl. ZEDAKA 1993, S. 293).

ger Helferinnen und Helfer heraus. Der Gedanke lag nahe, aus den verschiedenen Organisationen der Arbeiterbewegung eine sozialdemokratische Wohlfahrtsorganisation zu bilden. Die Sozialdemokratin **Marie Juchacz**[271] (1879-1956) rief im Dezember 1919 den *„Hauptausschuss für Arbeiterwohlfahrt in der SPD"* ins Leben. So wurde neben der bürgerlichen Wohltätigkeit, z.b. der Frauenvereine, ein sozialdemokratischer Wohlfahrtsverband aufgebaut, der sich sowohl als politische Interessengemeinschaft für soziale Gerechtigkeit und sozialen Fortschritt als auch als konkrete Hilfeorganisation für die Arbeiterschaft verstand.

Deutscher Paritätischer Wohlfahrtsverband (DPWV): 1920 schlossen sich nichtkonfessionelle, gemeinnützige Krankenanstalten zu einer Vereinigung der freien gemeinnützigen Kranken- und Pflegeanstalten Deutschlands zusammen. Parteipolitisch und weltanschaulich neutral wollten sie ihre Selbständigkeit gegen eine drohende Kommunalisierung und Verstaatlichung verteidigen. Dem Verband schlossen sich auch andere freie soziale Einrichtungen an, die ihre Existenz bedroht sahen. 1924 wurde der Wohlfahrtsverband unter dem Namen *„Vereinigung der freien privaten gemeinnützigen Wohlfahrtseinrichtungen Deutschlands"* gegründet und 1932 in *„Deutscher Paritätischer Wohlfahrtsverband"* umbenannt.

Kommunale Wohlfahrtspflege und staatliche Programme: Die Ausdifferenzierung der kommunalen Armenfürsorge hatte mit Schwierigkeiten zu kämpfen. Das Reichsgesetz von 1871 bestimmte mit seiner Regelung des *Unterstützungswohnsitzes* (UWG) die Gemeinden und Gutsbezirke als die Ortsarmenverbände. Schwierigkeiten machten sich sukzessive auf verschiedenen Ebenen bemerkbar.

a) Es entstanden viele kleine, wenig leistungsfähige Ortsarmenverbände. Insbesondere auf dem Lande konnten sie ihren – teilweise auch gesetzlich schon vorgeschriebenen – Aufgaben nicht mehr gerecht werden. Die Bildung von Landesarmenverbänden war rechtlich zwar vorgesehen, entwickelte sich aber nur zögerlich.

b) Der Verlust des bürgerlichen Wahlrechtes und drohende Zwangsarbeit in den Arbeitshäusern führten zur fortschreitenden Nichtinanspruchnahme der Armenfürsorge und zum Negativimage der kommunalen Armenfürsorge.

c) Die Rechtsstellung unterstützungsberechtigter Personen war durch die Arbeiterversicherung angehoben worden. Diese Leistungen reichten aber oft nicht aus, so dass sie auf zusätzliche kommunale Unterstützung angewiesen waren. Dies machte die Leistungsberechtigten wieder zu Bittstellern.

---

271 Juchacz war Frauensekretärin beim Parteivorstand der SPD, Vorkämpferin für das Frauenwahlrecht in Deutschland, Mitglied der Weimarer Nationalversammlung und erste parlamentarische Rednerin in diesem ersten frei gewählten deutschen Parlament.

d) Rechtsansprüche auf Renten und Krankenversorgung aus einer Arbeiterversicherung und die Konsequenzen für eine verbleibende Bedürftigkeit erforderten immer mehr Sachkenntnisse bei den Quartierspflegern.

e) Die Städte wurden immer größer und es bildeten sich spezielle Armen- und Reichenviertel. Nachbarschaftliche Quartiersarmenpflege war so kaum noch möglich.

f) Die Ermittlung des Unterstützungswohnsitzes wurde infolge der ansteigenden Mobilität der Menschen immer schwieriger und aufwendiger.

Das System der kommunalen Armenfürsorge sah sich also mit Problemen konfrontiert, die sowohl quantitativ als auch qualitativ ihre Möglichkeiten überschritten. Eine Reaktion auf diesen Problemdruck war bereits 1880 der Zusammenschluss überwiegend städtischer Armenverwaltungen, Organisationen der privaten Wohlfahrt und Einzelpersonen im *„Deutschen Verein für Armenpflege und Wohltätigkeit (DV)“*. Weitere Reaktionen waren die Reorganisation der kommunalen Armenfürsorge, insbesondere der Modifikation des Elberfelder Systems und der Ausdifferenzierung der kommunalen Fürsorge in Gesundheits-, Jugend-, Wohnungs- und Erwerbslosenfürsorge. Als weitere Reaktionsbildung muss die bürgerliche Frauenbewegung, die zur Entstehung eines sozialen Frauenberufes führte, in den Blick genommen werden.

Reorganisation der kommunalen Armenfürsorge: Unter der Mitwirkung des Straßburger Bürgermeisters **Rudolf Schwander** (1868-1950) wurde das Elberfelder System zu einem halbprofessionellen Quartiersystem ausgebaut. Das **Straßburger System** (1905) gab das Prinzip der reinen Ehrenamtlichkeit auf und unterschied nun sehr deutlich zwischen den beruflichen und den ehrenamtlichen Aufgaben. Die polizeilich-administrativen Aufgaben wurden nun von Berufspflegern der Armenverwaltung wahrgenommen. Die beratenden, betreuenden und unterstützenden Tätigkeiten verblieben weiterhin bei den ehrenamtlichen Bezirkspflegern. Mit dem Straßburger System trat erstmalig ein Prozess der Abstimmung zwischen individuell betreuenden und sachlich entscheidenden Instanzen persönlicher Hilfe auf. Es trafen erste sozialpädagogische und sozialarbeiterische Profilbildungen aufeinander. Kommunale Sozialpolitik gewann an Bedeutung und es setzte ein dynamischer Prozess der Ausdifferenzierung kommunaler Wohnungs-, Erwerbslosen-, Kinder-, Jugend- und Gesundheitsfürsorge sowie Kriegsopferpflege ein.

Wohnungsfürsorge: Bis 1913 waren in etwa 30 deutschen Großstädten Wohnungsämter eingerichtet worden. Sie arbeiteten teilweise schon mit hauptamtlichem Personal, überwiegend jedoch in der Kombination von ehren- und hauptamtlichen Mitarbeitern. Sie traten eher in der Funktion von Aufsicht und weniger in der Funktion von Fürsorge auf. Örtlich geltende Wohnungsordnungen legten

Mindestgrößen der Wohnungen und hygienische Vorschriften fest. Die Wohnungsämter sollten vor allem der Entwicklung von Übernachtungshäusern und Schlafstellen entgegenwirken.

Fürsorge für erwerbslose Personen: Außerhalb und in Ergänzung der Armenfürsorge wurden bis 1914 in immer mehr deutschen Städten Vorläufer des Arbeitsamtes eingerichtet. Es wurden kommunale Einrichtungen gebildet, die von Arbeitnehmern und Arbeitgebern paritätisch besetzt waren und Arbeitsnachweise außerhalb der Armenfürsorge führten.[272]

Gesundheitsfürsorge und Gesundheitsamt: Als ein besonders dynamisches Feld der Entwicklung kommunaler Wohlfahrt stellte sich die Gesundheitsfürsorge dar. Bereits zum Ende des 19. Jahrhunderts bildeten sich in den Großstädten spezifische Dienste aus, die sich mit den von der mittlerweile bestehenden gesetzlichen Krankenversicherung nicht abgedeckten Risiken von Krankheit, Behinderung und gesundheitlichen Gefährdungen befassten. Die Anlaufstellen für die Gesundheitspflege, wie z.b. die *„Fürsorgestellen für Säuglinge, Schwangere, Tuberkulose"* [273] waren praktisch die Vorläufer des heutigen Gesundheitsamtes. Die Weimarer Zeit war angesichts der wirtschaftlichen Not nach dem Ersten Weltkrieg die Blütezeit der öffentlichen Gesundheitspflege. Am weitesten entwickelte **Marie Baum** (1874-1964) das Konzept einer Bezirksfamilienfürsorge. Sie forderte die Einheitsfürsorge, die die Wirtschafts-, Gesundheits- und Erziehungsfürsorge zusammenfassen und die Fallbearbeitung in eine Hand legen sollte.

Kinder- und Jugendfürsorge, Jugendamt:
Die Entwicklung der Kinder- und Jugendfürsorge vollzog sich weitestgehend außerhalb der kommunalen Armenfürsorge. Das im Deutschen Reich eingeführte Zwangserziehungsgesetz (1878) erfuhr mit dem preußischen *„Gesetz für die Fürsorgeerziehung Minderjähriger"* (1900) eine ideelle Wendung. Dieses Landesgesetz schaffte formal die Zwangserziehung ab. In Verbindung mit dem ebenfalls in 1900 in Kraft getretenen Bürgerlichen Gesetzbuch (BGB) war die Anordnung von Fürsorgeerziehung im rechtlich prophylaktischen und nicht repressiven Sinne möglich.[274] Dass die repressive Wirkung hingegen auf pädagogischer Seite zur vollen Entfaltung kam, dafür sorgte die Anstaltserziehung, wie wir bereits weiter oben feststellen konnten.

272 Vgl. Sachße/Tennstedt 1988, S.37. (Anmerkung: In Frankreich wurde die Vermittlung von Arbeitsuchenden bereits 1631 aufgenommen. Als erste Anlaufstelle eröffnete das „Bureau d'Adresse" in Paris eine gebührenpflichtige Vermittlung von Arbeitsuchenden und Arbeitgebern. Seit 1639 wurde dort die Meldung von Arbeitslosen zur polizeilichen Pflicht.).
273 Vgl. Kühn 1994, S. 10.
274 Vgl. Sachße/Tennstedt 1988, S. 33f.

Die Zwangserziehungsgesetze der Länder aus den 1880er Jahren verschärften den Streit zwischen staatlicher Erziehungsintervention auf der einen und privater Wohltätigkeit auf der anderen Seite. Einerseits war mittlerweile ein Recht des Kindes auf Erziehung allgemein anerkannt. Andererseits sahen besonders die Vertreter der privaten Wohlfahrtspflege mit dem staatlichen Eingriffsrecht die Gefahr eines Erziehungsstaates emporkommen. Die Rettungsformel in dieser Interessenkollision von Staat und Bürgerlichkeit sah man in dem Prinzip der Subsidiarität. Es ließ dem Staat die Funktion der Aufsicht und Überwachung der Ersatzerziehung zukommen, bei weitestgehendem Verzicht der Gründung eigener Anstalten. So räumte es den Vorrang der bereits bestehenden privaten Wohlfahrtseinrichtungen vor der Gründung öffentlicher Einrichtungen ein. Das Subsidiaritätsprinzip entsprach der liberalen Gesellschaftsauffassung des 19. Jahrhunderts und den Grundsätzen der katholischen Soziallehre (Sozialenzyklika von 1931). Auch der durch den Soziologen und Philosophen **Ferdinand Tönnies** (1855-1936) eingeführte Begriff der *„Gemeinschaft"*, die immer vor Gesellschaft stehe, mag eine gewisse ideengeschichtliche Rolle gespielt haben.

Der Vorrang der Familienerziehung vor der Ersatzerziehung und die Ablösung einer disziplinierend-polizeilichen durch eine pädagogische Handlungsleitung erforderte letztlich auch eine Neuorganisation der Administration. Als Vorläufer der späteren Jugendämter bildeten sich in der Zeit bis vor dem Ersten Weltkrieg in vielen deutschen Großstädten Jugendfürsorgebehörden (Jugendfürsorgeämter, Waisen- und Kinderfürsorgeämter), die eine enge Vernetzung mit den Wohlfahrtsvereinen und privaten Einrichtungen herstellen mussten.

In den Jahren des Ersten Weltkrieges gerieten die reformerischen Kräfte ins Hintertreffen. Konservative Vorstellungen einer Jugend unter dem Dach des Vaterlandes gewannen vor allem auf dem Feld der Jugendpflege (Tagesgruppen, Kindergärten, Horte, Jugendvereine, Berufsvorbereitung) Oberhand. Jugendpflege und Jugendfürsorge waren konzeptionell nicht vernetzt. Zum Ende des Krieges wurde besonders auf die Initiative des *„Deutschen Vereins für Armenpflege und Wohltätigkeit (DV)"* die Diskussion um die Gestaltung und Entwicklung der Jugendhilfe vorangetrieben. Insbesondere von Herman Nohl und Gertrud Bäumer wurde die Einrichtung von Jugendämtern als eigenständige pädagogische Fachbehörden gefordert.[275]

Die organisatorische Zuordnung der kommunalen Jugendfürsorge wurde intensiv diskutiert. Mit der Einführung der Fürsorgeerziehung in Preußen (1900) und damit in der Intention auch der Abschaffung von Zwangserziehung, war auf Landesebene der Vorläufer für spätere reichseinheitliche Regelungen im Reichsjugendwohlfahrtsgesetz von 1922 (RJWG) gelegt. Das RJWG von 1922 schließlich war die Geburtsstunde der Jugendämter. Infolge der Finanznot fiel sie jedoch in eine krisenhafte Zeit und nahm erst zwei Jahre später mit Inkrafttreten des Gesetzes

---

275 Vgl. Henseler 2000, S. 129.

Fahrt auf. Man einigte sich nur schwer auf eine verbindliche Organisationsform für das Jugendamt. Der Grund: Mit der Fürsorgeerziehung, dem Armen- und Pflegekinderwesen und der Kinder- und Jugendpflege hatten sich bis zum Ersten Weltkrieg bereits eigenständige Bereiche einer Jugendhilfe herausgebildet. Die Bearbeitung verwahrloster und gefährdeter Kindheit sowie später die Disziplinierung dissozialisierter Jugend hatte besonders durch die Industrialisierung heftigen Auftrieb erhalten. In der mittlerweile sehr ausdifferenzierten Landschaft standen die Interessen vieler freier Träger den Interessen einer staatlich gelenkten öffentlichen Jugendhilfe gegenüber. Letztlich ging es nicht nur um die Durchsetzung des Vorranges der Familienerziehung vor der staatlichen Fürsorgeerziehung, sondern um die Gestaltung der Jugendhilfe als eigenständige, von der Armenpflege abgekoppelte Aufgabe. Jugendpflege und Jugendfürsorge sollten organisatorisch unter einem Dach vereint werden. Zudem ging es auch um die Einführung des Rechtes des Kindes auf Erziehung und die Etablierung eines Systems zur Überwachung der Erziehung aller Minderjährigen. Dies hatte zwangsläufig auf der konzeptionellen Ebene auch die Eingliederung der bereits bestehenden freien Wohlfahrtspflege zur Folge.

Ergebnis dieser Suche nach einem politischen Kompromiss zwischen freier und öffentlicher Wohlfahrt – oder besser liberaler und konfessioneller versus sozialdemokratischer und verstaatlichender Politik – war ein Konstrukt, das sich von den bestehenden üblichen Verwaltungsstrukturen bestehender Ämter (hier der Wohlfahrtsämter und der Gesundheitsämter) abheben musste. Man fand es mit der Einführung von Demokratisierungselementen. Das bereits im Grundsatz bis dahin bereits anerkannte Subsidiaritätsprinzip[276] wurde offiziell in das Gesetz aufgenommen. Weiterhin wurde der hauptamtlichen Jugendamtsleitung ein ehrenamtliches und stimmberechtigtes Gremium mit Vertreterinnen und Vertretern der freien Wohlfahrtspflege zur Seite gestellt. Dieses Konstrukt war ein Vorläufer des heutigen zweigliedrigen Jugendamtes.

Zwei Jahre nach Verabschiedung des RJWG wurde mit Blick auf die Finanznot in einem Einführungsgesetz zum RJWG geregelt, dass es den Städten freigestellt ist, ob sie Jugendämter einrichten oder diese Aufgaben in anderen Ämtern unterbringen würden. In der Folge wurden nicht nur wegen finanzieller Schwierigkeiten, sondern auch ob des gefürchteten neuen demokratischen Zuschnittes von Verwaltung nur wenige Jugendämter eingerichtet, die zudem in der NS-Zeit ihrer pädagogischen Funktionen enthoben und auf eine Eingriffsverwaltung reduziert wurden.[277]

---

276 Berührt in diesem Zusammenhang das Verhältnis von Staat und freier Wohlfahrt als Regulativ. Freie Wohlfahrt soll im Tätigwerden Vorrang vor der öffentlichen haben, während die öffentliche Wohlfahrt anregend, fördernd, beaufsichtigend und nur im Fall des Ausfalls freier Wohlfahrt selbst tätig wird.
277 Vgl. Uhlendorff 2003, S. 307ff. Vgl. auch Wagner in Kreft/Mielenz 1996, S. 299f.

Kriegswohlfahrtspflege: Abgekoppelt von der kommunalen Armenfürsorge entwickelte sich die Kriegsfürsorge. Sie oblag den Stadt- und Landkreisen. Waren die Kommunen an das Gesetz über den Unterstützungswohnsitz (UWG) gebunden – mit all seinen Einschränkungen von Rückerstattungsansprüchen, absolutem Mindestbedarf und bürgerrechtlichen Repressionen – so intendierte die Kriegswohlfahrtspflege den sozialen Statuserhalt der Kriegsteilnehmer und ihrer Angehörigen. Nach dem deutsch-französischen Krieg (1870/71) wurde die Kriegsopferfürsorge etabliert und nach dem Ersten Weltkrieg (1914-1918) mit dem Reichsversorgungsgesetz (1920) ausgebaut, so z.B. die Renten für Kriegsbeschädigte und Kriegshinterbliebene. Kriegswohlfahrtspflege verfolgte das Ziel, ihre Adressaten nicht auf den Status der Armenfürsorge fallen zu lassen und setzte damit eine Zielmarke, die reformerische Kräfte auch für die kommunale Armenfürsorge anstrebten, aber nie erreichten.[278]

Der Ausbau der Kriegsfürsorge hatte einen Ausbau der Aktivitäten der bestehenden freien Wohlfahrtsorganisation sowie viele Neugründungen zur Folge. Besonders die Frauenorganisationen *(„Vaterländische Frauenvereine")* und das *„Deutsche Rote Kreuz"* profitierten hiervon. Aber nicht nur die Organisationen für die Kriegsfront, die vornehmlich die Truppenfürsorge zur Aufgabe hatten, sondern vor allem die *„Deutschen Frauenvereine"* bekamen Auftrieb. Sie machten sich die Kriegsfürsorge der Kriegsbeschädigten in der Heimat als *„Nationalen Frauendienst"* zur Aufgabe. Die Dachorganisation der bürgerlichen Frauenbewegung, der *„Bund Deutscher Frauenvereine (BDF)",* sah nun eine Möglichkeit, die gesellschaftliche Rolle der Frau zu stärken und ihren bürgerlichen Vorstellungen von Frauenemanzipation einen Raum zu geben. Auch sah man jetzt einem großen Betätigungsfeld für die mittlerweile ersten in den sozialen Frauenschulen qualifizierten Absolventinnen entgegen. So rief die Frauenrechtlerin und Impulsgeberin der Sozialpädagogik **Gertrud Bäumer** (1873-1954) 1914 zu einer gemeinsamen Konferenz der angeschlossenen Frauenverbände auf, um mit dem *„Vaterländischen Frauenverein",* dem *„Deutschen Roten Kreuz"* und den anderen freien Wohlfahrtsverbänden sowie den zuständigen Wohlfahrtsbehörden die Organisation einer vernetzten Kriegsfürsorge abzustimmen. Der Plan ging auf. Er wurde vom Ministerium gebilligt. Die bald folgende Nachricht der Mobilmachung beschleunigte die Entstehung *„Nationaler Frauendienste"*[279] unter dem Dach *„Bund Deutscher Frauenvereine"* in fast allen großen deutschen Städten.

Nach dem Zweiten Weltkrieg (1939-1945) wurden mit dem *„Bundesversorgungsgesetz"* (1950) und dem *„Gesetz über die Errichtung der Verwaltungsbehörden der Kriegsopferversorgung"* (1951) eigene Versorgungsämter auf kommunaler Ebene und auf Landesebene eingerichtet.

---

278 Vgl. a.a.O., S. 89ff und 1992, S. 184ff.
279 Vgl. Sachße/Tennstedt 1988, S. 56ff.

154

Ausbildungsanstalten und Frauenbewegung: Der Erste Weltkrieg beförderte, nicht zuletzt durch die Bedarfe der Kriegsfürsorge, den Anstieg der Nachfrage nach sozialer Berufsarbeit. Das hatte auch Auswirkungen auf die sozialen Schulen, deren Bestand sich in den letzten beiden Kriegsjahren (1916-1918) deutlich erhöhte.[280] Im ausgehenden Kaiserreich entdeckte die bürgerliche Frauenbewegung die sozialen Frauenberufe als das zu erobernde *„Amerika der Frau"*[281]. Die Entwicklung von Ausbildungsmodellen für die zunehmend in der Sozialen Arbeit engagierten Frauen und die Gründung von Schulen für Wohlfahrtspflege waren ein Ergebnis des Engagements bürgerlicher Frauen, das die Professionalisierung der Sozialen Arbeit vorantrieb.

Nach dem Verbot der Aufhebung von Kindergärten in Preußen (1860) expandierte die Anzahl der öffentlichen Einrichtungen der Kleinkinderziehung. Bis 1916 verfünfzehnfachte sich die Anzahl von ca. 480 auf ca. 7500.[282] Mit dem reichsweiten Zusammenschluss der Fröbelvereine (1873) nahm auch die Anzahl der Ausbildungsseminare für Kindergärtnerinnen zu. Mit der Ausweitung der Kleinkinderziehung, z.B. auf die Kindererholung und behinderte Kinder, kamen neue Berufsbilder, wie z.b. die Kinderpflegerin, Hortnerin und heilpflegerischer Hilfskräfte hinzu. Neben diesen öffentlichen Ausbildungsberufen gab es bereits Ausbildungseinrichtungen für Kleinkinderziehung insbesondere bei der evangelischen Kirche (evangelische Diakonissen) und – teilweise durch den Kulturkampf[283] geschwächt – bei der katholischen Kirche (katholische Schwestern).

Eine analoge Entwicklung im Bereich der Kinder- und Jugendfürsorge blieb jedoch weitestgehend aus. Auch mit der Einführung des Zwangserziehungsgesetzes (1878), das die teilweise leer stehenden Rettungshäuser wieder kräftig füllte, änderte sich hieran nichts. Die hohen Ausbildungsanforderungen einer vierjährigen Ausbildungszeit, die Wichern für sein *Rauhes Haus* festlegte, waren eher die Ausnahme und wurden zu der Zeit auch nicht von allen Diakoniehäusern einheitlich übernommen. Hingegen kam es in einigen Großstädten zur Einrichtung von Jugendpflegerschulen der Diakonie.

280 Vgl. Amthor 2003, S. 269.
281 Salomon zit. in Fassmann, 1996, S. 258.
282 Vgl. Amthor 2003, S. 209.
283 Im sogenannten Kulturkampf der Jahre zwischen Reichsgründung (1871) und den Friedensgesetzen Preußens (1887) ging es um die Auseinandersetzung der preußischen Regierung mit dem Vatikan. Der Vatikan (Papst Pius IX.) begründete das Dogma der Unfehlbarkeit des Papstes und die Ablehnung moderner theologischer und gesellschaftlicher Vorstellungen. Preußen (Bismarck) ging es um eine strikte Trennung von Kirche und Staat und die Befreiung von politischen und kulturellen Einflüssen der Kirche, insbesondere der katholischen. Dies hatte u.a. zur Folge, dass bis auf die Krankenpflegeorden das gesamte katholische Bildungs- und Erziehungswesen verboten und beseitigt wurde. Mit dem Friedensgesetz von 1887 nahm Preußen seine diplomatischen Beziehungen zum Vatikan wieder auf, was zu einer Aufhebung der Repressionen führte. Die Trennung von Kirche und Staat war mit dem Kulturkampf jedoch endgültig etabliert.

Während sich bereits im 19. Jahrhundert ein Ausbildungswesen – wenn auch mit völlig unzureichenden Verdienstmöglichkeiten – in der Kleinkinderziehung und marginal in der Jugendpflege etablieren konnte, blieb eine vergleichbare Entwicklung in der Armenfürsorge bis dahin aus. Armenfürsorge war bis zum Ende des 19. Jahrhunderts ehrenamtlich und zudem männlich dominiert. Die Mitarbeit von Frauen wurde nur eingeschränkt in pflegerischen und hauswirtschaftlichen Bereichen zugelassen. Dies sollte sich mit der bürgerlichen Frauenbewegung ändern.

Bürgerliche Frauenbewegung und Entstehung eines sozialen Frauenberufes: Erste Ansätze einer organisierten Frauenbewegung in Deutschland entwickelten sich im Zusammenhang der Revolution von 1848. Vorbild hierfür waren politische Frauenvereine, die sich in Frankreich bereits im ausgehenden 18. Jahrhundert gebildet hatten.

Die Frauenbewegung organisierte sich in den unterschiedlichsten bürgerlichen Lagern (insbesondere Kaufleute, Gewerbetreibende und Lehrerinnen). Sie waren in den Anfängen noch durch männliche Vorstände dominiert. Die Gruppe der Frauenorganisationen, formal 1894 im *„Bund Deutscher Frauenvereine"* (BDF) zusammengefasst, schloss die ebenfalls sich zunehmend bildenden sozialistischen Frauenorganisationen aus ihrem Bündnis aus. Hintergrund war nicht nur die Tatsache, dass das preußische Gesetz Frauen die Mitgliedschaft in politischen Vereinen verbot und speziell das Sozialistengesetz diese politische Richtung verbot. Vielmehr betrachtete man sich auch als Gegnerinnen. Im Vordergrund der sozialistischen Frauenbewegung standen die staatsbürgerliche Stellung der Frau und die *„Arbeiterfrage"*, soll heißen: die Systemfrage. Entsprechend muteten ihr die Ziele der bürgerlichen Frauenbewegung als wenig ernst zu nehmende *„luxurierende Frauenrechtlerei"*[284] an. Es konnte ihr nicht nur um die Rechtsstellung der Frau gehen, wenn für sie das gesamte System in Frage stand. Dies kann auch als der Grund dafür angenommen werden, weshalb die sozialistische Frauenbewegung den bürgerlichen Frauenorganisationen die konzeptionelle Ideenentwicklung zur sozialen Fürsorge überließen und sich selbst hieran nicht beteiligten.

Die bürgerliche Frauenbewegung thematisierte einen Grundwiderspruch bürgerlicher Gesellschaft. Die Forderung nach Freiheit und Gerechtigkeit bei gleichzeitigem Ausschluss gleicher Rechte für die Hälfte ihrer Gesellschaftsmitglieder. Die zentralen Themen der Frauenbewegung waren entsprechend: die Stellung der Frau in Beruf und Bildung, in der Ehe und Familie und in der Politik. Auch innerhalb der bürgerlichen Frauenbewegung gab es unterschiedliche Flügel. Der radikale Flügel trat für ein volles Frauenwahlrecht[285] und eine Reform des Abtreibungs-

---

284 Vgl. Sachße 2003, S. 96.
285 Im Oktober 1918 wurde das aktive und passive Stimmrecht für Frauen beschlossen.

verbotes ein, während der gemäßigte und zahlenmäßig überlegene Flügel dies als *„formale Gleichberechtigung"* und *„Frauenrechtlerei"* abtat. Hierzu zählte auch Gertrud Bäumer. Nicht formale Gleichheit, sondern die kulturelle Gleichbewertung *„des männlichen und weiblichen Prinzips in der Gesellschaft"* war ihre Forderung. Die unterschiedlichen Prinzipien sah man aus einer wesensmäßigen Verschiedenheit der Geschlechter begründet. Während dem Mann wesensmäßig eher Rationalität und Aktivität zukomme, sei das Wesen der Frau eher durch Wärme und Emotionalität bestimmt. Was sich – aus dieser Sicht – für die Geschlechter jeweils einzeln betrachtet als Unvollkommenheit darstellte, wurde erst durch die Familie zur Vollkommenheit und konnte so *„als natürliche Ordnung des Zusammenlebens"*, als Arbeitsteilung der Geschlechter in Familien, begründet werden.[286]
Die bürgerliche Frauenbewegung transportierte im Wesentlichen die Ideen einer kulturellen Mission der Frauen zur Durchsetzung des *„weiblichen Prinzips Mütterlichkeit"*. Das Motiv der kulturellen Gleichwertigkeit konnte sich entsprechend nicht auf die Funktion in Familie beschränken. Für die gesamtgesellschaftliche Verwirklichung des *weiblichen Prinzips* bot sich daher das Feld der Fürsorge mit den vielfältigen Möglichkeiten sozialer Hilfstätigkeit an. Erschwerend kam allerdings hinzu, dass die Wohlfahrt bis zu dieser Zeit bereits männlich dominiert war. Zur Einordnung der kulturellen Leistungen der bürgerlichen Frauenbewegung ist dieser Hinweis nicht unwichtig.
Mit dem Gründungskomitee der *„Mädchen- und Frauengruppen für soziale Hilfsarbeit"* (1893) in Berlin ist ein Ausgangspunkt für die Entstehung von Vereinen für *„soziale Hilfstätigkeit"* markiert. Für die bürgerlichen Frauen boten die Frauenvereine eine Möglichkeit, aus ihrer kultivierten häuslichen Langeweile herauszukommen. *„Man fütterte Kanarienvögel, begoss Blumentöpfe, stickte Tablettdecken, spielte Klavier und wartete"*[287]. *„Soziale Hilfsarbeit"* wurde zum sinnstiftenden Ausweg aus der Not bürgerlicher Isolation.
Die praktische, ehrenamtliche Tätigkeit der Mädchen- und Frauengruppen wurde in Zusammenarbeit mit den bestehenden Wohlfahrtseinrichtungen abgestimmt und war überwiegend im Bereich der Kindergärten, Horte, Blindenanstalten und öffentlichen Waisen- und Armenpflege angesiedelt. Neben der Vermittlung der zunehmenden Zahl ehrenamtlicher Kräfte trat das Bedürfnis nach theoretischen Unterweisungen als ein weiteres Element planmäßiger und qualifizierter Hilfe hinzu.
Für die Entwicklung eines eigenständigen Ausbildungswesens setzte sich besonders die Sozialreformerin **Alice Salomon** (1872-1948) ein. Salomon war eine zentrale Gestalt der bürgerlichen Frauenbewegung und gilt heute als eine Wegberei-

286 Vgl. Sachße 2003, S. 99.
287 Alice Salomon zit. in Sachße 2003, S. 107.

terin einer wissenschaftlichen Sozialarbeit.[288] Alice Salomon stammte aus einer assimilierten jüdischen Familie, die seit vielen Generationen in Deutschland (Pommern) gelebt hatte. Salomon widmete sich früh der Frauenbewegung, hier besonders der Frage des Arbeiterinnenschutzes. 1893 wurde Alice Salomon Mitglied der „*Mädchen- und Frauengruppen für soziale Hilfsarbeit*" und übernahm 1899 den Vorsitz. Sie organisierte ab 1899 Jahreskurse in der Wohlfahrtspflege und suchte verstärkt den Kontakt zu Wohlfahrtseinrichtungen. Aus diesen Kursen entstand 1908 die Soziale Frauenschule im Pestalozzi-Fröbel-Haus in Berlin, die dann eine zweijährige Ausbildung mit dem Ziel einer Qualifizierung Sozialer Arbeit als Ehrenamt anbot.

Alice Salomon

Von 1902 bis 1906 studierte Alice Salomon Nationalökonomie an der Friedrich-Wilhelms-Universität in Berlin, obwohl sie kein Abitur und die Schule – wie es für Mädchen damals üblich war – nur neun Jahre besucht hatte. Im Jahre 1900 trat sie dem „*Bund Deutscher Frauenvereine*" bei, wurde später zur stellvertretenden Vorsitzenden gewählt und blieb dies bis 1920 (Vorsitzende war Gertrud Bäumer). Ihre Publikationen wurden als Voraussetzung für den Besuch der Universität anerkannt. Salomon promovierte 1908 zur Doktorin der Philosophie und gründete im selben Jahr die „*Soziale Frauenschule*" in Berlin-Schöneberg (seit 1932 „*Alice Salomon-Schule*", heute „*Alice Salomon Fachhochschule für Sozialarbeit und Sozialpädagogik Berlin – ASFH Berlin*"). Ein Jahr später wurde Salomon Schriftführerin im „*Internationalen Frauenbund*". 1914 trat sie vom Judentum zur evangelischen Kirche über. 1917 wurde sie zur Vorsitzenden der von ihr gegründeten „*Konferenz sozialer Frauenschulen Deutschlands*" gewählt. 1920 kam es zum Rücktritt aus dem Vorstand „*Bund Deutscher Frauenvereine (BDF)*", nachdem sie aus Angst vor antisemitischer Propaganda vom Vorsitz des BDF übergangen wurde und an ihrer Stelle die Soziologin **Marianne Weber** (1870-1954) zur Vorsitzenden gewählt wurde.

1925 gründete Salomon die „*Deutsche Akademie für soziale und pädagogische Frauenarbeit*" (geleitet von **Hilde Gudilla Lion** (1893-1970) und 1929 die „*International Association of Schools of Social Work*" (Internationale Vereinigung der Schulen für Sozialarbeit), der sie als Vorsitzende vorstand. 1932 wurde ihr der Dr. med. h.c. durch die medizinische Fakultät der Berliner Universität verliehen und sie wurde für ihre vielfältigen Verdienste durch das preußische Staatsministerium geehrt. 1933 wurde sie von den Nationalsozialisten aus allen öffentlichen Ämtern verdrängt und 1937 zur Emigration gezwungen. Alice Salomon emigrierte über

---

288 Vgl. Kuhlmann 2008.

England in die USA, wo sie in New York lebte und 1948 verstarb. Die angloamerikanische Soziale Arbeit inspirierte Alice Salomon stark.

Exkurs: Angloamerikanische Inspirationen: Alice Salomons Engagement wurde stark von der Settlement-Bewegung in England geprägt. Bis 1900 gab es allein in der Hauptstadt London zwanzig *Settlements* mit unterschiedlichen konfessionellen und sozialen Zielsetzungen. Die Settlements gehen in England auf das Engagement von Arnold Toynbee (1852-1883) bzw. des Pfarrerehepaares Samuel Augustus Barnett (1844-1913) und Henrietta, geb. Rowland (1851-1936) zurück. Toynbee war Nationalökonom und engagierte sich in seinen Vorträgen für die Arbeiterklasse. Er besuchte oft die Slums von Whitechapel, einem der ärmsten Viertel Londons. Hier machte sich Toynbee ein Bild von den Lebensverhältnissen der Menschen und nahm Kontakt zu ihnen auf. Arnold Toynbee kannte das Pfarrerehepaar Barnett aus Whitechapel

Henrietta und Samuel Barnett

(Ost-London). Die Barnetts waren sozial sehr engagiert. Henrietta hatte bereits Erfahrungen als *„friendly visitor"* gemacht. Im Pfarrhaus hielten sich öfter Arme und Studenten auf, die vor Ort das Leiden mit den Armen teilten, um so eine persönliche Beziehung zu ihnen zu gewinnen. Das Interesse der Studenten regte Samuel an, in seinem Gemeindehaus 1884 eine erste Settlement-Einrichtung ins Leben zu rufen. So gründeten Samuel und Henrietta Barnett 1984 die erste Universitätsniederlassung in einem Elendsviertel im Osten Londons. Zu Ehren des sozial engagierten Historikers und Nationalökonomen Arnold Toynbee nannten sie ihre Einrichtung *„Toynbee Hall"*. Kern der Idee war die Umsiedlung von Angehörigen der bürgerlichen Intelligenz (Pfarrer, Professoren, Studenten usw.) in Armen- und Arbeiterviertel. Die *Settler* sollten sich zu „Nachbarn" der Ausgestoßenen machen und diese im kulturellen Austausch (Ausstellungen, Gemeinschaftsaktivitäten, Feste, Konzerte) inspirieren und aktivieren. Die Gründung der *Toynbee Hall* markierte den Beginn der Settlement-Bewegung in Großbritannien, Amerika und auch Deutschland. Während eines Aufenthaltes in London (1896) bekam Alice Salomon Anregungen durch die dortige Settlement-Bewegung und gründete nach deren Vorbild mit anderen Frauen das erste Arbeiterinnen-Heim in Berlin (1898).

Bereits acht Jahre vor diesem Besuch Alice Salomons hatten die Barnetts **Jane Addams** (1860-1935) zu Gast. Addams, eine der größten amerikanischen Sozialreformerinnen und spätere Nobelpreisträgerin, gründete ein Jahr nach ihrem Besuch der *Toynbee Hall* zusammen mit **Ellen Gates Starr** (1859-1940), eine ähnliche Einrichtung in Chicago unter dem Namen *„Hull House"(1889).*[289] Jane Addams besuchte nach dem Ende des Ersten Weltkrieges auch Alice Salomon und die Soziale Frauenschule in Berlin. Sie war zusammen mit Alice Hamilton und Carolina Wood im Auftrag der nordamerikanischen *Society of Friends* (Quäker) unterwegs,

Jane Addams

um Hilfsmaßnahmen für deutsche Kinder zu organisieren.[290] Umgekehrt lernte Alice Salomon 1923 und 1924 in den USA die dortige Settlement-Arbeit kennen. Besonders beeindruckt aber war Salomon von Mary Richmond, insbesondere auch von ihrem Lehrbuch *„Social Diagnosis."* **Mary Ellen Richmond** (1861-1928) ist mit Jane Addams eine der prominentesten Figuren

Mary Ellen Richmond

amerikanischer Sozialarbeit. Ihre Karriere als Sozialarbeiterin begann sie in Baltimore, wo sie als Schatzmeisterin der *„Charity Organization Society"* (COS) Baltimore arbeitete und eine Zentrale für Einzelfallhilfe aufbaute (*Altamont Hotel*). Ihr Interesse und Engagement galt besonders der Reorganisation der COS und der Entwicklung und Einführung neuer Methoden, insbesondere der sozialen Einzelhilfe (*case work*). Richmonds Forderung nach einer regulären Ausbildungsstätte für angewandte Philanthropie wurde von der COS New York 1898 in die Tat umgesetzt (*„Summer School of Philanthropy"*, heute als *„School of Social Work"* Teil der Columbia University).

Richmond und Addams vertraten grundsätzlich verschiedene, eher sogar gegensätzliche Programme. Für Richmond war die Rekonstruktion individueller Lebens-, Erziehungs- und Arbeitsfähigkeit durch ehrenamtliche Helferinnen als Methode des individuellen Lernens handlungsleitend. Ganz im Gegensatz hierzu standen für Addams die Verbesserung der Infrastruktur im Wohnquartier und die politische Veränderung der Arbeitsbedingungen (z.B. Gewerkschaften, Arbeitsgesetzgebung) als Methode der Sozialreform im Zentrum der Hilfeorientierung (Abb. 18).

---

289 Vor ihr gründete bereits Stanton Coit (1857-1944) das *Neighborhood Guild* in *New York,* heute bekannt als das *University Settlement House N. Y.*
290 Vgl. Rappaport 2001, S. 6.

160

Angloamerikanische Linien

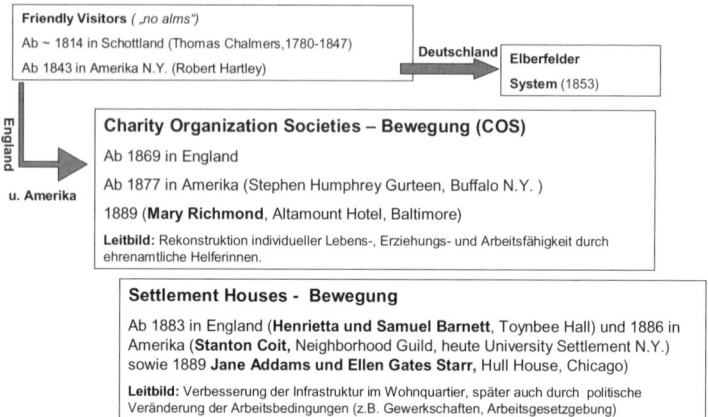

Abb. 18: Angloamerikanische Entwicklung der Methoden

Über die beiden Handlungsansätze lassen sich auch die weiteren Entwicklungen zu den heutigen klassischen Methoden Sozialer Arbeit zurückverfolgen. Über Richmonds Individualansatz wurde die Einzelfallhilfe weiterentwickelt. Addams sozialreformerischer Ansatz mündete in die Soziale Gruppenarbeit und Gemeinwesenarbeit (Abb. 19).

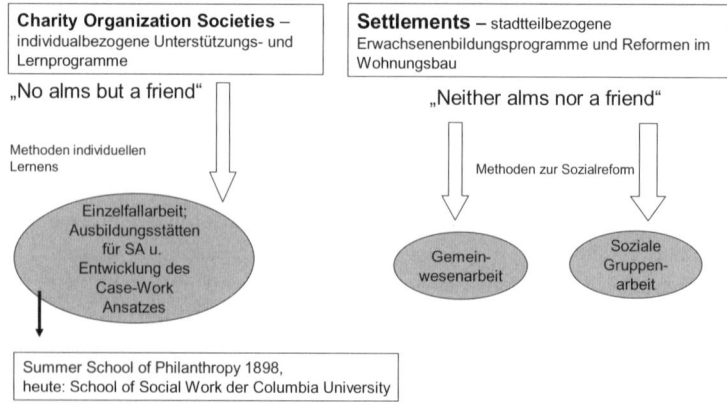

Abb. 19: Entwicklung der drei klassischen Methoden. Eigene Darstellung.

Richmond übernahm Thomas Chalmers Leitspruch *„no alms"*, den er in seinem System des *„friendly visitors"* zur Vermeidung von Almosenabhängigkeit und Förderung der Selbsttätigkeit eingeführt hatte. Richmond ergänzte den Leitsatz allerdings um den Aspekt einer, wie wir heute sagen würden, „helfenden Beziehung". *„No alms, but a friend"* wurde somit zum Wahlspruch der *Charity Organization Societies* (COS). Jane Addams hingegen sah mit dieser Ergänzung den Bedarf nach den aus ihrer Sicht dringend nötigen strukturellen Veränderungspraktiken Sozialer Arbeit nicht aufgehoben. Sie antwortete entsprechend mit ihrem Wahlspruch: *„Neither alms, nor a friend."* Ihre Ergänzung *„but a good neighbor"* wird in heutigen Zitationen oft vergessen, hebt aber genau auf den genannten programmatischen Aspekt von Bildung und politischen Reformen ab.[291]

1926 brachte Salomon ihr Buch *„Soziale Diagnose"* heraus. Sie lehnte sich an ganze Abschnitte von Mary Richmonds Lehrbuch an. Allerdings ging es ihr nicht allein um eine einseitige wissenschaftliche Fundierung der Bedürftigkeitsermittlung durch Hausbesuche. Stattdessen war ihr daran gelegen, die Anpassungsleistung sowohl auf Seiten der Hilfeerbringung als auch auf Seiten der Hilfenahme zu reflektieren. Neben der Veränderung der äußeren Lebensumstände (Arbeit, Ausbildung, Ernährung, Wohnraum usw.) ging es ihr um die Frage der Veränderung der – wenn man so will – inneren Lebensumstände, der Frage einer Einflussnahme und Veränderung von Haltungen und Einstellungen der Klienten durch die Fürsorgerin.[292] So lautete denn auch ein Resümee Alice Salomons über die angloamerikanische Sozialarbeit: *„Man hat in England auf die Bedeutung der Umwelt, der wirtschaftlichen Zustände zu viel Wert gelegt, während man in Amerika in der anderen Richtung, der Beachtung des persönlichen Faktors, der menschlichen Angelegenheiten zu weit geht. Die praktische Arbeit hat es mit beiden zu tun; und eine zweckmäßige soziale Ausbildung sollte daher beides ausreichend berücksichtigen"*[293]

An der Geschichte Alice Salomons und ihrer Verbindungen zur angloamerikanischen Entwicklung wird exemplarisch deutlich, auf welch hoffnungsvollen Weg sich die Entwicklung der Sozialarbeit in der Weimarer Zeit befand. Eine Entwicklung, die mit dem Nationalsozialismus ihr vorläufiges Ende fand.

Ausbildung an Hochschulen: Die ersten Ausbildungsstätten für soziale Berufe waren außeruniversitär angesiedelt und dies nicht ohne identitätsbildenden Grund. Sie wollten sich bewusst von den der Persönlichkeitsbildung fern stehenden, nur auf Wissenserwerb ausgerichteten Universitäten unterscheiden. Die Entwicklung des spezifischen, auf *„Mütterlichkeit"* abhebenden bürgerlichen Emanzipationsideals der Frauenbewegung begründete im Kontext von Ausbildung schließlich ih-

---

291 Ehrenreich 1985, S. 62. Vgl. auch Müller 1999, S. 112.
292 Vgl. Müller 1999, S. 145f.
293 Salomon zit. in Neuffer 1990, S. 40 und zit. in Sachße 1992, S. 47.

ren besonderen Charakter als Einübung sozialen Handelns. Es ging ihr um einen *„Eignungsberuf"*, nicht um einen Erwerbsberuf.

Während des Krieges kam es zu einer Welle von Schulgründungen und damit zu einer Heterogenität in den Schulformen, Ausbildungsgängen und Ausbildungsinhalten. Die auf Initiative Alice Salomons 1917 einberufene *„Konferenz der Sozialen Frauenschulen Deutschlands"* – derzeit waren es elf Schulen – hatte zum Ziel, nach Wegen zur Vereinheitlichung der Ausbildungsstandards zu suchen. Dies war die Zeit, in der der weibliche Sozialberuf für Männer geöffnet wurde. Soziale Arbeit begann sich als männliche Berufstätigkeit und als Erwerbsberuf herauszubilden. Wenngleich die Nachfrage zunächst gering war, war hiermit und mit den Versachlichungsbestrebungen der öffentlichen Wohlfahrtspflege die besondere Identität der sozialen Frauenschulen – der sozialen Arbeit als Strategie bürgerlich-weiblicher Emanzipation – bedroht. Der Funktionswandel von der bürgerlichen Frauenbewegung zu einem etablierten Beruf mit eigenen gesetzlichen Grundlagen, staatlicher Ausbildungsreglementierung und berufsständischer Interessenvertretungen wurde damit unübersehbar. Gleichwohl hielt man an dem Selbstverständnis des Eignungsberufes fest. Dieses Selbstverständnis prägte die Wohlfahrtsschulen nach ihrem Wiederaufleben nach dem Zweiten Weltkrieg. So wurden in der Informationsbroschüre der Westfälischen Wohlfahrtsschule Münster, eine der Vorläufereinrichtungen der Katholischen Hochschule NRW, die Aufnahmebedingungen von der damaligen Leiterin **Idamarie Solltmann** (1989-1979) präzise benannt: *„Voraussetzung für die Aufnahme in die Schule ist persönliche Eignung und persönlicher Entschluss für den Beruf. Er darf nicht in erster Linie als Erwerbsmöglichkeit gesehen, sondern soll aus echter Berufsneigung gewählt werden. Der soziale Beruf stellt in charakterlicher und geistiger Hinsicht hohe Anforderungen. Die Ausbildung muss diesen Anforderungen entsprechen. Sittlicher Ernst, geistige Beweglichkeit, Fähigkeit, Kontakt mit den Mitmenschen herzustellen, Bereitschaft zu selbstloser Hingabe müssen bei der Berufsanwärterin anlagemäßig vorhanden sein. Solche Anlagen können während der Ausbildung weiterentwickelt werden; sie dürfen aber im Charakterbild nicht fehlen"*[294].

Die insbesondere durch das Betreiben von **Alice Salomon** (1872-1948) aufgebauten sozialen Frauenschulen hatten bis 1920 ein einheitliches Ausbildungsprogramm mit eigener Prüfungsordnung erreicht. Es standen drei Ausbildungsschwerpunkte zur Wahl; *Gesundheitsfürsorge, Jugendfürsorge und Allgemeine und wirtschaftliche Fürsorge.* Die zweijährige Ausbildung schloss mit der staatlichen

---

294 Solltmann zit. in Schaefer-Hagenmeier 1992, S. 43. Wohlfahrtsschulen sollten für Solltmann und viele ihrer Zeitgenossinnen Stätten der „Persönlichkeits- und Gesinnungsbildung" sein. Ein Selbstverständnis, das nach ihrer Wahrnehmung – sicher auch mit Blick auf die Erfahrungen mit dem Nationalsozialismus – ausschließlich von kirchlichen Schulen gewährleistet werden könne und gegen die Einrichtung staatlicher Wohlfahrtsschulen sprach. Vgl. a.a.O., S. 46.

Anerkennung und der Berufsbezeichnung „*Wohlfahrtspflegerin*" ab. Insbesondere die Arbeiten von **Siddy Wronsky** (1883-1947) – teilweise zusammen mit Alice Salomon – trugen zu einer Systematisierung des Unterrichtsmaterials bei.[295] Die Wohlfahrtspflegeschulen wurden ausdrücklich auch für Absolventinnen der Volksschule geöffnet. Dies entsprach dem gewünschten Leitbild einer praxisorientierten Ausbildung und einem gewissen Trend „weg von der Universität"[296]. Die Ausbildungsorte Universität und soziale Schulen entwickelten sich in Deutschland – ganz im Gegensatz zu den USA und England – getrennt. In der Konsequenz wurden die sozialen Schulen auf akademisch niedrigerem Niveau angesiedelt. Sie spielten jedoch gegenüber den Universitäten die hauptsächliche Rolle in der Entwicklung sozialer Arbeit zum Ausbildungsberuf. Die Universität tauchte in dieser Zeit nur am Rande auf.

Professuren für Pädagogik waren um die Jahrhundertwende noch schwach vertreten und zudem auf die Lehrerausbildung konzentriert. Das erste Hochschulstudium für soziale Berufe ging dementsprechend auch nicht auf die Erziehungswissenschaften bzw. die damalige Pädagogik zurück, sondern von den Verwaltungswissenschaft aus. 1912 wurde an der Kölner „*Hochschule für kommunale und soziale Verwaltung*" ein viersemestriges Frauen-Hochschulstudium für leitende Stellen in der Wohlfahrtspflege mit dem Abschluss „*Diplom-Sozialbeamtin*" in Abgrenzung zu den sozialen Frauenschulen eingerichtet. Eine ähnliche Entwicklung gab es in Breslau und in Münster. An der Westfälischen Wilhelms-Universität in Münster wurde 1921 im Institut für Wirtschafts- und Sozialwissenschaften eine zweisemestrige Ausbildung für bereits abgeschlossene Akademikerinnen eingerichtet. Das Programm konnte sich mangels Teilnahme nicht über acht Jahre halten. Herman Nohl war ein heftiger Streiter für die Reklamation von Pädagogik als Grundlagenwissenschaft in der Ausbildung von Sozialpädagogen.[297] Seine Idee sollte sich erst später in den 1960er Jahren durchsetzen. Sein Kursus für „sozialpädagogische Wohlfahrtsbeamte" wurde nach einmaligem Durchlauf mangels staatlicher Anerkennung 1924 wieder eingestellt. An der Universität Freiburg folgte 1925 die Einrichtung eines Instituts für Caritaswissenschaft.[298] **Wilhelm Merton** (1848-1916), Mitbegründer der Frankfurter Universität, richtete bereits um die Jahrhundertwende ein „*Seminar für Fürsorgewesen*" beim „*Frankfurter Institut für Gemeinwohl*" ein.[299] Aus ihm ging die spätere Gründung der

295 Vgl. Eggemann u. Hering 1999, S. 258.
296 Amthor 2003, S. 351.
297 Vgl. Amthor 2003, S. 394.
298 Vgl. Sachße 2003, S. 225f. Vgl. auch Amthor 2003, S. 392ff.
299 Wilhelm Merton war Unternehmer in Frankfurt am Main. Er trat überdies als Initiator, Gründer und Mitstifter verschiedener sozialpolitischer Einrichtungen hervor, schließlich auch der Stiftungsuniversität und späteren Johann Wolfgang Goethe-Universität.

„Akademie für Sozial- und Handelswissenschaften" (1901) hervor. Mertons zentrales Anliegen war es, einen wissenschaftlich fundierten Fürsorgebegriff zu etablieren, der sich deutlich vom mittlerweile etablierten polizeilich-repressivem Fürsorgeverständnis einerseits sowie unreflektierter, spontan privater und karitativer Hilfstätigkeit andererseits distanzierte.[300] Mertons Akademie wurde schließlich in die sozial- und wirtschaftswissenschaftliche Fakultät der von Merton mitbegründeten Frankfurter Universität integriert (1914). **Christian Jasper Klumker** (1868-1942) war dort der erste Lehrstuhlinhaber und wurde als Extraordinarius für *„Armenpflege und Soziale Fürsorge"* berufen. 1920 wurde ein ordentlicher *„Lehrstuhl für Fürsorgewesen und Sozialpädagogik"* eingerichtet.[301]

Fürsorge betrachtete Klumker unter der Perspektive gesellschaftlicher, genauer gesagt: ökonomischer und nationaler Verwertungsinteressen. Entsprechend löste er die Notwendigkeit zur Hilfe aus ihrer moralisch religiösen Motivbindung heraus und band sie an die Frage nach dem Nutzen für wirtschaftliche Nationalinteressen. Fürsorge diente der Selektion von Erziehbaren und Unerziehbaren. Der erste Fall diente dazu, Menschen durch Erziehung und Sozialdisziplinierung für die „Verwertung" in Wirtschaft und Militär nutzbar zu machen. Der zweite Fall diente dazu, die „Nichtverwertbaren" (Schwachsinnigen, Behinderten, moralisch Defekten) an der Weitervermehrung zu hindern. Das geschah mit Hilfe der Medizin (Sterilisation, Kastration) und mit Hilfe von Gesetzen (Heiratsverbote) oder im Einklang der Fürsorgerinnen mit der Justiz durch Kindeswegnahmen und Anstaltseinweisungen. Wie bereits im Zusammenhang mit der Reformpädagogik gehört, sind hier Parallelen mit den eugenischen Denkweisen Ellen Keys unverkennbar. Hier werden Vorstellungen zur Funktion einer Fürsorge deutlich, die die Schatten der weiteren nationalsozialistischen Entwicklung in Deutschland deutlich voraus warfen. Klumker war hingegen kein Anhänger des Nationalsozialismus, er sprach sich 1933 öffentlich gegen ihn aus.

Die Etablierung Sozialer Arbeit als Gegenstand wissenschaftlicher Forschung und Lehre konnte sich an den Universitäten hingegen nicht etablieren. Fragen der Fürsorge und Sozialpolitik hatten schließlich „mit der disziplinären Aufspaltung der Nationalökonomie in Rechts-, Wirtschafts- und Sozialwissenschaften an der Universität keinen Platz mehr"[302].

Weimarer Wohlfahrtsstaat in der Krise: Mit der Idee des Wohlfahrtsstaates übernahm der Staat die Verantwortung für das soziale Wohlergehen seiner Bürger. Eine Verfünffachung der Sozialausgaben in den Jahren 1913-1929 (von 20,5 auf

---

300 Sachße 2003, S. 73ff.
301 Vgl. Amthor 2003, S. 395.
302 Sachße 2003, S. 226.

101,5 M pro Kopf) war die Folge.[303] Sozial- und arbeitspolitische Fortschritte wurden errungen. 1918 wurde die Tarifautonomie gesetzlich anerkannt und mit dem Betriebsrätegesetz von 1920 war ein allgemeines Mitbestimmungsgesetz geschaffen. In der Wohnungspolitik gab es erste Ansätze zur öffentlichen Unterstützung des Wohnungsbaues. 1922 wurde das Reichsjugendwohlfahrtsgesetz (RJWG) sowie 1924 auf Initiative des *„Deutschen Vereins"* (DV) *„Reichseinheitliche Grundsätze in der gemeindlichen Armenpflege"* (RFV) eingeführt. Die RFV nahm die Fürsorgeaufgaben, die durch die freien Verbände wahrgenommen wurden, und die Tätigkeitsbereiche der Jugendämter auf, und regelte das Verhältnis der freien zur öffentlichen Wohlfahrt als jeweils selbständige Bereiche. Tendenzen einer Unterordnung der freien unter die öffentliche Wohlfahrtspflege waren damit beseitigt. 1923 entstand mit der Knappschaftsversicherung eine einheitliche Alters-, Invaliditäts- und Krankenversicherung für die Bergleute. 1925 wurde die Ausdehnung der Unfallversicherung auf Wegeunfälle und gewerbliche Berufskrankheiten beschlossen. Mit der staatlichen Arbeitslosenversicherung aus dem Jahr 1927 wurde ein letzter Baustein in das staatliche System der sozialen Risikoabsicherung eingeführt.

In der Weimarer Zeit erfuhr der Ausbau der Wohlfahrtspflege einen kräftigen Schub, besonders auch im Vergleich zur Kaiserzeit. Die in der Weltwirtschaftskrise gipfelnden, ökonomisch ungünstigen Bedingungen brachten den Wohlfahrtsstaat doch bald in eine Finanzierungskrise.[304] Besonders die bereits 1911 im Kaiserreich mit der *„Reichsversicherungsordnung"* (RVO) zusammengefasste gesetzliche Kranken-, Unfall- und Rentenversicherung und das 1927 in der Weimarer Republik eingeführte Arbeitslosenversicherungsgesetz wurden nun heftig attackiert, sowohl politisch als auch in einer Reihe vorgelegter wissenschaftlicher Studien. Die Kritik richtete sich nicht nur auf die Finanzierbarkeit. Sie trat nun besonders moralisierend auf. So mutmaßte man im Sozialversicherungssystem den Effekt *„moralischer Entartung"*[305], der sich als systematische Schwächung von Selbstverantwortung von Hilfeadressaten und als linkspolitischer Protektionismus äußere.

Kritik und Warnungen vor Überspannungen der Staatsaufgaben (so z.B. die Befürchtungen des DV) und Befürchtungen einer Schwächung familiärer und nachbarschaftlicher Selbstverantwortung (so z.B. Salomon) kamen auch von Seiten der Interessenvertretung Sozialer Arbeit selbst.[306] Dennoch blieb man bei den Systemerrungenschaften. Man wollte nicht ihre Abschaffung, umso mehr aber ihren vermeintlichen, kulturell negativen Auswirkungen entgegentreten. Diese sah man in einem anonymisierenden Charakter öffentlicher Wohlfahrtspflege und

---

303 Vgl. Sachße/Tennstedt 1988, S. 211.
304 Vgl. Sachße/Tennstedt 1988, S. 217.
305 Zit. in Sachße/Tennstedt 1992, S. 47.
306 Vgl. a.a.O., S. 46.

dem ihr zugeschriebenen Verlust von Gemeinschaftsbezug. Keine grundsätzliche Systemveränderung, sondern eine innere moralisch geistige Erneuerung durch Rückbesinnung auf die Tradition der bürgerlichen Sozialreform des Kaiserreiches, war mithin die politische Konsensformel. Eigenverantwortung und Subsidiarität waren wieder stärker gefragt. Unter dem Druck der Weltwirtschaftskrise wurde die Kritik jedoch heftiger und gewann an systemverändernder Kraft. Die Idee des Weimarer Wohlfahrtsstaates wurde zum *„Inbegriff sozialdemokratisch-marxistischer Verirrungen"*[307]. Die sozialpolitischen Vorstellungen des Nationalsozialismus fanden hier Anknüpfungspunkte. Grundideen der Rassenhygiene, die bereits in der Kaiserzeit bekannt waren, bekamen auf diese Weise Auftrieb.

Zusammengefasst:

Armut, Hilfebedürftigkeit und gesellschaftliche Reaktion:
- Neben den bereits Ende des 19. Jahrhunderts entstandenen Wohlfahrtsverbänden (Deutsches Rotes Kreuz, Innere Mission, Deutscher Caritasverband und Jüdisches Hilfswerk) kommen die Arbeitwohlfahrt (1919), der Paritätische Wohlfahrtsverband (1920) und der Zentrale Wohlfahrtsausschuss der christlichen Arbeiterschaft (1921) hinzu.
- Mit dem Reichsgesetz des Unterstützungswohnsitzes von 1871 (UWG) differenziert sich das System der öffentlichen Armenfürsorge aus und gerät in der Koordination mit der freien Wohlfahrtspflege an Grenzen.
- Eine Reaktion auf diesen Problemdruck ist 1880 der Zusammenschluss der öffentlichen und privaten Wohlfahrt im Deutschen Verein für Armenpflege und Wohltätigkeit (DV).
- Eine weitere Konsequenz ist die Ausdifferenzierung der kommunalen Fürsorge in Gesundheits-, Jugend-, Wohnungs- und Erwerbslosenfürsorge. Gesondert wird die Kriegswohlfahrtspflege ausgebaut.
- Das Reichsjugendwohlfahrtsgesetz (RJWG) von 1922 ist die Geburtsstunde der Jugendämter.
- Mit dem Ausbau der Wohlfahrtspflege setzt ein Prozess der Verwissenschaftlichung und Verberuflichung des Sozialen ein.
- Die Entstehung und der Aufbau von Ausbildungsstätten für soziale Berufe und eines sozialen Frauenberufes geht auf die bürgerliche Frauenbewegung zurück. Eine ihrer bekanntesten Protagonistinnen ist Alice Salomon (1872-1948). Sie vertritt eigene Konzepte der Sozialarbeit, die u.a. auch von der angloamerikanischen Sozialarbeit geprägt sind, insbesondere von Mary Ellen Richmond (1861-1928) und Jane Addams (1860-1935).

---

307 Vgl. a.a.O., S. 48.

- In der Weimarer Zeit erfährt der Ausbau der Wohlfahrtspflege einen kräftigen Schub, besonders im Vergleich zur Kaiserzeit. Die Weltwirtschaftskrise gipfelnden bringt den Wohlfahrtsstaat schließlich in eine Finanzierungskrise.
- Die Idee des Weimarer Wohlfahrtsstaates wird zum „Inbegriff sozialdemokratisch-marxistischer Verirrungen." Konservative Kräfte gewinnen die Oberhand und sozialpolitische Vorstellungen des Nationalsozialismus finden ihre Anknüpfungspunkte.

4.5 Nationalsozialismus: Der Untergang der sozialpädagogischen Idee

Mit der Frage nach dem Übergang der sozialpädagogischen Bewegung der Weimarer Zeit in den NS-Staat ist die Frage nach der Kontinuität und Diskontinuität der Geschichte der Sozialen Arbeit aufgeworfen.[308] Wenngleich sich hiermit eine Forschungsfrage aufwerfen mag, die weiterer, hier nicht leistbarer Vertiefung bedarf, so muss eines bereits gesagt sein: Mit der Übernahme der Macht durch die Nationalsozialisten wird eine Wohlfahrtspflege etabliert, die ausschließlich einer erbbiologisch begründeten Rassenauslese dient. Der damalige Amtsleiter des *„Hauptamtes für Volkswohlfahrt"*, Hermann Althaus (1899-1966), benannte 1937 – vier Jahre nach der Machtübergabe – das Verständnis von *Volkswohlfahrt* präzise: *„Ihr gilt nicht der Satz von der Gleichheit der Staatsbürger. Sie weiß, dass die Erbanlage die Menschen ungleich in ihrem Wert für das Wohl des Ganzen macht. Eine Wohlfahrtspflege, die auf das Wohl des Volkes ausgerichtet ist, wird im Gegensatz hierzu die Minderwertigen in einer ausmerzenden Erbpflege zurückdrängen"*[309]. Der Begriff der *Volkswohlfahrt* hatte mit dem Wohlfahrtsstaat der industriegesellschaftlichen Moderne also absolut nichts mehr zu tun. Er brach mit dem zentralen Entwicklungstrend der Moderne, der „Freisetzung der Individuen als gleiche Rechtssubjekte"[310].
Dieser Bruch soll nun skizziert werden. Die Geschichte Sozialer Arbeit im Nationalsozialismus kann dabei nicht befriedigend und umfassend rekonstruiert werden. Im Folgenden werden nur Bezugspunkte zu den bis zur Weimarer Zeit errungenen Fortschritten und ihre Vernichtung durch den Nationalsozialismus dargestellt.

308 Vgl. Schnurr 1997, S. 19.
309 Zit. in Amthor, 2003, S. 303.
310 Sachße/Tennstedt 1992, S. 276.

168

Gleichschaltung der Wohlfahrtspflege: Die Weimarer Anfänge eines dualen Systems der öffentlichen und freien Wohlfahrtspflege wurden durch ein gleichgeschaltetes System zentralisiert. Der *„öffentliche Gesundheitsdienst"* (öGD) übernahm zentrale Aufgaben der bestehenden Jugendämter und stellte sie in den Dienst rassistischer Auslese. Die sozialpolitischen Parteiorganisationen *„Deutsche Arbeitsfront"* (DAF) mit der von ihr vereinnahmten größten deutschen Versicherungsgesellschaft *„Volksfürsorge"*, die *„Nationalsozialistische Volkswohlfahrt"* (NSV) und die *„Hitlerjugend"* (HJ) übernahmen das Monopol für die Gestaltung einer zentralisierten Wohlfahrtspflege. Die nationalsozialistische Vorstellung von „Wohlfahrtsstaat" diente letztlich der Einführung und Stabilisierung rassistisch definierter Ungleichheit und der radikalen Unterordnung des Subjektgedankens unter eine holistische Weltsicht.[311]

Nationalsozialistische Volkswohlfahrt (NSV): Ziel der NSV war die zentrale Einbindung und Steuerung der gesamten freien Wohlfahrtspflege. Der Wohlfahrtsausschuss der *„christlichen Arbeiterschaft"* und die *„Arbeiterwohlfahrt"* wurden – ebenso wie die *„Sozialdemokratische Arbeiterpartei"* und die Gewerkschaften – verboten. Nach der Machtübergabe wurde der *„Paritätische Wohlfahrtsverband"* 1934 zunächst mit der *„nationalsozialistischen Volkswohlfahrt"* gleichgeschaltet und dann von sich aus aufgelöst. Die Arbeit der *„Zentralwohlfahrtsstelle der deutschen Juden"* wurde anfangs von den Nationalsozialisten noch geduldet. 1937/38 wurden die Juden von der deutschen Winterhilfe der Nationalsozialisten ausgeschlossen. Mit Kriegsausbruch wurde der Verband 1939 zwangsaufgelöst. Die Mitarbeiter wurden in Konzentrationslager deportiert.
Die Arbeit des *„Deutschen Roten Kreuzes"*, der *„Inneren Mission"* und des *„Deutschen Caritasverbandes"* – letzterer geschützt durch das *„Reichskonkordat"*[312] von 1933 – wurde mit der „nationalsozialistischen Volkswohlfahrt" weitestgehend gleichgeschaltet.

Untergang der sozialpädagogischen Bewegung: Die sozialpädagogische Bewegung der Weimarer Zeit begegnete dem Aufstieg der *„Nationalsozialistischen Deutschen Arbeiter Partei"* (NSDAP) zunächst indifferent und ließ sich schließlich von der Aufbruchstimmung mitreißen. Eine kollektive Organisation gegen die Bestrebungen der NSDAP in der Phase des Machtaufbaus sowie eine irgendwie geartete gemeinsame Opposition in der Zeit des Machtantritts hat es nicht gegeben. „Von

311 Vgl. a.a.O., S. 273-278.
312 Mit dem Reichskonkordat wird das Verhältnis zwischen dem Deutschen Reich und der römisch-katholischen Kirche geregelt. Wenngleich die Nationalsozialisten den Verbandskatholizismus weiter bekämpften, verlieh dieser Vertrag der katholischen Kirche und ihren Verbänden eine gewisse Eigenständigkeit, verhinderte zumindest die völlige Gleichschaltung mit dem NS-Staat.

der antisemitisch und politisch motivierten Ausgrenzungspolitik, ... war auch die Sozialpädagogik betroffen"[313]. Die Idee des Nationalsozialismus schien für die Leitbilder von Gesundheit, Gemeinschaft und Tüchtigkeit besonders geeignet zu sein. So bekundete bereits **Gertrud Bäumer** (1893-1954), die Begründerin der sozialen Frauenschule in Hamburg, bei der Eröffnung der Schule im Jahr 1917: *„Auch die soziale Arbeit dient letzten Endes diesen Zielen: der Stärkung der deutschen Volkskraft, der Pflege deutschen Volkstums und deutscher Kultur. Auch die soziale Arbeit gewinnt ihre eigentliche Kraft erst aus dem Verständnis für das Wesen der nationalen Gesamtentwicklung"*[314]. Bereits unter dem Druck der Weltwirtschaftskrise fand in konservativen Kreisen eine Rückbesinnung auf moralische Werte und nationales Gemeinschaftsgefühl statt. Die Idee des Kosten verursachenden Wohlfahrtsstaates wurde zum *„Inbegriff sozialdemokratisch-marxistischer Verirrungen"*. Die sozialpolitischen Vorstellungen des Nationalsozialismus fanden hier Anknüpfungspunkte.[315] Nicht allein Angst vor Repression, vielmehr eine weitestgehende Übereinstimmung mit den wohlfahrts- und erziehungspolitischen Schwerpunktsetzungen des nationalsozialistischen Umbaus sorgte für den volksgemeinschaftlichen Konsens, den sich die sozialpädagogische Bewegung mehrheitlich anschloss und unterordnete.[316]

Aufhebung von Kindheit und Jugend: Der dramatisch ansteigende Wählerzulauf zur Nationalsozialistischen Deutschen Arbeiterpartei (NSDAP) in den Jahren zwischen 1928 und 1932 ist nicht nur als Reaktion auf wirtschaftliche Not zurückzuführen. Mit ihm verbanden sich auch naive Hoffnungen auf Besserung in allen Feldern von Erziehung und Bildung. Ein Hebel zur Begeisterung der Jugend für die Ideale des Nationalsozialismus war sicher der bewusste Zugriff auf den Kindheitsstatus und seine Deformation zugunsten staatlich ideologischer Interessen.
Nationalsozialistische Ideologie erhob konsequent den Kindheitsstatus in den Erwachsenenstatus. Ein Zitat des damaligen Reichsjugendführers Baldur von Schirach verdeutlicht dies: *„Mit ‚Kinder' bezeichnen wir die nichtuniformierten Wesen niedriger Altersstufen, die noch nie einen Heimabend oder einen Ausmarsch mitgemacht haben"*[317]. Die von bürgerlichen Zwängen und auch materiellen Entbehrungen proletarischer Verhältnisse umgebene Welt der Kinder wurde durch die faschistische Ideologie in das die Befreiung verheißende Spiel mit der Macht hineingelockt. Gleichsam perfide wusste der aufkommende Nationalsozialismus, wie

313 Schnurr 1997, S. 202.
314 Bäumer zit. in Rothmaler 1989, S. 17.
315 Vgl. Sachße 1992, S. 48 und Schnurr 1997, S. 16ff.
316 A.a.O., S. 203f.
317 Mausbach/ Mausbach-Bromberger in „Neue Gesellschaft für bildende Kunst" 1980, S. 273f.

er sich das narzisstisch gekränkte Individuum durch die Übergabe militärischer Machtsymbolik einverleiben konnte und Aggressionsabfuhr zu legitimieren, in dem er sie rassistisch kanalisierte und politisch legitimierte. *„Deutsches Jungvolk"* (DJ), *„Jungmädel"* (JM), *„Hitlerjugend"* (HJ), *„Bund Deutscher Mädel"* (BDM) sowie die Jungerwachsenen-Organisation *„Glaube und Schönheit"* waren – neben Schule und Elternhaus – die Organisationen mit einem eigenen Erziehungsauftrag zur Produktion der gewünschten, systemerhaltenden Staatsjugend.

Zu dieser Gleichschaltungspädagogik gehörte auch die Einführung der Schulbesuchspflicht, die erstmalig 1938 für alle deutschen Kinder und Jugendlichen eingeführt wurde. Die Liberalisierungsbestrebungen der Schulreformpädagogik, die Bemühungen der Herbartianer um eine wissenschaftliche Pädagogik und die Bemühungen seitens der geisteswissenschaftlichen Pädagogik, eine relative Autonomie der Pädagogik zu begründen, fanden mit der Zentralisation des gesamten Schul- und Bildungswesens durch die *„Nationalsozialistische Deutsche Arbeiterpartei"* (NSDAP) ein jähes Ende. Entlassungen, speziell an den Hochschulen für Lehrerbildung (60%),[318] Gefängnis und Konzentrationslager, Emigration und Opportunismus waren gleichsam die Folge nationalsozialistischer Inquisition und das Ende des vielversprechenden Erziehungs- und Bildungswesens der Weimarer Republik.

Die Gleichschaltung der Kindergärten – hier insbesondere die Umdeutung Fröbels zum *„völkisch-politischen Erzieher"*[319], der Schulen und Universitäten zu nationalsozialistischen Erziehungsstätten (1934) und der Aufbau der Hitlerjugend, die 1936 obligatorisch wurde und zu der Zeit schon 60% der Jugend organisiert hatte,[320] bildeten das perfekte Netz faschistischer Indoktrination und damit die rechtsradikale Variante der Konzentration auf Kindheit, Jugend und junge Erwachsene.

Gleichschaltung der Jugendpflege und Jugendfürsorge: Insbesondere die Medizin wurde im nationalsozialistischen Deutschland zur Leitdisziplin Sozialer Arbeit und in den Dienst arischer Auslesepraktiken gestellt. Auslese heißt Ausgrenzung und eines ihrer Instrumente war die *„Nationalsozialistische Volkswohlfahrt"* (NSV). So lehnte die NSV auch die mit dem Reichsjugendwohlfahrtsgesetz (1922/24) zusammengeführte Jugendpflege und Jugendfürsorge und den dort grundgelegten Erziehungsgedanken ab. Es ging ihr nicht um die Entfaltung des Individuums, sondern um die Entfaltung eines *„rassereinen Volkskörpers"*, zu dem nur passte, wer arischer Abstammung war. Entsprechend sprach man von *„Volkspflege"*, die durch Auslese der *„arisch Erbgesunden von den Minderwertigen"* zu bewirken sei.

---

318 Günther/Hofmann u.a. 1976, S. 606.
319 Amthor 2003, S. 324.
320 Rovan in Grosser 1977, S. 85ff.

„*Minderwertige*" hatten insofern nur noch eine Funktion, wie sie dem Aufbau eines nordisch-germanischen „*Volkskörpers*" dienlich sein konnten. Voraussetzung hierfür war die Zwangssterilisation, die bei ca. 12% der Jugendlichen in der Fürsorgeerziehung durchgeführt wurde. Es wurden „*Beobachtungsheime*" unter psychiatrischer Leitung zwecks Differenzierung des Schweregrades der „*Erbbelastung*" und Jugendkonzentrationslager für die sogenannten „*Unerziehbaren*" geschaffen. „*Erbgesunde Fälle*" mit positiver Prognose wurden in neu errichteten „*NS-Jugendheimstätten*" untergebracht. Sie wurden nicht mehr „*Zöglinge*" genannt, sondern „*Heimkameraden und Heimkameradinnen*". Die Erzieher wurden zu „*Heimscharführern*".[321] Die offizielle Fürsorgeerziehung folgte en gros, wenn auch von wenigen Widerständen im Alltag abgesehen, der rassenhygienisch nationalsozialistischen Diktion. Vom Euthanasiemord besonders betroffen waren die Einrichtungen für geistig behinderte Menschen.

Das im Grunde reformpädagogisch orientierte RJWG wurde durch die Nationalsozialisten bekämpft. Ein neues RJWG wurde nicht in Kraft gesetzt. Stattdessen wurde durch Rechtsverordnung die Mütter- und Säuglingsfürsorge dem „*öffentlichen Gesundheitsdienst*" (öGD) unterstellt, obwohl diese in § 4 RJWG eindeutig der Jugendfürsorge zugeordnet war. Ähnliches geschah mit der Jugendarbeit. Die Förderung der Jugendpflege war gemäß RJWG dem Jugendamt zugeordnet. Mit dem „*Gesetz über die Hitlerjugend*" wurde die Jugendarbeit der HJ unterstellt. Weiterhin wurde die kollegiale Leitungsorganisation der Jugendämter, die in den §§ 9 und 14 RJWG geregelt war, abgeschafft.

Die reformpädagogischen Intentionen des Gesetzes wurden im Rahmen der Vereinheitlichung der nationalsozialistischen Volkswohlfahrt niedergemacht. Das betraf auch die Jugendgerichtshilfe. Das reformpädagogisch inspirierte „*Jugendgerichtsgesetz*" (JGG) von 1923 wurde 1943 durch Einführung eines neuen „*Reichsjugendgerichtsgesetzes*" (RJGG) mit der Herabsetzung der Strafmündigkeit auf 12 Jahre, Todesstrafen und lebenslangen Haftstrafen für Minderjährige drakonisch auf seine Strafaspekte reduziert und verschärft.

Eliminierung von Armut und Hilfebedürftigkeit: Mit dem Verfall der Weimarer Republik und der Zeit des Nationalsozialismus war in Deutschland auch das vorläufige Ende sozialreformerischer Kräfte Sozialer Arbeit gekommen. Die Armen-, Jugend- und Gesundheitsfürsorge wurde zum Gegenstand einer „*Volkswohlfahrt*". Die hoffnungsvollen Anfänge der sozialpädagogischen Reformenbestrebungen, besonders der Weimarer Zeit, kamen schließlich unter die Räder von Faschismus und zweitem Weltkrieg. Die errungenen kulturellen Leistungen der Wohlfahrts-

---

321 Kuhlmann 2008, S. 98f u. Kuhlmann 2001 in Knab u.a. 2001, S. 7-19.

pflege wurden von Hitler als „*ebenso lächerliche wie zwecklose Wohlfahrtsduselei*"[322] diffamiert.

Noch im selben Jahr der Machtübergabe an die Nationalsozialisten (1933) veranstalteten die Polizei, die „*Sturmabteilung*" (SA) und die „*Schutzstaffel*" (SS) der NSDAP die sogenannten „*Bettlerjagden*". Man verhaftete zehntausende von Wohnungslosen (von den Nationalsozialisten als „Nichtsesshafte" bezeichnet) und solche Menschen, die man dafür hielt. Ebenfalls im Jahr der Machtergreifung wurde das „*Gesetz zur Verhütung erbkranken Nachwuchses*" (GzVeN) verkündet und ein halbes Jahr später in Kraft gesetzt. Es führte zu ca. 300.000 Sterilisationen und 70.000 Euthanasieopfern, unter ihnen 3.000 Kinder. Bei der Durchsetzung nationalsozialistischer Sozialordnung nahm die Sozialarbeit freiwillig und auch in den Fällen von Unfreiwilligkeit letztlich eine aktive Rolle ein. Die mittlerweile mit Akribie betriebene „*soziale Diagnose*" brachte der Familien- und auch der Anstaltsfürsorge genaue Kenntnis über die Lage ihrer Klientel und führte schließlich zu jenen Informationen an die 1934 entstandenen Gesundheitsämter, denen die Erfassung des Gesundheitszustandes der deutschen Bevölkerung auferlegt wurde und die die Verfolgungsmaßnahmen in Gang setzen konnten. Mit dem „*Gesetz zur Vereinheitlichung des Gesundheitswesens*" (GVG) von 1934 mussten in allen Stadt- und Landkreisen Gesundheitsämter im Sinne der Gleichschaltung von „*Erb- und Rassenpflege*" eingerichtet werden.

Bereits die Weimarer Zeit war angesichts der wirtschaftlichen Not nach dem Ersten Weltkrieg die Blütezeit der öffentlichen Gesundheitspflege. Rassehygieniker, Eugeniker und Sozialhygieniker der Weimarer Zeit, wie Alfred Grotjahn (1869-1931), Eugen Fischer (1874-1967), Otmar von Verschuer (1896-1969) und Ernst Rüdin (1874-1952) waren die methodischen und ideologischen Wegbereiter der „*erbbiologischen Bestandsaufnahme*", die sich nach dem Ersten Weltkrieg mit Zuspitzung der wirtschaftlichen und sozialen Krisen unter dem Nationalsozialismus radikal entfaltete.[323] Der diagnostische Gedanke ging weit über den medizinischen Bereich hinaus. Geradezu enthusiastisch wurde die neue Methode der sozialen Diagnostik von führenden Vertretern deutscher Fürsorge, wie z.B. Wilhelm Polligkeit (1876-1960) propagiert. Die soziale Diagnostik wurde im Nationalsozialismus schließlich in den Dienst der sogenannten „*Rassenhygiene*" gestellt.

Wenngleich es immer wieder Beispiele von individuellen Widerstandshandlungen gegeben hat, so wurde die Rolle der Familienfürsorge als „*wertvolle Mithilfe*" von Wohlfahrts- und Jugendamt zur Durchführung des „*Gesetzes zur Verhütung erbkranken Nachwuchses*" *(GzVeN)* immer wieder bestätigt.[324] Die Zielrichtung des GzVeN war nur vordergründig eine medizinische Diagnostik. Faktisch diente

---

322 Aus: „Mein Kampf" zit. in Müller 1999, S. 214.
323 Vgl. Rothmaler 1989, S. 16f.
324 Hardtmann 1989, S. 50ff u. Rothmaler, a.a.O., S. 19ff.

sie dem Zweck einer rein sozialen Diagnostik zur Selektion sogenannter *„gemein-schaftsschädigender"* und damit unerwünschter Bevölkerungsschichten. Professionelle Integrität gelang der Sozialarbeit/Sozialpädagogik so wenig wie den Medizinern und Juristen. Der zugewiesenen Funktion des Sortierens, Züchtens und Vernichtens entzog sich offiziell keines dieser Systeme. Die Erfassung zur Zwangssterilisation durch die Hamburger Fürsorge ist hierfür ein beispielhafter Beleg, mit welcher Bereitwilligkeit sich die Fürsorge in das totalitäre Erfassungs- und Vernichtungssystem einordnete. Bereits zwei Jahre vor den 1940 reichsweit eingeführten *„Richtlinien zur erbbiologischen Beurteilung der Bevölkerung"* erließ Hamburg eigene Richtlinien für die *„Durchführung der Fürsorge und Behandlung Gemeinschaftswidriger".* Die Unterstützungsempfänger wurden eingeteilt in *„sozial Vollwertige, sozial nicht Vollwertige und Gemeinschaftswidrige".* Familienfürsorgerinnen erstellten im Rahmen ihrer Hausbesuche sogenannte *„Lebensbilder"* von Fürsorgeempfängern. Diese *„Lebensbilder"* wurden systematisch mittels eines standardisierten Fragebogens erstellt und maschinell ausgewertet. Das als *„Holerith-Verfahren"* bezeichnete System war somit ein Vorläufer computergestützter sozialer Diagnostik. So kamen zwei Drittel der Anzeigen aus den Hamburger Behörden (Gesundheits-, Jugend-, Arbeits- und Sozialverwaltungen), dem schulärztlichen Dienst, dem vertrauensärztlichen Dienst der Versicherungen und den Gefängnissen.[325] Über die Hälfte der im Rahmen der erbbiologischen Bestandsaufnahme für die Zwangssterilisation angezeigten Personen kamen aus der sozial und bildungsbenachteiligten Unterschicht.[326] Armut und Arbeitslosigkeit, Alkohol- und psychische Erkrankung, Wohnungslosigkeit, Prostitution, Lernbehinderung wurden auf diese Weise zu Risikomerkmalen einer sozialen Diagnostik mit anschließender Einleitung von Zwangsmaßnahmen wie Sterilisation oder Internation.

Gleichschaltung der Ausbildungsstätten und Emigration: Das insbesondere auf Alice Salomons sozialer Frauenschule basierende System der Wohlfahrtspflegeschulen wurde gleichgeschaltet. Die *„Konferenz der sozialen Frauenschulen Deutschlands"* wurde in den *„Reichszusammenschluss der staatlich anerkannten Schulen für Volkspflege"* umbenannt, und Alice Salomon musste ihren Vorsitz abgeben. Ihre Nachfolgerin, Elisabeth Nietzsche (1888-1964), Dozentin an der Sozialen

---

325 Vgl. Rothmaler 1988, S. 16-36.
326 Nach dem GzVeN konnte zwangsweise sterilisiert werden, wer an „angeborenem Schwachsinn", Schizophrenie, manisch-depressivem Irresein, Chorea Huntington, Epilepsie, angeborener Blindheit, Taubheit, schweren körperlichen Missbildungen oder schwerem Alkoholismus litt." Darüber hinaus wurden für das Symptom „erbgesund" willkürliche Integrationsmerkmale festgelegt. Gängige Merkmalsbezeichnungen im Rahmen der sozialen Diagnosen zur Feststellung „sozial nicht Vollwertiger und Gemeinschaftswidriger" waren z.B. „arbeitsunlustig", „moralischer Schwachsinn", „geistiger und charakterlicher Tiefstand", „sexuelle Triebhaftigkeit", „soziale Ungenügsamkeit", „Schwachsinnigkeit", „erbgefährlich", „asozial", „gemeinschaftsschädigend".

Frauenschule der Inneren Mission, führte den Vorsitz ganz im Sinne der NSV. Wohlfahrtspflegerinnen hießen nun „*Volkspflegerinnen*", und der Zugang zu den „*Frauenschulen für Volkspflege*" wurde nicht-arischen Bewerberinnen versagt.[327] Die wenigen, den Nationalsozialismus ablehnenden Wohlfahrtsschulen wurden geschlossen oder gleichgeschaltet. Die Bereitschaft zur Kooperation mit dem Nationalsozialismus schien hingegen bei den meisten gegeben. „*Die Schulen nahmen lebhaften Anteil am sozialen Aufbauprogramm des neuen Staates und halfen vielfach im Winterhilfswerk mit*"[328]. Auch die kirchlichen Ausbildungsstätten waren nicht frei von der nationalsozialistischen Aufbruchstimmung.[329] Die Zahl der konfessionellen und privaten Schulen ging dennoch zurück. Insgesamt stieg jedoch die Anzahl der Frauenschulen von 34 im Jahr 1933 auf 51 im Jahr 1944. Die NSV gewann als Ausbildungsträger immer mehr Boden.

1933 wurde **Alice Salomon** (1872-1948) von den Nationalsozialisten aus allen öffentlichen Ämtern verdrängt und 1937 nach Verhören durch die Gestapo im Alter von 65 Jahren zur Emigration gezwungen. Bis dahin hatte sie in einem Hilfskomitee für jüdische Emigranten gearbeitet. Alice Salomon emigrierte über England in die USA, wo sie in New York lebte. 1939 wurden ihr die deutsche Staatsbürgerschaft und die beiden Doktortitel aberkannt. 1944 erwarb sie die amerikanische Staatsbürgerschaft.

Mit Alice Salomon verschwanden neben vielen weiteren Persönlichkeiten (Siddy Wronsky, Siegfried Bernfeld) die Protagonisten einer sozialpädagogischen Idee, die die Soziale Arbeit sowohl in ihren gesellschaftlichen Ursachen als auch in ihren individuellen Verarbeitungsformen in den Blick genommen hatten und einer systematischen, d.h. wissenschaftlichen Untersuchung zugänglich machen wollten. Mit dem Übergang zum Nationalsozialismus fand diese hoffnungsvolle Reformentwicklung der Weimarer Zeit ihr Ende.

Zusammengefasst:

Nationalsozialismus und Untergang der sozialpädagogischen Idee:
- Mit der Übernahme der Macht durch die Nationalsozialisten wird eine Wohlfahrtspflege etabliert, die ausschließlich einer erbbiologisch begründeten Rassenauslese dient.
- Die Weimarer Anfänge eines dualen Systems der öffentlichen und freien Wohlfahrtspflege werden im Nationalsozialismus durch ein gleichgeschaltetes System – die Nationalsozialistische Volkswohlfahrt (NSV) – zentralisiert.

---

327 Amthor 2003, S. 365f.
328 Zit. aus einer Dissertation von 1937 von Glaenz, in: Amthor 2003, S. 364 .
329 Vgl. Schaefer-Hagenmeier 1992, S. 33.

- Nationalsozialistische Ideologie hebt den Kindheitsstatus in den Erwachsenenstatus.
- Der Begriff ‚Wohlfahrtspflege' wird durch den Begriff ‚Volkspflege' ersetzt. Hierbei geht es nicht um die Entfaltung des Individuums, sondern um die Entfaltung eines „rassenreinen Volkskörpers", zu dem nur passt, wer arischer Abstammung ist.
- Alice Salomon (1872-1948) wird von den Nationalsozialisten aus allen öffentlichen Ämtern verdrängt und 1937 nach Verhören durch die Gestapo im Alter von 65 Jahren zur Emigration gezwungen.
- Wohlfahrtspflegerinnen heißen nun „Volkspflegerinnen" und der Zugang zu den „Frauenschulen für Volkspflege" wird nichtarischen Bewerberinnen versagt.
- Soziale Diagnostik wird im Nationalsozialismus in den Dienst der sogenannten „Rassenhygiene" gestellt.
- Professionelle Integrität gelingt der Sozialarbeit/Sozialpädagogik so wenig wie der Medizin und der Juristik. Der zugewiesenen Funktion des Sortierens, Züchtens und Vernichtens entzieht sich offiziell keines dieser Systeme.
- Mit Alice Salomon verschwinden neben vielen weiteren Persönlichkeiten die Protagonistinnen und Protagonisten einer sozialpädagogischen Idee und die hoffnungsvolle Reformentwicklung der Weimarer Zeit findet ihr vorläufiges Ende.

4.6 Zusammenfassung: Moderne und Niedergang

1. **Wie kann die allgemeine gesellschaftliche Charakteristik der jeweiligen Epoche beschrieben werden?** Die erste Hälfte des 20. Jahrhunderts ist von tiefgreifenden politischen und ökonomischen Katastrophenerfahrungen geprägt: Rasanter Aufbau der Industriegesellschaft und Entwicklung zur Kartellindustrie, massive Verelendung der arbeitenden Schichten, Erster Weltkrieg und Ende des Kaiserreiches, Weltwirtschafskrise, Massenarbeitslosigkeit, Weimarer Republik und Verfall, Faschismus, Nationalsozialismus, Zweiter Weltkrieg und Holocaust und schließlich der Wiederaufbau aus den geistigen und materiellen Trümmern.

2. **Von welchem Weltbild und welcher Philosophie ist diese Zeit geprägt und welche geistigen Protagonisten und Ideengeber sind maßgebend in der Behandlung der sozialen Fragestellung?** Das Europa der Jahrhundertwende erlebt sich in der Ambivalenz von welteroberndem Fortschrittsglauben durch Wissenschaft und Technik sowie kulturellem Unbehagen. Ähnlich wie die Sturm-und-Drang-Bewegung dem Rationalismus ihrer Zeit entgegentrat, wen-

det sich in Deutschland nun die Jugendbewegung gegen die Monopolbildung der Industrialisierung und deren künstliche „Asphaltkultur". Die Jugend- und Wandervogelbewegung erlebt ihre Blütezeit. Die Naturwissenschaften stoßen auf erste Grenzen und die Sozial- und Geisteswissenschaften, insbesondere auch die Erziehungswissenschaften und die Psychologie, bekommen Auftrieb. Ein psychoanalytisches Interesse am Menschen wird wach. Die Geschichte des Individuums, ein Ausbruch des Menschen aus dem Mittelalter und seiner auf dem Weg der Welteroberung erlittenen narzisstischen Kränkungen, ist eine Geschichte des beschädigten Individuums, des Unterganges großer Individualitätsideale unter dem Druck der Produktionsverhältnisse. Das gesamte 19. Jahrhundert ist für die Menschen mit einem ungeheuren gesellschaftlichen Komplexitätsaufbau verbunden. Der Mensch sieht sich auf vielfältige Weise in neu entstandene soziale Systeme eingespannt. Er ist in ein ihm kaum überschaubares Feld gesellschaftlicher, wirtschaftlicher und politischer Zusammenhänge und den darin gegebenen Rollenanforderungen gestellt. Dieses Spannungsfeld bereitet eine Ambivalenz von Gefühlen des Ausgeliefertseins an anonyme Systeme auf der einen und vom Willen zur Selbstbestimmung in der Frage der Mitgestaltung von Gesellschaft auf der anderen Seite.

3. **Welche Einstellungen zur Kindheit und Jugend allgemein sowie zu ihren Beschädigungen im Speziellen herrschen in dieser Zeit vor und wie drückt sich dies organisatorisch und programmatisch im Erziehungs- und Bildungsverständnis aus?** Im 19. Jahrhundert wird eine Tendenz zur nostalgischen Idealisierung von Kindheit erkennbar. Mit dem Bild von Kindheit sind die Suche und die Sehnsucht nach besseren Zeiten verbunden. Kindheit wird zur Projektionsfläche der Erwachsenenwelt und ihren bürgerlichen Erziehungsidealen für eine bessere Welt. Der Kindheitsstatus verändert sich mit all den problematischen aber auch den in den Generationenbeziehungen verbessernden Begleiterscheinungen. Aber Kindheit im beginnenden 20. Jahrhundert steht besonders in Deutschland nicht nur unter dem Vorzeichen eines zunehmenden psychologischen Interesses. Sie wird sowohl von links als auch von rechts unter dem Zeichen politischer Verwendungsinteressen wahrgenommen. Die Pädagogik befindet sich im beginnenden 20. Jahrhundert in einer eigentümlichen Lage. Es ist die Zeit der wissenschaftlichen Pädagogik und der sie bekämpfenden Reformpädagogik einerseits sowie die Zeit der ersten hoffnungsvollen Ideen einer geisteswissenschaftlichen Pädagogik andererseits. Und es ist die Zeit der Einverleibung jeglicher Pädagogik durch den Nationalsozialismus. Die Zucht-und-Ordnungs-Pädagogik des 19. Jahrhunderts erfährt scharfe Kritik seitens der emporkommenden Schulreformbewegung. Doch beide Erziehungsrichtungen – hier Strenge und Zucht, dort Naturverbundenheit und Eugenik – stehen in einer gewissen methodischen Nähe zu den sich anbahnen-

den Erziehungsprinzipien des Nationalsozialismus. Kindheit steht nunmehr nicht nur unter dem Vorzeichen eines zunehmenden psychologischen Interesses, sondern auch unter dem Zeichen politischer Verwendungsinteressen der Arbeiterjugendbewegung zur Weimarer Zeit und später der Indoktrination von Jugend in Schulen, Universitäten, Hitlerjugend und anderen nationalsozialistischen Erziehungsstätten. Mit der um die Jahrhundertwende entstandenen Jugendbewegung erhält die Jugendfrage im ersten Drittel des 20. Jahrhunderts einen zunehmenden gesellschaftlichen Stellenwert. Den pädagogischen Reformeifer der Weimarer Zeit begleitet eine Diskussion um die Sozialpädagogik als eine Form der Pädagogisierung der gesamten Wohlfahrtspflege und eine neue, gerechte Sozialpolitik. Die wissenschaftliche Sozialpädagogik geht vor allem auf Paul Natorp (1854-1924) und Herman Nohl (1879-1960) zurück. Natorps Theorie einer Sozialpädagogik als integratives Prinzip jeder Erziehung setzt sich jedoch nicht durch. Stattdessen entwickelt sich eine Sozialpädagogik, die auf Nohls Theorie einer Sozialpädagogik als eigenständige Pädagogik außerhalb von Familie und Schule aufbaut. Die von Nohl beeinflusste sozialpädagogische Bewegung findet u.a. in der 1925 gegründeten Gilde Soziale Arbeit ihren Ausdruck. Ihr Anliegen ist die Pädagogisierung der gesamten Wohlfahrtspflege und Verwirklichung einer neuen, gerechten Sozialpolitik. Zu einer durchgreifenden Reform kommt es nicht. Sozialpädagogik kann ihre Janusköpfigkeit als Jugendfürsorge einerseits und Sozialdisziplinierung andererseits noch nicht überwinden. In den Zeiten des Verfalls der Weimarer Republik verbinden sich Teile der sozialpädagogischen Bewegung ideell mit den neuen Hoffnungen, die durch den aufkommenden Nationalsozialismus vermittelt werden, statt diesen – anscheinend nicht richtig erkannten Feind – zu bekämpfen.

4. **Welche Einstellungen zur Armut und Hilfebedürftigkeit prägten diese Zeit und wie drückten sich diese organisatorisch und programmatisch im Umgang mit Armut aus?** Neben den bereits Ende des 19. Jahrhunderts entstandenen Wohlfahrtsverbänden (Deutsches Rotes Kreuz, Innere Mission, Deutscher Caritasverband und jüdische Hilfswerke) kommen die Arbeitwohlfahrt (1919), der Paritätische Wohlfahrtsverband (1920) und der Zentrale Wohlfahrtsausschuss der christlichen Arbeiterschaft (1921) als weitere Verbände der freien Wohlfahrtspflege hinzu. Mit dem Reichsgesetz des Unterstützungswohnsitzes von 1871 (UWG) differenzierte sich das System der öffentlichen Armenfürsorge aus und geriet in der Koordination mit dem System der freien Wohlfahrtspflege an Grenzen. Eine Reaktion auf diesen Problemdruck war 1880 der Zusammenschluss der öffentlichen und privaten Wohlfahrt im *„Deutschen Verein für Armenpflege und Wohltätigkeit"* (DV). Eine weitere Konsequenz war die Ausdifferenzierung der kommunalen Fürsorge in Gesundheits-, Ju-

gend-, Wohnungs- und Erwerbslosenfürsorge. Gesondert wurde die Kriegs-wohlfahrtspflege ausgebaut. Das Reichsjugendwohlfahrtsgesetz (RJWG) von 1922 schließlich war die Geburtsstunde der Jugendämter. Mit dem Ausbau der Wohlfahrtspflege setzte ein Prozess der Verwissenschaftlichung und Verbe-ruflichung des Sozialen ein. Entstehung und Aufbau von Ausbildungsstätten für soziale Berufe und eines sozialen Frauenberufes sind auf die bürgerliche Frauenbewegung zurückzuführen. Eine ihrer bekanntesten Protagonistinnen war Alice Salomon (1872-1948). Sie vertrat eigene Konzepte der Sozialarbeit, die u.a. auch von der angloamerikanischen Sozialarbeit geprägt waren, insbe-sondere von Mary Ellen Richmond (1861-1928) und Jane Addams (1860-1935). In der Weimarer Zeit erfuhr der Ausbau der Wohlfahrtspflege einen kräftigen Schub, besonders im Vergleich zur Kaiserzeit. Die in die Weltwirt-schaftskrise gipfelnden ökonomisch ungünstigen Bedingungen brachten den Wohlfahrtsstaat doch bald in eine Finanzierungskrise. Die Idee des Weima-rer Wohlfahrtsstaates wurde zum „Inbegriff sozialdemokratisch-marxistischer Verirrungen." Konservative Kräfte gewannen die Oberhand und sozialpoliti-sche Vorstellungen des Nationalsozialismus fanden ihre Anknüpfungspunk-te. Mit der Übernahme der Macht durch die Nationalsozialisten wurde eine Wohlfahrtspflege etabliert, die ausschließlich einer erbbiologisch begründeten Rassenauslese dienten. Die Weimarer Anfänge eines dualen Systems der öf-fentlichen und freien Wohlfahrtspflege wurden im Nationalsozialismus durch ein gleichgeschaltetes System – die Nationalsozialistische Volkswohlfahrt (NSV) – zentralisiert. Nationalsozialistische Ideologie hob konsequent den Kindheitsstatus in den Erwachsenenstatus. Wohlfahrtspflege wurde durch den Begriff „Volkspflege" ersetzt. Es ging ihr nicht um die Entfaltung des Indi-viduums, sondern um die Entfaltung eines „rassenreinen Volkskörpers", zu dem nur passte, wer arischer Abstammung war. Alice Salomon (1872-1948) wurde von den Nationalsozialisten aus allen öffentlichen Ämtern verdrängt und 1937 nach Verhören durch die Gestapo im Alter von 65 Jahren zur Emi-gration gezwungen. Wohlfahrtspflegerinnen hießen nun „Volkspflegerinnen" und der Zugang zu den „Frauenschulen für Volkspflege" wurde nicht-arischen Bewerberinnen versagt. Soziale Diagnostik wurde im Nationalsozialismus in den Dienst der sogenannten „Rassenhygiene" gestellt. Professionelle Integrität gelang der Sozialarbeit/Sozialpädagogik so wenig wie der Medizin und der Ju-ristik. Der zugewiesenen Funktion des Sortierens, Züchtens und Vernichtens entzog sich offiziell keines dieser Systeme. Mit Alice Salomon verschwanden neben vielen weiteren Persönlichkeiten die Protagonisten einer sozialpädago-gischen Idee und die hoffnungsvolle Reformentwicklung der Weimarer Zeit fand ihr vorläufiges Ende.

Es wird in der Welt mehr gedacht, als man denkt.
(Helmuth Plessner, 1955)

5 Spätmoderne und Zukunft: Vom Neuanfang bis zur Postmoderne?

Die komplexen Entwicklungen nach dem Zweiten Weltkrieg erfordern ein eigenständiges Kapitel, das hier als Spätmoderne bezeichnet wird. Die funktionale Differenzierung setzt sich gegenüber dem stratifikatorischen Differenzierungsprinzip zunehmend durch. Der Begriff der Klassengesellschaft hat als gesellschaftsstrukturierendes Differenzierungsmuster weitestgehend ausgedient. Modernisierung heißt weiterhin das Schlagwort, mit dem Gesellschaft voranschreitet. Aber: gegen oder eher neben Modernisierung als Hauptströmung stellt sich eine eher skeptische Geisteshaltung, die sich als postmodern bezeichnet.

5.1 Allgemeine gesellschaftliche Charakteristik

Nach dem Zweiten Weltkrieg schauten die Menschen auf die Folgen nationalistischen Größenwahns. Die Trümmerfelder der Städte, weltweit über 60 Millionen Tote, davon um die 6 Millionen in Konzentrationslagern umgebrachte Juden, Sinti und Roma, Geistliche, politisch verfolgte Russen und Serben, Homosexuelle und sogenannte *„Asoziale"*, *„Wehrkraftzersetzer"* und eine ungezählte Anzahl der durch Krieg, Gefangenschaft und Internierung psychisch und physisch schwer verletzten Menschen. Wie konnte es angesichts dieser Schreckensbilanz weitergehen?

Weder der durch zwangskommunistische Staaten dokumentierte Sozialismus, noch der in die blutige Hitlerdiktatur eingemündete Monopolkapitalismus erschienen als vertrauenswürdige Zukunftsperspektiven. Gleichwohl wurde der Kapitalismus als das vermeintlich kleinere Übel eingeschätzt. „Der darauf gegründete Hausfrieden und die Kooperation der Klassengegner haben weitgehend dazu beigetragen, die kapitalistische Wirtschaft des Westens nach dem Weltkrieg wieder so schnell aufzubauen"[330]. Die Nachkriegseuphorie über die Wiederaufbauleistungen war jedoch kurz. Das sich schnell herausgebildete Establishment geriet erstmals in den 1960er Jahren in das Kreuzfeuer der Studentenbewegung. Die Moderne in der zweiten Hälfte des 20. Jahrhunderts wurde durch Bestrebungen der Jugend

---

330 Biran 1979, S. 56.

nach Emanzipation und Befreiung aus politisch-gesellschaftlichen Rollenzwängen einer kapitalistischen Gesellschaft geprägt. Die Hauptströmung der technischen und wirtschaftlichen Entwicklung war hingegen vom globalen Fortschritts- und Wachstumsglauben und Wohlstandsdenken bestimmt.

Wiederaufbau und Protest: Die Auswirkungen der beiden Weltkriege und wirtschaftlichen Depressionen auf die Entwicklung der Nachkriegsgesellschaft sind sehr vielschichtig. Ein grober Umriss muss an dieser Stelle genügen.
Der Soziologe **Helmut Schelsky** (1912-1984) analysierte den Wandel der deutschen Nachkriegsfamilie und stellte ihre vornehmliche Konzentration auf den sozialen Wiederaufstieg heraus. Diese bestand aus dem Streben nach Besitz als Grundlage sozialer Sicherheit, sowie dem Festhalten an alten sozialen Leitbildern (Besitzstand, Bildungsstand). Eine gewisse Idealisierung der Vergangenheit begleitete diese Sicherheitsbestrebungen.
Nach Schelsky mündete die veränderte Familienstruktur in die „Herausbildung einer nivellierten kleinbürgerlichen-mittelständischen Gesellschaft, die ebensowenig proletarisch wie bürgerlich ist, d.h. durch den Verlust der Klassenspannung und sozialen Hierarchie gekennzeichnet wird"[331]. Neben dem Nivellement der sozialen Schichten trat das politische bzw. das „gesamtgesellschaftliche Desinteressement". Schelsky meinte damit „jene Haltung der Interessenlosigkeit, des Misstrauens oder gar des Widerwillens gegenüber allen sozialen Angelegenheiten der Öffentlichkeit, gegenüber den Großorganisationen der Gesellschaft oder dem Schicksal der Gesamtheit"[332].
Das allgemein politische Desinteresse dieser Nachkriegsgesellschaft und die von ihr ausgehenden Zwänge ihrer Konsum-, Anpassungs- und Leistungsfreudigkeit, riefen ein „Gegenmilieu"[333] verschiedener oppositionell politischer und resignativ apolitischer „Subkulturen"[334] auf den Plan.
Die Studentenbewegung der 1960er Jahre und der aus ihr hervorgegangenen *„Neuen Linken"* bezog aus der *„Kritischen Theorie"* der *„Frankfurter Schule"* ihre sich gegen Herrschaft, Unterdrückung, Verdinglichung und Entfremdung auflehnende Position. Hierbei wurden insbesondere die Familie und die Schule und der ihnen obliegende Erziehungsauftrag als Vermittler gesellschaftlicher Normen zum Gegenstand der Kritik.[335]

---

331 Schelsky 1953, S. 218.
332 A.a.O., S. 122.
333 Ein Begriff, der von dem Wortführer der studentischen *Neuen Linken*, Rudi Dutschke (1940-1979), gebraucht wurde.
334 Schwendter 1973.
335 Für dieses politische Gegenmilieu war der Einfluss der „Kritischen Theorie" nicht gering. In den 1930er Jahren formulierte der Sozialphilosoph Max Horkheimer (1895-1973) bereits die dem

Der Widerstand der Neuen Linken und ihrer radikalen Abspaltungen, der „Roten Armee Fraktion" (RAF), scheiterten. Letztlich setzte sich ein sozialwirtschaftlich modifiziertes, kapitalistisches Gesellschaftskonzept durch. Die diesem Prozess beizufügenden Korrekturbemühungen nannte man Modernisierung, die in allen gesellschaftlichen Funktionssystemen ihren Raum suchen sollte.

Kultureller, politischer und ökonomischer Strukturwandel: Die weitere allgemeine gesellschaftliche Entwicklung in der Zeit nach dem Wiederaufbau ist vor allem durch dynamische Prozesse in der Bevölkerungs-, der Technologie- und der Arbeitsmarktentwicklung auf dem Hintergrund von Globalisierung und Durchkapitalisierung aller Lebensbereiche gekennzeichnet. Das sind besonders:

1. der demographische Wandel (Altersentwicklung) und die Auflösung von Solidargemeinschaften, wie die Familie als System der Existenzsicherung,
2. die strukturelle Arbeitslosigkeit/Massenarbeitslosigkeit infolge Rationalisierung und Marktsättigung im Bereich der industriellen Massenproduktion, verschärfte Konkurrenzkämpfe auf internationaler, globaler Ebene, Armutsentwicklung,
3. die Revolutionierung der Informations-, Kommunikations- und vor allem der Produktionstechniken durch die Mikroelektronik sowie damit einhergehende Rationalisierungseffekte,
4. die Wanderungsbewegungen infolge politischer Umwälzungen in den osteuropäischen Ländern,
5. der wirtschaftliche Zusammenbruch in der ehemaligen „Deutschen Demokratischen Republik" (DDR) und die im Wege der Wiedervereinigung zusätzlich entstandenen neuen Armutsprobleme, wie Arbeitslosigkeit, Wohnungsverluste, Überschuldung,
6. die Globalisierung der Weltmärkte und die Verlagerung von Produktionsstandorten in sogenannte Niedriglohnländer,
7. die unterschiedlichen Konstruktionen der nationalen Sicherungssysteme in den Ländern der europäischen Union bzw. Bestrebungen der Anpassung im Zuge einer Vereinheitlichung europäischen Rechts,

Selbstverständnis der „Frankfurter Schule" zugrundeliegenden Gedanken der Kritischen Theorie. Der wissenschaftlich-technische Fortschritt wurde nicht mehr als ein ausschließlich wissenschaftlicher, sondern als ein gesellschaftlicher Vorgang begriffen (vgl. Wulf 1978, S. 142). Horkheimers Position wurde von dem Philosophen Theodor W. Adorno (1903-1969) in der von ihm als „Positivismusstreit" benannten Grundsatzdiskussion über die Logik der Sozialwissenschaften (1961) aufgenommen. In Adornos Kritik an dem durch Sir Karl R. Popper (1902-1994) vertretenen „Kritischen Rationalismus" heißt es: „Der Verzicht der Soziologie auf eine Kritische Theorie der Gesellschaft ist resignativ: man wagt das Ganze nicht mehr zu denken, weil man daran verzweifeln muss, es zu verändern"(Adorno 1969, S. 27). Gleichwohl waren Adorno und später Habermas nicht die geistigen Führer der Neuen Linken. Beide hatten unter den Attacken der studentischen Bewegung auch persönlich heftig gelitten und sich von ihrem Stil deutlich distanziert.

8. die Krise und der drohende Zusammenbruch der internationalen Finanzmärkte mit hochrezessiven Folgen für die nationalen und internationalen Wirtschafts- und Arbeitsmärkte.

9. der wachsende Bedarf an und Verbrauch von Primärenergien und Rohstoffen mit ökonomisch und ökologisch bislang ungelösten Folgeproblemen.

Dies sind nur einige Punkte, die aufzeigen, mit welcher Fülle bzw. Komplexität gesellschaftlicher Entwicklung und Aufgaben der Risikobearbeitung soziale Ordnungsbildung in der zweiten Hälfte des 20. Jahrhunderts und darüber hinaus umzugehen hat.

Zusammengefasst:

Allgemeine gesellschaftliche Charakteristik:

- Die Spätmoderne in der zweiten Hälfte des 20. Jahrhunderts ist gekennzeichnet durch den wirtschaftlichen und sozialen Aufbau (Sozial- und Wohlfahrtsstaat) in den 1950er Jahren, mit eher geringem gesellschaftspolitischen Interesse und Bestrebungen der Jugend nach Emanzipation und Befreiung aus politisch-gesellschaftlichen Rollenzwängen einer kapitalistischen Gesellschaft in den 1960er Jahren.
- Es setzt sich ein sozialwirtschaftlich modifiziertes kapitalistisches Gesellschaftskonzept durch. Die diesem Prozess beizufügenden Korrekturbemühungen nennt man ‚Modernisierung', die in allen gesellschaftlichen Funktionssystemen ihren Raum sucht.
- Die gesellschaftlichen Modernisierungsbemühungen gehen einher mit der Bearbeitung von Problemen und Risiken zunehmender gesellschaftlicher Komplexität.

5.2 Weltbild und Philosophie

Das Weltbild in der Moderne des zwanzigsten Jahrhunderts hat sich in seiner zweiten Hälfte nach dem Wiederaufbau nicht grundlegend gewandelt. Der Begriff der Postmoderne macht hingegen zunehmend die Runde. Die Postmoderne kennzeichnet eine geistig-kulturelle Bewegung oder eher Haltung, die sich in der zweiten Hälfte des zwanzigsten Jahrhunderts als Gegenströmung zu einer zunehmend als steril empfundenen Moderne versteht. Der französische Philosoph und Literaturtheoretiker **Jean-François Lyotard** (1924-1998) bezeichnete die Moderne in einem viel beachteten Aufsatz als das Ende der *„großen Erzählungen"*[336]. Zeitlich gibt es verschiedene Einordnungen der Postmoderne; von ersten Anfängen in den 1960er Jahren, bis hin zum Beginn der 1980er Jahre, wo sich die Postmoderne in der Architektur, besonders aber der Kunst und in Alltagsstilen (z.B. Mode, Popkultur) offen zu zeigen begann.

Ob man nun von Postmoderne im Sinne einer abgrenzbaren Kulturepoche reden kann, ist zumindest zweifelhaft und wird sich allenfalls noch erweisen müssen. In der Sozialen Arbeit wird die Position der Postmoderne stellenweise vertreten.[337] Wenngleich Gesellschaft in der zweiten Hälfte des 20. Jahrhunderts weitere tiefe strukturelle Umbrüche erlebt, die mit dem Stichwort der Globalisierung gekennzeichnet werden können, so ist dennoch keine Zäsur in der Moderne festzustellen, die ein Ende derselben deutlich macht. Luhmann weist darauf hin, dass trotz dieser strukturellen gesellschaftlichen Umbrüche alle Kennzeichen der Moderne beibehalten und praktiziert werden (z.B. Parteiendemokratie, an Kapital orientierte Ökonomie, positives Recht, altersgestaffelte Schulsysteme usw.).[338]

Dennoch kann man nicht übersehen, dass mit dem Wiederaufbau auch starke gesellschaftskritische Kräfte Auftrieb bekamen, die Zweifel an der grundsätzlichen Richtigkeit eines gesellschaftlichen Modernisierungsvorhabens aufkommen lassen. Ein Ausgangspunkt dieser Überlegung ist der Philosoph **Theodor W. Adorno** (1903-1969).

Expertenherrschaft und Widerstand: Aus Adornos Sicht sind Aufklärung und wissenschaftlicher Fortschritt nicht identisch mit der Zunahme von Freiheit zu setzen.[339] In seiner „Dialektik der Aufklärung" (1947) versuchte er aufzuzeigen, wie Aufklärung und Emanzipation in ihr Gegenteil, als Macht verdinglicht, umschlagen konnten. Aufklärung und Emanzipation konnten die Schrecken von

---

336 Lyotard 2006 (1979).
337 Vgl. Kleve 2000.
338 Vgl. Luhmann 1997, S. 1143ff.
339 Vgl. Wulf 1978, S. 145.

Weltkriegen und Holocaust nicht verhindern. Aufklärung schlug in ihr Gegenteil um. Die Aufgabe der Sozialwissenschaften sei es, diesen Zusammenhang zu sehen.[340] Adorno legte seine Hoffnung zur Realisierung eines mündigen Menschen nicht mehr in die althergebrachte positive Dialektik der europäischen Aufklärung, sondern in das reflektierende, widersprechende und widerstrebende Subjekt (negative Dialektik). So rückte in den 1970er Jahren die These von den entmündigenden Auswirkungen der Aufklärung zunehmend in den Mittelpunkt einer Zivilisationskritik, die die verlorene Gewalt des Menschen über die Realität zurückerobern will. **Lewis Mumford** (1895-1990), ein in den 1970er Jahren viel gehörter interdisziplinärer amerikanischer Kulturkritiker, forderte „eine gründliche und letztlich weltweite Umorientierung der modernen Kultur, vor allem der schrecklichen neuen Kultur des zivilisierten Menschen"[341].

Diese von Mumford gestellte Forderung konkretisierte sich vor allem bei dem Philosophen und Theologen **Ivan Illich** (1926-2002) in einer Sozialstaatskritik, die in der expandierenden Dienstleistungsgesellschaft und ihrer Bedienung durch Experten eine fortschreitende Entmündigung des Menschen sah. Illich bezeichnete die ausgehende Epoche des 20. Jahrhunderts als „die Epoche der entmündigenden Expertenherrschaft, der *disabling professions*"[342].

In der Problemeinführung zur deutschen Ausgabe von *„Disabling Professions"* wird auf den von Mumford geprägten Begriff *„Megamaschine"* zurückgegriffen.[343] Mumford bezeichnete mit diesem Begriff die Gewaltherrschaft einer Kultur, in der Ordnung und Rationalität durch die Maschine bzw. durch das Maschinenmodell verkörpert werden. Die Megamaschine steuert die politischen, ökonomischen, bürokratischen und militärischen Abläufe industrialisierter Gesellschaften nach den Maßstäben mechanisierter Entscheidungsabläufe. Wissenschaftlicher und technischer Fortschritt haben den Übergang traditionsgebundener Gesellschaftsformen zur technologischen Anpassungsgesellschaft bewirkt, deren „herrschende Minderheit eine einheitliche, allumfassende, superplanetarische, automatisch funktionierende Struktur schaffen"[344]. Diese herrschende Minderheit sahen Mumford und in der Folge Illich u.a. in den Experten als eigentliche, geheime Entscheidungsträger über das Wohl und Weh gesellschaftlicher Entwicklungen.[345]

---

340 Adorno 1969, S. 27.
341 Mumford 1966, S. 759.
342 Illich 1979, S. 7.
343 Vgl. Huber a.a.O., S. 130.
344 Mumford 1966, S. 13.
345 John McKnight gibt hierfür ein Beispiel aus dem Bereich amerikanischer „Dienstleistungsphilosophie". Er beschreibt, wie dort die Flut neu ausgebildeter Experten unter dem Deckmantel neu definierter Bedürfnisse nach mehr Erziehung, medizinischer und rechtlicher Versorgung (Educare, Medicare, Judicare) untergebracht werden. Der Extremfall wäre dort bspw. nicht der

Die Megamaschine selbst, man könnte auch sagen; das Weltbild mechanischer Effizienz, selektiert seine eigenen Führer nach dem Motto rationaler Fortschrittstheorie: „Man kann es tun, also muss man es tun"[346]. Mumford warnte vor dieser Entwicklung kollektiver Organisationen, in der die Beziehung des Menschen zur Technik nicht mehr von der Beherrschung der Naturkräfte, sondern durch die Ablösung vom „organischen Lebensraum", nicht vom autonom handelnden, sondern vom passiven, von Maschinen abhängigen Menschen gekennzeichnet ist.[347] In den 1970er Jahren sind soziale Gegenreaktionen auf diese von Mumford kritisierte Gesellschaftsentwicklung erkennbar. Die gesamte Öko- und Alternativbewegung, die Bürgerinitiativen, die Frauen- und Friedensbewegung bis hin zu den heutigen Anti-Globalisierungsbewegungen (z.B. attac); sie alle können letztlich als Ausdruck des von Mumford vertretenen organischen Weltbildes betrachtet werden. Sie sind, so wie ursprünglich Rousseau zur Zeit der französischen Aufklärung, die Vertreter eines Vitalismus, eine dem Mechanizismus entgegenwirkende Strömung.[348] Die Fronten dieser sozialen Bewegungen verliefen dabei nicht mehr primär zwischen Liberalismus und Sozialismus, sondern „zwischen den technokratischen Systemprotagonisten und ihren natur- und sozialökologisch orientierten Opponenten"[349].

Der Widerstand gegen eine Expertenherrschaft forderte die Abkehr von sich verselbständigten Verhaltens- und Systementwicklungen und die Hinwendung zu einem Handeln, das letztlich an ethische Maßstäbe gebunden ist. Man suchte Wege aus einer überwiegend funktionalen Institutionenorientierung hin zu einem neuen Personalismus und zu einer neuen Wertschätzung des sozialen Gemeinschaftslebens. Ökonomisches Wachstum sollte nicht vor personalem und sozialem Wachstum stehen, was den Verzicht auf große gesellschaftliche Vereinheitlichung und eine Orientierung zur Vielfalt im Kleinen erforderlich machte. *„Neuer Personalismus", „personales Wachstum", „individuelle Vielfalt", „Abkehr von Manipulationsmentalität"*, dies alles sind Schlagworte der 1970er Jahre.[350] Sie wurden in den sozialen Bewegungen lebendig und sind es dort heute noch. Enormen Auftrieb bekam der Gedanke der Selbsthilfe. Heute sind in ca. hunderttausend Selbsthilfegruppen Menschen organisiert, die von gesundheitlichen oder psycho-sozialen Problemen betroffen sind. In Form freier Zusammenschlüsse und aufbauender Netzwerke versuchen sie, sich gegenseitige Unterstützung und Hilfe zu geben.

---

tatsächlich kranke, sondern `krank-definierte` Mensch. (vgl. Illich 1979, S. 41 ff).
346 Mumford 1966, S. 647.
347 A.a.O., S. 758.
348 A.a.O., S. 775f.
349 Huber in Illich 1979, S. 150.
350 A.a.O., S. 150.

Die Expertenkritik richtete sich auch gegen die Soziale Arbeit. Dies betraf sowohl das ursprünglich eher bürgerlich-liberale Verständnis von Sozialpädagogik als lebenslange Erziehung zum Gemeinsinn (Mager, Diesterweg, Natorp)[351] als auch die sich später durchsetzende Idee einer Sozialpädagogik als sozialreformpädagogische Idee (auf Nohl aufbauend).[352] Die in der Sozialpädagogik enthaltene pädagogische Hebung zu einem selbstbewussten, gebildeten Bürger als Grundlage einer solidarischen Gesellschaft exkludierte zunächst die Mehrheit der Bevölkerung, die diesen moralischen Ansprüchen nicht gerecht werden konnte. Partizipationsrechte wurden angeboten, gleichzeitig aber all diejenigen exkludiert, die sich dem entzogen.[353] Auch in der reformpädagogischen Entwicklung der Sozialpädagogik verhielt sich das nicht anders. Im 19. Jahrhundert wurde das Abweichende zum „Fall". Hiermit begann ein Prozess, der der Sozialpädagogik bis heute ein Doppelgesicht verleiht. Die „Zuwendung zu den Erziehbaren und Ausgrenzung der Unerziehbaren gemeinsam bildeten das Janusgesicht der modernen Sozialpädagogik"[354]. Das Thema wurde in der Sozialen Arbeit unter dem Stichwort bzw. der These von der sogenannten „Kolonialisierung der Lebenswelt" diskutiert. Diese These stammt von dem Sozialphilosophen **Jürgen Habermas** (1929). Seine Analyse richtete sich auf die gesellschaftliche Entwicklung, die seit der Industrialisierung zu einer zunehmenden Trennung zwischen Gesellschaftssystem und Lebenswelt der Menschen geführt hat. Habermas teilt in seiner kritischen Gesellschaftstheorie die Gesellschaft in *„Systemwelt"* und *„Lebenswelt"* ein. Die Systemwelt repräsentiert die über Macht, Recht und Geld operierenden großen Systeme der Gesellschaft (Politik, Recht, Wirtschaft, Verwaltung usw.). Dort herrscht instrumentelle Kommunikation vor, die an eine Zweck-Rationalität gebunden ist. Die Lebenswelt repräsentiert die privaten, vertrauten zwischenmenschlichen Beziehungen. Dort herrscht verständigungsorientierte Kommunikation vor, die an eine Wert-Rationalität gebunden ist. Die Kritik ist nun, dass das Gesellschaftssystem immer mehr mit eigenen Steuerungsmedien, wie Geld und Macht, in die Lebensbereiche der Menschen eindringt, die zu gestalten zuvor dem Individuum überlassen waren. Hierdurch werden Lebensbereiche des Menschen zerstört, da sie nicht mehr verständigungsorientiert zwischen System und Lebenswelt ausgetragen werden.[355] Die Übergriffe von System auf Lebenswelt nannte Habermas „Kolonialisierung der Lebenswelten"[356]. In diesem Zusammenhang spielte und spielt die Geschichte

---

351 Vgl. Dollinger 2007, S. 51-67.
352 Vgl. Peukert 1986; Müller 2001; Bommes/Scherr 2000, S. 51ff.
353 Anmerkung: Mit Exklusion ist in diesem Zusammenhang die Unterbringung von Bettlern und Landfahrern in den sogenannten Arbeiterkolonien sowie bei Jugendlichen in der Zwangserziehung gemeint.
354 Peukert 1986, S. 307.
355 Vgl. Habermas 1985, S. 189.
356 Siehe hierzu: Habermas 1981 und 1985.

der Sozialpädagogik (und der Sozialarbeit) mit ihren heftigen Eingriffen in die Lebenswelt der Menschen natürlich auch eine Rolle. Habermas kritisierte das Vordringen Sozialer Arbeit in die Lebenswelt der Klienten vor allem als Ausbreitung einer „Therapeutokratie", die dem erklärten Ziel einer Wiederherstellung der Selbständigkeit des Klienten widerspreche. „Die Macht- und Kontrolldimension Sozialer Arbeit werde durch Sozialarbeiter, die sich als ‚Mensch und nur Mensch' inszenierten, unsichtbar gemacht.[357]
Auf der Grundlage dieser Habermasschen Kritik sind Einschränkungen des Betreuungs- und Beratungswesens seit den 1980er Jahren Bestandteil der wissenschaftlichen Politikberatung. Die politischen Modernisierungsbestrebungen um eine Reform des Sozialstaates münden schließlich mit Beginn des 21. Jahrhunderts in der programmatischen Formel des „aktivierenden Sozialstaates". Gefragt sind mehr Bürgersinn, zivilgesellschaftliches Engagement und eine höhere Selbstbeteiligung der Bürgerinnen und Bürger bei der Absicherung von Lebensrisiken.

Zusammengefasst:

Weltbild und Philosophie:
• Technologischer und ökonomischer Wandel werden verstärkt auf dem Hintergrund ihrer gesellschaftlichen Chancen und Risiken reflektiert.
• Gesellschaftliche Modernisierungsprozesse finden ihre Kritiker in sozialen Bewegungen und gesellschaftstheoretischen Analysen über die bedrohlichen Auswirkungen gesamtgesellschaftlicher Entwicklungen und damit folgenden Zerstörungen der persönlichen Lebensbereiche (Lebenswelt).
• Die politischen Modernisierungsbestrebungen um eine Reform des Sozialstaates münden mit Beginn des 21. Jahrhunderts in die programmatische Formel des aktivierenden Sozialstaates.

5.3 Kindheit, Jugend und gesellschaftliche Reaktion

Die Diskussion um Kindheit: Mit Beginn der 1970er Jahre kann man insgesamt den Versuch markieren, die Bedingungen von Kindheit und Sozialisation im Kontext von Kindheit, Jugend und Erziehung neu zu überdenken. Mit wachsender Intensität wurde das Thema Kindheit im Zusammenhang mit seinen pädagogischen Grundlagen diskutiert. „Die Beziehungen zwischen Kindern und Erwachsenen, das primär pädagogisch bestimmte Verhältnis zwischen den Generationen, wurden überdacht und einer grundlegenden Revision unterzogen"[358].

357 Vgl. Bommes/Scherr 2000, S. 52.
358 Hengst 1977, S. 13.

188

Das intensive Interesse an Kindheit, das mit dem umstrittenen „Jahr des Kindes" (1979) eine zusätzliche Betonung erfuhr, lässt sich aus einer allgemeinen Verunsicherung über die Sozialisationsbedingungen in modernen Gesellschaften erklären. So erschienen z.b. die vielseitigen veränderten Ausdrücke der Lebensform von Jugendlichen der Pop-Kultur rätselhaft. Man thematisierte sie unter dem Blickwinkel vorübergehender subkultureller Erscheinungsformen moderner Gesellschaft einerseits, sowie als Ausdruck unterschiedlichster Sozialisationsdefizite andererseits.[359] Die eine Seite kennzeichnete das Erscheinungsbild der Jugend der 1979er Jahre als politisch orientierungslos und unkritisch konsumfreudig. Ein neuer narzisstischer Sozialisationstypus (NST) sei angeblich geboren.[360] Eine andere Seite deutete dieses Phänomen als Folge von entfaltungsverweigernden Lebensbedingungen einer Gesellschaft, deren technokratisches Bewusstsein die Organisation von Entwicklungsbedingungen und auch zukünftiger, noch zu planender Bedürfnisse bereits festgelegt habe und die Anpassung an diese als unabdingbare Sozialisationsleistung fordere. Diese „Entfaltungsverweigerung"[361] wurde unter anderem gerne mit dem von Adorno zur Sprache gebrachten Erfahrungsverlust von Kindern in industrialisierten Gesellschaften begründet. Man sprach von einer „Generationenkluft" und einem „Generationenkonflikt".

Auch die Ergebnisse historischer Kindheitsforschung wurden in den 1970er Jahren stark aufgegriffen. Sie stellte einen grundlegenden Wandel in den Beziehungen zwischen den Generationen fest. Der Mentalitäts-Historiker **Philippe Ariès** (1914-1984) und der Psycho-Historiker **Lloyd de Mause** (1931) verfolgten die Geschichte der Kindheit mit gegensätzlichen Ansätzen. Der zivilisationskritische Ansatz von Ariès kam zu dem Ergebnis, dass die fortschreitende Zivilisierung der Lebensverhältnisse erst zur Ghettobildung, der künstlichen Herausnahme von Kindern aus den alltäglichen Lebensgemeinschaften geführt habe und für die Generationskluft sorge. Der psychogenetische Ansatz von de Mause bestritt die These von der Kindheit als historisches Produkt. Er kam zu dem Ergebnis, dass im Laufe der Zivilisation eine zunehmende Sensibilität für die kindlichen Bedürfnisse, die Entwicklung von einfühlenden Reaktionen und Beziehungen zwischen den Generationen bewirkt habe und die Evolution der Eltern-Kind-Beziehung als unabhängige Quelle historischen Wandels anzusehen sei. Die beiden Ansätze der Geschichtsinterpretation sind damit völlig gegensätzlich. Ariès spricht sich für einen tendenziellen Abbau des Kindheitsstatus aus, da er Kindern in modernen Gesellschaften nur einen einschränkenden, künstlichen Erfahrungs- und Entwicklungsraum zubillige. Stattdessen spricht Ariès einer Erweiterung ungefilterter Erfahrungen als Alternative zum Status quo der Kindheit das Wort. De Mause

359 Baake 1980, S. 24.
360 Vgl. Häsing/Stubenrauch/Ziehe 1980.
361 Esser 1979, S. 9.

hingegen plädiert für eine andere Form der Interaktion und größerer, einfühlsamerer Aufmerksamkeit.[362] Beide Positionen treffen sich hingegen wieder in der Feststellung, dass das Generationenverhältnis auf eine eher symmetrische, gleichberechtigte Ebene zu heben sei. Diese demokratische Sichtweise von Beziehungsgestaltung bestimmt den Tenor der Vorstellungen von Erziehung und Bildung im letzten Drittel des zwanzigsten Jahrhunderts.

Reflektierte Kindheit und Jugend: Kindheit wurde in der zweiten Hälfte des 20. Jahrhunderts in jeder Hinsicht interessant:

- Schulpädagogisch: Die Bedeutung von Kindheit wurde seit dem Erscheinen des Werkes von Arnold Gehlen: „Der Mensch, seine Natur und seine Stellung in der Welt" (1942) zunehmend erforscht und die Ergebnisse aus Anthropologie, Tiefenpsychologie, klinischer Psychologie, Soziologie und vergleichender Verhaltensforschung zu einer Entwicklungspsychologie zum Zwecke der Lehrerbildung und Lehrerfortbildung zusammengeführt.[363]
- Kulturanthropologisch: das Spiel des Kindes als Kulturfaktor.[364]
- Familiensoziologisch: Familie ist stärker an der Erziehung und Schulausbildung der Kinder für eine bessere Zukunft orientiert.[365]
- Historisch: Der gesellschaftliche Status von Kindheit und Jugend im Wandel gesellschaftlicher Entwicklungen.[366]
- Medizinisch: Kinderheilkunde, Schwangerschaftsvorbereitungen, sanfte Geburt, natürliche Geburt. Mit der Geburt tritt das Kind in eine pädagogisch-medizinisch vorbereitete Welt ein. Teilweise wird der Zeitpunkt einer pädagogisch motivierten Einflussnahme auf noch ungeborene Kinder in die vorgeburtliche Phase verlegt.[367]
- Menschenrechtlich: Erklärung der Menschenrechte für Kinder.[368]
- Klassenkämpferisch: Kindheit und Jugend im Kampf gegen den Kapitalismus.[369]
- Sozialisationstheoretisch: die sich anbahnenden Bestrebungen nach einer in-

---

362 Vgl. Hengst 1977, S. 21f.
363 Vgl. Schenk-Danzinger 1973, S. 5, 7 u. 9.
364 Vgl. Huizinga 1956, S. 11 u. 217 (Anmerkung: Spiel wird bei Huizinga nicht nur, aber auch im Kontext von Kindheit thematisiert).
365 Schelsky 1953, S. 178 ff.
366 Vgl. Ariès 1960 und de Mause 1977.
367 Vgl. Janov 1974, S. 53. Janov sprach z.B. vom „prototypischen Geburtstrauma" „Das Geburtstrauma dürfte für die Neurosenentstehung von ausschlaggebender Bedeutung sein." (a.a.O., S. 54).
368 In der Genfer Erklärung 1924 und durch die UNO Vollversammlung 1959 sowie in der Resolution der UNO Generalversammlung zum Internationalen Jahr des Kindes 1979.
369 Vgl. Meinhof 1971 im Nachwort von Klaus Wagenbach, S. 100.

terdisziplinären, „umfassenden Sozialisationsforschung", die die „menschliche Subjektwerdung" über die Kindheit und Jugend hinaus verfolgt.[370]
- Museumspädagogisch: z.b. Kindheit und Kinderelend im Heim, Heimkampagne in der Jugendhilfe.[371]
- Sozialpädagogisch: Entwicklung pädagogischer Antworten auf die sich verändernden Lebenssituationen, denen die Kinder und Jugendlichen durch eine Vielzahl gesellschaftlicher Wandlungsprozesse ausgesetzt sind.[372]
- Künstlerisch kulturkritisch: Kindheit wird idealisiert und das Recht auf freie Selbstentfaltung betont. Verbotsfreie Erziehung wird besungen.[373]
- Politisch: Forderungen nach einer Wertedebatte angesichts gewaltorientierter Verhaltensentwicklungen von Kindern und Jugendlichen in den Schulen und Familien.[374]
- Massenmedial: Die mediale Inszenierung von ratlosen und mit der Erziehung ihrer Kinder überforderten Eltern im Fernsehen.[375]

Erziehung und Bildung – Erziehungswissenschaft kontrovers: Die erziehungswissenschaftliche Forschung des 20. Jahrhunderts verbindet ein grundsätzliches Faktum. Der alte pädagogische Optimismus, wie er selbst bei Rousseau, bei den Philanthropisten und Romantikern und besonders auch in seiner negativen Form[376], der menschbildnerischen Hoffnung des ‚Wachsen-Lassens' auftritt, ist obsolet. An seiner Stelle findet sich eine Vielzahl unterschiedlicher pädagogischer Ansätze.

Die Ursache dieser Entwicklung ist der allmähliche Zerfall originärer Sozialisationsgemeinschaften zu modernen Großgesellschaften, die mit fortschreitender

---

370 Vgl. Hurrelmann/Ulich 1980, S. 7.
371 Vgl. „Neue Gesellschaft für bildende Kunst" 1980, S. 215. („Holt die Kinder aus den Heimen").
372 Mollenhauer 1959, Thiersch 1977ff, Böhnisch 1992f.
373 Zum Beispiel: Kinder stark machen, in: „Sind so kleine Hände" von Bettina Wegner/1978; Kinder ohne Schule: „The Wall – we don't need no education" von Pink Floyd/1979; Kinder an die Macht: „Kinder an die Macht" von Herbert Grönemeyer/1986.
374 Zum Beispiel: vgl. Bueb 2006 in der achten Auflage und Bueb 2008 in der zweiten Auflage. Vgl. Winterhoff 2008 und 2009.
375 Zum Beispiel: „Die Super-Nanny". Eine der ersten Erziehungssendungen des privatrechtlichen Fernsehens.
376 Die negative Form der Erziehung geht auf Rousseau zurück. Gemeint ist damit eine Erziehung, die auf einen im Kinde angelegten Entwicklungsbauplan setzt, dessen Eigenkräfte nicht behindert werden dürfen. Das Interesse an pädagogischen Interventionen steht diesen Selbstentwicklungskräften entgegen und muss entsprechend dieser Logik negiert werden, bzw. kann nur insoweit eine Funktion übernehmen, wie es der Förderung der Selbstentwicklung des Kindes dient. Die Traditionslinien negativer Erziehung reichen von Rousseaus Begriff einer *natürlichen Erziehung* über die *antiautoritäre Erziehung* Neills bis hin zur *Antipädagogik* der 1980er Jahre.

Komplexität ihrer Lebenszusammenhänge gezwungen waren, synthetische Er-ziehungsleistungen zur gesellschaftlichen Integration ihrer nachfolgenden neuen Generationen zu erbringen. Die unterschiedlichen Positionen hinsichtlich der Einschätzungen pädagogischer Wirkungsfähigkeit wurden nicht grundsätzlich pessimistisch, sondern lediglich kontroverser und nüchterner. So thematisierte man das Phänomen der „Nichtplanbarkeit" in der Erziehung (1966) als eine Art realistische Wende innerhalb der Pädagogik, die „den Glauben an die Allmacht der Erziehung, von dem das klassisch-humanistische Bildungsdenken getragen war und der auch noch die Zeit zwischen den beiden Kriegen bestimmte, verlo-ren hat"[377]. Dieser verlorene Allmachtsglaube, den wir auf die Überschätzung des menschlichen Selbstbewusstseins durch Wissenschaft zurückführen können, ließ auf dem Hintergrund zweier Weltkriege nach den Grenzen von Erziehung fragen. „Der pädagogische Optimismus des Neuhumanismus wurde (bereits H.L) in den 20er Jahren erschüttert. Das, was bis dahin als selbstverständlich und absolut ge-sichert angesehen wurde, rückte in eine neue Sicht, die es gleichzeitig aus seiner absoluten Sicherheit verdrängte und fraglich erscheinen ließ"[378].
Erziehung und die Notwendigkeit zur Erziehung wurden dabei nicht in Zweifel gezogen. So hatten die Arbeiten des Schweizer Biologen, Anthropologen und Na-turphilosophen **Adolf Portmann** (1897-1982) *„Biologische Fragmente zu einer Leh-re vom Menschen"* von 1951 die vielzitierte[379] biologische Sonderstellung des Men-schen, als ein instinktreduziertes „Mängelwesen"[380] entdeckt. Portmann beschrieb den Menschen als „physiologische Frühgeburt" und „sekundären Nesthocker". Die Erkenntnis, dass der Mensch nicht nur erziehungsfähig ist, sondern auch der Erziehung bedarf, setzte sich damit durch. Auch die von der philosophischen An-thropologie (Max Scheler, Arnold Gehlen, Helmuth Plessner) verbreitete „Auffas-sung des Menschen als ein primär handelndes Wesen, wobei ‚Handeln' in erster Annäherung die auf die Veränderung der Natur zum Zwecke des Menschen ge-richtete Tätigkeit heißen soll"[381], wies die „markantesten Anthropina"[382] als Beweis einer Lebensnotwendigkeit von Erziehung aus. Die philanthropische und biologi-sche Anthropologie wurden grundlegend für die Entwicklung einer pädagogischen Anthropologie.[383] Aber wie Erziehung denn nun nach „Auschwitz", dem Scheitern der europäischen Aufklärung, zu gestalten sei, wurde kontrovers diskutiert.

---

377 Schloz 1966, S. 7.
378 A.a.O., S. 9.
379 Vgl. Brezinka 1957, S. 16, 17, 320, 322 u. 328 u. vgl. März 1980, Bd. I, S. 24, 28, 30, 31, 36, 37, 39, 48, 60, 61, 74, 77, 131, 163, 168, 169 f., 229, 231, 232 u. Bd. II, S. 9.
380 Plessner 1975, S. XIV (von Gehlen 1940 verwendeter Herderscher Begriff des „Mängelwesen", das aufgrund dieser Tatsache des Lernens bedarf).
381 Gehlen in Plessner 1975, S. XV.
382 Vgl. März 1980, Bd. I, S. 213 f.
383 Vgl. Brezinka 1957, S. 321 f.

Pädagogische Expansion: Man kann von einer Expansion institutionalisierter und überinstitutioneller Erziehung in der zweiten Hälfte des 20. Jahrhunderts sprechen.[384] Dies wurde in den 1970er Jahren als „Pädagogismus und Anzeichen für eine Hypertrophie des geplanten Erziehungshandelns"[385] bezeichnet. Dieser Pädagogismus hatte zweierlei Formen. Zum einen bestand er in der Expansion organisierter Erziehung, wie Vorschule, Erwachsenenbildung, Freizeiterziehung und Karriereschulung, der „education permanente" die zur „education partout" strebte. Zum anderen wurde das Denkmodell der institutionalisierten Erziehung in den privaten Alltagsbereich hineintragen, wie bspw. in die Museen, das Theater und die Massenmedien. Museumspädagogik, Aktionstheater, Tagespresse und Fernsehen wurden mit einem sozialen Erziehungs- und Aufklärungsauftrag versehen und damit auch zu einem Mittel und Instrument für personale Beeinflussung und Bildung.[386]

Diese Expansion von Erziehung im weitesten Sinne, die Anhäufung pädagogischer Theorien, populärer Erziehungsliteratur und Magazinsendungen, die zunehmend psychologische Fundierung von Sozialisation, die pädagogischen Gegenentwürfe, wie die sogenannten antiautoritären Erziehungskonzepte von **Alexander Sutherland Neill** (1883-1973), die Schul- und Bildungsreformen kurz: die u.a. von dem seinerzeit sehr stark rezipierten Philosophen und Soziologen **Herbert Marcuse** (1898-1979) propagierte „new sensibility"[387] hatte einerseits große Hoffnungen, andererseits eine gewisse Orientierungserschwernis und -unsicherheit hervorgebracht. Sie mündete schließlich in eine gewisse Ernüchterung über die sozialreformerischen Möglichkeiten der organisierten Erziehung und in einen „Abschied von der Aufbruchstimmung und von den wirklichen oder vermeintlichen Illusionen der Reformära der späten 1960er und der frühen 1970er Jahre"[388].

Seitens der Systemtheorie wurde darauf aufmerksam gemacht, dass sich Erziehung und Bildung überschätzen. So wies **Niklas Luhmann** (1927-1998) auf das sogenannte „Technologiedefizit in der Erziehung"[389] hin. Damit sollte geklärt werden, dass eine Übernahme kausal-analytischer Erklärungsmodelle in soziale Zusammenhänge zu kurz greife, da die Wechselwirkung von Ursache und Wirkung in Erziehung und Bildung nicht erfasst und somit ein rein kausales Verhältnis von Erziehung und Erziehungswirkungen nicht unterstellt werden könne. Die Bewertung von „Regelmäßigkeit, Stabilität und Konstanz ... als Ausdruck gesetzmäßi-

---

384 Kob 1976, S. 97.
385 Ebenda.
386 Vgl. a.a.O., S. 99.
387 Vgl. Seiffert 1975, S. 112.
388 Prange 2006, S. 327.
389 Luhmann/Schorr 1988, S. 118.

ger Zusammenhänge"[390] würde hierdurch fragwürdig. Ähnliche Zusammenhänge wurden auch in der Sozialpädagogik mit den Schlagworten der *Pädagogisierung* und *Therapeutisierung* und dem *Experten- und Spezialistentum* kritisiert.[391] Der Vorwurf: In dem Maße, wie sich Sozialpädagogik psychologisiert und medizinisiert, erkennt sie nicht die Grenzen der Erziehbarkeit und unterliegt damit ihrem „*totalitärem Geltungsanspruch*"[392].

Das, was bisher in den anthropologischen Vorgegebenheiten von Erziehung gesehen wurde, wurde nun zunehmend als sozial abhängige und zudem kontingente Konstruktion aufgefasst. Die anthropologische und die moraltheoretische Pädagogik vollzogen immer mehr die Wende zu einer sozialwissenschaftlich orientierten Pädagogik. Eine Erziehungswissenschaft als Beobachterin der Pädagogik brachte im letzten Viertel des 20. Jahrhunderts neue Themen hervor, wie z.B. die Schaffung gleicher Bildungschancen für Kinder und Jugendliche (Bildungsreform der 1980er Jahre) sowie die Öffnung von Bildungschancen für alle Lebensalter oder die Infragestellung des ko-edukativen Prinzips durch geschlechtsspezifische Erziehungs- und Bildungskonzepte. Es wurde das Thema Bildung als lebenslanges oder lebensbegleitendes Lernen entdeckt. Der Bildungsauftrag von Kindertageseinrichtungen, Bildung und Erziehung im Kindesalter sowie der Bildungsauftrag von Hochschulen für die dritte Lebensphase (Studium im Alter) sind weitere Beispiele hierfür. Der Stellenwert von Erziehung und Bildung, die Expansion von Organisationen und Konzepten auf alle Lebensalter, die Frage nach den Bedingungen und den Wirkungen schulischer Bildung und Bildungsschichten – hier besonders im nationalen und internationalen Kontext[393] – all dies beschäftigte den pädagogischen Diskurs des ausgehenden 20. Jahrhunderts.

Gegenbewegungen: So wie sich die sozialen Systeme der verschiedenen geschichtlichen Epochen über ihre jeweiligen Formen der Institutionalisierung beschreiben lassen, so finden sich in den Phasen sozialen Wandels immer wieder bestimmte Gegenbewegungen, die als Ausdruck der in Krise geratenen Institutionen dieser Systeme in Erscheinung treten. Wie Siegmund Freud schon bemerkte, stellt sich mit kultureller Entwicklung und gesellschaftlichem Fortschrittsdenken auch immer wieder ein Unbehagen ein, das die Menschen mit diesem Fortschritt haben. Dieses Unbehagen führt, sofern keine schnellen Lösungen in Sicht sind, zu krisenhaften Zuständen.

---

390 Ulich zit. ebenda S. 132.
391 Vgl. Birtsch/Blandow 1979.
392 Peukert 1986, S. 307.
393 PISA Studien der OECD. PISA ist die Abkürzung für „Programme for International Student Assessment"; d.h. internationale und nationale Schulvergleichsuntersuchungen.

194

In den 1960 und 1970er Jahren waren derartige Krisen im Strafvollzug und in der psychosozialen Versorgung zu vermerken. **Karl Menninger** (1893-1990), einer der ideologischen Väter des Rehabilitationsgedankens, leitete durch seine Negation des „*kriminellen Charakters*" eine Wende innerhalb der Resozialisationstheorien ein, die fortan eine Reformbewegung der „*Behandlung in Freiheit*" ins Leben rief. Eine Idee, die mehr Entwurf blieb, als zu einem Reformschub zu führen. Die sich im Konzept des Antistrafvollzuges ausdrückende Krise der Kriminologie fand ihre Entsprechung im Bereich der psychosozialen Versorgung. Die italienischen Psychiater **Giovanni Jervis** (1933) und **Franco Basaglia** (1923-1980) erarbeiteten in den sechziger Jahren erstmals ein Konzept der „*negierten Institution*", das unter der Bezeichnung „*Demokratische Psychiatrie*" Aufsehen erregte. Etwa zur gleichen Zeit entwickelte sich in England, ausgehend von den Psychiatern **Ronald David Laing** (1927-1989) und **David Graham Cooper** (1931-1986), eine massive Kritik an der Theorie und Praxis traditioneller Psychiatrie, deren Institutionen mittlerweile mit „Drehtürenpsychiatrie" etikettiert wurden. Alternative Theorie und Praxis kritischer Psychiatrie wurden fortan unter der Sammelbezeichnung „*Antipsychiatrie*" geführt.[394] Die Antipsychiatrie setzte sich besser durch, als die Reformideen des Strafvollzuges. Spätestens seit Mitte der 1970er Jahre verzeichnet auch Deutschland eine Psychiatriereform. Mit den Schlagworten „*Entinstitutionalisierung*", „*Enthospitalisierung*", „*Normalisierung*" und „*Dezentralisierung*" gestaltete sich eine neue Landschaft der sozialpsychiatrischen gemeindenahen Versorgung, bestehend aus Wohngruppen in gewachsenen, integrierten Wohnlagen, Tageskliniken, ambulanten Beratungsangeboten, individuellen und persönlichen Einzelbetreuungen, Arbeitsmöglichkeiten und Maßnahmen beruflicher Qualifikation und Integration, und vielem mehr.

Anfang der siebziger Jahre vertrat in Frankreich die belgische Kriminologin und Psychoanalytikerin **Maud Mannoni** (1923-1998) die antipsychiatrische Position gegen die institutionalisierte Kindererziehung. Das Konzept der „*gesprengten Institution*" der Antipsychiatrie tauchte in der Erziehungsdebatte unter dem Begriff der „*Antipädagogik*" auf.[395] Antipädagogik, auf theoretischer Seite untermauert von den Ergebnissen der noch relativ jungen historischen Kindheitsforschung und aus praktischer Erkenntnis forciert durch die hauptsächlich aus Amerika, Frankreich und Deutschland zusammenlaufende „*internationale Kinderrechtsbewegung*", wollte zeigen, dass jede erzieherische Absicht der Achtung der Menschenrechte zuwiderläuft und Pädagogik nicht mehr zu den Kulturnotwendigkeiten gehöre. Wichtigster deutscher Beitrag zur „*Kinderrechtsbewegung*" war das im Jahr 1975 erschienene Buch „Antipädagogik", von Ekkehard von Braunmühl, der diese auch weiterentwickelte.[396]

394 Vgl. Braun/Hergrüter 1980, S. 10 f. u. 141.
395 Vgl. Mannoni 1973, S. 2.
396 Vgl. Braunmühl 1975, 1978 und Braunmühl/Ostermeyer/Kupffer 1977.

Ausgehend von der These der „*präfigurativen Kultur*" von der amerikanischen Anthropologin und Ethnologin **Margaret Mead** (1901-1978) stellte Braunmühl die Notwendigkeit und Legitimation jeglicher Pädagogik radikal in Frage. Eine von ihm mit antipädagogischem Aufklärungsauftrag versehene Kinderrechtsbewegung „*Freundschaft mit Kindern*" warb in den Medien und in Fachveröffentlichungen mit der plakativen Formel „Erziehung? Nein danke!" für die Abschaffung von Erziehung. Diese „Freundschaft mit Kindern", basierend auf den drei Komponenten *Kinderrechtsbewegung, Antipädagogik*, und *Psychodynamik* (Selbstbegegnung) organisierte antipädagogisch aufgeklärte Eltern und Lehrer, die sich von der Last der Erziehungsverantwortung zu befreien versuchen, ohne damit aber einen Laissez-faire-Stil oder eine Gleichgültigkeit gegenüber der Generationenfolge zu beabsichtigen.[397] Die antipädagogische Idee ließ sich stark von den Ergebnissen der Kindheitsforschung inspirieren. Hierbei griff sie auf die in den 1960er Jahren in Frankreich und erst 1978 in Deutschland übersetzte „Geschichte der Kindheit" von Philippe Ariès zurück. Seine Theorie begründete, dass sich Kindheit und die affektiven und edukativen Funktionen von Familie als Grundlage für ihr Zustandekommen, erst nach dem Zerfall der mittelalterlichen Gesellschaft herausbildeten. Man schloss daraus, das Kindheit im Grunde nur eine „Erfindung" der Aufklärung sei und der Kindheitsstatus (also das Recht, ein Kind zu sein) letztlich zwar einige Vorteile böte, aber diese leider nur um den Preis gehöriger Nachteile in Kauf genommen werden könne, nämlich um den Preis der durch erzieherische Akte hervorgerufenen Unterdrückung der im Kinde angelegten Entfaltungsmöglichkeiten seiner Persönlichkeit.

Die antipädagogische Idee setzte sich nicht durch. Wir verdanken ihr möglicherweise jene expertenkritischen Tendenzen, die in den Reformbestrebungen der Schulpädagogik und der Kinder- und Jugendhilfe immer wieder eine Rolle spielten. Antipädagogik war weniger ein systematischer Entwurf einer Alternativpädagogik als viel mehr Ausdruck einer vom Zweifel gegenüber den positiven Wissenschaften getragenen Haltung. Das Subjekt (von Hilfe und Pädagogik) wurde wieder wichtiger und der Experte trat zurück vor dem Subjekt als dem vermeintlich besseren Experten in eigener Sache. Auf der institutionellen Ebene fand diese von den Begrenzungen formeller Erziehbarkeit getragene Haltung ihren Ausdruck in der Forderung nach sogenannten lebensweltorientierten Hilfen; d.h. dezentral, nah am Bürger, partnerschaftlich orientiert unter Einbeziehung seiner Ressourcen. Jugendhilfestationen, „Sozialarbeit aus einer Hand", „Hilfeplanung", „Kinderparlamente", „Kinderbeiräte", „Projektorientiertes Arbeiten in der Schule", „Modellschulen" sind einige Schlagworte dieser Entwicklung.

397 Freundschaft mit Kindern e.V. 1980, S. 7 u. 26.

196

Ähnlich wie der Antipädagogik erging es ihrer Vorläuferin, der antiautoritären Erziehung. Sie ist auf den schottischen Pädagogen **Alexander Sutherland Neill** (1883-1973) zurückzuführen. Landläufig gilt Neill als ein bedeutender Reformpädagoge. Seine Pädagogik ist beeinflusst von Erkenntnissen der Psychoanalyse. Es ging ihm nicht primäre um die *„Erziehung des Geistes"*, sondern um die *„Emotionen der Kinder"*[398]. Neill war mit dem österreichischen Psychoanalytiker **Wilhelm Reich** (1897-1957) befreundet, bei dem er selber auch in Therapie ging. Neill wird in Deutschland als Begründer der antiautoritären Erziehung betrachtet, da die deutsche Übersetzung seines bekanntesten Werkes unter dem irreführenden, aber sehr verkaufsträchtigen Titel *„Theorie und Praxis der antiautoritären Erziehung"* veröffentlicht wurde.

Neills Arbeit wurde teilweise auch mit der Antipädagogik in Verbindung gebracht. Von beiden Zuschreibungen hat er sich selbst distanziert, während er unter diesen Schlagworten im deutschsprachigen Raum in der Studentenbewegung berühmt wurde. Neill selbst verwendete – in Anlehnung an Wilhelm Reich – den Begriff der *„selbstregulativen Erziehung"*. Es gab im Zusammenhang mit der 1968er Bewegung zahlreiche Ansätze zur demokratischen Kindererziehung, die durch seine Arbeit beeinflusst wurden.

Die Hoffnungen, die mit einer Liberalisierung von Erziehung und pädagogischer Institutionen verbunden waren, wurden hingegen mit Beginn der 1990er Jahre herbe verunsichert und enttäuscht. Während eine in den 1970er Jahren von konservativen Pädagogen unter dem Slogan *„Mut zur Erziehung"* vorangetriebene Initiative noch als provokanter, rechtspolitischer Angriff auf die Liberalisierungs- und Demokratisierungsbestrebungen fortschrittlicher und eher linkspolitisch orientierter Reformpädagogik abgewehrt werden konnte, so ratlos und verunsichert geriet die pädagogische Debatte unter dem Eindruck zunehmender rechtsextremer, fremdenfeindlicher und gewaltorientierter Aktionen Jugendlicher und junger Heranwachsender mit Beginn der 1990er Jahre. Grenzen der Erziehung und Grenzsetzungen durch Erziehung wurden fortan Themen, die nicht eindeutig durch politische Richtungs- und Schuldzuschreibungen aufgelöst werden konnten. Die pädagogische Debatte wurde zunehmend zu einer Wertedebatte. Wenn diese Wertedebatte auch in erster Linie durch die Politik in Gang gesetzt wurde, so hatte sie dennoch die schulpädagogische Diskussion des ausgehenden 20. Jahrhunderts erreicht. Hierzu gehörten Überlegungen wie die Stärkung solcher Fächer, die die Sinnfragen von Ethik und Moral thematisieren oder die gezielte Bearbeitung von Situationen im Unterricht, in denen es zu Wertkonflikten kommt. Sogar die Prüfung der Curricula aller Unterrichtsfächer unter den Aspekten von Werten und Normen wurde vorgeschlagen.

---

398 „Zucht oder antiautoritäre Erziehung? – Interview mit A.S. Neill, 1970, S. 81.

Die Wertedebatte endete aber so abrupt wie sie begann und endete schließlich folgenlos.[399] Hieran ändert auch die Tatsache nichts, dass sie gelegentlich wieder aufflammte, wie zuletzt in der Auseinandersetzung mit den Thesen Bernhard Buebs. Der ehemalige Direktor des Elite-Internats Schloss Salem hatte mit seiner 2006 erschienen Publikation „Lob der Disziplin" für viel Aufregung gesorgt. Seine Streitschriften fanden innerhalb von drei Jahren großen Absatz.[400] Die Diskussionen um seine Forderungen nach mehr Lehrerautorität und mehr Schülerdisziplin sowie die Einführung des Ganztagsschulprinzips wurden von seinen Befürwortern als überfällige Abkehr von der Achtundsechziger-Pädagogik gelobt und von erziehungswissenschaftlicher Seite – wenn man vom Plädoyer für die Ganztagsschule einmal absieht – als gefährlicher Rückfall in die Kasernenhofpädagogik des 19. Jahrhunderts verurteilt..[401] Zustimmung für Buebs Thesen gab es hingegen von kinderpsychiatrischer Seite. Die dort in den letzten zwanzig Jahren beobachteten Veränderungen psychischer Auffälligkeiten bei Kindern und Jugendlichen werden von dem Kinder- und Jugendpsychiater Michael Winterhoff auf die Abschaffung der Kindheit zurückgeführt. Diese habe ihre Ursache in dem Wunsch der Eltern, von ihren Kindern geliebt werden zu wollen, was eine Rollenkonfusion zur Folge habe und erkläre, „warum unsere Kinder Tyrannen werden"[402]. Der Ursprung dieser Entwicklung wird an dem mit der Achtundsechziger-Generation einsetzenden partnerschaftlichen Beziehungsideal und dem damit einhergehenden, veränderten Kinderwunschmotiv festgemacht. Eltern seien nicht mehr Eltern und Kinder nicht mehr Kinder, was diesen eine gestörte Beziehungsfähigkeit und ihren Eltern alltägliche Überforderung und Ratlosigkeit im Umgang mit ihren Kindern und deren Umgang mit Frustrationserfahrungen beschere. Auch diese Publikationen erfreuen sich eines reißenden Absatzes (16. Auflage 2008 und 2. Auflage 2009). Die Debatte wurde erziehungswissenschaftlich von Micha Brumlik aufgenommen und fand ihren Niederschlag auch in diversen Talkshows. Konkrete grundlegende Strukturveränderungen des Erziehungssystems sind bislang nicht erkennbar. Und wie es scheint, wird bei der ganzen Diskussion die erziehungswissenschaftliche Position kaum bedacht, dass die diskutierten Phänomene in erster Linie Ausdruck von Sozial- und Bildungsbenachteiligung sind, zumindest aber in sozial schwachen Milieus erheblich überrepräsentiert sind.[403]

---

399 Vgl. Dudek 1999, S. 246.
400 Vgl. Bueb 2006 in der achten Auflage, und Bueb 2008 in der zweiten Auflage.
401 Vgl. Brumlik 2007.
402 Vgl. Winterhoff 2008 u. 2009.
403 Vgl. die in Folge der PISA Studie regelmäßig durchgeführten OECD Bildungsstudien (2008). Vgl. auch die Ergebnisse der Kinder- und Jugendgesundheitsstudie im Rahmen des regelmäßig durchgeführten Gesundheitssurveys des Robert-Koch-Institutes (Bundesgesundheitsblatt 2007).

Die Dynamik in den Einstellungen zu Kindheit, Jugend, Erziehung und Bildung fand auch ihren Niederschlag in der Sozialpädagogik der zweiten Hälfte des 20. Jahrhunderts. Pädagogischer Optimismus sowie die ihn begleitende Skepsis und Verunsicherung waren und sind auch hier ständige Begleiter der Bemühungen um die eigene Modernisierung.

Modernisierungen der Sozialpädagogik: Die antiautoritären Erziehungsideale der Achtundsechziger-Generation etablierte kein flächendeckend neues sozialpädagogisches System. Sie veränderten hingegen in den 1960er Jahren das Gesicht einiger Vorschulen, Kindertageseinrichtungen und Kindergärten und auch Kinderheime. In Berlin, Frankfurt und einigen größeren Städten führte sie zur Gründung sogenannter Kinderläden. Obwohl A.S. Neill kein besonders politischer Mensch war, entdeckte die politische Linke diese Form von Pädagogik und schließlich auch die in den 1960er Jahren wieder aufblühende Idee der Sozialpädagogik als Medium zur Herstellung einer sozialistischen Gesellschaftsordnung. Sie betrachtete die Jugendlichen in den Erziehungsheimen als eine von der kapitalistischen Machtunterdrückung zu befreiende Klientel.[404] *„Heim, das ist die Unmöglichkeit, Bindungen einzugehen und festzuhalten"*[405], *„Holt die Kinder aus den Heimen"*[406] oder *„Die schlechteste Familie ist besser als das beste Heim"* solche und ähnliche Parolen prägten zwar nicht den Mainstream der fachlichen Meinungsbildung, allerdings kurbelten sie die Diskussion um nötige Reformen in der Jugendhilfe an.

Auch unter den Fachleuten gab es Kritik an den stigmatisierenden Wirkungen der Erziehungsanstalten. Diese negativen Wirkungen verortete man in den autoritären Strukturen dieser Anstalten. Die antiautoritäre Kritik der Studentenbewegung inspirierte schließlich die Fachkritik und trug zur sogenannten Skandalisierung der Heimerziehung bei. Man sprach damals auch von der sogenannten *„Heimkampagne"*. Die antiautoritäre Grundhaltung schließlich prägte den Beziehungsaufbau der damaligen Sozialpädagoginnen und Sozialpädagogen in den zu reformierenden und in den alternativ aufgebauten Einrichtungen (z.B. Jugendwohngruppen, Kinderhäuser). Der Tübinger Erziehungswissenschaftler **Hans Thiersch** (1935) schließlich prägte in den 1970er Jahren den Begriff der „Alltagswende" und der „Lebensweltorientierung" in der Jugendhilfe. Das Konzept der Lebensweltorientierung wurde besonders in den neunziger Jahren sowohl für die Praxis als auch für die Theorien Sozialer Arbeit strukturbildend. Professionalisierung, Normalisierung, Dezentralisierung, Regionalisierung, Partizipation, Lebensweltorientierung und Differenzierung der sozialpädagogischen Angebote in ausgelagerte Kleinsteinrichtungen wie Jugendwohngemeinschaften und Außenwohngruppen

404 Vgl. Meinhof 1971.
405 A.a.O., S. 7.
406 Vgl. Gerber 1974.

bestimmten fortan die Reformentwicklungen in der Heimerziehung. Heimerziehung wurde mit seiner Ausdifferenzierung zu einem „konzeptionellen Begriff"[407], und die wichtigsten Reformziele wurden im Zwischenbericht der Kommission Heimerziehung von 1977 definiert. Neue Träger mit einem Verbund von Kleinsteinrichtungen sowie einzel- und intensivpädagogischen Angeboten mit internen, kollegialen Beratungssystemen prägten fortan die Entwicklung. Die großen, alteingesessenen Jugendhilfeeinrichtungen suchten mit einer stärkeren Ausdifferenzierung und Dezentralisierung ihrer Angebote bei gleichzeitigem Abbau ihrer Großanstalten den Anschluss an eine modernisierte Heimlandschaft. Zur weiteren Ausdifferenzierung der Heimerziehung heute gehört die sozialraumorientierte Vernetzung mit anderen Angeboten der Jugendhilfe (z.B. Jugendarbeit, Streetwork, Jugendberufshilfe, Jugendsozialarbeit, Kindertageseinrichtungen, Familienzentren) sowie Schulen, Betrieben und kulturellen Angeboten im Stadtteil.

Zusammengefasst:

Kindheit, Jugend und gesellschaftliche Reaktion:
- Mit Beginn der 1970er Jahre werden die Bedingungen von Kindheit und Sozialisation im Kontext von Kindheit, Jugend und Erziehung pädagogisch neu überdacht.
- Die Ergebnisse der modernen Kindheitsforschung werden in der Pädagogik aufgenommen und als Bedarf für die Entwicklung partizipativer, demokratischer Erziehungsstrukturen sowie Chancengleichheit in der Bildung reflektiert (Bildungsreform).
- Das Thema Bildung erscheint im Spannungsfeld von zweckrationaler, ökonomisch verwertbarer Bildung und allgemeiner Bildung als Prozess der Subjektwerdung und Herstellung von Urteilsvermögen.
- Die unterschiedlichen Positionen hinsichtlich der Einschätzungen pädagogischer Wirkungsfähigkeit werden im Ergebnis nicht grundsätzlich pessimistisch, sondern lediglich kontroverser und nüchterner eingeschätzt.
- Trotz oder vielleicht wegen der kontroversen Grundstimmung setzt in der zweiten Hälfte des 20. Jahrhunderts eine Expansion institutionalisierter und überinstitutioneller Erziehung ein.
- Diese Entwicklung betrifft auch die Sozialpädagogik, die sich als offensive, parteiliche Kinder- und Jugendhilfe etabliert, schließlich aber eine Alltagswende erfährt.

---

407 Münstermann 1976, S. 4f.

- Die Alltagwende wird mit dem Konzept der Lebensweltorientierung eingeläutet und in den neunziger Jahren sowohl für die Praxis als auch für die Theorien Sozialer Arbeit strukturbildend.
- Subjektorientierung, unveräußerbare Menschenwürde, Empathie und Selbstentfaltung stehen fortan im Zentrum einer Modernisierung der Sozialpädagogik.

5.4 Armut, Hilfebedürftigkeit und gesellschaftliche Reaktion

Mit dem Wiederaufbau in der zweiten Hälfte des 20. Jahrhunderts entfaltete sich die Idee des Wohlfahrtsstaates als ein verfassungsrechtliches Element. Das Sozialstaatsprinzip wurde im Grundgesetz (GG) festgelegt.[408] Damit wurde eine wesentliche gesellschaftspolitische Grundwertentscheidung getroffen. Die Würde des Menschen (Art. 1) wurde unmittelbar mit dem Gedanken sozialer Gerechtigkeit und den Grundlagen eines Rechts- und Sozialstaates gekoppelt (Art. 20). Menschen in sozialen Notlagen sollten fortan nicht mehr Bittsteller, sondern Anspruchsberechtigte gegenüber dem Staat sein. Endgültige Klarheit über die Subjektstellung des Menschen im Bemühen um Daseinssicherung brachte eine Entscheidung des Bundesverwaltungsgerichtes im Jahre 1954. Es entschied, dass es die in Art. 1 GG niedergelegte Unantastbarkeit der Würde des Menschen dem Staat verbiete, den Menschen als Gegenstand staatlichen Handelns anzusehen. Acht Jahre später wurde das Bundessozialhilfegesetz in Kraft gesetzt, das jedem Menschen einen Rechtsanspruch auf persönliche und wirtschaftliche Hilfe garantiert, sofern nicht andere Hilfen vorrangig sind.[409]

Armut und Reichtum lagen noch nie so weit auseinander, wie in der Moderne. Dies ist eine Folge des weltweit durchgesetzten Neoliberalismus[410] und der damit gegebenen globalen Ökonomisierung und Kommerzialisierung aller Le-

---

408 Die Sozialstaatsklausel besagt: „Die Bundesrepublik Deutschland ist ein demokratischer und sozialer Bundesstaat." (Art. 20, Abs. 1).

409 Vgl. Hüttenbrink 2004, S. 1f.

410 Mit Neoliberalismus wird die Neubelebung des wirtschaftlichen Liberalismus bezeichnet. Liberalismus geht davon aus, dass sich der Staat aus dem Marktgeschehen heraushalten muss, da der Markt selbst über Kräfte verfüge, alles zu regeln (Selbstheilungskräfte des Marktes). Neoliberalismus geht davon aus, dass der Staat allenfalls schwach ordnungspolitisch eingreifen dürfe. Neoliberale Positionen unterscheiden sich im Grad der Begrenzung staatlicher Eingriffsfunktionen. Kritiker werfen vor, dass sich weltweit ein Neoliberalismus durchgesetzt habe, der sich vom alten, wirtschaftlichen Totalliberalismus kaum mehr unterscheide (vgl. Gray 1999 und Chomsky 2000). Dem Neoliberalismus gemein ist seine ablehnende Haltung zur Wohlfahrtsidee.

bensbereiche.[411] Neoliberalismus birgt die Gefahr der Prekarisierung[412] von Arbeit und damit auch die Gefahr dauerhafter sozialer Marginalisierung und Armut. Die Vorstellungen von Armut sind in modernen Gesellschaften kaum einheitlich. Allgemein wird zwischen absoluter und relativer Armut unterschieden. Zur absoluten Armut gibt es zum einen die Definition der Weltbank sowie zum anderen die Definition der Internationalen Entwicklungsorganisation (*International Development Association, IDA*), eine Organisation der Weltbank, die zinsgünstige Kredite an arme Länder vergibt. Demnach beginnt die Grenze der absoluten Armut, wenn einer Person täglich eine Kaufkraft von weniger als 1,25 US-Dollar zur Verfügung steht (Def. Weltbank) bzw. das Pro-Kopf-Jahreseinkommen unter 150 US-Dollar liegt (Def. IDA). Demnach sind etwa 20% der Weltbevölkerung absolut arm. Dass diese Grenzdefinition allenthalben geeignete Berechnungsgrößen für die staatliche Kreditvergabe an arme Länder sein mag, sei dahingestellt. Für die Definition von Armut taugen diese Grenzen in keiner Weise. Das wird allein daran deutlich, dass ca. 50% der Weltbevölkerung im Durchschnitt über weniger als 2 Dollar täglich verfügt.[413] Man kann daraus aber kaum schließen, dass diese Menschen nicht arm sind.

Von der absoluten Armut muss daher die relative Armut unterschieden werden. Sie wird auch Einkommensarmut genannt.[414] Demnach sind je nach Datenbasis etwa dreizehn bis zwanzig Prozent der Bevölkerung der industrialisierten Länder

411 Die Analyseergebnisse aus der Perspektive der Innensicht, wie z.B. der von John Gray, sind im Ergebnis deckungsgleich mit der Außensicht sozialistischer Perspektiven, wie z.B. der von Noam Chomsky. Gray war in den 1980er Jahren Berater der britischen Premierministerin Margaret Thatcher, der ‚eisernen Lady', und der berühmte Sprachwissenschaftler Chomsky ist einer der bekanntesten Linksintellektuellen Nordamerikas und heftigster Kritiker der US-Wirtschaftspolitik.
412 Prekariat ist ein moderner Begriff der Soziologie für Proletariat. Mit Prekariat werden Personen oder Personengruppen bezeichnet, die in dauerhaft unsicheren, bedrohten Arbeitsverhältnissen leben müssen und Gefahr laufen, wirtschaftlich und sozial von den materiellen Mindeststandards der Gesellschaft abgehängt zu werden (vgl. Butterwege u.a. 2005, S. 52).
413 Vgl. Weltentwicklungsbericht 2000-2001, zit. in Butterwege u.a. 2005, S. 53.
414 Die Berechnung von Einkommensarmut erfolgt nach dem im Sozialökonomischen Panel (SOEP) regelmäßig ermittelten Nettodurchschnittseinkommen. Ein Berechnungsbeispiel für das Jahr 2006 wäre: Familie, bestehend aus zwei Erwachsenen und einem Kind mit monatlichem Haushalts-Netto-Einkommen in Höhe von 2.100 €. Personengewichte: 1,0 (Erwerbstätige Person) + 0,5 (nicht erwerbstätige/r Ehepartner/in) + 0,3 (Kind) = 1,8. Gewichtetes Haushaltseinkommen = 2100:1,8 = 1.166,00 €. Äquivalenzeinkommen der Bevölkerung in €/Monat lt. SOEP war in 2006 1.544,00 € (Median). Die Armutsrisikogrenze = 60 % des Medians (1.544,00 €) = 930,00 €. Hiernach liegt die Familie mit einem gewichteten Haushaltseinkommen in Höhe von 1.166,00 € über der Risikogrenze und gilt nicht als einkommensarm. Gleichzeitig wird deutlich, dass die Armutsrisikogrenze nur knapp überschritten wird und die betroffene Familie in wirtschaftlich sehr beschränkten Grenzen leben muss (vgl. Groh-Samberg 2009, S. 283).

von der sogenannten Einkommensarmut betroffen.[415] Als ein allgemeiner Indikator für den Anstieg von Armut in Deutschland kann der Anstieg der sogenannten „Tafeln" gelten.[416] Nach den ersten vier Gründungen von 1994 in den Städten Hamburg, Berlin, Düsseldorf und München ist die Anzahl in 2008 auf über 800 Tafeln angestiegen.[417]

Eine gemeinsame international gültige Definition der Armutsgrenze ist bis heute umstritten. In den seit 2001 erscheinenden Armuts- und Reichtumsberichten der Bundesregierung geht man von der sogenannten Einkommensarmut aus. Weiterhin wird versucht, über eine regelmäßige Armutsberichterstattung auf Bundesebene Armutsrisiken zu identifizieren, um Anhaltspunkte für eine politische Gegensteuerung zu ermöglichen. Als Hauptrisiken von Armut gelten Langzeitarbeitslosigkeit, Niedrigeinkommen, Migrationshintergrund und Alleinerziehen.[418]

Freie Wohlfahrtspflege: Die Umsetzung einer gerechten Sozialordnung wird zur Aufgabe des Staates und all seiner gesellschaftlichen Gruppen. Dazu gehört auch die freie Wohlfahrtspflege als eine der tragenden Säulen im Sozialstaat.[419] Die partnerschaftliche Zusammenarbeit von Trägern öffentlicher und freier Wohlfahrtspflege ist durch das Sozialgesetzbuch und weitergehende gesetzliche Regelungen für den Bereich der Kinder- und Jugendhilfe und der Sozialhilfe geregelt. Ziel ist die wirksame Ergänzung der jeweiligen Tätigkeiten zum Wohle des Hilfesuchenden. So arbeiten die Träger auf der lokalen Ebene (Kommunen) sowie auf Landes- und Bundesebene (Landes- und Bundesarbeitsgemeinschaften) zusammen. Ein grundlegendes Prinzip dieser Zusammenarbeit ist das Subsidiaritätsprinzip. Es besagt, dass der Staat nicht an sich ziehen darf, was der Einzelne, die Familie oder Gruppen und private Körperschaften aus eigener Kraft tun können. Der Staat soll also erst dann selber tätig werden, wenn dies bei Bürgerinnen und Bürgern ausbleibt. Den freien Trägern wird damit ein bedingter Vorrang bei der Erfüllung sozialstaatlicher Aufgaben eingeräumt. Dem Staat kommt eine fördernde, begleitende und auch Aufsicht führende Funktion zu. Das Subsidiaritätsprinzip folgt dem Gedanken der verfassungsmäßigen Rechte des Menschen auf Würde, Freiheit und freier Entfaltung der Person und Freiheit seines Bekenntnisses. Die Bürgerinnen und Bürger haben ein Wahlrecht, von welchem Anbieter – freien

---

415 Vgl. Erster Armuts- und Reichtumsbericht 2001, S. 25; zweiter Armuts- und Reichtumsbericht 2005, S. 45 und dritter Armuts- und Reichtumsbericht 2008, S. 41.

416 Die Tafeln sind freigemeinnützige Organisationen. Sie sammeln überschüssige Lebensmittel im Handel und bei Herstellern ein und verteilen sie kostenlos an sozial und wirtschaftlich benachteiligte Menschen.

417 Vgl. ZEIT-Magazin Nr. 1, 2008, S. 12.

418 Vgl. Zander 2005, S. 91.

419 Vgl. Stolterfoht 2003, S. 193.

oder weltanschaulich, religiös gebunden – sie Wohlfahrtsleistungen in Anspruch nehmen möchten.

Die Verbände der Freien Wohlfahrtspflege haben sich in der Bundesarbeitsgemeinschaft der Freien Wohlfahrtspflege zusammengeschlossen. Sie besteht aus den sechs Spitzenverbänden:

1. Diakonisches Werk der Evangelischen Kirche Deutschlands (DW)
2. Deutsches Rotes Kreuz (DRK)
3. Deutscher Caritasverband (DCV)
4. Zentralwohlfahrtsstelle der Juden in Deutschland (ZWST)
5. Arbeiterwohlfahrt (AWO)
6. Paritätischer Wohlfahrtsverband (Der PARITÄTISCHE).

Geistesgeschichtlich hat die Idee der Subsidiarität ihre Wurzeln in der liberalen Gesellschaftstheorie und in der katholischen Soziallehre. Mithin spielte sie bereits in der Zeit des deutschen Kaiserreiches und der Weimarer Republik eine strukturbildende Rolle. Das Subsidiaritätsprinzip setzte sich jedoch erst nach dem Zweiten Weltkrieg als zentrale Leit- und Legitimationsformel für den Ausbau von Wohlfahrtsstaat und Wohlfahrtspflege durch.[420]

Die freie Wohlfahrtspflege erlebte in der zweiten Hälfte des 20. Jahrhunderts einen kometenhaften Aufstieg. Verglichen mit den zehn größten Branchen des produzierenden Gewerbes steht sie heute als Arbeitsplatzanbieter an erster Stelle vor der Metall erzeugenden und bearbeitenden Industrie, der Elektrotechnik sowie dem Fahrzeug- und Maschinenbau. Die Wertschöpfung der freien Wohlfahrtspflege wird als sogenannter Dritter Sektor seit den 1990er Jahren auch in der volkswirtschaftlichen Gesamtrechnung berücksichtigt. Vergleicht man die Bruttowertschöpfung mit den zehn größten Branchen, so liegt die freie Wohlfahrtspflege mit ca. 1,16 Mio. hauptamtlich Beschäftigten sowie ca. 2,5-3 Mio. Ehrenamtlichen noch vor der chemischen Industrie und damit an fünfter Stelle neben den zuvor genannten Industriebranchen.[421]

Aber wie frei ist die Freie Wohlfahrtspflege wirklich? Trotz subsidiärer Leitorientierung stieg die Zahl der Einrichtungen in öffentlicher Trägerschaft beständig an. Noch viel entscheidender jedoch ist die Tatsache, dass die freie Wohlfahrtspflege überwiegend auf die öffentliche Finanzierung zur Wahrnehmung ihrer Aufgaben angewiesen ist. Somit wurden gesetzlich vorgeschriebene Aufgaben in die freie Wohlfahrtspflege eingebaut, deren Finanzierung durch die öffentliche Hand gesichert wird und freie Wohlfahrtspflege letztlich in die Abhängigkeit des Staates brachte.

---

420 Vgl. Sachße 2003, S. 31.
421 Vgl. Bundesarbeitsgemeinschaft der Freien Wohlfahrtspflege e.V. 2002, S. 93-98.

Heute bewegen sich die freien Wohlfahrtsverbände zwischen Subsidiaritätsprinzip und Wettbewerb. Soziale Arbeit wird zunehmend als Dienstleistungsunternehmen betrachtet; ein Unternehmen demnach, das nach den möglichst gleichen ökonomischen Regeln zu funktionieren hat, wie sie auch in der Privatwirtschaft gelten.[422] Sehr deutlich kann man dies in den Bestrebungen der Länder, die Mitglied in der *World Trade Organization* (WTO) sind, erkennen. In den dort mit Macht voran getriebenen Bestrebungen zum weltweiten Abbau von Handelshemmnissen werden die Bildungseinrichtungen, die medizinischen und auch die sozialen Einrichtungen neben den klassischen Dienstleistern ausdrücklich genannt. Dieses Dienstleistungsabkommen, genannt GATS *(General Agreement on Trade in Services)*, will auch Soziale Arbeit als Akteur innerhalb eines ökonomischen Systems verorten. Auch auf europäischer Ebene gab es Bestrebungen, die in diese Richtung wiesen. Die europäische Dienstleistungsrichtlinie (Bolkestein-Richtlinie) sah für die europäische Ebene im Prinzip dasselbe vor, was die WTO global plant. Der größte Teil der Sozialen Arbeit ist jedoch bis auf weiteres hiervon ausgenommen. Entscheidender hingegen wirkt sich aus, dass national der Boden für die Ökonomisierung lange bereitet wurde. Grund hierfür ist, dass die klassische Vorrangstellung der freien Wohlfahrtspflege im Sozialgesetzbuch praktisch aufgegeben wurde und private, erwerbsorientierte Anbieter mit den Trägern der freien Wohlfahrtspflege auf eine Stufe gestellt werden. Aber nicht nur die privaten Anbieter sorgen für Konkurrenz. Mittlerweile ist eine massive Tarifkonkurrenz innerhalb der freien Wohlfahrtspflege entstanden. Ein einheitliches, bundesweites Tarifwerk gibt es bei den sechs großen Wohlfahrtsverbänden allenfalls noch bei den Trägern, die dem Deutschen Caritasverband angeschlossen sind. Aber auch dort kommt es infolge von Kostendruck und Wettbewerb zu immer mehr einzelvertraglichen Lösungen auf örtlicher Ebene.

Neben der Ökonomisierung Sozialer Arbeit sind die Reformen in der Wohlfahrtspflege durch eine ebenso problematische Individualisierung der Lebenslagen gekennzeichnet. Hintergrund ist ein Perspektivwechsel in der Sozialpolitik, der mit dem Schlagwort des *„aktivierenden Sozialstaates"* verbunden ist. Im Sozialgesetzbuch wird der *„Grundsatz des Forderns und Förderns"* eingeführt (§§ 2 und 14, SGB II). Hilfeleistungen werden an Zielvorgaben und Förderpläne gebunden und ggf. mit Sanktionen gekoppelt (Leistungskürzungen).

Öffentliche Wohlfahrtspflege: Aus den Quartierssystemen und Wohlfahrtsämtern wurden mit der Einführung des Bundessozialhilfegesetzes (1961) die Sozialämter. Auch der Aufbau von Jugendämtern nimmt in dieser Zeit Fahrt auf. Aus den Zentralen und Jugendfürsorgeämtern des Kaiserreiches entwickelten sich zwar bereits

---

422 Vgl. Rock 2003, S. 157-186.

mit Einführung des Reichsjugendwohlfahrtsgesetzes (1921) die ersten selbständigen Jugendämter, aber ihre Funktion war besonders bei den freien Verbänden
noch sehr umstritten. Man fürchtete, dass selbständige, öffentliche Jugendämter
einen zu großen Einfluss auf die Arbeit der freien Verbände ausüben könnten.
Organisationsvarianten, wie das Jugendamt als eine Abteilung des Wohlfahrtsam-
tes oder anderer Ämter waren in den 1920er Jahren weiterhin üblich. Auch aus
Kostengründen bestand die Einrichtung selbständiger Jugendämter eher auf dem
Papier und war nur in wenigen Großstädten zu finden. Erst mit der Einführung
des Jugendwohlfahrtsgesetzes (1961) wurden Jugendämter als selbständige Fachbehörden aufgebaut.

Sozialstaats- und Subsidiaritätsprinzip führten zu einem Ausbau der öffentlichen
und freien Wohlfahrtspflege. Jugendamt, Sozialamt und die aus dem Gesundheitsamt herausgelöste Familienfürsorge – das heutige Amt für Soziale Dienste
(ASD), oftmals auch als „kommunaler Sozialdienst" (KSD) bezeichnet – bildeten
ein differenziertes öffentliches Sozialverwaltungssystem mit jeweils eigenen Ar-
beitsschwerpunkten heraus.

Die öffentliche Wohlfahrtspflege hat mit Beginn der 1970er Jahre verschiedene
Reformphasen durchlebt.
• Kommunale Neugliederungen (Gemeindegebietsreform),
• Infragestellung von Zweckmäßigkeit und Wirtschaftlichkeit der Aufgabentei-
  lung von Sozialamt, Jugendamt und Gesundheitsamt,
• die Ausdifferenzierungen von Spezialdiensten der Verwaltungen bei gleichzeiti-
  ger Entfernung von der Lebenswelt der Klienten,
• die politische Aufbruchstimmung der 1960er Jahre,
• die zunehmende Ausdifferenzierung neuer sozialer Problemlagen und
• die Akademisierung und Professionalisierung Sozialer Arbeit.

All dies waren Gründe, die für ein Nachdenken über die Neuordnung von Sozialverwaltungen (und auch anderer öffentlicher Verwaltung) stehen. Sozialverwaltung befindet sich seit dieser Zeit unter einem Modernisierungsdruck, der den
Schatten alter preußischer Obrigkeitsverwaltung abzuschütteln sucht und sich
gegen das Bild von Kontroll- und Eingriffsverwaltung richtet, indem er dem Leitbild einer umweltoffenen, bürgernahen Dienstleistungsverwaltung verpflichtet
wird. Die Reformentwicklungen lassen sich grob in vier Phasen unterteilen:
a) Trierer Modell (1968-1972),
b) Trierer Modell, modifiziert (1973-1978),
c) Bremer Modell (1979-1982),
d) Neues Steuerungsmodell der kommunalen Gemeinschaftsstelle für Verwaltungsvereinfachung (KGSt) (1983-heute).[423]

---

423 KGSt = Kommunale Gemeinschaftsstelle für Verwaltungsvereinfachung, ein Fachverband, der

Die einzelnen Reformphasen im Detail nachzuzeichnen ist hier nicht der Platz.[424] Ein wesentliches Ergebnis der Verwaltungsreform ist die Einrichtung von Bezirkssozialdiensten (Amt für soziale Dienste/ASD bzw. kommunaler Sozialdienst/KSD). Dezentral organisierte Sozialdienste sollen die psychosoziale Grundversorgung der Bürgerinnen und Bürger eines jeweiligen Stadtbezirkes sicherstellen. Man löste die Aufgaben der Familienfürsorge aus dem Gesundheitsamt heraus und richtete hierfür die sogenannten Bezirkssozialdienste entweder als eigenständiges Amt für soziale Dienste oder als kommunale Sozialdienste bei bestehenden Jugendämtern ein. Das Gesundheitsamt erfuhr hierdurch einen gewissen Bedeutungsverlust. Berührungspunkte zwischen Sozialer Arbeit und Gesundheitsamt bestehen heute in erster Linie noch über die bei den Gesundheitsämtern angesiedelten sozialpsychiatrischen Dienste und – sofern eingerichtet – über die Gesundheitshäuser. Gesundheitshäuser sind die in Koordination von Gesundheitsämtern eingerichteten Service-Center, die unter einem Dach mit unterschiedlichen freien und öffentlichen Trägern zum Thema „Gesundheit, Soziales und Selbsthilfe" zusammenarbeiten.[425] Kern der neuen Verwaltungssteuerung *(„Neue Steuerung")* wurden die vier Elemente: Outputorientierung, dezentrale Ressourcenverantwortung, Kontraktmanagement und Wettbewerb. Statt einmaliger Zuweisung von Haushaltsmitteln (Inputorientierung) sollen sich Finanzzuweisungen an dem zu erzielenden, nach außen abgegebenen Ergebnis der Leistung orientieren (Outputorientierung). Das heißt: Menge, Qualität und Kosten der Leistungen werden nach betriebswirtschaftlichen Kriterien im Vorhinein zwischen Leistungsträger (Kommune) und Leistungserbringer (Wohlfahrtsverband oder Einrichtungen der Kommune selber) abgestimmt und als eigenverantwortlich zu bewirtschaftende Budgets zur Verfügung gestellt. Die Budgetverantwortung liegt somit bei den einzelnen Fachämtern bzw. den nun als Fachbereiche deklarierten Verwaltungseinheiten (dezentrale Ressourcenverantwortung). Die Absprachen über die zu erbringenden Leistungen und die dafür zur Verfügung gestellten Ressourcen sowie die zu erbringende Dokumentationsart der zu erzielenden Ergebnisse werden schriftlich getroffen (Kontraktmanagement). Die Führung erfolgt also nicht über einseitige Vorgaben und Eingriffe seitens der Verwaltung, sondern über vorher festgelegte Zielvereinbarungen.[426]

---

von den Städten, Kreisen und Gemeinden unterhalten wird. Die KGSt entwickelte das sogenannte Neue Steuerungsmodell (NSM). Seit 2005 führt die KGSt die Bezeichnung „Kommunale Gemeinschaftsstelle für Verwaltungsmanagement".

424 Siehe vertiefend Kühn 1994, S. 89-116.

425 Zum Beispiel: Volkshochschulen, Selbsthilfegruppen, Seniorenvertretungen, Freiwilligenagenturen, Vertretungen aus den Bereichen der Seniorenarbeit, des Gesundheitssportes, der Gesundheitspädagogik, bestimmter Gesundheitsberatungs- und Therapieangebote u.v.m.

426 Die Steuerung über Zielvereinbarungen geht auf das betriebswirtschaftliche Managementkonzept „Management by Objectives" von Peter Ferdinand Drucker zurück. Vgl. Drucker 1990 und 1998. P. F. Drucker gilt in Amerika als der ‚Managementtitan' schlechthin.

Der Reorganisation öffentlicher Verwaltung nach marktförmigen Prinzipen fehlt naturgemäß ein zentrales Marktmerkmal: Wettbewerb. Wettbewerb gilt im freien Markt als das geeignetste Mittel, um Wirtschaftlichkeit, Produktivität sowie Produkt- und Dienstleistungsqualität zu erzielen. In der Neuen Steuerung wird Marktwettbewerb daher künstlich induziert. Man versucht alle Leistungen (Betreuung in einer Tageseinrichtung, Betreuung in einem Heim, Erziehungsberatung einer Familie usw.) mit bestimmten Kennzahlen zu verbinden. Diese sollen Auskunft über die Kosten im Verhältnis zur erbrachten Leistung geben. Die Kennzahlen werden dann unter den Kommunen miteinander verglichen und auf diese Weise indirekt in Konkurrenz gesetzt (interkommunaler Vergleich). Sowenig, wie es zur Notwendigkeit der Beseitigung obrigkeitsstaatlicher Verwaltung eine Alternative gibt – Bürgernähe, Niederschwelligkeit, Ganzheitlichkeit, Dienstleistung usw. also grundsätzlich erstrebenswert sind –, so problematisch gestaltet sich jedoch der Reformprozess öffentlicher Verwaltung in seinem ökonomisierten Gewand. Im Ergebnis hat sich die Praxis „Neuer Steuerung" eher betriebswirtschaftlichen Nutzeneffekten als den erhofften Reformchancen Sozialer Arbeit hingegeben. So dominiert doch gerade in Zeiten knapper Kassen der Einsatz markt- und betriebswirtschaftlicher Steuerungsinstrumente in der öffentlichen Verwaltung der Erschließung von Rationalisierungsreserven und der Erhöhung von Effizienz und Effektivität des Verwaltungshandelns. Dies steht nicht automatisch im Einklang mit den Interessen einer Sozialen Arbeit an transparenter und partizipativer Hilfekommunikation. Bürgernahe und bedarfsgerechte Versorgung kann nicht automatisch wirtschaftlich kostengünstig bedeuten, es recht nicht, wenn es sich um die Erfüllung von Rechtsansprüchen dreht.[427]

Rechtliche Programme – Verrechtlichung Sozialer Arbeit: Der Professionalisierung Sozialer Arbeit ging mit Beginn der 1950er Jahre ein dynamischer Prozess der Verrechtlichung des Sozialen einher. Die bestehenden Jugend- und Sozialgesetze wurden ergänzt und weiterentwickelt, neue kamen hinzu. Sämtliche Jugend- und Sozialgesetze wurden sukzessive in ein Sozialgesetzbuch übernommen. 1954 wurde das Bundessozialgericht als der fünfte oberste Gerichtshof – neben dem bis dahin schon eingesetzten Bundesgerichtshof, dem Bundesverwaltungsgericht, dem Bundesfinanzhof und dem Bundesarbeitsgericht – eingerichtet. Eine letztinstanzliche, oberste Sozialgerichtsbarkeit ist laut Grundgesetz vorgeschrieben. Angesichts einer expandierenden Sozialgesetzgebung fungiert das Bundessozialgericht – ähnlich wie alle obersten Gerichtshöfe – als eine Art Reparaturbetrieb für die von der Politik oftmals mit „heißer Nadel" gestrickten Gesetzgebungen. Ein Überblick über die quantitative Entwicklung verdeutlicht dies (Abb. 20).

---

427 Vgl. Otto/Schnurr 2000, darin besonders die Beiträge von Niehuis, Proelss, Merchel, Wohlfahrt und Flösser. Vgl. auch Butterwegge 2006.

Gesetzgebungsaktivität
(Neu verabschiedete Sozialgesetze pro Dekade seit 1840)

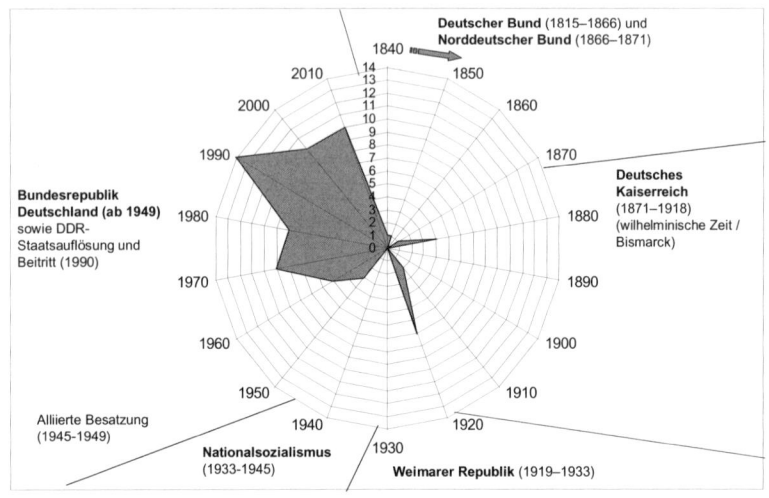

Abb. 20: Gesetzgebungsaktivität pro Dekade. Eigene Darstellung

Wir können – historisch gesehen – vier steigende Entwicklungsspitzen ausmachen. Die erste, kaum spürbar, setzt zur Zeit des *Deutschen Bundes* (1815-1866) und *Norddeutscher Bund* (1866-1871) ein. Die zweite, schon deutlichere Spitze wird in der wilhelminischen Zeit (Bismarck), **dem Deutschen Kaiserreich** (1871-1918), erkennbar. Diese Zeit wird von der reformfreudigen Weimarer Zeit schließlich übertroffen. Die vierte Entwicklungsspitze setzt mit dem Wiederaufbau nach dem Zweiten Weltkrieg ein und übertrifft, ab 1970 die bis dahin stattgefundenen Entwicklungen deutlich.

Seit 1969 verfolgt der Gesetzgeber das Ziel, die vielen Einzelgesetze in einem zusammenhängenden Gesetzeswerk zu vereinen. Neben den Sozialgesetzen, die in einer Versicherungssystematik verankert sind (Sozialversicherungen) wurden auch die steuerfinanzierten Leistungsgesetze in das Sozialgesetzbuch integriert. Nicht integriert werden die Einzelgesetze, die nur einen zeitlich beschränkten Geltungsbereich haben. Das Sozialgesetzbuch besteht aus bisher zwölf Büchern:

1. SGB I – Allgemeiner Teil: Es enthält die grundlegende Programmatik sowie Definitions- und Verfahrensvorschriften des SGB. Es wurde am 11. Dezember 1975 verabschiedet und ist seit dem 1. Januar 1976 in Kraft.

2. SGB II – Grundsicherung für Arbeitsuchende: Es enthält die Förderung von erwerbsfähigen Personen über 15 und unter 65 Jahren sowie deren Angehöri-

ger ohne oder mit nicht ausreichendem Arbeitseinkommen (Arbeitslosengeld II). Es wurde am 24. Dezember 2003 verabschiedet und ist seit dem 1. Januar 2005 in Kraft. Das Bundessozialhilfegesetz (BSHG) vom 1. Juni 1962 wird durch das SGB XII und ergänzend durch das SGB II abgelöst.

3. SGB III – Arbeitsförderung: Es betrifft die Leistungen der Bundesagentur für Arbeit (BA) wie Arbeitsvermittlung und Leistungen bei Arbeitslosigkeit (Arbeitslosengeld I). Es wurde am 24. März 1997 verabschiedet und ist seit dem 1. Januar 1998 in Kraft. Vorläufer des Gesetzes war das Arbeitslosenversicherungsgesetz von1927.

4. SGB IV – Gemeinsame Vorschriften für die Sozialversicherung: Es regelt das Recht des Gesamtsozialversicherungsbeitrags, enthält die Definitionen sozialversicherungsrechtlicher Grundbegriffe und die Verfassung der Sozialversicherungsträger. Es wurde am 23. Dezember 1976 verabschiedet und ist seit dem 1. Januar 1977 in Kraft.

5. SGB V – Gesetzliche Krankenversicherung: Es regelt die Organisation, Versicherungspflicht und die Leistungen der gesetzlichen Krankenkassen sowie Rechtsbeziehungen zu den Leistungserbringern (Ärzte, Zahnärzte, Apotheker usw.) Es wurde am 20. Dezember 1988 verabschiedet und ist seit dem 1. Januar 1989 in Kraft. Die gesetzliche Krankenversicherung geht als obligatorische Versicherung auf das von Bismarck 1883 eingeführte Krankenversicherungsgesetz zurück. 1911 wurde die gesetzliche Krankenversicherung zusammen mit der Unfall- und Rentenversicherung der Arbeiter in die sogenannte Reichsversicherungsordnung (RVO) aufgenommen. Die RVO war die Vorläuferin des heutigen SGB.

6. SGB VI – Gesetzliche Rentenversicherung: Es regelt Organisation und Leistungen der Träger der Deutschen Rentenversicherung wie Alters-, Erwerbsminderungs- und Hinterbliebenenrenten sowie medizinische, berufliche und sonstige Rehabilitation. Es wurde am 18. Dezember 1989 verabschiedet und ist seit 1. Januar 1992 in Kraft. Die gesetzliche Rentenversicherung geht als obligatorische Versicherung auf das von Bismarck 1889 eingeführte Alters- und Invaliditätsgesetz zurück. 1911 wurde die gesetzliche Rentenversicherung zusammen mit der Unfall- und Krankenversicherung der Arbeiter in die sogenannte Reichsversicherungsordnung (RVO), der Vorläuferin des SGB, aufgenommen.

7. SGB VII – Gesetzliche Unfallversicherung: Es regelt die Organisation, Versicherungspflichten und Leistungen der gewerblichen und der landwirtschaftlichen Berufsgenossenschaften sowie der Unfallkassen der öffentlichen Hand bei Arbeitsunfall, Wegeunfall und Berufskrankheit. Es wurde am 7. August 1996 verabschiedet und ist seit dem 1. Januar 1997 in Kraft. Die gesetzliche Unfallversicherung geht auf das von Bismarck 1884 eingeführte Unfallversi-

cherungsgesetz zurück. Die gesetzliche Unfallversicherung wurde ebenfalls 1911 in die sogenannte Reichsversicherungsordnung (RVO) aufgenommen.

8. SGB VIII – Kinder- und Jugendhilfe: Das Kinder- und Jugendhilfegesetz (KJHG) regelt die Leistungen der Träger der öffentlichen Jugendhilfe (Jugendämter) an hilfebedürftige Kinder, Jugendliche, junge Erwachsene und ihre Eltern. Das KJHG wurde am 26. Juni 1990 verabschiedet und ist seit dem 1. Januar 1991 in Kraft. Es löste das 1962 in Kraft getretene Gesetz für Jugendhilfe (JWG) ab. Vorläufer des JWG war das Reichsgesetz für Jugendwohlfahrt (RJWG) von 1922, das 1924 in Kraft trat.

9. SGB IX – Rehabilitation und Teilhabe behinderter Menschen: Es enthält die Vorschriften für die Rehabilitation und gleichberechtigte Teilhabe behinderter Menschen in der Gesellschaft. Es wurde am 19. Juni 2001 verabschiedet und ist seit dem 1. Juli 2001 in Kraft.

10. SGB X – Verwaltungsverfahren und Sozialdatenschutz: Es wurde am 18. August 1980 verabschiedet und ist seit dem 1. Januar 1981 in Kraft.

11. SGB XI – Pflegeversicherung: Die Pflegeversicherung ist neben Kranken-, Berufsunfall-, Renten- und Arbeitslosenversicherung die fünfte Säule der Sozialversicherungswerke. Das SGB XI enthält die Vorschriften für die Pflegeversicherung. Es wurde am 26. Mai 1994 verabschiedet und ist seit dem 1. Januar 1995 in Kraft.

12. SGB XII – Sozialhilfe: Das SGB XII enthält die Vorschriften für die Sozialhilfe und führt die Sozialhilfe mit der früheren Arbeitslosenhilfe zusammen. Es wurde am 27. Dezember 2003 verabschiedet und ist seit dem 1. Januar 2005 in Kraft. Das Bundessozialhilfegesetz (BSHG) vom 1. Juni 1962 wird durch das SGB XII und ergänzend durch das SGB II abgelöst.

Die sozialen Rechte sind im Sozialgesetzbuch im Einzelnen benannt als:
• Das Recht auf Bildungs- und Ausbildungsförderung sowie auf wirtschaftliche Sicherung bei Arbeitslosigkeit und bei Zahlungsunfähigkeit des Arbeitgebers,
• das Recht auf Zugang zur Kranken-, Pflege-, Unfall- und Rentenversicherung (Sozialversicherung),
• das Recht die notwendigen Maßnahmen zum Schutz, zur Erhaltung, zur Besserung und zur Wiederherstellung der Gesundheit und der Leistungsfähigkeit und wirtschaftlichen Sicherung bei Krankheit, Mutterschaft, Minderung der Erwerbsfähigkeit und Alter,
• das Recht auf soziale Entschädigung bei Gesundheitsschäden,
• das Recht auf Minderung der durch Kinderunterhalt entstehenden wirtschaftlichen Belastungen,
• das Recht auf Zuschuss für eine angemessene Wohnung, sofern die Aufwendungen hierfür unzumutbar sind,

- das Recht auf Leistungen der öffentlichen Kinder- und Jugendhilfe,
- das Recht auf Sozialhilfe, die die Teilnahme am Leben in der Gemeinschaft ermöglichen und die Führung eines menschenwürdigen Lebens sichern soll,
- das Recht auf Hilfe zur Förderung der Selbstbestimmung und gleichberechtigten Teilhabe behinderter Menschen in der Gesellschaft.

Die sozialen Rechte werden als Sozialleistungen definiert und in Dienst-, Sach- und Geldleistungen unterschieden (§ 11, SGB I). Die Sozialleistungen umfassen aktuell:

- Leistungen der Ausbildungsförderung,
- Leistungen der Arbeitsförderung,
- Leistungen der Grundsicherung für Arbeitsuchende,
- Leistungen bei gleitendem Übergang älterer Arbeitnehmer in den Ruhestand,
- Leistungen der gesetzlichen Krankenversicherung,
- Leistungen der sozialen Pflegeversicherung,
- Leistungen bei Schwangerschaftsabbrüchen,
- Leistungen der gesetzlichen Unfallversicherung,
- Leistungen der gesetzlichen Rentenversicherung, einschließlich der Alterssicherung der Landwirte,
- Versorgungsleistungen bei Gesundheitsschäden,
- Kindergeld, Erziehungsgeld und Elterngeld,
- Wohngeld,
- Leistungen der Kinder- und Jugendhilfe,
- Leistungen der Sozialhilfe,
- Leistungen zur Rehabilitation und Teilhabe behinderter Menschen.

Weitere Sozialleistungen sind noch nicht in das SGB eingereiht. Hierzu zählen z.B. das Wohngeldgesetz, Bundesausbildungsgesetz, Bundesversorgungsgesetz und das Opferentschädigungsgesetz. Sie sind „materiell betrachtet ebenfalls Bestandteil des Sozialgesetzbuches"[428].

Reformentwicklungen: Der Prozess der sozialgesetzlichen Ausdifferenzierung wird oftmals mit dem Begriff „Reform" konnotiert. Dies betrifft sowohl die versicherungsfinanzierten (z.B. Gesundheitsreform, Pflegereform, sowie Arbeitslosen- und Sozialrechtsreform) als auch die steuerfinanzierten Sozialgesetzgebungen (z.B. Jugendhilfereform, Psychiatrie- und Behindertenhilfereform). Nun ist nicht jede Weiterentwicklung gleich eine Reform. Mit Reform ist stets ein konsequenter Systemwechsel verbunden. Die Geschichte der Sozialgesetzgebungen müsste unter dem Aspekt von Reform gesondert untersucht werden, wozu hier nicht der Platz ist. Einige für die Soziale Arbeit bedeutsame Reformentwicklungen seien daher nur kurz angesprochen.

---

428 Vgl. Hüttenbrink 2004, S. 3.

Vom RJWG zum KJHG (SGB VIII) – Jugendhilferechtsreform: In der öffentlichen Fürsorge griff man nach 1945 auf die bestehenden gesetzlichen Regelungen der Weimarer Republik, die *„Reichsverordnung über die Fürsorgepflicht"* und die *„Reichsgrundsätze über Voraussetzung, Art und Maß der öffentlichen Fürsorge"*, zurück. Erst mit dem Bundessozialhilfegesetz (BSHG) und dem Jugendwohlfahrtsgesetz (JWG) von 1961 wurde der Fürsorgebereich völlig neu geregelt. Mit dem BSHG wurde erstmals ein Rechtsanspruch auf Sozialhilfe verkündet. Das Gesetz trat 1962 in Kraft und wurde 2005 in das SGB II und das SGB XII aufgenommen.

Das JWG löste das RJWG von 1922 ab. Mit dem JWG wurden die Grundgedanken des RJWG, vor allem die Einrichtung von Jugendämtern, konsequent umgesetzt. So wurde z.b. die bislang bestehende Fürsorgeerziehung (FE) als hoheitliche Zwangsmaßnahme durch das Instrument der *„freiwilligen Erziehungshilfe"* (FEH) und der *„Hilfen zur Erziehung Minderjähriger in Heimen und anderen Einrichtungen"* (HzE) ergänzt.[429] Der Erziehungsgedanke fand auch wieder stärker Eingang in das Jugendstrafrecht. 1953 wurde mit dem Jugendgerichtsgesetz das alte Reichsjugendgerichtsgesetz neugefasst. Auch die von den Nationalsozialisten eingebauten Verschärfungen wurden herausgenommen. Erziehung ging vor Strafe.

Das JWG verdiente jedoch noch nicht den Namen eines Reformgesetzes. Erst 1990 wurde das zwar vom Erziehungsgedanken, gleichwohl aber noch stark vom staatlichen Eingriffsdenken geprägte JWG[430] durch das eher leistungs- und an der Familie orientierte Kinder- und Jugendhilfegesetz (KJHG) abgelöst und in das Sozialgesetzbuch VIII aufgenommen. Der Wechsel vom eingreifenden Fürsorgedenken hin zu einem bedarfsorientierten Angebotsdenken stellte schon einen Systemwechsel dar. Hingegen wurden weiterreichende Reformvorstellungen, die sich eine konsequentere Ausrichtung auf das Recht des Kindes und Jugendlichen wünschten, eher enttäuscht. So beklagten Kritiker, dass die Reduzierung der Rechte von Kindern und Jugendlichen auf Erziehung letztlich eher das Recht zur Wahrnehmung der Erziehungsgewalt ihrer Eltern stärkte, als das Recht der Kinder und Jugendlichen auf Partizipation in der Erziehung. In der Folge entstanden Projekte und Initiativen mit dem Ziel der Stärkung der Beteiligung von Kindern und Jugendlichen in der Jugendhilfepraxis[431] – hier besonders bei Erziehungshilfen und Vormundschaften – sowie der Aufklärung von Kindern und Jugendlichen über ihre Rechte in der Jugendhilfe.[432]

---

429 Diese Bestimmungen finden sich im JWG (dem Vorläufer des heutigen KJHG) in § 6, §§ 62f u. §§64f.
430 Vgl. Schmutz u.a. 2000, S. 62.
431 Vgl. Blandow/Gintzel/Hansbauer 1999 und Kriener/Petersen 1999.
432 Vgl. Bundesarbeitsgemeinschaft der Landesjugendämter 2003.

Die Jugendhilferechtsreform der 1980er Jahre folgte paradigmatisch also eher der Wiederentdeckung der Familie und einer Rückbesinnung auf die Leistungen von Familie. Dies entsprach der Leitorientierung von Familien- und Bildungspolitik.[433] Sie ist typisch für Staaten mit konservativer Wohlfahrtspolitik (z.B. Frankreich, Italien, Deutschland, Niederlande). Dort ist die Familie das Zentrum staatlicher Förderpolitik. Im Gegensatz zu den sozialdemokratischen Modellen (z.B. Schweden, Dänemark, Norwegen): dort steht die staatliche Gemeinschaft im Vordergrund. Im dritten Wohlfahrtsmodell, dem liberalen bzw. neo-liberalen, ist es schließlich der Markt (z.B. Großbritannien, USA, Australien, Neuseeland).[434] Deutsche Wohlfahrtspolitik ist dem konservativen Wohlfahrtsmodell zuzuordnen. Die Ergebnisse der Sozialisationsforschung wiesen darauf hin, „... dass die Familie das wirksamste und wirtschaftlichste System ist, um die Entwicklung des Kindes zu fördern und zu schützen"[435]. Die positive Beeinflussung des „Eltern-Kind-Systems" war die logische Schlussfolgerung für die gesellschaftliche Nutzung von Familie: „Für die Sozialpolitik also die Idee einer Sozialpolitik für das Kind als Sicherung familialer Erziehungsfähigkeit"[436].

Das KJHG hatte fraglos viele Verbesserungen in der Jugendhilfe gebracht, so z.B. die Einführung von Hilfeplanverfahren zwecks besserer Partizipation von Klientel sowie besserer Kooperation der beteiligten Hilfeprofessionen. Auch die Integration psychisch erkrankter Kinder und Jugendlicher in die Erziehungshilfen brachte die Betroffenen aus den Eingliederungshilfen und der damit oftmals nicht immer passenden Unterbringung in psychiatrischen Spezialeinrichtungen heraus.[437] Aber es blieb auch einiges offen. Verbesserungsbedarfe wurden im Jahr 2005 als „Gesetz zur Weiterentwicklung der Kinder- und Jugendhilfe/Kinder- und Jugendhilfeweiterentwicklungsgesetz" (KICK) in das SGB VIII aufgenommen. Das KICK soll die fachliche und wirtschaftliche Steuerungskompetenz der Jugendämter stärken, den Schutz von Kindern und Jugendlichen bei Gefahren für ihr Wohl durch die ausdrückliche Einführung eines Schutzauftrages bei Kindeswohlgefährdung im KJHG verbessern und die durch das „Tagesbetreuungsausbaugesetz" (TAG) initiierte Verbesserung der Kinderbetreuung unterstützen.

Ein großer Teil der Reformbemühungen zielte aber auch auf Vorstellungen und Bemühungen einer Effektivierungs- und Effizienzsteigerung. Das wiederum führte zu berechtigten Befürchtungen, dass mit derartigen Reformbestrebungen nicht die Probleme von Kindern, Jugendlichen und Familien in besserer Weise gelöst werden, sondern dass sie neue Probleme in Form verstärkter Exklusion von Kin-

---

433 Kaufmann 1990, S. 68.
434 Vgl. Esping-Andersen 1990.
435 Bronfenbrenner zit. in Kaufmann 1990, S. 68.
436 A.a.O., S. 69f.
437 Vgl. Lambers 1987, S. 415-420.

dern und Jugendlichen unter den Maßgaben ökonomischer Begrenzungen und Forderungen von Wirkungsnachweisen nach sich ziehen würden. Mit den ökonomischen Effizienzbestrebungen zeigt sich ein bis heute ungelöstes ökonomisches Problem wohlfahrtsstaatlicher Organisation. Bereits ab 1975 versuchte man die Ausgabenexpansion mit der Einführung von Haushaltskonsolidierungsgesetzen in den Griff zu bekommen. Wirksame Instrumentarien zur Umsetzung sind aber bis heute kaum zu finden und stoßen nicht immer auf Zuspruch der Leistungsträger. Das betrifft nicht nur die Jugendhilfe, sondern alle Bereiche der Sozialgesetzgebung, insbesondere auch in den Feldern der Gesundheits- und Pflegereform. Weitere Reformbedarfe standen und stehen an. So kamen die bessere Vernetzung von Jugendhilfe und Schule/Bildung/Kindertagesbetreuung und die Qualifizierung der Arbeit von Kindertageseinrichtungen auf die Agenda. Erste Schritte wurden beim Übergang Schule und Beruf sowie bei schulsozialarbeiterischen Projekten in Gang gesetzt. Bildungsvereinbarungen der Länder mit den Trägern von Tageseinrichtungen für Kinder und Qualifizierungsbestrebungen in der personellen Ausbildung durch erstmalige Einrichtung von Studiengängen *„Bildung und Erziehung im Kindesalter"* sind erste Anfänge. Auf eine bessere Vernetzung von Tageseinrichtungen mit den Angeboten der Kinder- und Jugendhilfe lässt schließlich der Aufbau von Familienzentren hoffen. Auch die Verbesserung frühkindlicher Betreuung erfordert noch große Anstrengungen. Ein Anfang wurde mit dem im Jahr 2008 beschlossenen *„Kinderförderungsgesetz"* gesetzt. Mit diesem Gesetz soll eine bessere Vereinbarkeit von Familie und Beruf erzielt und bis 2013 das europäische Niveau in der Versorgung von Kindern unter drei Jahren mit einem Betreuungsplatz erreicht werden.

Kooperation von Arbeitsförderung und Jugendhilfe (SGB II, SGB III, SGB VIII) – Zugänge zur Arbeitswelt: Ein weiterer Aspekt der Jugendhilfereform war u.a. die Integration von Maßnahmen der Arbeitsförderung für Jugendliche und junge Erwachsene. In den 1980er Jahren wurden im verstärkten Maße Beratungs-, Orientierungs-, Ausbildungs-, Qualifizierungs-, Arbeits- und Beschäftigungsangebote für arbeitslose und sozial benachteiligte Jugendliche und junge Erwachsene aufgelegt. Der Hintergrund hierfür war: die Jugendarbeitslosigkeit stieg mit den ersten Konjunkturkrisen zwischen 1970 und 1990 besonders in der Altersgruppe der 20-25 auf das Dreifache an. Nach Beendigung der Schulzeit war für Jugendliche mit individuellen und sozialen Benachteiligungen die Arbeitslosigkeit oftmals vorbestimmt. So erfuhr Mitte der 1980er Jahre die Jugendberufshilfe als Feld der Sozialen Arbeit einen enormen Aufschwung, der bis heute leider anhält. Viele gingen davon aus, dass es sich hierbei nur um ein vorübergehendes, konjunkturell bedingtes Phänomen handele. Das war ein Irrtum. Zwischen 1992 und 2006 schwankte die Zahl der arbeitslos gemeldeten jungen Menschen unter 25 Jahren zwischen ca. 400 u. 600 Tsd. jährlich. Noch im Jahr 2006 hatten 1,3 Millionen junge Menschen im Alter von 20-29 Jahren keine abgeschlossene Berufsausbildung. Diese Zahl ist als Quote in den letzten zehn Jahren gleich geblieben. Hinzu kommt: ein Viertel aller betroffenen Jugendlichen hat einen sogenannten Migrationshintergrund.[438]

Im „Arbeitsförderungsgesetz" (SGB III) wurde die Zielgruppe der „gering qualifizierten jungen Menschen" eingeführt. Hierunter versteht man „lernbeeinträchtigte und sozial benachteiligte junge Menschen", die zur Erlangung einer Berufsausbildung eine besondere Förderung benötigen (§ 242). Auch im Kinder- und Jugendhilfegesetz (SGB VIII) wurde das Thema der beruflichen Ausbildung und Eingliederung in die Arbeitswelt und die Förderung von Ausbildungs- und Beschäftigungsmaßnahmen subsidiär zum Auftrag von Jugendhilfe im Rahmen der Jugendsozialarbeit gemacht (§ 13).

Mit Beginn der 1980er Jahre ist ein differenziertes Angebotssystem zur beruflichen Orientierung und Qualifizierung junger Menschen entstanden. Es umfasst Beratung, Förderung schulischer Abschlüsse, Berufsorientierung, Berufsvorbereitung, Berufsausbildung, berufliche Weiterbildung, Qualifizierung, Arbeitsvermittlung, Beschäftigung u.v.m. Die Arbeitsämter – nach dem Arbeitsförderungsgesetz (SGB III) Kostenträger dieser Maßnahmen – legen bis heute unterschiedliche Programme in Absprache mit den Jugend- und Sozialbehörden auf. So entstand ein dynamisches Feld arbeitsweltorientierter Sozialer Arbeit. Über die Praxis flankierender und ersetzender Maßnahmen zur Arbeitsmarktintegration hinaus werden heute die Themen von Lebensbewältigung und Kompetenzentwicklung verstärkt in der Pädagogik thematisiert. Vorbereitung auf arbeitsweltliche Erfordernisse sowie die Schaffung von Übergangsstrukturen für junge Menschen in Ausbildung und Arbeit werden so zu Themen einer sozialpädagogischen Beschäftigungsförderung.[439]

Von der Sozialhilfe (BSHG) und Arbeitslosenhilfe (AFG) zur Grundsicherung für Arbeitssuchende (SGB II) und sozialen Grundsicherung (SGB XII): In der Sozialhilfereform ging es nicht allein darum, die seit langem bestehende Forderung der Weiterentwicklung des Sozialhilferechtes (BSHG) und seine Integration in das Sozialgesetzbuch (SGB) zu verwirklichen. Das neue SGB II und SGB XII sind Folge des bereits angesprochenen Perspektivwechsels in der Sozialpolitik. Ein „aktivierender Sozialstaat" schafft sich eine entsprechende Sozialgesetzgebung. Alle hilfebedürftigen Personen, die das 15. Lebensjahr vollendet und das 65. Lebensjahr noch nicht vollendet haben, fallen in den Zuständigkeitsbereich des SGB II, sofern sie erwerbsfähig sind. Damit wird die Personengruppe, die nach altem Recht Arbeitslosenhilfe nach dem SGB III erhielt (und oftmals auf er-

---

438 Vgl. Goltz u.a. 2008, S. 9-22.
439 Vgl. Arnold/Böhnisch/Schröer 2005.

gänzende Hilfe zum Lebensunterhalt nach dem BSHG angewiesen waren) sowie die erwerbsfähigen Personen, die Sozialhilfe nach dem früher geltenden BSHG bezogen, in den Zuständigkeitsbereich eines Gesetzes, dass die *„Grundsicherung für Arbeitssuchende"* (SGB II) sicherstellen soll. In den Zuständigkeitsbereich des SGB XII fallen all diejenigen, bei denen es mangels Erwerbsfähigkeit oder infolge von Erwerbsminderung um eine *„soziale Grundsicherung"* (vormals BSHG) geht. Im Kern geht es also um eine Sozial- und Arbeitslosenhilferechtsreform, mit der die erwerbsfähigen Sozialhilfeempfänger wieder in den Arbeitsmarkt eingegliedert werden sollen. Mit den sogenannten *„Harz-Reformen"* wurden Aufgaben der Arbeitsagentur (Arbeitsämter) und bestimmte Leistungen der Sozialämter zusammengefasst (Arbeitslosengeld II).

Die Sozial- und Arbeitslosenhilferechtsreform hat noch keinen Entwicklungsstand erreicht, in dem der Nutzen der Reform in einem erträglichen Verhältnis zum Ausmaß der Zumutungen steht, sowohl für die Arbeit suchenden Menschen als auch für die Kommunen und Arbeitsämter, die für die bürokratisch-organisatorische Umsetzung zuständig sind. Insgesamt wirft die Reform noch viele Fragen auf.[440]

Psychiatriereform (SGB IX): Mitte der 1970er Jahre kam es in den Psychiatrien zu einem bis heute andauernden Reformprozess. Eine vom Deutschen Bundestag 1971 eingesetzte Expertenkommission untersuchte die Zustände in den psychiatrischen Großkrankenhäusern. In dem sogenannten Enqueteberich dieser Kommission wurden die elenden und zum Teil menschenunwürdigen Zustände, unter denen psychisch Kranke und Behinderte leben mussten, fachöffentlich bekannt. Der Enquete-Bericht von 1975 definierte als wichtigste Leitlinien und Reformziele:

1. Vorrang gemeindenaher vor stationärer Versorgung und Aufbau gemeindenaher sozialpsychiatrischer Versorgungssysteme.
2. Kooperation und Koordination aller Versorgungsdienste.
3. Bedarfsgerechte Versorgung aller psychisch Kranken.
4. Auf- und Ausbau ambulanter Dienste und psychiatrischer Abteilungen an Allgemeinkrankenhäusern.
5. Enthospitalisierung der Langzeitpatienten und
6. Gleichstellung psychisch Kranker mit somatisch Kranken.

In der Folge waren der Aufbau und die Ausdifferenzierung eines bedarfsgerechten, gemeindenahen psychiatrischen Versorgungssystems zu verzeichnen. In diesem System arbeiten Tageseinrichtungen, Wohn- und Werkstattangebote, stationäre Einrichtungen, sozialpsychiatrische und ambulante Dienste sowie niedergelassene

---

440 Vgl. kritisch zur Reform: Hickel 2004 und Schwarzbuch Hartz IV, 2006.

Neurologen in einem engen Verbund (Netzwerk) mit dem Klienten zusammen.[441] Auch die getrennte Versorgung für psychisch Kranke und geistig Behinderte war ein Ergebnis dieser Reformentwicklung.[442] Mit dem *„Gesetz zur Rehabilitation und Teilhabe behinderter Menschen"* (SGB IX) von 2001 und dem *„Behindertengleichstellungsgesetz"* (BGG) von 2002 wurde die Rechtsstellung behinderter Menschen weiter ausgebaut. Vorläufiger Höhepunkt dieser Entwicklung bietet die Einrichtung des sogenannten *„persönlichen Budgets"* (SGB IX, 1/2008), das dem behinderten Menschen die Kaufkraft zur Auswahl und Bestimmung seiner für ihn notwendigen, erforderlichen therapeutischen Leistungen selbst in die Hand gibt.

Vormundschaften und Pflegschaften für Erwachsene: Eine weitere rechtliche Reform in der zweiten Hälfte des 20. Jahrhunderts hatte es schließlich im Bereich der Vormundschaften und Pflegschaften für Erwachsene gegeben. Es wurde zwar kein eigenes Sozialgesetz für diesen Bereich entwickelt, aber das im Bürgerlichen Gesetzbuch (BGB) geregelte Entmündigungsrecht wurde völlig neu geregelt und in ein eigenes Betreuungsgesetz gefasst. Dies hatte auch Auswirkungen auf die Soziale Arbeit. Im Falle von Geschäftsunfähigkeit wurden vom Vormundschaftsgericht nicht ausschließlich natürliche Personen, wie z.B. die Angehörigen des Betreffenden, als rechtsbevollmächtigte Vertreter bestellt, sondern auch geeignete Personen bestimmter Berufsgruppen. In erster Linie waren dies Rechtsanwälte und auch juristische Personen, wie die Jugend- und Sozialämter und die Vereine der Wohlfahrtspflege. Sozialarbeit hatte im Rahmen der Wohlfahrtspflege also auch in diesem Feld eine Funktion. Ihre Klientel unterschied sich natürlich von der der Rechtsanwälte, die immer dann zum Zuge kamen, wenn große Vermögenswerte bei der Vormundschaft eine Rolle spielten. Die Behörden – überwiegend die Jugendämter – und die Wohlfahrtsvereine übernahmen die Betreuungen von Personen, bei denen Angehörige nicht vorhanden oder nicht in der Lage waren, die Rechtsvertretung wahrzunehmen. Das war besonders bei psychisch erkrankten, behinderten, verarmten und oftmals auch wohnungslosen Erwachsenen der Fall. Vormundschaften – und in gewisser Weise auch Pflegschaften – für Erwachsene bedeuteten bis zur Betreuungsrechtsreform im Jahr 1990 im Kern die Totalentmündigung der betroffenen Personen. Mit dem Betreuungsgesetz (BGB/ BtG) und dem Gesetz über die Wahrnehmung behördlicher Aufgaben bei der Betreuung Volljähriger (Behördenbetreuungsgesetz BtBG) wurde ein stärker an die Bedürfnisse und den Bedarf der betroffenen Menschen ausgerichtetes Gesetz geschaffen. Die diskriminierenden Begriffe *„Vormundschaft, Vormund"* und *„Pflegschaft"* wurden durch den Begriff *„rechtliche Betreuung"* und *„rechtlicher Betreuer"*

441 Bundesminister für Jugend, Familie, Frauen und Gesundheit 1988.
442 Deutscher Bundestag, Bundesdrucksache 7/4200, 1975, S. 17.

ersetzt. Weiterhin wurde die behördliche Vertretungspraxis auf eigens einzurichtende Betreuungsbehörden verlegt. Erwachsene mussten damit nicht mehr vom Jugendamt betreut werden. Aber auch inhaltlich veränderte sich einiges. Der Erforderlichkeitsgrundsatz bei der Einrichtung einer rechtlichen Betreuung wurde zum Leitprinzip bei der Prüfung der Reichweite der einzurichtenden Vertretungseingriffe und Vertretungsbefugnisse der rechtlichen Betreuer. Damit muss und kann der Betreffende in der Regel nicht mehr völlig entmündigt werden. Vielmehr muss die richterliche Entscheidung auf die erforderlichen Bereiche von Gesundheits-, Vermögens- und Personensorge beschränkt werden. Über diesen Erforderlichkeitsgrundsatz hinaus wurden fortan viele Entscheidungsbefugnisse der rechtlichen Betreuer unter den Genehmigungsvorbehalt des Richters gestellt. Auch wurden die Instrumente im Vorfeld der richterlichen Einrichtung von rechtlichen Betreuungen wie die Vorsorgevollmacht und die Betreuungsverfügung ausgebaut. Für die Soziale Arbeit kam strukturell als Novum hinzu, dass erstmals – ähnlich wie bei den Rechtsanwälten schon Praxis – nicht nur der Wohlfahrtsverein als juristische Person, sprich Betreuungsverein, sondern auch seine Sozialarbeiterinnen und Sozialarbeiter als natürliche Personen zur rechtlichen Betreuungsperson bestellt werden konnten. Auch der Sozialarbeiter als Berufsbetreuer mit eigener Praxis wurde möglich.

Das 20. Jahrhundert ist aber nicht nur das Jahrhundert der Verrechtlichung Sozialer Arbeit. Es ist vor allem ein Jahrhundert der Professionalisierung des Helfens als Praxis gesellschaftlichen Bedarfsausgleichs.

Ausbildung und Professionalisierung – Beruf mit Berufung, statt ‚nur' Beruf: Nach dem Zweiten Weltkrieg führten die Alliierten Programme des Kulturaustausches, sogenannte „Reedukations- und Austauschprogramme" in Deutschland durch. Die Programme standen letztlich in dem Bemühen um eine sogenannte „Entnazifizierung" und wurden in den Jahren 1948-1956 initiiert. In diesen Programmen sollten die deutschen Sozialarbeiterinnen und Sozialarbeiter Einblick in die amerikanische Sozialarbeit, insbesondere aber in ihren Methodenkanon von *Case Work, Social Group Work* und *Community Organization* bekommen. Die Beobachtung, Analyse und teilweise Übernahme von methodischen Konzepten aus den USA beschränkte sich aber nicht auf die Zeit nach 1945. Alice Salomon, Siddy Wronsky, Marie Baum und Hans Scherpner hatten mit ihren Beobachtungen amerikanischer Sozialarbeit bereits eigene kritische Bewertungen vorgenommen und eigene Positionen entwickelt, sowie Konzepte in Teilen übertragen.[443] Grundlegend Neues erfuhren die deutschen Sozialarbeiterinnen in den *Reeducation* Programmen also nicht. Ein direkter Methodentransfer hat damit kaum stattgefun-

---

443 Vgl. Neuffer 1990 und Müller 1997, 1999 und 2006.

den. Die Ausbildung wurde, um ihre nationalsozialistischen Anteile bereinigt, in ihren Grundstrukturen wieder aufgebaut. An die Reformphase der Weimarer Zeit wurde dabei aber nicht angeknüpft. Alice Salomon hatte keine Bedeutung mehr. Allenfalls die Idee des Eignungsberufes und der eigens hierfür geschaffenen sozialen Wohlfahrtsschulen wurde aufrecht erhalten. Dem Beruf wurde die Berufung vorangestellt.[444] Eine Verortung der Ausbildung an den Universitäten sollte auch weiterhin keine große Rolle spielen. Die nationalsozialistischen *„Schulen für Volkspflege"* wurden wieder umbenannt in *„Schulen für Wohlfahrtspflege"*.

Wenngleich ein flächendeckender Methodentransfer aus den USA nicht stattgefunden haben mag, so war doch eindeutig, dass Fragen der Ausbildung und Methoden Sozialer Arbeit nicht an Alice Salomon und den Reformbestrebungen der Weimarer Zeit, sondern zunehmend an den amerikanischen Methodenmodellen anknüpften. *Case Work*, *Social Group Work* und *Community Organization* wurden in der Ausbildung als Methoden Sozialer Arbeit an den ab 1959 zu Höheren Fachschulen umgewandelten *„Wohlfahrtspflegeschulen"* etabliert. Aus den Jugendleiterinnen wurden Sozialpädagoginnen und aus den Fürsorgerinnen bzw. Wohlfahrtspflegerinnen wurden Sozialarbeiterinnen. *Social Group Work* war die Methode der Sozialpädagoginnen, *Social Case Work* die der Sozialarbeiterinnen. *Community Organization* wurde randständig gelehrt und die beiden voneinander getrennten Studienrichtungen sollten allenfalls davon gehört haben.

Einzelfallhilfe: Die Einzelfallhilfe nach dem Muster des angloamerikanischen *Case Work* hat ihre Wurzeln in den individualbezogenen Unterstützungsprogrammen der *Charity Organization Societies* (COS). Insbesondere im Kontext und der Nachfolge der Arbeiten von **Mary Richmond** (1861-1928) wurden sie als Methoden individuellen Lernens an der *Summer School of Philanthropy* (1898), der heutigen *School of Social Work der Columbia University,* weiterentwickelt (Abb. 19). Die in der Sozialen Arbeit der Weimarer Republik bekannt gewordene und vor dem Zweiten Weltkrieg in die USA emigrierte Sozialarbeiterin und Professorin für Sozialarbeit **Hertha Kraus** (1897-1968) brachte die amerikanischen Standards des *Social Case Work* in die deutsche Fachdiskussion ein. *Case work* als wissen-

---

444 Einige für den Beruf werbende Zeitungsartikel aus den 1950er Jahren geben hiervon einen kleinen Eindruck wieder: Beispiel einer weltlichen Werbung für den Beruf: „Dienen ist mehr als Verdienen" (Essener Stadtnachrichten, 02.02.1954). Beispiel einer kirchlichen Werbung für den Beruf: „Echte Berufung und Gnade" (Kirchenzeitung Köln 23.05.1954). Beispiel einer weltlichen Werbung für mehr Männer in dem Beruf: „Den Geist sozialer Ritterlichkeit wecken" (Kölner Stadtanzeiger, 15.05.1954). Beispiel für den Umgang mit Modernisierung: hier der Wandel der Bezeichnung von Fürsorgerin und Wohlfahrtspfleger in Sozialarbeiter, der im Grundsatz nichts ändert: „ ‚social-worker', der Sozialarbeiter … bei dem der Begriff ‚Berufung' vor den Begriff ‚Beruf' gestellt werden muss, nimmt auch bei uns im Bundesgebiet immer klarere Form an." („Nicht Für-Sorge sondern Mit-Sorge", Stolberger Volkszeitung, 27.04.1954).

schaftliche Disziplin entwickelte sich in zwei unterschiedliche Richtungen. Eine Richtung ist mit der sogenannte *„diagnostic-school"* (**Gordon Hamilton**, 1937) verbunden. Sie folgte eher dem Leitbild einer Psychologie der Krankheit, als dem des persönlichen Wachstums. Ganz anders die sogenannte *„functional school"* um **Jessie Taft** (1882-1960) und ihrer Partnerin Virginia Robinson. Sie bezogen sich stark auf den in die USA emigrierten und in New York niedergelassenen österreichischen Psychoanalytiker und Begründer der Case-Work-Schule **Otto Rank** (1884-1939). In den 1920 bis 1930er Jahren war *case work* stark von der Psychoanalyse Freuds geprägt. Unter dem Einfluss von Otto Rank, ursprünglich Freudianer, entwickelte sich diese *functional school*. Sie distanzierte sich unter Berufung auf George H. Mead und Kurt Lewin von Sigmund Freuds Psychoanalyse. Die psychotherapeutisch motivierte Exploration der frühen Kindheitserfahrungen trat zugunsten eines an den Handlungs- und Entwicklungsmöglichkeiten des Individuums orientierten Konzeptes zurück.

Im Gegensatz zur *functional school* entwickelte sich die *diagnostic school*. Die diagnostic school wird in den 1930-1940er Jahren von Sozialarbeiterinnen wie **Gordon Hamilton** (1892-1967), **Florence May Hollis** (1907-1987) und **Annette Garrett** (1898-1957) entwickelt. Anders als in der *functional school* war hier eine gründliche Exploration der individuellen Lebensgeschichte zentral. Erstmals wird der Terminus *„psychosozial"* eingeführt. Damit soll in der Tradition Mary Richmonds zum Ausdruck gebracht werden, dass soziale Probleme von einzelnen Menschen stets im Zusammenwirken psychischer und sozialer Ursachen und Wirkungsmechanismen gesehen und diagnostisch wahrgenommen werden müssen. Die *diagnostic school* gilt als Vorläufer einer *Clinical Social Work*. *Klinische Sozialarbeit* spielt bis heute eine prominente Rolle in der Disziplin- und Professionsentwicklung angloamerikanischer Sozialer Arbeit. Auch in Deutschland entwickelt sich diese Richtung als eine Form von Fachsozialarbeit mit eigenen Qualifizierungs- und Akademisierungsbestrebungen.[445]

In der Ausbildung an den Höheren Fachschulen und späteren Fachhochschulen spielten sowohl die Konzepte der *functional school* als auch die der *diagnostic school* eine zentrale Rolle, nicht nur in der Einzelfall-, sondern auch in der Gruppenarbeit. Kaum an den Fachhochschulen etabliert, gerieten sie mit der Methodenkritik der universitären Sozialwissenschaften der 1970er Jahre in Verruf. Der Methode der Einzelfallhilfe wurde vorgeworfen, dass sie einer Individualisierung gesellschaftlich verursachter Notlagen Vorschub leiste. Die gesellschaftlichen Ursachen individueller Not würden durch Soziale Arbeit auf diese Weise verdeckt und dem Subjekt zugeschrieben. Diesem werde zudem zugemutet, auf der Subjektebene das zu lösen, was der Staat auf der Objektebene gesellschaftlicher Ur-

---

445 Vgl. Geißler-Piltz 2005.

sachenbekämpfung versäumt in Angriff zu nehmen. Die sozialwissenschaftliche Kritik brachte hingegen keine nennenswerten Ergebnisse auf der methodischen Seite hervor. In dieses Vakuum stießen Konzepte der *klinischen Psychologie* und psychotherapeutisch orientierter Methoden. Die bis heute auch in der hiesigen Sozialen Arbeit noch thematisierten und in der Tradition der *functional school* stehenden Konzepte des:

- Klientorientierten (nicht-direktiven) Ansatzes (Carl Rogers),
- Themenzentrierten Interaktionsansatzes (TZI) (Ruth Cohn),
- Kommunikationstheoretischen Ansatzes (Paul Watzlawick u.a.),
- Transaktionalen Ansatzes (Eric Berne/Thomas A. Harris)
- und ökologisch-integrative Ansätze wie das *Life-model* (Carel B. Germain/Alex Gitterman) und auch des *Case Managements*

stehen in dieser humanistisch-therapeutisch orientierten Tradition, füllten das Vakuum jedoch nicht. Die psychotherapeutisch orientierten, klientenzentrierten, gesprächstherapeutischen und kommunikationstheoretischen Konzepte waren auf die Praxis Sozialer Arbeit nur sehr eingeschränkt übertragbar. Die durch die sozialwissenschaftliche Kritik ins Abseits geratenen Konzepte der *diagnostic school* fanden in Deutschland erst wieder mit den Bemühungen um eine gesundheitsbezogene klinische Sozialarbeit Eingang in den wissenschaftlichen Diskurs.

Soziale Gruppenarbeit: Die Wurzeln der Sozialen Arbeit mit Gruppen lassen sich in den Vereinigten Staaten um die Jahrhundertwende ausmachen. In den USA bildeten die „*social movements*", insbesondere die besagte *Settlement Houses-Bewegung* im Kontext der sozialreformerischen Arbeiten von **Jane Addams** (1860–1935) die historische Grundlage gesellschaftlicher Hilfen. Sie nutzte die in den zwanziger Jahren praktizierte Gruppenarbeit eher zufällig und informell, ohne theoretisches Fundament und ohne methodische Kenntnisse. Gruppenarbeit sollte über das gemeinsame Handeln helfen, die unmittelbaren Lebensverhältnisse zu verändern und demokratische Strukturen durchzusetzen. Die nach Amerika emigrierte Sozialarbeiterin und Professorin für *Social Work*, **Gisela Konopka** (1910–2003), hat im Rahmen der Reedukations- und Aufbauprogramme der 1950er Jahre die Geschichte der sozialen Gruppenarbeit der Vereinigten Staaten dargestellt und wesentliche gesellschaftsbezogene Zusammenhänge aufgezeichnet. Hierzu gehörte auch der ebenfalls in die USA emigrierte Sozialarbeiter und Professor für Sozialarbeit **Louis Lowy** (1920–1991). Zusammen mit Bernstein differenzierte er die Modelle der Sozialen Gruppenarbeit und ihrer jeweiligen Spezifika auf der Reflexions- und Interventionsebene in vier unterschiedliche Ansätze (Abb. 21).

Modelle der Sozialen Gruppenarbeit

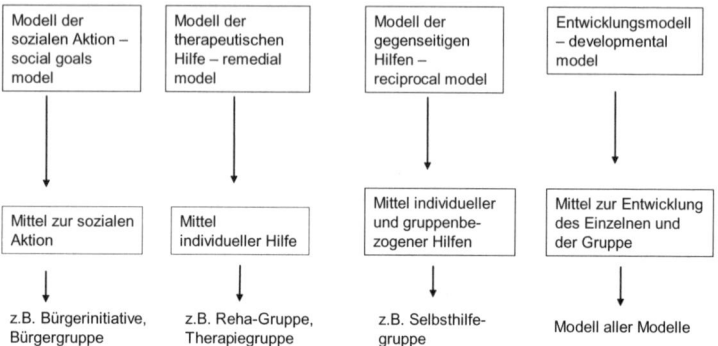

Abb. 21: Modelle der Sozialen Gruppenarbeit. Eigene Darstellung.

Dem amerikanischen Verständnis entsprechend ist Gruppenarbeit ein Arbeitsmittel, das mehr demokratisches Bewusstsein schaffen kann und damit auch ein geeignetes Mittel zu sein schien, um demokratische Verhältnisse im Nachkriegs-Deutschland herzustellen und zu verankern.
Gruppenarbeit hatte ihre Wurzeln in der Gemeinwesenarbeit der Settlement- Bewegung. Sie hat sich aber von ihr weitestgehend gelöst und weiter ausdifferenziert. Die Entwicklung der Sozialen Arbeit mit Gruppen in Deutschland lässt sich in fünf Phasen einteilen. Sie spiegeln in etwa auch die Entwicklung der Ausbildung im sozialen Bereich in Deutschland wieder:

1. Vorprofessionelle Gruppenarbeit – Phase 1945-1965 (Reeducation),
2. Etablierung der Arbeit mit Gruppen – Phase bis Ende der sechziger Jahre (Höhere Fachschulen),
3. kritische Infragestellung – Phase Anfang der siebziger Jahre (Fachhochschulen, Universitäten),
4. Therapeutisierung – Phase Mitte der siebziger Jahre bis heute (Fachhochschulen, Akademien) und
5. Verwissenschaftlichung – Phase Mitte der achtziger Jahre bis heute." (Universitäten, Fachhochschulen, Akademien).[446]

---

446 Vgl. Schmidt-Grunert 1997, S. 26f.

Gemeinwesenarbeit: Gemeinwesenarbeit *(community organization)* folgte einem politischen Impetus. Möglicherweise ist dies der Grund, weshalb sie in der sozialwissenschaftlichen Kritik etwas besser davon kam als die beiden anderen klassischen Methoden. Aber auch dies muss differenziert betrachtet werden. Innerhalb der Gemeinwesenarbeit lassen sich verschiedene Richtungen ausmachen. Sie unterscheiden sich nach dem Grad ihrer politischen Motivation und Kritik gesellschaftlicher Verhältnisse (Abb. 22).

Modelle der Gemeinwesenarbeit

hoch

Gesellschaftskritik

gering

- aggressiver, klassenkämpferischer Ansatz (C.W. Müller)
- Katalytischer, aktivierender Ansatz (R. Hauser, F. Karas, W.Hinte)
- Konfliktorientierter Ansatz (S. Alinsky / D. Dolci)
- Integrativer Ansatz (M. G. Ross)
- religiös orientierter Ansatz (J. Baer)
- Wohlfahrtsstaatlicher Ansatz (Calouste Gulbenkian Foundation)

Abb. 22: Modelle der Gemeinwesenarbeit

Ausbildung und Professionalisierung – Akademisierung: An den *Wohlfahrtspflegeschulen* der Nachkriegszeit, den aus ihnen hervorgegangenen *Höheren Fachschulen* und hieraus entstandenen *Fachhochschulen* setzten sich die Methoden *Einzelfallhilfe, Soziale Gruppenarbeit* und *Gemeinwesenarbeit* als das klassische Dreigestirn des Erwerbs beruflicher Handlungskompetenz durch. Mehr noch: sie definierten im Grunde das berufliche Selbstverständnis. Mit Beginn der Akademisierung des Berufsbildes Sozialer Arbeit im Jahr 1969/1970 durch das *Fachhochschulgesetz* sowie den Aufbau sozialpädagogischer Universitätsstudiengänge fand an den Fachhochschulen eine starke Verbreitung dieser Methoden statt. An den Universitäten wurde eine breite Diskussion und Kritik an der Wissenschaftlichkeit der bestehenden Ausbildungsstandards geführt, die in den zu Fachhochschulen umgewandelten Höheren Fachschulen anzutreffen waren. Diese Kritik wurde, wie bereits erwähnt, insbesondere an der Einzelfallhilfe *(case work)* und an der Sozialen Gruppenarbeit *(group work)* festgemacht. Mit Beginn der 1970er Jahre wurde eine heftige und kritische Infragestellung ihrer wissenschaftstheoretischen Annahmen und ihrer empirisch wissenschaftlichen Reichweite eingebracht. Die Wissenschaftskritik zielte nicht nur auf die klassischen Methoden Sozialer Arbeit, sondern allgemein auf die Legitimation sozialer Berufe als Profession. Man warf vor, Soziale Arbeit als Profession sei unwissenschaftlich, ideologisch, technokratisch und damit letztlich systemstabilisierend.[447] Die Kritik führte dazu, dass die klassischen Methoden Sozialer Arbeit an den Universitäten in die curriculare Versenkung und an den Fachhochschulen in enorme Bedrängnis gerieten.[448] Die Therapeutisierungswelle konnte – und wollte – hierauf auch keine Antworten geben. Ähnliches trifft auf die sozialwissenschaftliche Kritik zu, die bis heute auf die Gefahren einer Technologisierung Sozialer Arbeit im Kontext methodisierender oder gar klinischer, wirkungsorientierter Handlungsmotivation hinweist.[449]

Erst in den 1990er Jahren wurden an den Universitäten die Methodenklassiker wieder entdeckt, insbesondere der Begriff der *„sozialen Diagnostik"* wurde wieder salonfähig.[450] Den klassischen Methoden und ihren Weiterentwicklungen und Spielarten wurde der Platz von Elementen innerhalb von Konzepten beruflicher Handlungsorganisation zugewiesen. Ein Konzept wird als ein Handlungsmodell verstanden, in dem die Ziele, die Personen, die Ressourcen (Mittel, Zeit), die Methoden und Instrumente/Techniken in einen sinnvollen Zusammenhang für die Lösung eines sozialen Problems gebracht werden. Nicht mehr die jeweilige Methode ist also der Kern des sozialpädagogischen/sozialarbeiterischen Handelns, sondern das zu entwickelnde Handlungskonzept, in dem die Methode nur eine Funktion neben anderen zur Lösung sozialer Probleme übernimmt. Dies ermöglicht einen variablen, dem Problem angemessenen Einsatz von Methoden, Techniken und Instrumenten und verhindert den Einsatz von Methoden als statische und zentrale Intervention.[451] Auch die weiteren Methodenentwicklungen, wie z.B. das Krisen- und Konfliktmanagement, das *Case-* und *Care Management* oder die systemische Familienarbeit müssen in diesem Kontext gesehen werden.[452]

Die Ausbildungsreform der 1970er Jahre brachte letztlich zwei sich relativ unabhängig voneinander entwickelnde Ausbildungssysteme hervor; die Studiengänge *Sozialarbeit* und *Sozialpädagogik* an Fachhochschulen und Berufsakademien auf der einen und die sozialpädagogischen Diplomstudiengänge an den Universitäten auf der anderen Seite. Mit Beginn der 1980er Jahre schlossen auch die Studiengänge an den Fachhochschulen mit dem Diplom als akademischen Abschlussgrad

447 Vgl. Staub-Bernasconi 2007, S. 143.
448 Vgl. Kircher 1992, S. 75ff.
449 Vgl. Otto/Schneider 1973, Dewe/Otto 1980 u. 2005 und Otto u.a 2007.
450 Vgl. Mollenhauer/Uhlendorff 1997, Ader/Schrapper 2001.
451 Vgl. Geissler/Hege 1997, S. 23.
452 Vgl. Galuske 2005.

ab. Sie waren damit aber weder gleichartig noch gleichwertig. Das Fachhochschuldiplom berechtigte bei den öffentlichen und freien Anstellungsträgern – ganz im Gegensatz zum Universitätsdiplom – in der Regel weder zum höheren oder mit ihm vergleichbaren Dienst, noch zur Aufnahme einer Promotion an einer Universität. Erst mit Beginn der Jahrtausendwende brachte die Studienreform im Zuge des Bologna-Prozesses mit dem geforderten Umbau der bestehenden Hochschulsysteme und der Einführung sogenannter konsekutiver Studiengänge (B.A. und M.A.) eine formale Gleichheit in das zweigleisige Ausbildungssystem. Eine Entwicklung, die akademisch betrachtet die Möglichkeiten von Nicht-Gleichartigkeit bei struktureller Gleichwertigkeit eröffnet. Professionspolitisch hingegen wird diese Reform noch so manches Rätsel hinsichtlich ihrer Anschlussfähigkeit an den Arbeitsmarkt aufgeben.

Professionalisierungskritik: Unabhängig von den hochschulpolitischen Entwicklungen zur Professionalisierung sozialer Berufe kann man bis heute noch eine spezifische Problematik in der professionstheoretischen Einschätzung der Professionalisierbarkeit Sozialer Arbeit beobachten. Seit der Einrichtung von Studiengängen der Sozialarbeit/Sozialpädagogik an den Universitäten und Fachhochschulen werden Faktoren angeführt, die auf Schwierigkeiten der Professionalisierung Sozialer Arbeit hinweisen. Beklagt wird eine der Sozialen Arbeit anhaftende diffuse Allzuständigkeit für alle möglichen Probleme, aus der heraus es nicht gelingen könne, verbindliche Kernfunktionen und abgegrenzte Aufgabenfelder zu benennen. Eine spezifische Domäne der beruflichen Kompetenz könne daher für die Soziale Arbeit im Sinne einer Monopolstellung und Nicht-Substituierbarkeit nicht ausgewiesen werden. Weiterhin stehe eine starke Abhängigkeit von staatlicher Steuerung und direkter Einbindung in bürokratischen Organisationen sowie die damit verbundene enge Verkoppelung von Hilfe und Kontrolle *(doppeltes Mandat)* im Wege. Das Handeln in der Sozialen Arbeit ist damit zwei entgegen gesetzten Sphären gleichzeitig verpflichtet: Den pädagogisch/sozialtherapeutischen Maßnahmen auf der einen Seite und den rechtlich/organisatorischen Bedingungen auf der anderen Seite. Dieses *„doppelte Mandat"* stehe einer Autonomisierung der Berufsausübung als Profession systematisch entgegen.
Schließlich habe die Soziale Arbeit mit der Schwierigkeit zu kämpfen, ihre Kompetenzansprüche in Bezug auf die zu bearbeitenden Probleme durchzusetzen, da diese solche des täglichen Lebens seien. Für ein Laienpublikum sei es daher schwer einsehbar zu machen, dass es hier besonderer Fähigkeiten und besonderer „Experten" bedarf. Entsprechend sei eine gewisse Nachrangigkeit im gesellschaftlichen Ansehen des Berufs (z.B. gegenüber dem des Lehrers, Juristen oder Arztes) zu beobachten. Letztlich mache auch das Fehlen eines spezifischen Handlungsinstrumentariums eine spezifische Abgrenzung zu anderen Berufsgruppen kaum mög-

226

lich. Die Gesamtschau der hier vorgetragenen Argumente lasse dann den Schluss zu, dass es sich bei der Sozialen Arbeit um eine „Semiprofession" handele.[453] Diese Kritik ist angesichts heutiger Entwicklungen nicht mehr zu halten. In funktional differenzierten Gesellschaften ist auf der Ebene fast aller Professionen die Ausdifferenzierung stets neuer Spezialisierungen zu beobachten. Zu den bestehenden Professionen bilden sich zudem stets neue heran. Das betrifft auch die Soziale Arbeit. Ihrer generalistischen Grundausrichtung wurden und werden Spezialisierungen innerhalb ihres Professionsraumes in Form zahlreicher Fort- und Weiterbildungsprogramme entgegengesetzt, neue Professionen sind im Entstehen.[454] Allen Professionen gemeinsam ist zudem eine Entwicklung, die gerade zunehmend das auflöst, was ihr Spezifikum als Profession lange Zeit ausmachte: die spezifische Abgrenzung zu anderen Professionen. Kaum eine Profession kann heute die Bearbeitung der ihr gesellschaftlich gegebenen Aufgaben durch spezifische Abgrenzungen und Rückzug auf ihre Profession allein bewerkstelligen. Sie alle benötigen weitere Disziplinen zur Lösung ihrer Professionsaufgaben und nur selten ist der Verzicht auf interdisziplinäre Zusammenarbeit zielführend. Somit relativiert sich auch die Kritik am fehlenden eigenen Gegenstandsbereich und an eigenen Handlungsinstrumentarien.

Auch die durch das doppelte Mandat angeblich gegebene mangelhafte Autonomisierung der Berufsausübung als Profession kann nicht spezifisch als ein Phänomen der Sozialen Arbeit beobachtet werden. In modernen Gesellschaften wird es kaum eine Profession geben, die auf strukturelle Koppelungen mit den Funktionssystemen Recht und Politik verzichten kann. Dies kennzeichnet mehr oder weniger heute fast jede Profession. Sozialer Arbeit ist sicherlich zu Eigen, dass sie auch in Zwangskontexten handelt. Ihre spezifisch zu bewältigende Aufgabe besteht dann allerdings darin, dass es ihr gelingen muss, „Hilfe und Kontrolle" mit der professionell gestalteten Vermittlung auf ein gesellschaftliches Ganzes wieder aufzulösen. Eine Aufgabe, die nach autonomer Bestimmung und Gestaltung ihrer Professionsausübung geradezu ruft, denn wie sollte sie erfolgreich sein, wenn ihr Gestaltungsraum nur als verlängerter Arm staatlicher Zwänge gefasst würde? Das gesellschaftliche Ganze ist hingegen in einer funktional differenzierten Gesellschaft schwer vermittelbar. Die moderne Gesellschaft als solche wird sich selber fremd, ein Faktum, dass nicht nur für Soziale Arbeit zutrifft, sondern auf moderne Gesellschaften schlechthin.[455]

453 Vgl. Stichweh, in: Merten (Hrsg.) 2000, S. 29-38. Vgl. auch Bommes/Scherr 2000, S. 225ff.
454 Beispiele hierfür sind: Netzwerkmanagement, Case Management, Suchttherapie, Schuldnerberatung, Elementar- und Frühpädagogik sowie auf Masterprogramme der Hochschulen umgeschaltete Spezialisierungen wie Supervision, klinische Sozialarbeit oder Sozialmanagement.
455 Vgl. ausführlich in Lambers 2010, S.133-139.

Zusammengefasst:

Armut, Hilfebedürftigkeit und gesellschaftliche Reaktion:
* Die freie Wohlfahrtspflege erlebt in der zweiten Hälfte des zwanzigsten Jahrhunderts einen kometenhaften Aufstieg.
* Ein Umdenken in der Sozialpolitik (aktivierender Sozialstaat und Eindämmung der Sozialstaatsquote) stellt die freie Wohlfahrtspflege zunehmend unter einen Ökonomisierungs- und die Menschen, die Hilfe benötigen, unter einen Individualisierungsdruck.
* Die öffentliche Wohlfahrtspflege erlebt eine starke Ausdifferenzierung der Sozialverwaltungen.
* Die sozialpolitische Neuorientierung stellt die öffentliche Wohlfahrtspflege unter zunehmenden Reformdruck (Neue Steuerung).
* Mit Beginn der 1950er Jahre und verstärkt mit den 1970er Jahren setzt eine Akademisierung und Professionalisierung sozialer Berufe als eine Antwort auf die sozialen Modernisierungsbedarfe ein.
* Der Prozess der Professionalisierung geht einher mit einem dynamischen Prozess der Verrechtlichung des Sozialen und weiterer Rechtsreformen. Sämtliche Jugend- und Sozialgesetze werden sukzessive in ein Sozialgesetzbuch übernommen.

5.5 Theorieentwicklung in der Sozialen Arbeit

Mit der Ausdifferenzierung moderner Gesellschaften ist die Entwicklung weitestgehend eigenständiger gesellschaftlicher Funktionssysteme verbunden. Zu diesen Funktionssystemen gehört auch die Wissenschaft. Mit Beginn des in der Antike entstandenen Fächerkanons, der sogenannten *„sieben freien Künste"*[456] hat die Anzahl neu hinzugekommener wissenschaftlicher Disziplinen bis heute stetig zugenommen. Gesicherte Zahlen hierüber sind kaum zu finden. Traut man den Zählungen von Internetdatenbanken, so sind es mittlerweile gut 280, wobei wichtige neue Disziplinen wie die Informatik, die Pflegewissenschaften und die Soziale Arbeit nicht einmal genannt sind.[457] Besonders in der zweiten Hälfte des 20. Jahrhunderts, den Wiederaufbaujahren nach dem Zweiten Weltkrieg und den darauf folgenden Wachstumsjahren, blühen die Sozial- und Erziehungswissenschaften wieder auf. So wird auch die spätestens mit der Industrialisierung entstandene *„soziale Frage"* verstärkt zum Thema von Forschung und Entwicklung. Die Programme wissenschaftlicher Organisationen treten grundsätzlich als Programme

---

456 Es handelte sich um: Grammatik, Rhetorik, Dialektik/Logik, Arithmetik, Geometrie, Musik und Astronomie (vgl. Glei 2006).
457 http://www.science-at-home.de/wiki/index.php/Wissenschaftliche_Disziplinen (03.08.2009).

der wissenschaftlichen Wahrheitsfindung auf. Ihre Kommunikationsform sind Theoriebildungen, Entwicklung wissenschaftlicher Denkfiguren (Paradigmen) und Forschungsprogramme, die in einen diskursiven Kommunikationszusammenhang (Publikationen, Tagungen, Symposien usw.) gestellt werden. Die Geschichte der Sozialen Arbeit als Wissenschaft und die Geschichte der Sozialen Arbeit als Berufsausbildung sind jeweils für sich komplex genug, um sie einer eigenständigen historischen Reflexion anzuvertrauen.[458] Daher soll an dieser Stelle nur ein kurzer Überblick über die wichtigsten Theorien Sozialer Arbeit der Moderne und Spätmoderne gegeben werden.

5.5.1 Begriffsgeschichte
Soziale Arbeit ist eine moderne wissenschaftliche Disziplin, die sich seit Beginn des 20. Jahrhunderts unter verschiedenen und abwechselnden Bezeichnungen zu etablieren begann. Begriffe wie *Fürsorgewissenschaft* und *Wohlfahrtswissenschaft* wurden von den Begriffen *Sozialarbeit* und *Sozialpädagogik* abgelöst, wobei mit dem Begriff *Sozialpädagogik* sowohl die Profession als auch ihre universitäre, wissenschaftliche Reflexion bezeichnet wurde. *Sozialpädagogik* wurde mit der Einführung des erziehungswissenschaftlichen Studienganges *Diplom-Pädagogik* seit 1969 als eine Teildisziplin der Erziehungswissenschaften eingeordnet. Seit der Zeit wurde auch die Debatte geführt, ob diese disziplinäre Einordnung richtig sei. Dem Begriff der universitären Sozialpädagogik setzte man den Begriff der *„Sozialarbeitswissenschaft"*[459] entgegen. Damit sollte der wissenschaftlichen Reflexion von Sozialarbeit Raum gegeben und ihrer Überformung durch eine einseitig pädagogische Wissenschaftsperspektive entgegengetreten werden. Soziale Arbeit umfasst Problembereiche, die nicht ausreichend als pädagogische Problemstellungen gefasst werden können.[460] Bisweilen begegnet man auch heute noch der begrifflichen Trennung von Sozialarbeit und Sozialpädagogik. Sie stehen dann als Differenzbegriffe für eine Soziale Arbeit, die sich entweder mehr mit den psychosozialen Hilfen für erwachsene Zielgruppen und Bewältigung akuter Problemlagen (Sozialarbeit) oder mehr mit der unterstützenden Erziehung, Bildung und Betreuung von Kindern, Jugendlichen, Erwachsenen und älteren Menschen (Sozialpädagogik) beschäftigt. Der Begriff Sozialarbeit wird tendenziell stärker mit dem Begriff der *Hilfe,* Sozialpädagogik hingegen mit dem der *Erziehung* und *Bildung* in Verbindung gebracht. Gleichwohl konstituiert sich Erziehung und Bildung im Kontext der Sozialpädagogik als „Hilfe" (z.B. im Kinder- und Jugendhilfegesetz als Erziehungshilfe, Familienhilfe oder Betreuungshilfe).

---

458 Zum Werdegang der Sozialen Arbeit als Wissenschaft vgl. Engelke 2004 und Mühlum 2001 und 2004; zum Werdegang der Sozialen Arbeit als Berufsausbildung vgl. Amthor 2003.
459 Vgl. Puhl (Hrsg.) 1996.
460 Vgl. Bommers/Scherr 2000, S. 240.

Während die zunächst getrennten Professionsbezeichnungen *Sozialpädagoge* und *Sozialarbeiter* in der Praxis immer mehr zusammenwuchsen und zuletzt auf den Diplomurkunden nur noch von einem Schrägstrich getrennt wurden, ging man sukzessive zur Bezeichnung *Soziale Arbeit* über. Dieser Begriff war schon zu Zeiten Alice Salomons bekannt, wurde jedoch durch den angesprochenen Begriffswandel verdrängt.

Sozialpädagogik: Hans Thiersch (1935) bezeichnete das 20. Jahrhundert als *„das sozialpädagogische Jahrhundert"*[461], wobei sozialpädagogische Reflexionsarbeit bereits auf Erfahrungen mit dem Pauperismus des 19. Jahrhunderts zurückgeht. Die Wahrnehmung von Menschen, die aufgrund ihrer sozialen Lage die Ideale bürgerlicher Individualitätsgestaltung nicht erfüllen konnten, machte es möglich, das Soziale in der Erziehung zu denken, was besonders bei **Friedrich Adolph Wilhelm Diesterweg** (1790-1866) deutlich wurde.[462] Der Begriff *„Social-Pädagogik"* wurde jedoch erstmals 1844 von dem Schulpädagogen und Herbartianer **Karl Mager** (1810-1858) als Gegenbegriff zur Individualpädagogik verwendet. Aufgabe von Erziehung sei die Entwicklung eines gesellschaftlichen Bewusstseins. Ähnlich betrachtete der Schulpädagoge Diesterweg (1851) Sozialpädagogik als eine Volkserziehung, der sich jede Einzelerziehung unterzuordnen habe. Er bezeichnete Sozialpädagogik aber auch als eine Pädagogik, die sich mit den Erziehungsaufgaben zu beschäftigen habe, die mit dem durch die industrielle Entwicklung entstandenen Pauperismus (Verarmung) entstanden sind.

Sozialpädagogik ist ein Begriff, der in der Geschichte der Pädagogik unterschiedliche Bedeutung angenommen hat. Er war in den Anfängen noch nicht mit einer eigenen Theoriebildung verbunden und wurde oftmals fragmentarisch gebraucht. Wenn Sozialpädagogik die Wissenschaft ist, die das Soziale in der Pädagogik thematisiert, nimmt sie ihren Anfang aber nicht allein in der Begriffsbildung *Sozialpädagogik*. Ideengeschichtlich wird das Denken des Sozialen in der Pädagogik allgemein auf Pestalozzi zurückgeführt. Pestalozzi hatte seine Erfahrungen, die er in der pädagogischen Arbeit mit etwa 80 Kriegsweisen im Kloster Stans machte, niedergeschrieben; der sogenannte *Stanser Brief* (1799). Er gilt in der Pädagogik bis heute als eines der eindrucksvollsten Zeugnisse der Erziehungsgeschichte. Neben dieser und vieler anderer Schriften wurde im Diskurs der Sozialpädagogik auch auf Pestalozzis Volksroman *Lienhard und Gertrud* (1781/1787) zurückgegriffen. Beide Werke ließen unterschiedliche Interpretationen des Sozialen in der Pädagogik Pestalozzis zu. Damit sind die beiden Namen **Paul Gerhard Natorp** (1854-1924) und **Herman Nohl** (1879-1960) verbunden. Auf sie vor allem geht der universitäre Gebrauch des Begriffes Sozialpädagogik zurück. Natorp brachte

---

461 Vgl. Thiersch in Rauschenbach/Gängler 1992, S. 9-23.
462 Vgl. Dollinger 2007, S. 56.

den Begriff Sozialpädagogik als einen Begriff der akademischen Pädagogik ein. Er entwickelte 1907 eine theoretische Konzeption von Sozialpädagogik als Antwort auf die soziale Frage. Sozialpädagogik sah er aber nicht als eigenständigen Erziehungsbereich, sondern – ähnlich wie Mager – als Gegensatz zur Individualpädagogik. Natorp knüpfte nicht an die individualpädagogischen Ideen Rousseaus an. Entsprechend wenig interessierten ihn auch die pädagogischen Erfahrungen mit Waisenkindern, die das große Vorbild Pestalozzi in seinem *Stanser Brief* hinterlassen hatte. Vielmehr waren für Natorp die volkserzieherischen Gedanken von Bedeutung, die bei Pestalozzi in seinem Volksroman *Lienhard und Gertrud* zu finden waren. Für Natorp war Sozialpädagogik jegliche Erziehung und Bildung zur Gemeinschaft durch Gemeinschaft. Insofern ist Sozialpädagogik in Natorps Verständnis der Versuch einer Neubegründung der Disziplin Pädagogik.[463]

Als eigenständigen Erziehungsbereich hingegen entwarfen in den zwanziger Jahren der Philosoph und Pädagoge **Herman Nohl** (1879-1960) und die Frauenrechtlerin **Gertrud Bäumer** (1873-1954) die Sozialpädagogik. Im Gegensatz zu Natorp sah Nohl die Bestimmung jeglicher Pädagogik und damit auch der Sozialpädagogik als Individualpädagogik. Nohl bezog sich vor allem auf Pestalozzis *Stanser Brief*. Nohl verwendete den Begriff der *Sozialpädagogik* entsprechend im Zusammenhang von Jugendwohlfahrtsarbeit, bzw. Fürsorge und Wohlfahrtspflege.[464] Sozialpädagogik sollte neben Familie und Schule einen eigenständigen Erziehungsauftrag übernehmen. Sozialpädagogik war die außerhalb von Schule liegende gesellschaftliche und staatliche Erziehungsfürsorge. Dem Jugendamt kam eine eigenständige Erziehungs- und Bildungsfunktion neben Schule und Familie zu. Diese Vorstellung von Sozialpädagogik hat ihr Verständnis und ihre weitere Entwicklung bis in die heutige Zeit hinein entscheidend geprägt. Hierzu zählt besonders auch das von Herman Nohl eingeführte Prinzip des *„pädagogischen Bezuges"*[465]. Es durchzieht sein gesamtes Werk und gehört zu den zentralen Themen geisteswissenschaftlicher Pädagogik. Im Kern geht es dabei um die Vorstellung, dass Pädagogik in erster Linie ein interpersonales Geschehen ist. Der Erzieher soll von der Schaffung eines vertrauensvollen Verhältnisses zwischen ihm und seinem Zögling angetrieben werden. Diese Beziehung erhält ihre pädagogische Dimension in den gegenüber dem Zögling erbrachten und von ihm wahrgenommenen Haltungen wie *„Liebe, Vertrauen und Achtung"* des Erziehenden. Diese ermöglicht die Anerkennung von Autorität und den vom Kind zu erbringenden *„Gehorsam"* mit Blick auf die zu bewältigenden Entwicklungsaufgaben. Der Erzieher ist eine Art Anwalt des Kindes.

---

463 Vgl. Henseler 2000, S. 202.
464 Vgl. a.a.O., S. 149 und S. 151.
465 Vgl. zusammenfassend bei Klafki 1980, S. 55-91.

Der Erziehungswissenschaftler **Klaus Mollenhauer** (1928-1998) ging über Nohls Begrenzung einer Sozialpädagogik als Jugendfürsorge und Jugendpflege hinaus. Er betrachtete Sozialpädagogik als Theorie und Praxis der Jugendhilfe im Kontext gesellschaftlicher Eingliederungshilfe. Mit Sozialpädagogik war für Mollenhauer auch ein gesellschaftskritischer Auftrag gegeben. So definierte er Sozialpädagogik als einen Entwicklungsgegenstand, der sicht nicht auf die bestehenden Institutionen beschränken darf. Sozialpädagogik hat demnach auch die Aufgabe, stets neue Wege pädagogischer Hilfe- und Entwicklungsräume zu suchen. Auch wenn sich Mollenhauer wieder der Allgemeinen Pädagogik zuwandte und er sich erst nach vielen Jahren wieder zurückmeldete[466], hat er stark zur Begründung der Sozialpädagogik als wissenschaftliche Disziplin beigetragen.[467] Das heutige Verständnis von Sozialpädagogik als ein Versuch der kritischen Hinterfragung und pädagogischen Reflexion des Spannungsverhältnisses von Lebensbewältigung und sozialer Integration wurde von Mollenhauer entscheidend vorgezeichnet und von **Hans Thiersch** (1935) zu einer alltags- und lebensweltorientierten Sozialpädagogik weiterentwickelt.

Im Ergebnis unterlag der Begriff Sozialpädagogik einem unterschiedlichen Verständnis darüber, was das Soziale in die Pädagogik hineinbringt.
• Sozialpädagogik als Gegenbegriff zur Individualpädagogik im Sinne einer Gesellschafts-, Volks- und Nationalerziehung, einer Erziehung durch und für die Gesellschaft und integratives Prinzip jeder Erziehung im Sinne einer sittlichen Gemeinschaftserziehung,
• Sozialpädagogik als Erziehung im Sinne bestimmter Bildungsideale,
• Sozialpädagogik als eigenständige Pädagogik außerhalb von Familie und Schule,
• Sozialpädagogik als Theorie und Praxis pädagogischer Integrationshilfen und Einrichtungen als Ausgleich der Erziehungsmängel industrieller Gesellschaften und mithin Antwort auf die ihr typischen Problemlagen.

Die Frage: „Was ist Sozialpädagogik?" beschäftigt den Theoriediskurs bis heute. So wird kritisiert, dass sich mit der Durchsetzung des Nohlschen Verständnisses von Sozialpädagogik selbige zu sehr an dem Hilfebegriff orientiert hat. Damit habe sich Sozialpädagogik selber auf „Nothilfe" reduziert. Stattdessen müsse sie sich stärker an den Grundkategorien von Gemeinschaft und Gesellschaft ausrichten. Diese Kategorien – von Paul Natorp für die *Social-Pädagogik* eingeführt – waren konstitutiv für das anfängliche Selbstverständnis der Sozialpädagogik. Heutige Sozialpädagogik habe dies als einen zentralen Faktor von Erziehungs- und Bildungsprozessen in die wissenschaftstheoretische Ausrichtung einzubringen.[468]

---

466 Mollenhauer/Uhlendorff 1997.
467 Vgl. Niemeyer/Rautenberg 2006, S. 334.
468 Kurzum: Die Kritik steht für das Bedauern, dass sich nicht das Natorpsche, sondern das Nohlsche Verständnis von Sozialpädagogik durchgesetzt hat. (Vgl. im Rekurs auf Hartmut von Hentig bei Reyer 2009, S. 255-272 und Gottschalk 2004, S. 340ff).

Sozialarbeit und Soziale Arbeit: Während der Begriff *Sozialpädagogik* relativ schnell zu einem Begriff der akademischen Beschäftigung von Pädagogik mit der sozialen Frage und den darin gegebenen Professionalisierungsthemen wurde, verhielt sich dies mit den Begriffen *Soziale Arbeit* und *Sozialarbeit* etwas anders. *Sozialarbeit* und *Soziale Arbeit* sind Begriffe, die sich aus der Verberuflichung sozialen Helfens im Kontext der sozialen Frauenschulen und späteren Wohlfahrtschulen entwickelten. Der Begriff *Sozialarbeit* ist herkunftsgemäß eher ein Begriff der Berufspraxis und der Ausbildungsthemen des Berufes. Wenngleich er im Kontext der *sozialpädagogischen Bewegung* verwendet wurde (*„Gilde Soziale Arbeit"*, 1925), war er weniger ein Begriff, der innerhalb der Reflexionsprozesse der Reformpädagogik und wissenschaftlichen oder geisteswissenschaftlichen Pädagogik entstanden wäre. Er wurde zum Begriff von privater Mildtätigkeit und kommunalen Maßnahmen im Kontext der Armenpflege sowie der späteren Verberuflichung von Fürsorge und Wohlfahrtspflege. Alice Salomon schlug 1918 den Ministerien den Begriff *„Sozialarbeiter"* als Berufsbezeichnung vor. Im Handwörterbuch der Wohlfahrtspflege von 1929 war schließlich von *„berufsmäßiger Sozialarbeit"* die Rede.[469] Der Begriff wurde zudem in die Sprache rechtlicher Programme aufgenommen.[470] Der Begriff *Soziale Arbeit* ist älter als der Begriff *Sozialarbeit*. Der Begriff *„sociale Arbeit"* wurde 1880 von dem bürgerlichen Sozialreformer und Nationalökonomen **Lorenz von Stein** (1815-1890) gebraucht. Er zielte damit auf die Hilfen, die der Einzelne zur Behebung seiner Situation benötigte. Die Dimension von Gesellschaft wurde von L. v. Stein durchaus mitgedacht, allerdings eher im Sinne einer freien Klassenbewegung. Soziale Arbeit sollte nach diesem Verständnis zur Hebung des Einzelnen in seiner sozialen Klasse sowie zum ungehinderten Klassenaufstieg beitragen. In der bürgerlichen Frauenbewegung sprach man von *„sozialer Arbeit"* sowie von *„sozialer Frauenarbeit"*[471]. In *„sozialer Arbeit"* sah man nicht nur ein Mittel zur Behebung individueller Not, sondern auch einen Weg zur Bewältigung der gesellschaftlichen Umbrüche der Industrialisierung (Armut, Rechtsstellung der Frauen). *Soziale Arbeit* war hingegen kein Gegenbegriff zur *Sozialpädagogik*. Die 1925 gegründete *„Gilde Soziale Arbeit"* verstand sich primär als Reformbewegung einer Sozialpädagogik, hier im Kontext von Fürsorgeerziehung.

---

469 Vgl. Mühlum 2001, S. 20. Anmerkung: Wir stellen fest; man muss Beruf und Profession voneinander unterscheiden. Beruf ist vereinfacht gesagt eine Arbeitstätigkeit, die durch tradiertes Wissen einer Berufspraxis erlernt werden kann. Profession hingegen ist eine Arbeitstätigkeit, die wissenschaftlich stets erneuerten Erkenntnisgewinn zur Ausübung des Berufes voraussetzt. Erst dieser befähigt zur Ausübung des Berufes als Profession. Sozialarbeit als Berufsarbeit einerseits und Sozialpädagogik als Profession andererseits sind hingegen heute keine Trenngrößen mehr. Mit der Einrichtung von Fachhochschulen wurde auch die berufsmäßige Sozialarbeit zur Profession.

470 Heute findet sich der Begriff nur noch im SGB VIII, KJHG (vgl. § 13 „Jugendsozialarbeit") In allen anderen Sozialgesetzbüchern ist er nicht mehr zu finden.

471 Vgl. Maier (Hrsg.) 1998, S. 13ff u. S. 568ff.

Die Begriffe *Soziale Arbeit* und *Sozialarbeit* wurden von den Begriffen *Wohlfahrts-pflege* und *Fürsorge* zunehmend verdrängt und kamen vermutlich als amerikanischer Re-Import des Begriffes *social work* nach Deutschland zurück.[472] Mit Beginn der Akademisierung der sozialen Berufsarbeit standen die Begriffe *Sozialpädagogik* und *Sozialarbeit* an den Fachhochschulen sowie die universitäre *Sozialpädagogik* als eigenständige Studienprofile nebeneinander. Erst seit den 1990er Jahren kehrte der Begriff Soziale Arbeit zurück. Er dient fortan als Ober- oder Sammelbegriff der traditionellen Fachrichtungen Sozialpädagogik und Sozialarbeit. Er steht auch für die Konvergenz von Sozialarbeit und Sozialpädagogik in Ausbildung und Praxis.

Konvergenz von Sozialarbeit und Sozialpädagogik: Ein Unterschied zwischen der Praxis von Sozialarbeit und Sozialpädagogik lässt sich wissenschaftlich kaum noch begründen. Historisch lässt sich mit den Begriffen eine Arbeitsteilung rekonstruieren, die auf spezifische Entwicklungen der Fürsorge, Armenpflege und Wohlfahrtspflege in Deutschland zurückzuführen sind, jedoch in der zweiten Hälfte des 20. Jahrhunderts beginnen, zusammenzulaufen. Während es der Sozialpädagogik um die gesellschaftliche Substituierung der seit dem Mittelalter schwächer werdenden Sozialisations- und Erziehungsfunktion der Familie ging, stand für die Sozialarbeit die Bearbeitung der durch Feudalstrukturen hervorgerufenen Armutsprobleme an. Die Eingrenzung der sich hieraus entwickelnden Handlungsfelder als solche mit erzieherischen oder nicht-erzieherischen Absichten, bereitet aber große Schwierigkeiten. So lassen sich die Faktoren von Armut und Benachteiligung niemals unabhängig von gesellschaftlichen Bedingungen und den darin gegebenen Lern- und Bildungsaufgaben denken. Hinzu kommt, dass Sozialisation und Bildung mittlerweile als ein lebenslanger Prozess angesehen werden, mithin pädagogische Absichten in der Sozialen Arbeit im weitesten Sinne immer mitschwingen.[473] So gesehen würde der Begriff Sozialpädagogik als Konvergenzbegriff besser taugen, als der Begriff Soziale Arbeit. Die Reaktivierung des Begriffes Soziale Arbeit als Konvergenzbegriff hat sich hingegen weitestgehend durchgesetzt.

Das ist insofern erstaunlich, als dass sich darunter weiterhin verschiedene Positionen über die wissenschaftstheoretische Ausrichtung Sozialer Arbeit versammeln:

a) Soziale Arbeit ist als Sozialpädagogik eine erziehungswissenschaftliche Disziplin mit den Leitbegriffen Erziehen, Bilden, Beraten und Lernen.

b) Soziale Arbeit ist als Sozialpädagogik im Sinne Paul Natorps eine Pädagogik des Sozialen mit den Leitbegriffen Gemeinschaft und Gesellschaft.

---

472 Vgl. Mühlum 2001, S. 20 und Engelke 2004, S. 279.
473 Vgl. Lukas 1979, S. 22.

c) Soziale Arbeit ist als Sozialpädagogik eine Teilpädagogik (ähnlich wie Kultur-, Medien-, Freizeit-, Erlebnis-, Erwachsenen-, Wirtschafts-, Betriebs-, Schulpädagogik usw.).

d) Soziale Arbeit ist Sozialarbeit jenseits von Pädagogik und Erziehungswissenschaft mit sozialwissenschaftlichen und sozialpolitischen Leitorientierungen.

e) Soziale Arbeit ist eine von Sozialpädagogik unabhängige und damit eigenständige Sozialarbeitswissenschaft. Sie orientiert sich wissenschaftlich und fachpraktisch eng an konkreten Fragestellungen der Berufspraxis, die als ökonomische, sozialpolitische, sozialrechtliche, sozialplanerische und sozialverwalterische Aufgaben über die pädagogischen Aufgaben hinausgehen. Soziale Arbeit ist eine Ausbildungswissenschaft.

f) Soziale Arbeit ist eine eigenständige Wissenschaft, die sich mit der Entstehung und Entwicklung sozialer Problemlagen sowie deren professionelle Bearbeitung als personenbezogene Dienstleistung befasst. [474]

Zusammengefasst:

Begriffsgeschichte:

• Sozialpädagogik rechnet sich heute dem Begriff Sozialer Arbeit zu. Im Kern geht es ihr um eine institutionenunabhängige Theorie und reflexive Praxis pädagogischer Integrationshilfen als Antwort auf typische soziale Problemlagen moderner Gesellschaften. Ihr Wissenschaftsort ist traditionell gesehen die Universität, was jedoch seit Gründung der Fachhochschulen deutlich relativiert werden muss.

• Sozialarbeit und Soziale Arbeit waren im Prozess der Verberuflichung zunächst begrifflich identisch. In den Höheren Fachschule für Sozialarbeit wurde versucht, die Sozialpädagogik mit dem Übergang zu Fachhochschulen zu integrieren. Mit den Begriffen Sozialarbeit und Sozialpädagogik wurden lange Zeit jeweils eigenständige Studiengänge bezeichnet. Seit den 1990er Jahren werden beide Begriffe unter Sozialer Arbeit subsumiert. Gemeint sind hiermit alle Orte der Praxis Sozialer Arbeit und der wissenschaftlichen Auseinandersetzung mit ihr.

• Während Soziale Arbeit heute im wissenschaftlichen Kontext Sozialarbeit und Sozialpädagogik in der Regel subsumiert, wird in der universitären Sozialen Arbeit tendenziell weiterhin eher darunter die Sozialpädagogik verstanden. Allgemein können wir aber heute von der Konvergenz der Handlungsfelder ausgehen.

---

474 Dewe u.a. 1996, S. 111-126. Vgl. auch Gottschalk 2004, S. 27f.

5.5.2 Theorieentwicklung

Bei einem Versuch, sich einen Überblick über die Theorien der Sozialen Arbeit zu verschaffen, treten einige Probleme auf. Das erste Problem besteht darin, dass wir auf Theorien stoßen, bei denen die Bezeichnung „Theorie" nicht immer zutrifft. So handelt es sich in manchen Fällen eher um Entwürfe, Ansätze und Vorarbeiten für eine Theorie. Das zweite Problem besteht darin, dass nur in wenigen Fällen die Urheber ihre Theorien selber als Theorien bezeichnen. Manchmal wird von „Überlegungen" oder „Fragmenten" (Karam Khella und Heiko Kleve) zu einer Theorie gesprochen, in anderen Fällen wird der Anspruch einer „Theorie" nicht ausgesprochen und in wiederum anderen Fällen wird bewusst von der Notwendigkeit einer Theoriebildung abgesehen, da man fürchtet, dass Theorie die Praxis nachteilig überformen und binden könnte. Man bevorzugt hier eher den Begriff von Konzepten Sozialer Arbeit.[475]

Gleichwohl kann man alle Überlegungen, die mit wissenschaftlichem Anspruch auftreten und dabei Aussagen über die professionelle Handlungsleitung und Ausgestaltung Sozialer Arbeit treffen, als „Theorie" bezeichnen. Das trifft besonders dann zu, wenn sie im Prozess der Verberuflichung Sozialer Arbeit und mit Beginn der Akademisierung, sprich Professionalisierung, in der Lehre und in der Profession Aufmerksamkeit erlangt haben. Auf diese Weise erhält man erstaunlich viele „Theorien". Eine entsprechende Gesamtschau wird seit 1992 vor allem von Ernst Engelke unternommen.[476] Frühere Übersichten liegen von Helmut Lukas, Helga Marburger und Hans-Ludwig Schmidt vor.[477]

In der Zeit bis zur Aufklärung waren Armenhilfe und Armenpflege ein Gegenstand theologisch-philosophischer Motivation. Die Programme als Form einer theoriegeleiteten Ausführung des sozialen Hilfebegriffes nehmen in der Zeit der späten Aufklärung und Industrialisierung ihren Anfang. Ihre Ausdifferenzierung in unterschiedliche theoretische Paradigmen und Gegenstände, insbesondere der Pädagogik und Sozialwissenschaften, ist ein Kind der Moderne. Ab hier steht Theorieentwicklung in der Sozialen Arbeit für ein Bemühen um „eine einheitsstiftende Theorie des gesamten Handlungsfeldes als Paradigma einer eigenständigen Wissenschaftsdisziplin"[478]. Dieser Prozess lässt sich für die Sozialpädagogik mit dem ausgehenden 19. Jahrhundert ausmachen, hier insbesondere mit Paul Natorp und dann verstärkt mit Beginn der 1920er Jahre der Weimarer Zeit, hier mit Karl Wilker und später besonders mit Herman Nohl (Abb. 23).

---

475 Bzw. hier der Sozialpädagogik, vgl. Marburger 1981.
476 Vgl. Engelke 1992, 1998 und 2008.
477 Vgl. Lukas 1979, Marburger 1981 und Schmidt 1981. Zur Einführung empfehlen sich Engelke a.a.O.; Niemeyer 1998 und Niemeyer u.a. 1997; Lambers „Theorien Sozialer Arbeit" (ersch. demn.). Zum Einstieg in Originaltexte empfiehlt sich Thole u.a. 1998.
478 Vgl. Lukas 1979, S. 181.

Theologie	Pädagogik Sozialpädagogik	Empirische Pädagogik	Nationalökonomie Sozialwissenschaften Soziologie	Psychologie	Anglo-amerik. Konzepte[1] u. Ökologie	Geistesgeschichtliche Epochen
1269 Thomas von Aquin 1525 Juan Luis Vives 1692 August Hermann Francke						**Philosophie und Theologie in** •Mittelalter und •Neuzeit
1833 Johann Hinrich Wichern	1766 Johann Heinrich Pestalozzi 1899 Paul Natorp		1798 Thomas Robert Malthus			**Theologie u. Geisteswissenschaften in der Zeit von** •Aufklärung, •Klassik, •Industrialisierung
	1914 Alois Fischer 1921 Karl Wilker 1933 Herman Nohl 1959 Klaus Mollenhauer 1978 Hans Thiersch 1980 Bernd Dewe und Hans-Uwe Otto 1988 Michael Winkler 1992 Lothar Böhnisch	1975 Lutz Rössner	1917 Alice Salomon 1918 Christian Jasper Klumker 1932 Ilse von Arlt 1955 Hans Scherpner 1979 Lieselotte Pongratz u. a. 1980 Karam Khella 1983 Silvia Staub-Bernasconi 1995 Norbert Herriger 1998 Heiko Kleve	1921 Siegfried Bernfeld 1979 Marianne Hege	1902 Jane Addams 1917 Mary Richmond 1973 Louis Lowy 1982 Wolf Rainer Wendt 1983 Carel B. Germain u. Alex Gittermann	**Geistes- und Sozialwissenschaften der** •Moderne •Spätmoderne

[1] Mit Wirkung auf hiesige Entwicklung.

Abb. 23: Theorieentwicklung

In der Sozialarbeit spielten die angloamerikanischen Konzepte von Mary Richmond[479] und Jane Addams[480] eine gewisse Rolle. Sie inspirierten Alice Salomons fürsorgetheoretische Überlegungen sowie die weitere Entwicklung der Einzelhilfe (*case-work*) und der Sozialen Gruppenarbeit und Gemeinwesenarbeit (*social group work, community work*), die so richtig jedoch erst nach dem Zweiten Weltkrieg Eingang in die deutsche Entwicklung fand, vor allem über Louis Lowy. Seine Arbeiten hatten auch Auswirkungen auf die Entwicklung eines ökosozialen Ansatzes in der Sozialen Arbeit (Wolf Rainer Wendt).

Man erkennt unschwer, dass in der Theorieentwicklung pädagogische und sozialwissenschaftliche Konzepte dominieren. An ihnen lässt sich nur sehr grob eine Aufspaltung der Begriffe Sozialpädagogik und Sozialarbeit festmachen. Das betrifft zumindest die Sozialarbeit. Der Begriff *Sozialpädagogik* wird mit einer gewissen Konsequenz in den pädagogischen Theoriebildungen favorisiert. Erziehung und Bildung (im Sinne eines erweiterten Bildungsverständnisses) stehen dort als Antwort auf die soziale Frage. Diese Sicht lenkt den Fokus theoretischer Betrachtungen naturgemäß auf das Kinder- und Jugendalter und damit auf die Kinder- und Jugendhilfe. Sozialwissenschaftliche Ansätze argumentieren hingegen eher mit den materiellen Aspekten von Armut und Hilfebedürftigkeit. Damit ist der Fokus schnell auf den Erwerbsstatus gelenkt. Dieser war von Anfang an zwar nicht an den Erwachsenenstatus gebunden (Kinderarbeit), dennoch ist man im Kontext von materieller Ungerechtigkeit und Ungleichheit weniger geneigt, von Pädagogik zu sprechen. Man verwendet dort überwiegend den Begriff *Sozialarbeit*.

Und dennoch gibt es eine – eher skeptische – Verbindung zwischen Sozialarbeit und Sozialpädagogik. Bereits in den Anfängen sozialwissenschaftlicher Perspektivbildung zur sozialen Frage (Salomon und auch Addams) ist dort ein Motiv zu erkennen, dass sich gegen eine Pädagogisierung und philosophische Hebung der sozialen Frage wandte. Alice Salomon sprach zwar auch von „*sozialer Bildung*", argumentierte letztlich aber nicht philosophisch, sondern eher sozialwissenschaftlich. So stand bei ihr das Interesse an den materiellen Grundlagen von Armut, Aufdeckung ungerechter Verteilung und Begründung von Hilfebedürftigkeit im Vordergrund. Das Pädagogische sah sie hingegen mit Blick auf den Klienten in seiner Verknüpfung mit Fragen der Lebensführung als Lernaufgabe im Einzelfall. Mit Blick auf die eigene Zunft war ihr die soziale Bildung ein Mittel zur gemeinschaftsstiftenden Idee. Sozialpädagogik war ein Bildungsfach, das „*den Frauen*

---

479 Richmond war in ihren theoretischen Vorstellungen einer allgemeinen, angewandten Philanthropie verbunden (vgl. Müller 1999, S. 114).

480 Addams war neben Fröbels Kindergartenpädagogik besonders vom philosophischen Pragmatismus des amerikanischen Pädagogen und Philosophen John Dewey geprägt. Man kann in diesem Zusammenhang auch von angewandter Soziologie sprechen (vgl. Müller 1999, S. 96).

238

Verständnis für die Kultur der Familie übermitteln kann"[481]. So waren Salomons Berührungspunkte zur *Social-Pädagogik* eher gering und die von ihr verwendete Bezeichnung „*Sozialarbeiterinnen*" traf ihr Anliegen sehr viel näher.[482] Umgekehrt käme die Sozialpädagogik – sieht man von Lutz Rössner ab – nicht so leicht auf die Idee, sich als Sozialarbeit zu verstehen. Sozialpädagogik versteht sich spätestens seit Klaus Mollenhauer als ein Modell der Emanzipation in modernen Zeiten, das nur umsetzbar wird, wenn es sich in die Köpfe der Subjekte hineinbringen lässt. Eine Pädagogik der Subjektwerdung wird auf diese Weise unverzichtbar. Gleichwohl muss man festhalten, dass die Begrifflichkeiten Sozialpädagogik und Sozialarbeit nicht stringent auseinandergehalten wurden, was auch mit Beginn der 1990er Jahre letztlich zu einem Zusammenlaufen unter der Sammelbezeichnung *Soziale Arbeit* geführt haben mag. In der wissenschaftlichen Disziplinbildung wird hingegen oftmals noch von Sozialpädagogik auf der einen und Sozialarbeitswissenschaft auf der anderen Seite gesprochen.

Zusammengefasst:

Theorieentwicklung:
- Überlegungen, die mit wissenschaftlichem Anspruch auftreten und dabei Aussagen über die professionelle Handlungsleitung und Ausgestaltung Sozialer Arbeit treffen und Aufmerksamkeit im wissenschaftlichen Diskurs erlangt haben, kann man als „Theorie" bezeichnen.
- Bei den Theoriebildungen handelt es sich in manchen Fällen eher um Fragmente, Entwürfe, Ansätze und Vorarbeiten für eine Theorie.
- In der Theorieentwicklung dominieren pädagogische und sozialwissenschaftliche Konzepte.
- Sozialpädagogik und Sozialarbeit werden nicht stringent auseinandergehalten. Mit Beginn der 1990er Jahre kam es zu einem Zusammenlaufen unter der Sammelbezeichnung *Soziale Arbeit*.
- In der wissenschaftlichen Disziplinbildung wird oftmals noch von Sozialpädagogik auf der einen und Sozialarbeitswissenschaft auf der anderen Seite gesprochen.

---

481 Salomon zit. in Feustel 1997, S. 388.
482 Vgl. Kuhlmann 2008, S. 64ff.

5.5.3 Die Gegenstandsbestimmung Sozialer Arbeit

Eine Theorie ist allgemein gesprochen eine „Lehre oder ein System von Lehrmeinungen über einen bestimmten Gegenstand"[483]. Im engeren Sinne sind Theorien Aussagensysteme über einen bestimmten Ausschnitt der Welt und den ihnen zugrundeliegenden Gesetzmäßigkeiten. Wissenschaft geht in der Regel davon aus, dass alle Dinge und Sachverhalte dieser Welt bestimmten Gesetzmäßigkeiten und innewohnenden Strukturen unterworfen sind. Wissenschaftstheoretisch gesehen muss eine Theorie den Gegenstand Sozialer Arbeit klar bestimmen, d.h., ein definierter Ausschnitt über die untersuchte Realität muss angegeben werden, um zu beschreibenden oder erklärenden Aussagen hierüber zu gelangen.

Um nun zu Theorien über einen wissenschaftlichen Gegenstand zu gelangen, braucht Wissenschaft Instrumente, mit denen sich wissenschaftlich begründete Aussagen herstellen lassen. Hierzu bedient sich Wissenschaft unterschiedlicher Forschungsmethoden. Das Spektrum dieser Methoden geht von empirischen, datenbasierten, bis hin zu hermeneutischen und phänomenologischen (d.h. interpretierenden, verstehend nachvollziehenden und abstrahierend deutenden) Verfahren. Dieser gesamte Prozess erfordert aber zunächst eine genaue Gegenstandsbestimmung der Disziplin. Die Gegenstandsbestimmung ist für die Soziale Arbeit als Wissenschaft also eine elementare Aufgabe. Sie ist konstitutiv für jede Wissenschaft; ohne Gegenstand keine Wissenschaft.

Soziale Arbeit muss einen zentralen Interessenschwerpunkt als wissenschaftliche Disziplin definieren. Dieser Schwerpunkt muss auch auf ein klar umrissenes und erkennbares Profil Sozialer Arbeit als Profession bezogen sein. Das trifft zumindest dann zu, wenn Soziale Arbeit als Handlungswissenschaft betrieben wird. Im Gegensatz hierzu gibt es in den Wissenschaften die sogenannten Grundlagenwissenschaften. Sie betreiben in gewisser Weise zweckfreie, nicht an bestimmte Professionsinteressen gebundene Wissensproduktion. Aus den Naturwissenschaften ist diese Form besonders bekannt. Hier werden Wissensbestände hergestellt, von denen man noch nicht wissen kann, welche Anwendungswissenschaften hiervon profitieren könnten. In der Sozialen Arbeit ist diese Form von Wissenschaft zumindest umstritten. Hier wird Wissenschaft aus der Praxis für die Praxis betrieben. Grundlegende Erkenntnisse, wie z.B. soziale Probleme entstehen oder wie soziales Handeln überhaupt zustande kommt, sind für die Soziale Arbeit damit nicht uninteressant. Im Gegenteil. So sind die Erkenntnisse der Soziologie oder der Psychologie auch hier von elementarer Bedeutung. Die Produktion dieser Wissensbestände liegt allerdings nicht im Bereich der Wissenschaft Soziale Arbeit. Soziale Arbeit als Wissenschaft bündelt diese Wissensbestände und bezieht sie auf ihren Gegenstand. Daher handelt es sich bei ihr um eine interdisziplinäre Wis-

---

483 Brezinka, 1978, S. 11.

senschaft, ähnlich wie die Informatik nicht ohne Mathematik, Physik, Technik u.a. oder die Sportwissenschaft nicht ohne Medizin, Biologie, Psychologie u.a. oder die Betriebswirtschaft nicht ohne Ökonomie, Soziologie, Mathematik usw. auskommen.

Die Gegenstandsbestimmung stellt sich in der Sozialen Arbeit als Wissenschaft nicht so leicht dar.[484] Das liegt weniger an ihrem interdisziplinären Charakter, sondern vielmehr an ihrer unspezifischen Organisation. Einerseits handelt es sich bei ihr um mittlerweile hochspezialisierte gesellschaftliche Hilfeformen, andererseits sind diese aber relativ unspezifisch organisiert. Zudem gibt es in der Sozialen Arbeit kein verbindliches Grundmuster professionellen Handelns. Bezüglich der ethischen Grundbestimmung der Profession sind zwar gemeinschaftliche internationale Codes ausgearbeitet[485], konzeptionell und methodisch hingegen gestaltet sich das Feld als hochkontingent, auch wenn Versuche des sogenannten Fall- und Netzwerkmanagements hier steuernd entgegenwirken wollen *(Case Management)*. Zudem wird Soziale Arbeit innerhalb eines breiten Spektrums in Gesellschaft eingesetzt. Die Handlungsfelder Sozialer Arbeit sind sehr vielschichtig und oft nicht klar abgrenzbar zu Handlungsfeldern anderer Berufe. Eine klare, unstrittige Abgrenzung zu anderen Feldern gesellschaftlicher Hilfeorganisation ist nicht immer möglich. Dies scheint weder auf der Ebene der Profession, noch auf der Ebene der wissenschaftlichen Disziplinbildung zu gelingen.

Versuche der Gegenstandsbestimmung Sozialer Arbeit fallen entsprechend vielschichtig aus. Eine kleine, stark reduzierte Zusammenschau soll dies veranschaulichen. Der Gegenstand Sozialer Arbeit wird definiert als:
1. eine Veranstaltung normativer Anpassung und spezifischer Steuerung von Sozialisationsprozessen (Scherpner, Rössner),
2. politische und/oder über gesellschaftskritische Bildung und Erziehung zu bewerkstelligende Transformation von Gesellschaft (Khella, Pongratz, Haag),
3. über reflexive und verstehende Rekonstruktion des Alltags zu bewerkstelligende Bewältigung von Alltag und Lebensaufgaben (Hege, Thiersch, Böhnisch, Otto/Dewe),
4. über Erziehung zu bewerkstelligende Rekonstruktion des Subjekts im Sinne von Emanzipation und damit Subjektwerdung (Mollenhauer, Winkler),
5. bedürfnisorientiert-ökologisches Unterstützungs- und Einflussmanagement im Rahmen selbstorganisierter menschlicher Lebensgestaltung (Lowy, Germain/Gitterman, Wendt),

---

484 Vgl. Engelke 1992, S. 115ff und 2004, S. 289ff.
485 Vgl. „Ethik in der Sozialen Arbeit" International Federation of Social Workers (IFSW) und International Association of Schools of Social Work (IASSW).

6. bedürfnisorientiert-systemistische Herstellung sozialer Gerechtigkeit mittels wissenschafts- und forschungsbasierter Sozialarbeit (Arlt, Staub-Bernasconi),
7. systemtheoretisch-konstruktivistisch reflektierte Anstiftung zur Selbsttransformation von Einzelnen, Gruppen, Organisationen und gesellschaftlichen Funktionssystemen (Kleve).

Zusammengefasst:

Gegenstandsbestimmung:
*   Soziale Arbeit ist eine Handlungswissenschaft.
*   Soziale Arbeit ist eine interdisziplinäre Wissenschaft.
*   Grundlagenwissenschaftliche Forschung und grundlagentheoretisches Reflexionswissen bezieht Soziale Arbeit aus verschiedenen geistes- und humanwissenschaftlichen Disziplinen.
*   Eine einheitliche Bestimmung des Gegenstandes Sozialer Arbeit gibt es nicht. Es stehen unterschiedliche Gegenstandsbestimmungen im Raum, teilweise unverbunden, teilweise konvergent.

5.6 Zusammenfassung: Spätmoderne

1. **Wie kann die allgemeine gesellschaftliche Charakteristik der jeweiligen Epoche beschrieben werden?** Die Spätmoderne in der zweiten Hälfte des 20. Jahrhunderts wird gekennzeichnet durch den wirtschaftlichen und sozialen Aufbau (Sozial- und Wohlfahrtsstaat) in den 1950er Jahren mit eher geringem gesellschaftspolitischen Interesse und Bestrebungen der Jugend nach Emanzipation und Befreiung aus politisch-gesellschaftlichen Rollenzwängen einer kapitalistischen Gesellschaft in den 1960er Jahren. Es setzt sich ein sozialwirtschaftlich modifiziertes, kapitalistisches Gesellschaftskonzept durch. Die diesem Prozess beizufügenden Korrekturbemühungen nennt man Modernisierung. Sie sucht in allen gesellschaftlichen Funktionssystemen ihren Raum. Die gesellschaftlichen Modernisierungsbemühungen gehen einher mit der Bearbeitung von Problemen und Risiken zunehmender gesellschaftlicher Komplexität.
2. **Von welchem Weltbild und welcher Philosophie ist diese Zeit geprägt und welche geistigen Protagonisten und Ideengeber sind maßgebend in der Behandlung der sozialen Fragestellung?** Technologischer und ökonomischer Wandel werden verstärkt auf dem Hintergrund ihrer gesellschaftlichen Chancen und Risiken reflektiert. Gesellschaftliche Modernisierungsprozesse finden ihre Kritiker in sozialen Bewegungen und gesellschaftstheoretischen Analysen über die bedrohlichen Auswirkungen gesamtgesellschaftlicher Entwicklungen und damit folgenden Zerstörungen der persönlichen Lebensbereiche (Lebens-

welt). Die politischen Modernisierungsbestrebungen um eine Reform des Sozialstaates münden mit Beginn des 21. Jahrhunderts in die programmatische Formel des aktivierenden Sozialstaates.

3. **Welche Einstellungen zur Kindheit und Jugend allgemein sowie zu ihren Beschädigungen im Speziellen herrschen in dieser Zeit vor und wie drückt sich dies organisatorisch und programmatisch im Erziehungs- und Bildungsverständnis aus?** Mit Beginn der 1970er Jahre werden die Bedingungen von Kindheit und Sozialisation im Kontext von Kindheit, Jugend und Erziehung pädagogisch neu überdacht. Die Ergebnisse der modernen Kindheitsforschung werden von der Pädagogik aufgenommen und als Bedarf für die Entwicklung partizipativer, demokratischer Erziehungsstrukturen sowie Chancengleichheit in der Bildung reflektiert (Bildungsreform). Das Thema Bildung erscheint im Spannungsfeld von zweckrationaler, ökonomisch verwertbarer Bildung und allgemeiner Bildung als Prozess der Subjektwerdung und Herstellung von Urteilsvermögen. Die unterschiedlichen Positionen hinsichtlich der Einschätzungen pädagogischer Wirkungsfähigkeit werden im Ergebnis nicht grundsätzlich pessimistisch, sondern lediglich kontroverser und nüchterner eingeschätzt. Trotz oder vielleicht wegen der kontroversen Grundstimmung setzt in der zweiten Hälfte des 20. Jahrhunderts eine Expansion institutionalisierter und überinstitutioneller Erziehung ein. Diese Entwicklung betrifft auch die Sozialpädagogik. Sie etabliert sich als offensive, parteiliche Kinder- und Jugendhilfe und erfährt schließlich eine Alltagswende. Die Alltagwende wird mit dem Konzept der Lebensweltorientierung eingeläutet und in den neunziger Jahren sowohl für die Praxis als auch für die Theorien Sozialer Arbeit strukturbildend. Subjektorientierung, unveräußerbare Menschenwürde, Empathie und Selbstentfaltung stehen fortan im Zentrum einer Modernisierung der Sozialpädagogik.

4. **Welche Einstellungen zur Armut und Hilfebedürftigkeit prägen diese Zeit und wie drücken sich diese organisatorisch und programmatisch im Umgang mit Armut aus?** Die freie Wohlfahrtspflege erlebt in der zweiten Hälfte des zwanzigsten Jahrhunderts einen kometenhaften Aufstieg. Ein Umdenken in der Sozialpolitik (aktivierender Sozialstaat und Eindämmung der Sozialstaatsquote) stellt die freie Wohlfahrtspflege zunehmend unter einen Ökonomisierungs- und die Menschen, die Hilfe benötigen, unter einen Individualisierungsdruck. Die öffentliche Wohlfahrtspflege erlebt eine starke Ausdifferenzierung der Sozialverwaltungen. Die sozialpolitische Neuorientierung stellt die öffentliche Wohlfahrtspflege unter zunehmenden Reformdruck (Neue Steuerung). Mit Beginn der 1950er Jahre und verstärkt mit den 1970er Jahren setzt eine Akademisierung und Professionalisierung sozialer Berufe als eine Antwort auf die sozialen Modernisierungsbedarfe ein. Der Prozess der Professionalisierung

geht einher mit einem dynamischen Prozess der Verrechtlichung des Sozialen und weiterer Rechtsreformen. Sämtliche Jugend- und Sozialgesetze werden sukzessive in ein Sozialgesetzbuch übernommen. Kindheit, Jugend und Armut werden programmatisch zunehmend unter dem Dach von Theorie und Praxis Sozialer Arbeit thematisiert. Soziale Arbeit als Wissenschaft stellt sich hierbei sehr heterogen dar.

Wissenschaft: Sozialpädagogik rechnet sich heute dem Begriff Sozialer Arbeit zu. Im Kern geht es ihr um eine institutionenunabhängige Theorie und reflexive Praxis pädagogischer Integrationshilfen als Antworten auf typische soziale Problemlagen moderner Gesellschaften. Ihr Wissenschaftsort ist traditionell gesehen die Universität, was jedoch seit Gründung der Fachhochschulen deutlich relativiert werden muss. Sozialarbeit und Soziale Arbeit waren im Prozess der Verberuflichung zunächst begrifflich identisch. In den Höheren Fachschulen für Sozialarbeit wurde versucht, die Sozialpädagogik mit dem Übergang zu Fachhochschulen zu integrieren. Mit den Begriffen Sozialarbeit und Sozialpädagogik wurden lange Zeit jeweils eigenständige Studiengänge bezeichnet. Seit den 1990er Jahren werden beide Begriffe unter dem Begriff ‚Soziale Arbeit' subsumiert. Gemeint sind hiermit alle Orte der Praxis Sozialer Arbeit und der wissenschaftlichen Auseinandersetzung mit ihr. Während Soziale Arbeit heute im wissenschaftlichen Kontext Sozialarbeit und Sozialpädagogik in der Regel subsumiert, wird in der universitären Sozialen Arbeit tendenziell weiterhin eher darunter die Sozialpädagogik verstanden. Allgemein können wir aber heute von der Konvergenz der Handlungsfelder ausgehen. In der Theorieentwicklung dominieren pädagogische und sozialwissenschaftliche Konzepte. Bei den Theoriebildungen handelt es sich in manchen Fällen eher um Fragmente, Entwürfe, Ansätze und Vorarbeiten für eine Theorie. Überlegungen, die mit wissenschaftlichem Anspruch auftreten und dabei Aussagen über die professionelle Handlungsleitung und Ausgestaltung Sozialer Arbeit treffen und im Prozess der Verberuflichung Sozialer Arbeit und mit Beginn der Akademisierung und Professionalisierung im wissenschaftlichen Diskurs Aufmerksamkeit erlangt haben, kann man als „Theorie" bezeichnen. Anglo-amerikanische Konzepte (besonders Mary Richmond und Jane Addams) spielten eine indirekte Rolle in der hiesigen Theorieentwicklung der Sozialarbeit. Sie inspirierten Alice Salomons fürsorgetheoretische Überlegungen sowie die weitere Entwicklung der Einzelhilfe (*case-work*) und der Sozialen Gruppenarbeit und Gemeinwesenarbeit (*social group work, community work),* die nach dem Zweiten Weltkrieg Eingang in die deutsche Entwicklung fand (Louis Lowy, Gisela Konopka). Sozialpädagogik und Sozialarbeit werden nicht stringent auseinandergehalten, was mit Beginn der 1990er Jahre letztlich zu einem Zusammenlaufen unter der Sammelbezeichnung *Soziale Arbeit* geführt haben mag. Soziale Arbeit ist eine interdisziplinäre Handlungswissenschaft. Grundlagenwissenschaftliche Forschung und grundlagentheoretisches Reflexionswissen bezieht Soziale Arbeit aus verschiedenen geistes- und humanwissenschaftlichen Disziplinen. Eine einheitliche Bestimmung des Gegenstandes Sozialer Arbeit gibt es nicht. Es stehen unterschiedliche Gegenstandsbestimmungen im Raum, teilweise unverbunden, teilweise konvergent.

6 Die moderne Zeit aus gesellschaftstheoretischer Sicht

Zeitdimension: Die moderne Gesellschaft umfasst in etwa die Zeitepoche von der Industrialisierung bis heute. Evolutionär betrachtet sind moderne Gesellschaften hoch entwickelte Gesellschaften, bestehend aus einer Vielzahl unterschiedlicher, autonomer sozialer Systeme. Die Gesellschaftszugehörigkeit des Einzelnen ist über die kommunikative Anschlussfähigkeit zu unterschiedlichen gesellschaftlichen Teilsystemen gekennzeichnet. Moderne Gesellschaften zerfallen in eine Vielzahl unterschiedlicher gesellschaftlicher Teilsysteme. Die Teilsysteme bilden sich weniger vertikal, im Sinne einer Rangordnung, aus. Vielmehr stehen sie eher horizontal nebeneinander, im Sinne einer gleichberechtigten Bearbeitung ungleicher gesellschaftlicher Aufgaben und Probleme. Kommunikation erfolgt oral über Sprache sowie über Verbreitungsmedien (Massenmedien, wie Zeitungen, Fernsehen, Radio und Internet). Hinzu bilden sich symbolische Kommunikationsmedien aus, die die Wahrscheinlichkeit des Erfolges von Kommunikation erhöhen (z.B. Geld, Macht, Glaube, Liebe). Individualität wird einerseits zum gesellschaftlichen Erfordernis, da die Gesellschaft dem Individuum keinen festen Platz in der Gesellschaft mehr zuordnet; andererseits wird Individualität auch als Ganzheit von den Teilsystemen ausgeschlossen, da die einzelnen gesellschaftlichen Teilsysteme (z.B. das Wirtschaftssystem, das Rechtssystem, das Wissenschaftssystem oder das Erziehungs-Bildungssystem) zur Teilnahme nur die jeweils für sie funktionserforderlichen Eigenschaften einbeziehen (z.B. zahlungsfähig, rechtmäßig, wahrheitsfindend oder erziehungs- bzw. bildungsfähig). Kein System muss sich zwangsläufig für alle Individualeigenschaften interessieren.

Sachdimension: Im Vergleich zu den archaischen und hochkultivierten Gesellschaft sind moderne Gesellschaften funktional differenzierte Gesellschaften. Sie bilden Einheiten unter dem Gesichtspunkt der Sicherung ungleicher, spezialisierter Problembearbeitung für das Gesamtsystem aus (gesellschaftliche Funktionssysteme, wie z.B. Wissenschaft, Recht, Politik, Wirtschaft, Religion, Familie). Diese haben jeweils eigenständige Aufgaben für die Gesellschaft zu bearbeiten. Die gesellschaftlichen Funktionssysteme sind für sich gegenseitig Umwelt. In funktional differenzierten Gesellschaften macht das Ziehen von System/Umwelt-Differenzen über einzelne Segmente (Stämme, Sippen) oder über Stratifikationen (Schichtungen) keinen Sinn mehr. Vielmehr müssen sich infolge der Zunahme gesellschaftlicher Komplexität Systeme unter dem Gesichtspunkt der Sicherung ungleicher und spezialisierter Problembearbeitung für das Gesamtsystem bilden. Moderne Gesellschaften stellen demnach ungleiche, funktional differenzierte Einheiten auf hoher Entwicklungsstufe mit einer nicht mehr überschaubaren Vielfalt des Erlebens und Handelns, d.h. mit höchster Komplexität dar. Die Identität des einzelnen Menschen ist nicht primär – allenfalls untergeordnet – durch die Zugehörigkeit zu seinem Stamm (Clan, Familie) oder zu einem sozialen Stand (Schicht, Klasse) gegeben. Diese Identitätsmodelle brechen in modernen Gesellschaften immer mehr weg. Identität wird zur Privatsache in der Suche nach Individualität. Der Mensch kommt nur noch als Träger von Eigenschaften vor. Nicht der ganze Mensch, sondern die von den Funktionssystemen erforderten Kommunikationseigenschaften werden im System aufgenommen. Werden diese Kommunikationseigenschaften nicht erbracht und ausgeschlossen, ist eine Teilnahme an dem Teilsystem nicht möglich. Dieser Ausschluss führt zu einem sozialen Problem, da die gesellschaftlichen Teilsysteme die Folgeprobleme ihres eigenen Systemausschlusses nicht mehr bearbeiten.

Sozialdimension: Helfen als Form des Bedarfsausgleiches gestaltet sich in modernen und spätmodernen Gesellschaften zunehmend funktional. Die Armenpflege geht in der modern Gesellschaft endgültig an den Staat über. Hilfe wird in Form organisierter und spezialisierter Sozialsysteme geleistet und wird zur erwartbaren Leistung. „Weder beruht unsere Gesellschaft auf Interaktionen, die als Helfen charakterisiert werden könnten, noch integriert sie sich durch entsprechende Bekenntnisse; aber sie konstituiert eine Umwelt, in der sich organisierte Sozialsysteme bilden können, die sich aufs Helfen spezialisieren. Damit wird Hilfe in nie zuvor erreichter Weise eine zuverlässig erwartbare Leistung"[486]. Die Daseinsvorsorge wird von der Wirtschaft übernommen, die Daseinsnachsorge ist Sache organisierter Hilfeleistungen. Für soziale Organisationen ist typisch, dass sie nicht an der Änderung von gesellschaftlichen Strukturen arbeiten, die Hilfebedürftigkeit erzeugen. Sie verhindern daher nicht die „Problemfälle", sondern arbeiten an deren „Beseitigung". Das heißt nicht, dass sie auf Prävention verzichten. Ihre Präventionsprogramme können sich aber nur auf individuelles Verhalten und Erleben richten, nicht aber auf die gesellschaftlich erzeugten Ursachen.

---

486 Luhmann 1973, S. 32.

7 Reflexionsvorschläge zur modernen/spätmodernen Phase

1. **Globalisierung des Helfens:** Das Prinzip des Unterstützungswohnsitzes (eingeführt in Preußen 1842) brachte Erleichterung für die Bürger, die infolge Armut umherzogen (Armutswanderung). In der Regel hatte man Anspruch auf Hilfe, wenn man sechs Monate in einer Stadt lebte. Freizügigkeit in der Mobilität des Bürgers ist heute durch den Begriff des „gewöhnlichen Aufenthaltes (GWA)" weitestgehend gegeben. Auch die Frage nach dem GWA orientiert sich an den sechs Monaten. Liegt man darunter, so hat dennoch die jeweilige Kommune Hilfe zu leisten und festzustellen, wo der GWA der betreffenden Person tatsächlich liegt und kann sich die Vorleistung von der betreffenden Kommune zurück holen. Armutswanderung begegnet uns heute im Kontext von Migration in besonderer Weise. Müssen die reichen Länder Erleichterungen für die Zuwanderung einführen? Reichen die UNO-Menschenrechtskonvention und die UNO-Kinderrechtskonvention aus oder müssen auf globaler Ebene Sozialrechte für alle verbindlich festgeschrieben werden? *(Stichworte: Europäisierung; Globalisierung; Armutswanderungen).*

2. **Instrumentalisierung und politischer Missbrauch des Helfens:** Der noch relativ junge sozialpädagogische Schwung der Weimarer Zeit hatte nicht dazu ausreichen können, sich gegen die Einverleibung durch den Nationalsozialismus wehren zu können. Familien- und Anstaltsfürsorge – wenn wir es denn Soziale Arbeit nennen wollen – hat als System keine Opfer verhindert. Ihre soziale Diagnostik wurde vielmehr in den Dienst der Verfolgung und Vernichtung sogenannter Erbkranker gestellt. Gibt es Möglichkeiten, wie Soziale Arbeit sich selbst und ihre Klientel vor politischer Gewaltherrschaft schützen kann? *(Stichworte: Professionalisierung; Berufsverbände; Fachverbände; Hochschule und Forschung).*

3. **Subsidiarisierung des Helfens:** Die Rolle des Staates hat in unserer Gesellschaft eine unterstützende, aber auch kontrollierende Rolle. Solange die Bürgerinnen und Bürger selbst in der Lage sind, notwendig erachtete Hilfe aus eigenen Kräften und Antrieben zu organisieren, soll sich der Staat zurückhalten. Er übernimmt zu einem großen Teil die Finanzierung der Sozialen Arbeit und führt auch in bestimmten Bereichen die Aufsicht. Die konkrete Arbeit soll aber nicht vom Staat, sondern von den zivilgesellschaftlichen Organisationen (Wohlfahrtsverbänden) übernommen werden. Worin liegen die Vorteile dieses Unterstützungsprinzips? Gibt es auch Nachteile? *(Stichworte: Subsidiaritätsprinzip; Sozialstaat; Wächteramt des Staates).*

4. **Verrechtlichung des Helfens:** Mit Beginn des wilhelminischen Reiches stieg die Anzahl sozialrechtlicher Regelwerke in Deutschland an. In der Weima-

rer Zeit erfuhren diese einen Ausbau, gefolgt von einer geradezu explosions-
artigen Entwicklung seit den Aufbaujahren nach 1945. Ist das hiermit entstandene soziale Netzwerk angesichts der steigenden Komplexität moderner
Gesellschaften weiter auszubauen oder muss der Wohlfahrtsstaat umdenken? *(Stichworte: ‚soziale Hängematte‘; aktivierender Sozialstaat; wohlfahrtsstaatliche Aktivierungsstrategien; Empowerment).*

5. **Therapeutisierung des Helfens:** Mit der Akademisierung in der Sozialen
Arbeit ging die Diskussion über die grundsätzliche Professionalisierbarkeit
gesellschaftlich organisierter Hilfe einher. Man sprach der Sozialen Arbeit
die wissenschaftliche Begründbarkeit ihres Handelns (Technologiedefizit)
und die grundsätzlich notwendige Autonomie einer professionellen Berufsausübung (doppeltes Mandat) ab. Daher sei sie eine Semi-Profession. Diese
auch durch Praktiker in der Sozialen Arbeit gemachte Erfahrung förderte
den Therapieboom in der Sozialen Arbeit. Muss sich Soziale Arbeit stärker
an behandlungsorientierten, therapeutischen Konzepten orientieren? *(Stichworte: Helfen und Heilen; klinische Sozialarbeit; therapeutische Zusatzausbil-
dungen).*

6. **Ökonomisierung des Helfens:** Mit dem Haushaltskonsolidierungsgesetz
(1975) wird die sogenannte Sozialquote nicht weiter gesteigert. Auch im europäischen Kontext sind die Mitgliedstaaten versucht, die Ausgaben unter
ca. 30% des Bruttoinlandproduktes zu halten. Letztlich geht es darum, für
weniger Geld stets steigende Aufgaben zu bewältigen. Entsprechend ändert
sich die Ausgabenpolitik. Um die Kosten zu senken, werden die Anbieter
sozialer Dienste und Einrichtungen untereinander in Konkurrenz gesetzt,
damit diese ihre bestehenden und auch die neuen Leistungen billiger und
möglichst zu bester Qualität anbieten. Wo liegen die Chancen und Risiken
*(Stichworte: new public management bzw. Neue Steuerung; private Daseinsvor-
sorge; Individualisierung und Entsolidarisierung).*

7. **Professionalisierung und Spezialisierung des Helfens:** Mit den ersten
Wohlfahrtsschulen/Frauenschulen war ein Schritt zur Verberuflichung des
Helfens getan (Mütterlichkeit als Beruf). Mit der Einführung sozialpädagogischer Studiengänge an den Universitäten (1969) und sozialpädagogischen und sozialarbeiterischen Studiengängen an den Fachhochschulen
(1971) war der Status der Profession erreicht. Mit dem Bologna-Prozess
(transnationale Hochschulreform) soll u.a. auch die Professionalisierung
vorangetrieben werden. Für die Soziale Arbeit bedeutet dies, neben der bis-
herigen generalistischen Ausbildung (Diplom/Bachelor) Spezialisierungen
auszubilden (Master). Führt dies zu mehr Professionalität oder ist damit
eine De-Professionalisierung zu befürchten? *(Stichworte: Fachsozialarbeit;
Verwissenschaftlichung; Soziale Arbeit als Wissenschaft oder als Kunst?).*

8. **Ehrenamtlichkeit des Helfens:** Bereits Thomas Chalmers (1780-1847) hatte mit seinem System der „friendly visitors" ein Hilfesystem auf ehrenamtlicher Basis entwickelt. Dies wurde in verschiedenen Entwicklungen aufgegriffen (Elberfelder System, Straßburger System, Settlement Bewegung (Jane Addams), Charity Organizations (Mary Richmond), Entwicklung zu einem „sozialen Frauenberuf auf ehrenamtlicher Basis" (Alice Salomon) u.v.m.). Aus diesen Entwicklungen hat sich die Professionalisierung Sozialer Arbeit als Standard gesellschaftlich organisierter Hilfe ergeben, Heute zählen die Verbände der freien Wohlfahrtspflege immer noch ca. 3 Mio. Ehrenamtliche in ihren Reihen. Die Förderung des Ehrenamtes – auch auf europäischer Ebene – ist zu einem wichtigen Bestandteil der Sozialpolitik. Braucht moderne Soziale Arbeit ehrenamtliche Helfer oder steht Ehrenamtlichkeit einer Professionalisierung Sozialer Arbeit entgegen? *(Stichworte: Ehren- versus Hauptamtlichkeit; Qualifizierung des Ehrenamtes; Kommunitarismus; Grenzen des Wohlfahrtsstaates).*

9. **Vertraglichung des Helfens:** Spätestens mit der Reform des Jugendwohlfahrtsgesetzes ist die Aushandlung von Hilfen zwischen Klient und Leistungsträger sowie der Partizipationsgedanke zu einem Qualitätsmerkmal moderner Kinder- und Jugendhilfe geworden. Das Aushandlungs- und Partizipationsparadigma ist heute weit über die Jugendhilfe hinaus in allen Arbeitsfeldern Sozialer Arbeit zu finden. Ist der Versuch, die erforderlichen Zielsetzungen für notwendige Hilfe möglichst einvernehmlich mit dem Klienten zu entwickeln eine realisierbare Perspektive oder eher illusorische Hoffnung? *(Stichworte: Empowerment; doppeltes Mandat; Hilfeplanverfahren (§ 36 SGB VIII-KJHG); Kinderrechte in der Erziehungshilfe; Vormundschaften und Pflegschaften in der Erziehungshilfe; Kinderparlamente; Kinderbeiräte; Kinderbüros; Jugendhilfeplanung; Teilhabe Behinderter am Leben in der Gesellschaft (§ 1 SGB IX); persönliches Budget (SGB IX, §17).*

Die Zukunft hat eine lange Vergangenheit.
(Rabbinische Weisheit)

Ausblick: Wohin geht Soziale Arbeit? Von der Subjektaneignung bis zum Beziehungsmanagement

Wo steht Soziale Arbeit im Kontext gesellschaftlicher Modernisierung heute, und wohin entwickelt sie sich wahrscheinlich? Soziale Arbeit ist zunehmend in das Interesse ökonomischer Perspektiven geraten. Damit ist die Vorstellung verbunden, Soziale Arbeit sei nur noch durch ein geeignetes Management ihrer Organisationen als soziale Dienstleistungsunternehmen gestaltbar. Die Gründe hierfür sind in der mit Beginn der 1970er Jahre beginnenden Krise des Wohlfahrtsstaates zu suchen.[485] Einerseits erstrebt ein Wohlfahrtsstaat „die Inklusion der Gesamtbevölkerung in das politische System der Gesellschaft"[486], andererseits ist die Politik zur Erhaltung des Wohlfahrtsstaates von einer erfolgreich operierenden Wirtschaft abhängig, womit sie „eigene Erfolge nur dadurch erreichen kann, dass sie mehr und mehr Ressourcen der wirtschaftlichen Kalkulation entzieht"[487]. Die Konstruktion der sozialen Sicherungssysteme wird als zu teuer empfunden. Diese Erkenntnis wuchs bereits mit dem Prozess des Zusammenwachsens in der Europäischen Union. Die Arbeitsgesellschaft kommt in Konflikt mit den Folgen ihres durch die Beteiligung am Hegemonialkampf nationaler und internationaler Märkte hervorgerufenen Bedarfs- und Ausgabenwachstums. Mit dem ökonomischen Wachstum nehmen auch die Lebensrisiken und sozialen Ausgrenzungsprozesse zu. Entsprechend wachsen die Bedürfnisse nach psycho-sozialer Reintegration und Befriedung.

Sozialstaatliches Auf- und Ausgabenwachstum wird über das Steuer- und Abgabeneinkommen geregelt und hat somit auch Einfluss auf die Kosten von Arbeit. In einer globalisierten Marktwirtschaft ist im Wettbewerb um vorhandene und neue Märkte eine Verteuerung von Arbeit unerwünscht. So kann die über Profitmaximierung definierte Arbeitsgesellschaft die Kosten ihrer Modernisierungsrisiken immer weniger schultern. Sozialstaatlich garantierte Zusagen müssen neu bewertet werden; d.h. der Sozialstaat bedarf nach dieser Logik eines Umbaus.

---

485 Vgl. Olk/Otto 1985.
486 Luhmann 2002b, S. 423.
487 Luhmann 1981, S. 7-11 und Luhmann 1998, S. 490.

Der Sozialstaat gerät in Konflikt mit der politischen Handhabe seiner verfassungs-
rechtlich verankerten sozialen Sicherungssysteme. Wie wird der verfassungsmäßig
gesicherte Gedanke der Solidargemeinschaft nun gerettet? Umbau heißt, dass etwas verändert, im Grundsatz an der Konstruktion „Sozialstaat" aber nicht gerüt-
telt werden darf. Das Streben nach sozialer Gerechtigkeit und sozialer Sicherheit
ist als Staatsziel in unserer Verfassung festgelegt und gehört zu den Strukturprin-
zipien unseres Staates. Damit fällt das sogenannte *„Sozialstaatsprinzip"* unter die
„Ewigkeitsklausel" in Artikel 79, Absatz 3 des Grundgesetzes. Das heißt: Das Sozialstaatsprinzip darf nicht abgeschafft werden. Es ist sozusagen „auf ewig" kein Gegenstand von Verfassungsänderungen. Wohlfahrtspflege (natürlich auch Gesundheitsfürsorge, Daseinsvorsorge usw.) muss reformiert werden, um sie bezahlbar zu
halten und nicht etwa, weil sie dies aus einem professionellen Interesse um stets
bessere Wirkung von ‚Hilfe' ohnehin schon tun sollte. Diese Entwicklungen machen sich in der zunehmenden Privatisierung der Daseinsfürsorge, z.B. im Kontext der Rentenversicherung oder auch der Risikoabsicherung von Gesundheit
(z.B. Mitfinanzierung von Gesundheitsdiensten, Krankenkassenzuzahlung usw.)
seit langem bemerkbar.
Die Sozialleistungsträger schließlich geraten in Konflikt mit den zunehmend
komplexeren Lebenslagen der Bürger dieses Sozialstaates einerseits und den Restriktionen öffentlicher Haushalte andererseits. Wenn weniger zu verteilen ist, ist
nicht nur die Kappung, sondern auch die Steuerung von Ausgaben das Mittel der
Wahl. Die Notwendigkeit zur Steuerung und die sie legitimierende Sinnkategorie
werden über das Nachdenken von Effektivität (Wirkung), Effizienz (Wirtschaftlichkeit) und dem darin zu erwartenden gesellschaftlichen Nutzen (outcome)
geliefert. Die Effektivitäts- und Effizienzvorstellungen folgen dabei spiegelgleich
derselben ökonomischen Wachstumslogik, die die Steigerung ihres psychosozialen Versorgungsbedarfs begründet. Konkret: Wenn immer mehr Medizin, Juriste-
rei, Sozialarbeit usw. offensichtlich nicht immer mehr Gesundheit, Gerechtigkeit
und sozialen Frieden produzieren, dann ist das aus ökonomischer Sicht ineffektiv.
Ergo scheint der Nachweis von Sozialer Arbeit als wirkungsorientierte Dienstleistung die legitimierende Sinnkategorie für die Entlohnung Sozialer Arbeit zu
sein. Zu diesem qualitativen Argument kommt ein rein quantitatives hinzu: das
Argument begrenzter finanzieller Ressourcen.
Den Steuerhebel im Umgang mit knappen Ressourcen liefert der Umbau vorhandener Förderstrukturen: weg von der Input- hin zur Output-Orientierung.[488] Auf
der Ebene der Versorgung mit und Nachfrage nach Sozialer Arbeit führen die aus
der Logik ökonomischer Effizienz abgeleiteten Reformbestrebungen schließlich
zu einem umgreifenden Spannungsfeld im Dreiecksverhältnis a) Soziale Arbeit,

---

488 KGSt 9/94.

b) Klientel und c) öffentliche Gewährleistungsträger. Das Spannungsverhältnis kann nur annähernd aufgelöst werden, wenn die neue Effizienzlogik konsensfähig wird. Das kann aber nur um den Preis einer generellen Umdefinition der Zielgruppenbedürfnisse als konsumorientiertes Kundenverhalten plausibel gemacht werden. Mit dieser Umdefinition ist der Wechsel der Perspektive von Sozialer Arbeit als vormals entmündigende Fürsorge hin zu einer emanzipativen Sozialen Arbeit als Dienstleistung bezeichnet. Aus dieser Analyse wird jedoch deutlich, dass die Perspektive Sozialer Arbeit als soziales Dienstleistungsunternehmen keinem theoretischen Entwurf zu einer Neuorientierung Sozialer Arbeit entspricht. Vielmehr erscheint sie als politisches Konstrukt, das dem Versuch dient, durch politische Umdefinitionen sozialer Bedarfslagen (man kann auch sagen: im Spiegel von Entsolidarisierung und sukzessiver Privatisierung von Lebensrisiken) die Bezahlbarkeit eines sozialstaatlich geregelten Bedarfsausgleiches zu retten.

Zusammenfassend können wir feststellen, dass die Bedingungen, unter denen Soziale Arbeit handelt, ständig unsicherer und komplexer werden. Zur Komplexitätssteigerung tragen sowohl die Effekte von Pluralisierung und Individualisierung und die damit gegebene Entwicklung unterschiedlichster und ungleicher Lebenslagen bei, als auch das durch den ökonomischen Systemimperativ gegebene Organisationshandeln. Der Sozialstaat muss sich

a) auf der Ebene der komplexen Bürgerinteressen,
b) auf der Ebene der Ressourcensteuerung und
c) auf der Ebene der gesellschaftlichen Organisation von Hilfe

völlig neu strukturieren. Die der Sozialen Arbeit aufgedrängte ökonomische Perspektive bereitet mithin den Sinn von Steuerung. Diesen Zustand hoher Komplexität, Soziale Arbeit in der Verflechtung ökonomischer und subjektiver Interessen zu gestalten und zu steuern, soll nun Aufgabe eines Managements sein. Dazu bedarf es der Initiierung von Planungs- und Kontrollprozessen. Die hierfür relevanten Informationen muss ein entsprechendes Kommunikationssystem zur Verfügung stellen, auch um Managemententscheidungen im Sinne plausibler und nachvollziehbarer Prozesse überhaupt möglich zu machen.

Aber ist mit dieser beschriebenen gesellschaftlichen Entwicklung nicht eine Situation entstanden, die höchst fragwürdig für die Akzeptanz von Management in der Sozialen Arbeit ist? Die Ökonomisierung des Sozialen läuft am Leitbild einer emanzipatorischen Sozialen Arbeit doch offensichtlich vorbei; wäre da nicht die sogenannte Kundenorientierung, die die ökonomische Perspektive auch für den Anhänger einer emanzipatorischen Sozialen Arbeit interessant macht. Die Vorstellung von Sozialer Arbeit als personenbezogene Dienstleistung ist einerseits hilfreich, anderseits trügerisch. Hilfreich, da der Dienstleistungsbegriff individuell erwünschte Beziehungsgestaltung suggeriert, er also plausibel den Blick auf die Kundeninteressen und das Nutzerverhalten lenkt. Trügerisch wiederum, da die

Vorstellung eines „social-shopping" augenscheinlich die Realität Sozialer Arbeit nicht trifft. Ökonomie und Soziale Arbeit folgen unterschiedlichen, ja gegensätzlichen Paradigmen. Worin liegt dann der subjektive Vorteil einer Ökonomisierung des Sozialen?

Man kann sich die kritische Frage stellen, ob die vermeintliche Notwendigkeit eines Managen des Sozialen nicht aus der beschriebenen Effizienzlogik einer gesellschaftlichen Entwicklung heraus entstanden ist und deren Handlungsrationalität möglicherweise auch dadurch forciert wurde, dass die Praxis Sozialer Arbeit bereitwillig und vorschnell auf den Zug der Ökonomisierung aufgesprungen ist. Ob als Preis hierfür ihre politische Neutralisierung[489] oder gar der Niedergang professioneller Ethik[490] zu fürchten sind, wird lebhaft diskutiert. Aber diese Diskussion ist ein wenig müßig. Die Selbstorganisationsfähigkeit sozialer Systeme ist nicht allein abhängig vom politischen Willen aufgeklärter Akteure. Der Sinn, nach dem soziale Systeme operieren, ist nicht regulativ von außen festsetzbar. Moderne Gesellschaften verfügen über keine gesellschaftliche Zentralinstanz[491], die ihr oder ihren Teilsystemen vorgibt, auf den rollenden Zug der Ökonomisierung aufzuspringen, ihn durchziehen oder gar anhalten zu lassen. Man muss erkennen – nicht akzeptieren –, dass neoliberale Ökonomie zum herrschenden Denk- und Handlungsprinzip einer entstehenden Weltgesellschaft in allen öffentlichen und zunehmend auch in privaten Lebensbereichen geworden ist. Seit langem ist ein politisch-ökonomischer Konsens darüber auszumachen, dass Soziale Arbeit als Dienstleistungsunternehmen zu betrachten sei. Ein Dienstleistungsunternehmen, das nach den möglichst gleichen ökonomischen Regeln zu funktionieren hat, wie sie auch in der Privatwirtschaft gelten. Sehr deutlich kann man dies in den Bestrebungen der Länder erkennen, die Mitglied in der *World Trade Organization* (WTO) sind. In den dort mit Macht vorangetriebenen Bestrebungen zum weltweiten Abbau von Handelshemmnissen werden die Bildungseinrichtungen, die medizinischen und auch die sozialen Einrichtungen neben den klassischen Dienstleistern ausdrücklich genannt. Dieses Dienstleistungsabkommen, genannt *GATS (General Agreement on Trade in Services)*, will auch Soziale Arbeit global als Akteure innerhalb eines ökonomischen Systems verorten.[492]

Für Soziale Arbeit mag das alles noch recht fern sein. In der medizinischen Versorgung hört man zwar von so manchem „Schnäppchen" (Augen-Lasern, Bypässe, Zahnersatz, Hüftgelenke aus Nah- und Fernost). Auch in pflegerischen Leistungsbereichen scheinen sich Billiganbieter langsam zu formieren, aber in der Sozialen Arbeit ist es global gesehen noch relativ ruhig. Denken wir an jüngs-

---

489 Vgl. Kappeler 1999.
490 Vgl. Haupert 2001.
491 Vgl. Luhmann 1998, S. 802 und S. 866ff.
492 Vgl. Mazzucco 2004, S. 67-146. Vgl. Staub-Bernasconi 1999, S. 14-15.

te Entwicklungen in Europa, liegt das Ferne aber auch hier schon nah. Mit der *Europäischen Dienstleistungsrichtlinie* (sogenannte Bolkestein-Richtlinie) war für die europäische Ebene im Grundsatz intendiert, was global von der WTO angestrebt wird. Vorerst hat sich dies zumindest für den Bereich des Sozialen nicht umfassend durchgesetzt. Aber auch hier bleibt abzuwarten, ob sich Kernthemen Sozialer Arbeit weiterhin des Schonraums nationaler Wohlfahrtspolitik erfreuen dürfen oder ob sie nicht wieder – früher oder später – für europäische Markt- und Wettbewerbsinteressen interessant zu werden drohen. Aber auch ohne diese europäische Perspektive ist in Deutschland national der Boden für eine zunehmende Ökonomisierung sozialgesetzlich seit langem bereitet. Die klassische Vorrangstellung der freien Wohlfahrtspflege – also der freien gemeinnützigen Träger Sozialer Arbeit – ist im Sozialgesetzbuch (SGB) praktisch aufgegeben worden. Private, erwerbsorientierte Anbieter sind mit ihnen auf eine Stufe gestellt.

Werden wir über die Ökonomisierung Sozialer Arbeit den aufgeklärten Bürger bekommen, der kritisch und selbstbestimmt nur die Hilfen nutzt, die ihm aus seiner Sicht auch gut tun? Werden die Klienten zu Nutzern im Sinne selbstbestimmter, aufgeklärter Kunden werden können? Und werden den Bürgern, die mangels Mündigkeit im Sinne advokatorischer Interessenvertretung Hilfen erlangen, mit Gewissheit die optimalen Hilfen zuteil, die ihnen von mündigen Fachkräften Sozialer Arbeit angeraten werden? Welche Art Bürger haben wir uns durch die Sozialisationserfahrungen in einer neoliberal aufgestellten Gesellschaft vorzustellen? Sind Mündigkeit und Selbstbestimmung des Bürgers vor den Regalen unserer Konsumindustrie selbstverständliche Determinanten unseres Alltagshandelns oder kommt das Individuum im Wettlauf mit den Organisationen gesellschaftlicher Funktionssysteme immer einen Schritt zu spät?

Unabhängig von der noch nicht entscheidbaren Frage des Emanzipationsgrades, den Nutzer und Kunden über die Kultivierung ökonomischer Tauschbeziehungen zu erwarten haben, darf allerdings ein sehr pragmatisches Faktum sozialer Wirklichkeit nicht übersehen werden. Die Nachfrage nach sozialen Diensten ist – so oder so – in den letzten fünfzig Jahren ständig gestiegen. Das ging am Arbeitsmarkt und Organisationsgrad Sozialer Berufe nicht spurlos vorüber. Hatte eine Ökonomisierung des Sozialen nicht bereits stattgefunden bevor sie in das Visier des weltweiten Siegeszuges des Neoliberalismus geraten ist? Mit Beginn der 1950er Jahre haben wir es mit einem prosperierenden ‚sozialen Markt' zu tun. Selbst wem die aufgedrängte ökonomische Perspektive nicht gefällt, wird sehen, dass die kleinen, überschaubaren Wohlfahrtsverbände der Nachkriegszeit mittlerweile zu professionell ausgestatteten Unternehmen von teilweise mittlerer Konzerngröße angewachsen sind. Angesichts dieser Größenentwicklung allein ergab sich ein erheblicher Steuerungsbedarf für die Wohlfahrtsverbände und ihre

Einrichtungen.[493] Seit 1950 verzeichnete der Wohlfahrtsstaat eine Verfünffachung seiner Erwerbstätigenzahl in den Gesundheits-, Sozial- und Erziehungsberufen. Innerhalb dieser Berufsgruppen stellt sich die Steigerungsrate bei den „sozialen Berufen" mit einem Faktor von 13,6 als eine Berufsgruppe mit der ungleich stärksten Wachstumsdynamik dar.[494] Man kann nach Schätzungen der „Bundesarbeitsgemeinschaft der Freien Wohlfahrtspflege" heute von über 1. Mio. Beschäftigten im Teilarbeitsmarkt sozialer Dienstleistungen ausgehen. Mit einem geschätzten Anlagevermögen von ca. 100 Mrd. Euro und einer vermutlichen Bruttowertschöpfung in Höhe von ca. 50 Mrd. Euro hat diese Branche in den letzten 25 Jahren in etwa die Größenordnung der chemischen Industrie erreicht bzw. bereits übertroffen.[495] Dieses auf dem bundesdeutschen Arbeitsmarkt konkurrenzlose Wachstumsvolumen und die – mit anderen Teilarbeitsmärkten verglichen – überproportionale Expansion geht mit tiefgreifenden Strukturveränderungen einher, denen die Organisationen personenbezogener Dienstleistungsunternehmen ausgesetzt sind. Zum Beispiel:

- neue Finanzierungsstrukturen (z.b. Leistungsvereinbarungen und Leistungsentgelte, Prospektivität, Budgetierung),
- zunehmende Ressourcenverknappung mit sich daraus ergebenden völlig neu organisierten und teilweise verlagerten Ressourcenflüssen und Verteilungsmechanismen im Sozialwesen (z.B. Ausschreibungen, Stiftungsförderungen, europäische Förderstrukturen usw.),
- neue Steuerungsmechanismen der Marktregulierung (wachsender Einfluss des EG-Rechtes und der Freizügigkeit der Anbieter, Transnationalität von Projekten usw.),
- zunehmende Wettbewerbsintensität (über 25% aller sozialen Dienstleistungen werden mittlerweile von gewerblichen Anbietern erbracht),
- steigende Dekonzentrations- und Deregulierungsbedarfe (Ausgründungen, Outsourcing, Schaffung von neuen rechtlich selbständigen Einrichtungen),
- neue Kundeninteressen und Kundenbedarfe (Individualisierung der Lebensplanung, Lebensweltorientierung, sozialräumliche Umstrukturierungen usw.) sowie
- sozialgesetzlich normierte Aufgaben der Qualitätsentwicklung und Qualitätssicherung.

Diese Dynamik allein stellt freie Wohlfahrtspflege bereits seit dem Wideraufbau nach dem Zweiten Weltkrieg vor völlig neue Herausforderungen. Die Entwicklung macht eine ständige Auseinandersetzung mit dem Organisationsmanage-

---

493 Vgl. Lambers 2002, S. 238-254.
494 Vgl. Rauschenbach np 2/99, S. 132f.
495 Vgl. Öhlschläger/Brüll 1996 und vgl. Bundesarbeitsgemeinschaft der Freien Wohlfahrtspflege e.V. 2002, S. 93-98.

ment sowohl auf der Ebene der Träger als auch auf den Ebenen der angeschlossenen Einrichtungen und sozialen Dienste erforderlich.

Was sind nun die Folgen von Ökonomisierung Sozialer Arbeit? Ist diese Frage überhaupt kritisch zu stellen? Wettbewerb und Konkurrenz beleben bekanntlich das Geschäft und für die Klienten als Nutzer kann dabei doch viel Neues, Innovatives auf den Markt kommen. Das mag sein. Dennoch sollte ein Faktum nicht übersehen werden: Der Operationsmodus ökonomischer Systeme kennt bekanntlich nicht die Kategorie „Gerechtigkeit". Die Leitfigur „soziale Gerechtigkeit" bestimmt hingegen die Zweckprogramme des Sozialgesetzbuches (SGB I) als Rechtsrahmen Sozialer Arbeit. Ökonomische Systeme handeln hingegen nach dem Sinn der Gewinnerzielung/-maximierungen. Sie operieren über die Codes „Kaufen/Nicht-Kaufen", ihr Programm ist der „Preis". Code und Programm müssten nach einer Sozialen Arbeit, die Marktgesetzen gehorchen soll, in den Code: „Helfen/Nicht-Helfen" übersetzt werden.[496] Das hat zwei Effekte: Die Soziale Arbeit läuft stets den Geldtöpfen hinterher und zweitens muss sich Soziale Arbeit auch über die Definition von „Nicht-Hilfe" verständigen. Letzteres wäre professionstheoretisch gesehen sogar wünschenswert. Es würden demnach nur solche Hilfen angefragt, die tatsächlich auch vom Klienten erwünscht sind, eine Wirkung zeigen und ihm nutzen. Aber wer kann ernsthaft annehmen, dass Menschen dieses aufgeklärte Kundenbewusstsein in sozialen Notlagen entwickeln werden? Auch ihren Stellvertretern bzw. Besitzern der Kaufkraft für soziale und erzieherische Dienste (Jugendämter, Sozialämter usw.) wird das nicht gelingen, da die „soziale Dienstleistung" in ihrer Effektivität und Effizienz nicht so eindeutig bestimmbar ist wie die Qualität eines Haarschnittes. Aber selbst wenn diese Hürde noch genommen würde, bliebe das Problem des weltweiten Wettbewerbs sogenannter Dienstleister in den Feldern Bildung, Gesundheit und Soziales erhalten und zwar als ein Wettbewerb, der über das Programm „Preis" nur ruinös enden kann. Gesellschaftliche Inklusionsaufgaben einerseits und Exklusionsrisiken einer globalisierten Gesellschaft andererseits lassen sich nicht wirksam mit den Effizienzprinzipien begegnen, unter denen sie entstanden sind. Wäre dies möglich, würden die gesellschaftlichen Teilsysteme ihre Exklusionsprobleme selber lösen können, ohne sie einem Wohlfahrtssystem zur weiteren Bearbeitung überlassen zu müssen.

Was kann Soziale Arbeit im Zeitalter der Moderne tun? Eines scheint sicher zu sein: bis es zu einer funktional differenzierten Weltgesellschaft gekommen ist – sofern es soweit kommt –, ist das Heer ihrer Verlierer gigantisch gewachsen. Der Wohlfahrtsstaat und seine tragenden Säulen erodieren zunehmend mit den Risiken einer funktional differenzierten Gesellschaft, in der nur sicher ist, dass sie

---

496 Vgl. Lambers 2010, S. 201.

eine Risikogesellschaft ist. Aktivierung und Selbstbeteiligung der Bürger, Ökonomisierung und Monetarisierung der Programme und Organisationen in den Feldern Soziales, Gesundheit und Bildung stehen auf den Fahnen des Umbaus dieses
Sozialstaates. Im Jahr 2008 kann das Deutsche Institut für Wirtschaftsforschung
berichten, dass in Deutschland der Mittelstand weg bricht. Die Mittelschicht ist in
den Jahren zwischen 2000 und 2006 von 49 auf 44 Millionen Menschen – also über
10% – erkennbar zusammengeschrumpft. In gleicher Zeit wuchsen zwei Gruppen:
Die Gering- und die Spitzenverdiener. Von Postmoderne kann hier nicht die Rede
sein. Es scheint, dass der Gesellschaft nicht die Rückkehr in eine Schichtenstruk-
tur, aber zumindest eine schärfere Konturierung sozialer Ungleichheit droht (Prekarisierung). Das allein wird durch die Bekämpfung von Armut durch Bildung,
sprich Beseitigung von Bildungsarmut, nicht zu lösen sein. Dies zu ‚Beobachten‘ ist
sicher Sache Sozialer Arbeit, aber für sich genommen zu wenig. Soziale Arbeit muss
sich auch – ganz im Sinne Michel Foucaults – die Frage stellen, wer eigentlich die
Regierenden regiert oder besser gefragt: Welche regierenden Gedanken regieren die
Regierenden? Und hier ist zu beobachten: es sind auch die Reaktionen Einzelner
und ganzer Gruppen auf kulturelle Entwicklungen, das kulturelle Unbehagen bzw.
„das Unbehagen in der Kultur“, wie es Sigmund Freud einmal ausgedrückt hat, dass
sich artikuliert und seine Ausdrucksformen klassischerweise in sozialen Bewegungen formiert. Soziale Bewegungen bewegen mehr in den Köpfen der Regierenden,
als man gemeinhin vermuten mag. Das zeigt schon die Geschichte der sozialen
Bewegungen. Ob Arbeiterbewegung, Umweltbewegung, Friedensbewegung, Frauenbewegung usw., letztlich prägten und prägen ihre Inhalte und Ideen auch solch
öffentliches Bewusstsein, was in Politik rückwirkt. Dass man dabei so weit gehen
muss, Soziale Arbeit für diese politische Sache einzufordern, so wie es Silvia Staub-
Bernasconi mit ihrer Theorie einer Sozialen Arbeit als Menschenrechtsprofession
aufzeigt, scheint aus systemtheoretischer Sicht eher eine Selbstillusionierung als
eine Chance auf ein realistisches Professionsprogramm zu sein. Aus professioneller
Sozialer Arbeit lässt sich keine soziale Bewegung machen. Dennoch wird es darauf
ankommen müssen, Regeln des gerechten Austausches (Staub-Bernasconi) in den
ökonomischen, rechtlichen und politischen Funktionssystemen zu ‚etablieren‘.
Gelingt dies nicht, verliert Soziale Arbeit an Glaubwürdigkeit. Soziale Arbeit wird
strukturelle Kopplungen mit sozialen Bewegungen, Politik und Ökonomie immer
stärker eingehen müssen, um ihren eigenen Widersprüchen etwas entgegensetzen
zu können. Dass dies nicht über Steuerungsdirektiven seitens der Politik ‚verordne-
tet‘ werden kann, wissen wir ebenfalls aus der Luhmannschen Systemtheorie. Das
ist nicht nur Sache von Politik. Alle gesellschaftlichen Funktionssysteme (Politik,
Wirtschaft, Recht, Medien, Religion, Familie usw.) werden nach sie verbindenden
sozialen Regeln suchen müssen. Soziale Arbeit hat hier als Disziplin und als Praxis
keine zentrale, aber eine wichtige flankierende Rolle.

Textquellenverzeichnis

Archivalien:

„60 Jahre International Association of Schools of Social Work – eine Festschrift" Fachhochschule für Sozialarbeit und Sozialpädagogik Berlin (Hrsg.), Berlin 1989.

„Den Geist sozialer Ritterlichkeit wecken" (Kölner Stadtanzeiger, 15.05.1954). Archiv der Katholischen Hochschule NRW. Köln

„Deutschlandkarte. Armenspeisung. Wie haben sich die „Tafeln" vermehrt?" ZEIT Magazin Nr. 1, 23.12.2008. Hamburg 2008.

„Die Zentralwohlfahrtsstelle: Jüdische Wohlfahrtspflege in Deutschland – Eine Selbstdarstellung" Von Berthold Scheller: Zentralwohlfahrtsstelle der Juden in Deutschland e.V. (Hrsg.): Frankfurt/M. 1987.

„Dienen ist mehr als Verdienen" (Essener Stadtnachrichten, 02.02.1954).

„Echte Berufung und Gnade" (Kirchenzeitung Köln 23.05.1954).

„Methodenlehre als Kernbereich sozialarbeiterischer Ausbildung". Kircher, Veronica: In: a.a.O., S. 71-84.

„Nicht Für-Sorge sondern Mit-Sorge" Ludwig Baumanns sprach über Sinn und Sein des Sozialarbeiters. (Stolberger Volkszeitung, 27.04.1954).

„Theorie und Praxis sozialer und pädagogischer Lehre im Blickpunkt. 75 Jahre Ausbildungsstätte für soziale Arbeit. Münster" Katholische Fachhochschule Nordrhein-Westfalen, Abteilung Münster (Hrsg.), 1992.

„Von der Kreisfürsorgerinnenschule zur Katholischen Fachhochschule NW, Abt. Münster" Schaefer-Hagenmaier, Theresia: In: a.a.O., S. 11-62.

„ZEDAKA: Jüdische Soziale Arbeit im Wandel der Zeit." 75 Jahre Zentralwohlfahrtsstelle der Juden in Deutschland 1917-1992. Frankfurt am Main 1992.

Quellensammlungen:

„Abhandlung über den Ursprung und die Grundlagen der Ungleichheit unter den Menschen", Jean Jaques Rousseau, 1755, In: Reble, Albert: Geschichte der Pädagogik. Dokumentationsband I und II, 1. Auflage, Stuttgart 1971, S. 170-176

„Abhandlung über die Wissenschaften und Künste", Jean Jaques Rousseau, 1750, In: a.a.O., S. 166-169

„Altklug, Frühreif, Blasiert, Überklug", Handbuch, 1895, In: Rutschky, Katharina: Schwarze Pädagogik. Quellen zur Naturgeschichte bürgerlicher Erziehung. Frankfurt am Main 1977, S. 114

„Artikel, auf welchem sich führnehmlich der Ratichianische Lehrkunst beruhet", Wolfgang Ratke, In: Reble, Albert: Geschichte der Pädagogik. Dokumentationsband I und II, 1. Aufl., Stuttgart 1971, 113

„Aufforderung zur Unterwerfung", Friedrich Eberhard von Rochow, 1772, Rutschky, Katharina: Schwarze Pädagogik. Quellen zur Naturgeschichte bürgerlicher Erziehung. Frankfurt/M. 1977, S. 4

„Der Erzieher in der Nachfolge Jesu", Heinrich Gräfe/Julius Schumann, 1878, a.a.O., S. 73

„Der Erzieher ist ein Organ der Gottheit", Bernhard Heinrich Blasche, 1828, a.a.O., S. 65

„Der erzieherische Wert einer Hinrichtung", Christian Felix Weiße, 1791, a.a.O., S. 6

„Die Demütigung als Erziehungsmittel", Handbuch, 1851, a.a.O., S. S. 412

„Die Erziehung, ein ewiger, doch heiliger Krieg", Johann Sailer, 1809, a.a.O., S. 149

„Die Indizien für onanistische Betätigung", August Hermann Niemeyer, 1810, a.a.O., S. 303

„Die Kindheit als Krankheit", Ludwig von Strümpell, 1890, a.a.O., S. 140

„Die Konsequenz der Erziehung ist die Erziehungsdiktatur", Johann Bernhard Basedow, 1773, a.a.O., S. 97

„Die Militarisierung der Schulsprache", H. F. Kahle, 1890, a.a.O., S. 243

„Die Stahlarznei der Männlichkeit", Jean Paul, 1811, a.a.O., S. 292

„Eine Inszenierung des Strafaktes", Christian Gotthilf Salzmann, 1796, a.a.O., S. 392

„Einkreisung eines fehlerhaften Kindes", Joachim Heinrich Campe, 1788, a.a.O., S. 183

„Entartungen der Elternliebe", Adolf Matthias, 1902, a.a.O., S. 52

„Erklärung des pädagogischen Totalitarismus", Ernst Christian Trapp, 1784, a.a.O., S. 150

„Große Didaktik. Die vierfache Abstufung der Schule nach Alter und Fortschritt." Johann Amos Comenius, In: Reble, Albert: Geschichte der Pädagogik. Dokumentationsband I und II, 1. Auflage, Stuttgart 1971, S. 131

„In zwanzig Jahren durch Erziehung eine neue Welt", Johann Balthasar Schupp, 1667, In: Rutschky, Katharina: Schwarze Pädagogik. Quellen zur Naturgeschichte bürgerlicher Erziehung. Frankfurt/M. 1977, S. 58

„Notwendige Willkür des irdischen Vaters als Vertreter des himmlischen" , Joachim Heinrich Campe, 1779, a.a.O., S. 83

„Notwendigkeit der Postzensur für Anstaltszöglinge", August Hermann Francke, 1722, a.a.O., S. 184

„Pädagogik als Wissenschaft. Maßregeln der Zucht.", Johann Friedrich Herbart, In: Reble, Albert: Geschichte der Pädagogik. Dokumentationsband I und II, 1. Auflage, Stuttgart 1971, S. 406

„Pädagogische Schläge sind Schläge des Liebhabers", Handbuch, 1887, In: Rutschky, Katharina: Schwarze Pädagogik. Quellen zur Naturgeschichte bürgerlicher Erziehung. Frankfurt am Main 1977, S. 433

„Selbstverleugnung, die Tugend des Erziehers", Handbuch, 1874, a.a.O., S. 82

„Strafen sind natürlich, Belohnungen künstlich", H.F. Kahle, 1890, a.a.O., S. 46

„Untergang der Welt durch Onanie", Johann Sailer, 1809, a.a.O., S. 322

„Wann ist das Prügeln erfordert?", Johann Gottlob Krüger, 1752, a.a.O., S. 170

„Warum Kinder verzichten sollen und Erwachsene genießen dürfen", Christian Felix Weiße, 1791, a.a.O., S. 282

„Wodurch man das Geständnis der Onanie erlangt", Peter Villaume, 1787, a.a.O., S. 19

„Zucht oder antiautoritäre Erziehung? – Interview mit A.S. Neill", Aktion Verlag & politischer Buchladen, Stuttgart 1970, S. 81.

„Zur Metaphysik von Zucht und Strafe", Handbuch, 1887, In: Rutschky, Katharina: Schwarze Pädagogik. Quellen zur Naturgeschichte bürgerlicher Erziehung. Frankfurt am Main 1977, S. 377

Originaltexte:

Arlt, Ilse: Die Grundlagen der Fürsorge. Wien 1929

Arlt, Ilse: Wege zu einer Fürsorgewissenschaft. Wien 1958

Brant, Sebastian: Das Narrenschiff. Wiesbaden 2004. Durchgesehene, sprachlich leicht angepasste Neuausgabe nach den Ausgaben Basel 1494 und Leipzig 1872

Georgens, Jan Daniel/Deinhardt, Heinrich: Die Heilpädagogik mit besonderer Berücksichtigung der Idiotie und der Idiotenanstalten.. Gießen 1979 (Leipzig 1861)

Goethe, Johann Wolfgang: West-östlicher Divan. Frankfurt am Main 1999 (Stuttgart 1819)

Jean Paul: Levana oder Erziehlehre, Paderborn 1963 (1807)

Kant, Immanuel: Gesammelte Schriften. Band 8: Abhandlungen nach 1781. Band 9: Logik, Physische Geographie, Pädagogik. Akademieausgabe in 23 Bänden. Universität Bonn (http://www.ikp.uni-bonn.de/kant/suche.html, 21.11.2008)

Key, Ellen: Das Jahrhundert des Kindes. Neu herausg. Weinheim und Basel 2000, (Berlin 1905)

Malthus, Thomas Robert: An Essay on the Principle of Population as it Affects the Future Improvement of Society, with Remarks on the Speculations of. Mr. Godwin, Mr. Condorcet, and Other Writers. Das Bevölkerungsgesetz. Herausgegeben und übersetzt von Christian M. Barth. München 1977 (London 1798)

Neill, Alexander S.: Die Befreiung des Kindes. Zürich, Köln 1973

Neill, Alexander S.: Theorie und Praxis der antiautoritären Erziehung. Das Beispiel Summerhill. Reinbeck 1969

Rousseau, Jean-Jacques: Emil oder über die Erziehung, vollständige Ausgabe in neuer deutscher Fassung, besorgt von Ludwig Schmidts, Paderborn 1971 (Paris 1762, danach Amsterdam)

Rousseau, Jean-Jaques: Vom Gesellschaftsvertrag oder Grundsätze des Staatsrechts, neu übersetzt und herausgegeben von Hans Brockhard, Stuttgart 1977 (Amsterdam1762)

Salomon, Alice/Wronsky, Siddy: Leitfaden der Wohlfahrtspflege. Leipzig 1921

Salomon, Alice/Wronsky, Siddy: Soziale Therapie. Berlin 1926
Salomon, Alice: Soziale Diagnose. Berlin 1926
Salzmann, Christian Gotthilf: Ameisenbüchlein oder Anweisung zu einer vernünftigen Erziehung der Erzieher, Bad Heilbrunn/Obb. 1964
Salzmann, Christian Gotthilf: Konrad Kiefer oder Anweisung zu einer vernünftigen Erziehung der Kinder, Sammlung der bedeutendsten pädagogischen Schriften, herausgegeben von I. Gansen, A. Keller, B. Schulz, Paderborn 1916
Salzmann, Christian Gotthilf: Krebsbüchlein oder Anweisung einer unvernünftigen Erziehung der Kinder, 3. Rechtmäßig, umgearbeitete, vermehrt und verbesserte Aufl., bey Georg Adam Keyser, Erfurt 1792
Salzmann, Christian Gotthilf: Krebsbüchlein, Pädagogische Schriften in Auswahl, herausgegeben von F. Heilmann, Weimar, Abt. Langensalza, o. J.

Bildquellenverzeichnis

Abb. 1: Der barmherzige Samariter. Müller, Carl Wolfgang: Wie Helfen zum Beruf wurde. Eine Methodengeschichte der Sozialarbeit. Band 1: 1883-1945. Überarbeitete Neuauflage, Weinheim und Basel 1999, S. 16 (Ausschnitt).
Abb. 2: Helfen im Wandel. A.a.O.
Abb. 3: Jean Jaques Rousseau. Scheuerl, Hans (Hrsg.): Klassiker der Pädagogik. Erster Band. Von Erasmus von Rotterdam bis Herbert Spencer. München 1979, gegenüberliegend S. 113.
Abb. 4: Immanuel Kant. Blankertz, Herwig: Die Geschichte der Pädagogik. Von der Aufklärung bis zur Gegenwart. Wetzlar 1982, S. 22.
Abb. 5: August Hermann Francke. Scheuerl, Hans (Hrsg.): Klassiker der Pädagogik. Erster Band. Von Erasmus von Rotterdam bis Herbert Spencer. München 1979, gegenüberliegend S. 96.
Abb. 6: Christian Gotthilf Salzmann. A.a.O., gegenüberliegend S. 144.
Abb. 7: Johann Heinrich Pestalozzi. A.a.O., gegenüberliegend S. 177.
Abb. 8: Friedrich Wilhelm August Fröbel. A.a.O., gegenüberliegend S. 272.
Abb. 9: Johann Hinrich Wichern. Sattler, Dietrich: Anwalt der Armen, Missionar der Kirche. Johann Hinrich Wichern, 1808-1881. Agentur des Rauhen Hauses, Hamburg 2007, Umschlagabbildung.
Abb. 10: Staatliche Armenfürsorge im 19. Jahrhundert. Eigene Darstellung.
Abb. 11: Friedrich von Bodelschwingh. Schmuhl, Hans-Walter: Friedrich von Bodelschwingh. Reinbek bei Hamburg 2005, S. 22
Abb. 12: Thomas Chalmers. www.answers.com/topic/thomas-chalmers (04.11.2009).
Abb. 13: Herman Nohl. Scheuerl, Hans (Hrsg.): Klassiker der Pädagogik. Zweiter Band. Von Karl Marx bis Jean Piaget. München 1979, gegenüberliegend S. 240.
Abb. 14: Alice Salomon. Aus. Müller, Carl Wolfgang: Wie Helfen zum Beruf wurde. Eine Methodengeschichte der Sozialarbeit. Band 1: 1883-1945. Überarbeitete Neuauflage, Weinheim und Basel 1999, S. 141.
Abb. 15: Henrietta und Samuel Barnett. Müller, Carl Wolfgang: Wie Helfen zum Beruf wurde. Eine Methodengeschichte der Sozialarbeit. Band 1: 1883-1945. Überarbeitete Neuauflage, Weinheim und Basel 1999, S. 22.
Abb. 16: Jane Addams. A.a.O., S. 61.
Abb. 17: Mary Richmond. A.a.O., S. 101.
Abb. 18: Angloamerikanische Entwicklung der Methoden. Eigene Darstellung.
Abb. 19: Entwicklung der drei klassischen Methoden. Eigene Darstellung.
Abb. 20: Gesetzgebungsaktivität pro Dekade. Eigene Darstellung.
Abb. 21: Modelle der Sozialen Gruppenarbeit. Eigene Darstellung.
Abb. 22: Modelle der Gemeinwesenarbeit. Eigene Darstellung.
Abb. 23: Theorieentwicklungen Sozialer Arbeit. Eigene Darstellung.

Literaturverzeichnis

Ader, Sabine/Schrapper, Christian/Thiesmeier, Monika (Hrsg.): Sozialpädagogisches Fallverstehen und sozialpädagogische Diagnostik in Forschung und Praxis. Münster 2001

Adorno Theodor W.: Erziehung zur Mündigkeit, Vorträge und Gespräche mit Hellmut Becker 1959-1969. 7. Auflage, Frankfurt am Main 1981

Adorno, Theodor W./Dahrendorf, Ralf/Pilot, Harald/Albert, Hans/Habermas, Jürgen/Popper, Karl R.: Der Positivismusstreit in der deutschen Soziologie. 8. Auflage, Darmstadt und Neuwied 1980 (1969)

Agnew, Elizabeth N.: From Charity to Social Work. Mary E. Richmond and the Creation of an American Profession. University of Illinoise Press. Urbana and Chicago 2004

Ahrbeck, Rosemarie: Jean-Jaques Rousseau, Jena/Leipzig/Berlin, Köln 1978

Albrecht, Günther/Groenemeyer, Axel (Hg.): Handbuch Soziale Probleme, Wiesbaden 2007

Amthor, Ralph Chr.: Die Geschichte der Berufsausbildung in der Sozialen Arbeit. Auf der Suche nach Professionalisierung und Identität. Weinheim 2003

Arbeitsgruppe Pädagogisches Museum: Hilfe Schule. Ein Bilder-Lese-Buch über Schule und Alltag Berliner Arbeiterkinder. Von der Armenschule zur Gesamtschule. 1827 bis heute. Ausstellung vom 13. September bis 13. Dezember 1981 in den Räumen der Schule Klixstrasse 6-7, Berlin (Schöneberg). Berlin 1981

Ariès, Philippe/Duby, Georges (Hrsg.): Geschichte des privaten Lebens. Band 1, herausgegeben von Paul Veyne. Frankfurt am Main 1989

Ariès, Philippe: Geschichte der Kindheit. München 1998 (Originalausgabe 1960)

Arnold, Helmut/Böhnisch, Lothar und Schröer, Wolfgang (Hrsg.): Sozialpädagogische Beschäftigungsförderung. Lebensbewältigung und Kompetenzentwicklung im Jugend- und jungen Erwachsenenalter. Weinheim 2005

Baacke, Dieter: Jugend heute – der leise Widerstand, Psychologie heute, Weinheim Basel August 1980

Badinter, Elisabeth: Die Mutterliebe: Die Geschichte eines Gefühls vom 17. Jahrhundert bis heute. München 1996 (1981)

Baecker, Dirk: Soziale Hilfe als Funktionssystem der Gesellschaft. Zeitschrift für Soziologie, Jg. 23, Heft 2, Stuttgart 1994, S. 93-110

Baron, Rüdeger (Hg.): Sozialarbeit und Soziale Reform. Weinheim, Basel 1983

Baron, Rüdeger/Landwehr, Rolf (Hg.): Geschichte der Sozialarbeit. Weinheim, Basel 1983

Basaglia, Franco (Hrsg.) Die negierte Institution oder die Gemeinschaft der Ausgeschlossenen. Ein Experiment der psychiatrischen Klinik in Görz. Frankfurt am Main 1978

Baumert, Jürgen/Neubrand, Michael: PISA 2000 – Basiskompetenzen von Schülerinnen und Schülern im internationalen Vergleich. Rev. Nachdruck der Erstausgabe, Opladen. 2001

Beck, Ulrich: Risikogesellschaft. Auf dem Weg in eine andere Moderne. Frankfurt am Main 1986

Benner, Dietrich: Hauptströmungen der Erziehungswissenschaft, Eine Systematik traditioneller und moderner Theorien. 3. verbesserte Auflage, 1991 (1973)

Bergdolt, Klaus: Der Schwarze Tod. Die Große Pest und das Ende des Mittelalters. Neuausgabe, 4. Auflage, München 2000

Bericht über die Lage der Psychiatrie in der Bundesrepublik Deutschland – Zur psychiatrischen und psychoterapeutisch/psychosomatischen Versorgung der Bevölkerung. Deutscher Bundestag. Drucksache 7/4200. Bonn 1975

Bernfeld, Siegfried: Sisyphos oder die Grenzen der Erziehung. 8. Auflage, Frankfurt am Main 2000, Leipzig, Wien, Zürich (Wien 1925)

Beutel, Harald: Die Sozialtheologie Thomas Chalmers (1780-1847) und ihre Bedeutung für die Freikirchen. Eine Studie zur Diakonie der Erweckungsbewegung. Göttingen 2007

Biran, Sigmund: Die heutige Übergangsgesellschaft und ihre jungen Intellektuellen. Bern/München 1979

Birtsch, Vera/Blandow, Jürgen (Hrsg.): Pädagogik, Therapie, Spezialistentum. Frankfurt/M. 1979

Blandow, Jürgen/Gintzel, Ullrich und Hansbauer, Peter: Partizipation als Qualitätsmerkmal in der Heimerziehung. Eine Diskussionsgrundlage. Münster 1999

Blankertz, Herwig: Die Geschichte der Pädagogik. Von der Aufklärung bis zur Gegenwart. Wetzlar 1982

Böhnisch, Lothar: Gespaltene Normalität. Lebensbewältigung und Sozialpädagogik an den Grenzen der Wohlfahrtsgesellschaft. Weinheim 1992

Böhnisch, Lothar: Sozialpädagogik des Kindes- und Jugendalters: eine Einführung. Weinheim 1992b

Böhnisch, Lothar: Sozialpädagogik der Lebensalter. Eine Einführung. 5. überarbeitete Auflage,. Weinheim 2008 (1997)

Böhnisch, Lothar/Lösch, Hans: Das Handlungsverständnis des Sozialarbeiters und seine institutionelle Determination. In: Thole, Werner/Galuske, Michael und Gängler, Hans (Hrsg.): KlassikerInnen der sozialen Arbeit. Sozialpädagogische Texte aus zwei Jahrhunderten. Ein Lesebuch,. Neuwied 1998

Bommes, Michael/Scherr, Albert: Soziologie der Sozialen Arbeit. eine Einführung in Formen und Funktionen organisierte Hilfe. Weinheim, München 2000

Braun, Ute/Hergrüter, Evelyn: Antipsychiatrie und Gemeindepsychiatrie. Frankfurt am Main, New York 1980

Braunmühl, Ekkehard von/Ostermeyer, Helmut/Kupffer, Heinrich: Die Gleichberechtigung des Kindes, Frankfurt am Main 1977

Braunmühl, Ekkehard von: Antipädagogik, Studien zur Abschaffung der Erziehung, 8. unv. Auflage, Weinheim und Basel 1993 (1975)

Braunmühl, Ekkehard von: Zeit für Kinder, Theorie und Praxis von Kinderfeindlichkeit – Kinderschutz. Frankfurt am Main 1978

Brezinka, Wolfgang: Aufklärung über Erziehungstheorien. Beiträge zur Kritik der Pädagogik. Gesammelte Schriften – Band 1. München, Basel 1989

Brezinka, Wolfgang: Erziehung als Lebenshilfe, Wien 1957

Brezinka, Wolfgang: Erziehung und Kulturevolution, die Pädagogik der Neuen Linken, 6., verbesserte Auflage, München 1981 (1974)

Brezinka, Wolfgang: Metatheorie der Erziehung. Eine Einführung in die Grundlagen der Erziehungswissenschaft, der Philosophie der Erziehung und der Praktischen Pädagogik. 4. vollständig neu bearbeite Auflage, des Buches „Von der Pädagogik zur Erziehungswissenschaft. Eine Einführung in die Metatheorie der Erziehung." München 1978

Bronfenbrenner, Urie: Die Ökologie der menschlichen Entwicklung. Natürliche und geplante Experimente. Frankfurt am Main 1989, (Cambridge/Massachusetts 1979)

Brumlik, Micha (Hrsg.): Vom Missbrauch der Disziplin. Antworten der Wissenschaft auf Bernhard Bueb. Weinheim 2007

Bueb, Bernhard: Lob der Disziplin. Eine Streitschrift. Berlin 8. Auflage, 2006

Bueb, Bernhard: Von der Pflicht zu führen. Neun Gebote der Bildung. Berlin 2008

Bundesarbeitsgemeinschaft der Freien Wohlfahrtspflege: Die freie Wohlfahrtspflege. Profil und Leistungen. Freiburg im Breisgau 2002

Bundesarbeitsgemeinschaft der Landesjugendämter; Internationale Gesellschaft für Erzieherische Hilfen: Rechte haben – Recht kriegen. Ein Ratgeber – nicht nur für Jungen und Mädchen in der Jugendhilfe. 2., aktualisierte und erweiterte Auflage, Weinheim 2003

Bundesgesundheitsblatt: Gesundheitsforschung, Gesundheitsschutz. Band 50, Berlin 2007

Bundesminister für Jugend, Familie, Frauen und Gesundheit: Empfehlungen der Expertenkommission der Bundesregierung zur Reform der Versorgung im psychiatrischen und psychotherapeutische/psychosomatischen Bereich. Auf der Grundlage des Modellprogramms Psychiatrie der Bundesregierung. Bonn 1988

Bundesministerium für Arbeit und Sozialordnung: Lebenslagen in Deutschland. Erster Armuts- und Reichtumsbericht der Bundesregierung. Bonn 2001

Bundesministerium für Arbeit und Soziales: Lebenslagen in Deutschland. Zweiter Armuts- und Reichtumsbericht der Bundesregierung. Berlin 2005

Bundesministerium für Arbeit und Soziales: Lebenslagen in Deutschland. Dritter Armuts- und Reichtumsbericht der Bundesregierung. Berlin 2008

Butterwegge, Christoph: Krise und Zukunft des Sozialstaates. 3., erweiterte Auflage, Wiesbaden 2006

Butterwegge, Christoph/Klundt, Michael/Zeng, Matthias: Kinderarmut in Ost- und Westdeutschland. Wiesbaden 2005

Claessens, Dieter, Klönne, Arno, Tschöppe, Armin: Sozialkunde der Bundesrepublik, Diedrichs , Düsseldorf 1981

De Mause, Lloyd: Hört ihr die Kinder weinen, Eine psychogenetische Geschichte der Kindheit. Frankfurt am Main 1977

Deutsche Biographische Enzyklopädie: 2. überarbeitete und erweiterte Auflage, von Rudolf Vierhaus (Hrsg.), München 2005

Deutscher Bundestag: Bericht über die Lage der Psychiatrie in der Bundesrepublik Deutschland. Zur psychiatrischen und psychotherapeutisch/psychosomatischen Versorgung der Bevölkerung. Bonn Bundestagsdrucksache 7/4200, 1975

Dewe, Bernd/Ferchhoff, Wilfried/Scherr, Albert/Stüwe, Gerd: Sozialpädagogik, Sozialarbeitswissenschaft, Soziale Arbeit? Die Frage nach der disziplinären und professionellen Identität. In: Puhl, Ria (Hrsg.): Sozialarbeitswissenschaft. Neue Chance für eine theoriegeleitete Soziale Arbeit. Weinheim und München 1996, S. 111-126

Dewe, Bernd/Otto, Hans-Uwe: Über den Zusammenhang von Handlungspraxis und Wissensstrukturen in der öffentlichen Sozialarbeit. neue praxis 1/1980

Dewe, Bernd/Otto, Hans-Uwe: Reflexive Sozialpädagogik. Grundstrukturen eines neuen Typs dienstleistungsorientierten Professionshandelns. In: Thole, Werner (Hrsg.): Grundriss soziale Arbeit: ein einführendes Handbuch. Wiesbaden 2. Auflage, 2005

Dollinger, Bernd (Hrsg.): Klassiker der Pädagogik. Die Bildung der modernen Gesellschaft. Wiesbaden 2006

Dollinger, Bernd/Müller, Carsten/Schröer, Wolfgang (Hrsg.): Die sozialpädagogische Erziehung des Bürgers. Entwürfe zur Konstitution der modernen Gesellschaft. Wiesbaden 2007

Drucker, Peter Ferdinand: Die Praxis des Managements. Düsseldorf 1998

Drucker, Peter Ferdinand: Managing the non-profit organization. Principles and practices. New York 1990

Dudek, Peter: Grenzen der Erziehung im 20. Jahrhundert. Allmacht und Ohnmacht der Erziehung im pädagogischen Diskurs. Bad Heilbrunn/Obb 1999

Eggemann, Maike/Hering, Sabine: Wegbereiterinnen der modernen Sozialarbeit: Texte und Biographien zur Entwicklung der Wohlfahrtspflege. Weinheim und München 1999

Ehrenreich, John H.: The Altruistic Imagination: A History of Social Work and Social Policy in the United States. Cornell University Press. New York 1985

Elias, Norbert: Über den Prozess der Zivilisation, Soziogenetische und psychogenetische Untersuchungen. Zweiter Band. Wandlungen der Gesellschaft, Entwurf zu einer Theorie der Zivilisation, 22. Auflage, Frankfurt am Main 1999 (1939)

Elschenbroich, Donata: Kinder werden nicht geboren, Studien zur Entstehung der Kindheit, päd. extra buch, Frankfurt am Main 1977

Engelke, Ernst: Die Wissenschaft Soziale Arbeit. Werdegang und Grundlagen. 2. Auflage, Freiburg im Breisgau 2004 (2003)

Engelke, Ernst: Theorien der Sozialen Arbeit. Eine Einführung. 1992, 1998 und zus. mit Borrmann, Stefan/Spatscheck, Christian 4. Auflage, Freiburg im Breisgau 2008

Erikson, Erik H.: Identität und Lebenszyklus, 18. Auflage, Frankfurt am Main 2000, 1959)
Erler, Michael: Soziale Arbeit. Ein Lehr- und Arbeitsbuch zu Geschichte, Aufgaben und Theorien. Weinheim 2007
Esping-Andersen, Gosta: The three worlds of welfare capitalism. Princeton 1990
Esser, Johannes: Wohin geht die Jugend? Gegen die Zukunftslosigkeit unserer Kinder, Reinbeck bei Hamburg 1979

Fassmann, Irmgard Maya: Jüdinnen in der deutschen Frauenbewegung 1865-1919. Hildesheim 1996
Faust, Miriam: Aktuelle theoretische Ansätze in der deutschen Heilpädagogik. Opladen 2007
Feustel, Adriane (Hrsg.): Alice Salomon. Ausgewählte Schriften. Frauenemanzipation und soziale Verantwortung. Band 1: 1896-1908 Band 2: 1908-1918. Berlin 1997 und 2000
Fischer, Wolfram: Exodus von Wissenschaften aus Berlin. Fragestellungen, Ergebnisse, Desiderate; Entwicklungen vor und nach 1933. Band 7, Berlin 1994
Flösser, Gaby und Otto, Hans-Uwe (Hrsg.): Neue Steuerungsmodelle für die Jugendhilfe. Neuwied 1996
Foucault, Michel: Überwachen und Strafen. Die Geburt des Gefängnisses. 4. Auflage, Frankfurt am Main 1981 (1975)
Freud, Sigmund: Abriss der Psychoanalyse, Das Unbehagen in der Kultur. Frankfurt am Main 1972 (1941)
Freud, Sigmund: Gesammelte Werke, Band XV. und XVI. Frankfurt am Main 1940
Freundschaft mit Kindern: Heft 3, Förderkreis e. V., Münster 1980
Freundschaft mit Kindern: Jahresbericht, Sept. 1978 bis Sept. 1979
Frey Cornelia: Respekt vor der Kreativität der Menschen. Ilse Arlt: Werk und Wirkung,. Leverkusen 2005

Galuske, Michael: Methoden der Sozialen Arbeit. Eine Einführung. 6. Auflage, Weinheim und München 2005
Geißler, Karlheinz A./Hege, Marianne: Konzepte sozialpädagogischen Handelns. Ein Leitfaden für soziale Berufe. 10. Auflage, Weinheim, Basel 2006 (1978)
Geißler-Piltz, Brigitte/Mühlum, Albert und Pauls, Helmut: Klinische Sozialarbeit. München 2005
Geremek, Bronisław: Geschichte der Armut. Elend und Barmherzigkeit in Europa. München 1988
Gerber, Uwe (Hrsg.): Holt die Kinder aus den Heimen. Alternativen zur Heimunterbringung. Referate, Arbeitspapiere und Resolutionen einer Tagung der Evangelischen Akademie Loccum vom 13.-15.11.1972. Berlin-Charlottenburg 1974
Germain, Carel B./Gitterman, Alex: Praktische Sozialarbeit: Das 'Life Model' der sozialen Arbeit. 3. völlig neu bearbeitete Auflage,. Stuttgart 1999
Germain, Carel B./Gitterman, Alex: The Life Model of Social Work Practice: Advances in Theory and Practice (Third Edition): Advances in Theory and Practice. (Third Edition) Columbia University Press 2008
Gillis, John R./Herrmann, Ulrich und Roth, Lutz: Geschichte der Jugend. Tradition und Wandel im Verhältnis der Altersgruppen und Generationen in Europa von der zweiten Hälfte des 18. Jahrhunderts bis zur Gegenwart., Weinheim 1980
Glei, Reinhold F. (Hrsg.): Die Sieben Freien Künste in Antike und Gegenwart. Trier 2006
Gottschalk, Gerhard Michael: Entstehung und Verwendung des Begriffs Sozialpädagogik. Extrapolation systematischer Kategorien als Beitrag für das Selbstverständnis heutiger Sozialpädagogik. Eichstätt 2004
Gray, John: Die falsche Verheißung. Der globale Kapitalismus und seine Folgen. 2. Auflage, deutsche Ausgabe, gekürzte Fassung, Frankfurt am Main 1999
Greving, Heinrich (Hrsg.): Hilfeplanung und Controlling in der Heilpädagogik, Freiburg i. B. 2002
Gröschke, Dieter: Praxiskonzepte der Heilpädagogik. München 1997

Groh-Samberg, Olaf: Armut, soziale Ausgrenzung und Klassenstruktur. Zur Integration multidimensionaler und längsschnittlicher Perspektiven. Wiesbaden 2009
Grosser, Alfred: Wie war es möglich? Die Wirklichkeit des Nationalsozialismus. Neun Studien. München, Wien 1977
Günther, Karl-Heinz/Hofmann, Franz/Hohendorf, Gerd/König, Helmut/Schuffenhauer, Heinz : Geschichte der Erziehung. 12. Auflage, Berlin 1976

Haag, Fritz/Parow, Eduard/Pongratz, Lieselotte/Rehn, Gerhard: Überlegungen zu einer Metatheorie der Sozialarbeit. In: Otto, Hans-Uwe/Schneider, Siegfried: Gesellschaftliche Perspektiven der Sozialarbeit. Bd. 1., Neuwied, Darmstadt 1973. S. 167-192
Habermas, Jürgen: Die neue Unübersichtlichkeit. Frankfurt am Main 1985
Habermas, Jürgen: Theorie des kommunikativen Handelns. Frankfurt am Main 1981
Hammerschmidt, Peter/Uhlendorff, Uwe (Hrsg.): Wohlfahrtsverbände zwischen Subsidiaritätsprinzip und EU-Wettbewerbsrecht. Band 5, Kassel 2003
Hansmann, Otto/Lost, Christine: Jean-Jacques Rousseau, 1712-1778. Hohengehren 2002
Hardach-Pinke, Irene/Hardach, Gerd: Deutsche Kindheiten 1700-1900, Autobiographische Zeugnisse, Stuttgart 1968
Hardtmann, Gertrud: Totalitärer Staat und Sozialarbeit: Die Illusion professioneller Integrität. In: Fachhochschule für Sozialarbeit und Sozialpädagogik Berlin (Hrsg.): 60 Jahre International Association of Schools of Social Work. Eine Festschrift. Berlin 1989, S. 50-58
Harmsen, Thomas: Die Konstruktion professioneller Identität in der sozialen Arbeit: theoretische Grundlagen und empirische Befunde. Heidelberg 2004
Häsing, Helga/Stubenrauch, Herbert/Ziehe, Thomas: Narziß. Ein neuer Sozialisationstypus? Bensheim 1979
Haupert, Bernhard: Wider die neoliberale Invasion der Sozialen Arbeit. Theoretische Neuorientierung zwischen Dienstleistung und Profession – Markt und Moral – Mensch und Kunde? In: neue praxis 30. Jahrgang Neuwied 6/2000
Hege, Marianne: Engagierter Dialog. Ein Beitrag zur sozialen Einzelhilfe. München, Basel 1974
Hengst, Heinz/Köhler, Michael/Riedmüller, Barbara: Kindheit als Fiktion.. Frankfurt am Main 1981
Henseler, Joachim: Wie das Soziale in die Pädagogik kam. Zur Theoriegeschichte universitärer Sozialpädagogik am Beispiel Paul Natorps und Herman Nohls. Weinheim und München 2000
Hering, Sabine: Geschichte der Sozialen Arbeit. Eine Einführung. Weinheim, München 2000
Herriger, Norbert: Empowerment in der sozialen Arbeit. Eine Einführung. Stuttgart 1997
Herriger, Norbert: Empowerment und das Modell der Menschenstärken. Bausteine für ein verändertes Menschenbild der Sozialen Arbeit. In: Soziale Arbeit 5/1995, S. 155-162
Hickel, Rudolf: Sozialstaat im Abbruch. Die neoliberale Offensive. Kritik und Alternativen. Hamburg 2004
Hillebrandt, Frank: Exklusionsindividualität. Moderne Gesellschaftsstruktur und die soziale Konstruktion des Menschen. Opladen 1999
Hofmann, Werner: Ideengeschichte der sozialen Bewegung, Sammlung Göschen de Gruyter, 6. erweiterte Auflage, Berlin, New York 1979
Homfeldt, Hans Günther unda. (Hrsg.): Grundlagen der Sozialen Arbeit, Band 1. Soziale Arbeit im Dialog ihrer Generationen. Theoriebildung – Ausbildung/Professionalisierung – Methodenentwicklung in der zweiten Hälfte des 20. Jahrhunderts. Hohengehren 1999
Huizinga, Johan: Homo Ludens, Vom Ursprung der Kultur im Spiel, Reinbeck 1994, Hamburg 1956)
Hurrelmann, Klaus/Ulrich, Dieter: Handbuch der Sozialisationsforschung. Weinheim und Basel 1980 und 5., neugestaltete Auflage 1998
Huster, Ernst-Ulrich/Boeckh, Jürgen/Mogge-Grotjahn, Hildegard (Hrsg.): Handbuch Armut und Soziale Ausgrenzung., Wiesbaden 2008

Hüttenbrink, Jost: Sozialhilfe und Arbeitslosengeld II. Hilfe zum Lebensunterhalt, Grundsicherung, sonstige Ansprüche, Verfahren, Verwandtenregress. 8., völlig neu bearbeitete Auflage, München 2004

Hüttenbrink, Jost: Sozialhilfe und Arbeitslosengeld II. München 2004

Illich, Ivan: Entmündigung durch Experten. Zur Kritik der Dienstleistungsberufe. Reinbek 1979

Internationale Gesellschaft für Heimerziehung (Hrsg.)/AG Heimreform: Aus der Geschichte lernen. Frankfurt am Main 2000

James, Edward T.: Notable American women, 1607-1950. A biographical dictionary. Cambridge, Mass. 1980

Janov, Arthur: Das befreite Kind, Grundsätze einer primärtherapeutischen Erziehung, Frankfurt am Main 1974

Jers, Norbert (Hrsg.): Soziale Arbeit gestern und morgen. Festschrift zum 75jährigen Bestehen der katholischen Ausbildungsstätte für Sozialarbeit und Sozialpädagogik in Aachen. Aachen 1991

Johansen, Erna M.: Betrogene Kinder, Eine Sozialgeschichte der Kindheit. Frankfurt am Main 1978

Kappeler, Manfred: Rückblick auf ein sozialpädagogisches Jahrhundert. Frankfurt am Main 1999

Kaufmann, Franz-Xaver: Zukunft der Familie. Stabilität, Stabilitätsrisiken und Wandel der familialen Lebensformen sowie ihre gesellschaftlichen und politischen Bedingungen. München 1990

Kersting, Heinz J.: Die Macht der Komplexität. Supervision systemisch gewendet. In: systhema 3/2004, S. 260-271. 18. Jahrgang, Weinheim 2004

Kessl, Fabian/Otto, Hans-Uwe: Soziale Arbeit. In: Albrecht, Günther & Groenemeyer, Axel (Hg.): Handbuch Soziale Probleme, Wiesbaden 2007

KGSt Köln: Outputorientierte Steuerung der Jugendhilfe, Bericht Nr.9/1994

Khella, Karam: Theorie und Praxis der Sozialarbeit und Sozialpädagogik, Lollar 1974

Khella, Karam: Handbuch der Sozialarbeit und Sozialpädagogik, 5 Bände, Hamburg (1.+2. Auflage,) 1973-1983

Klafki, Wolfgang: Das pädagogische Verhältnis. In: Klafki u.a. (Hrsg.): Funk-Kolleg Erziehungswissenschaft. Band 1. 15. Auflage,. Frankfurt a.M.: Fischer Taschenbuch 1980, S. 55-91

Klaus, Georg/Buhr, Manfred: Marxistisch-Leninistisches Wörterbuch der Philosophie in 3. Bänden, neubearbeitete und erweiterte Auflage, Reinbeck bei Hamburg 1972, Ersterscheinungsjahr Leipzig 1964

Kleve, Heiko: Die Sozialarbeit ohne Eigenschaften. Fragmente einer postmodernen Professions- und Wissenschaftstheorie Sozialer Arbeit. Freiburg im Breisgau 2000

Kleve, Heiko: Konstruktivismus und Soziale Arbeit: Einführung in Grundlagen der systemisch-konstruktivistischen Theorie und Praxis. 3. überarbeitete und erweitere Auflage, Wiesbaden 2009 (1996)

Kleve, Heiko: Postmoderne Sozialarbeit. Ein systemtheoretisch-konstruktivistischer Beitrag zur Sozialarbeitswissenschaft., 2. durchgesehene Auflage, Wiesbaden 2007 (1999)

Kleve, Heiko: Sozialarbeitswissenschaft, Systemtheorie und Postmoderne. Grundlegungen und Anwendungen eines Theorie- und Methodenprogramms. Freiburg i. Br. 2003

Knab, Eckart/Nickolai, Werner/Scheiwe, Norbert (Hrsg.): Für die Zukunft lernen. Freiburg im Breisgau 2001

Kob, Janpeter: Soziologische Theorie der Erziehung, Göttingen 1970

Konrad, Franz Michael: Sozialpädagogik im Wandel. Münster 2005

Kreft, Dieter und Mielenz, Ingrid (Hrsg.): Wörterbuch Soziale Arbeit. 4. Auflage, Weinheim und Basel 1996

Kriener, Martina und Petersen, Kerstin (Hrsg.): Beteiligung in der Jugendhilfepraxis. Sozialpädagogische Strategien zur Partizipation in Erziehungshilfen und bei Vormundschaften. Münster 1999

Kuhlmann, Carola: „Nicht Wohltun, sondern Gerechtigkeit". Alice Salomons Theorie Sozialer Arbeit. Stuttgart 2008

Kuhlmann, Carola: Geschichte Sozialer Arbeit I. Studienbuch. Schwalbach/Ts. 2008

Kuhlmann, Carola: Geschichte Sozialer Arbeit II. Textbuch. Band 2, Schwalbach am Taunus Schwalbach/Ts. 2008

Kuhlmann, Carola: Heimerziehung im Nationalsozialismus. In: Knab, Eckart/Nickolai, Werner/ Scheiwe, Norbert (Hrsg.): Für die Zukunft lernen. Freiburg im Breisgau 2001, S. 7-19

Kühn, Dietrich: Jugendamt-Sozialamt-Gesundheitsamt. Entwicklungslinien der Sozialverwaltung im 20. Jahrhundert. Neuwied 1994

Kuhn, Thomas S.: Die Struktur wissenschaftlicher Revolution. Frankfurt am Main 1981 (1962)

Kunstreich, Timm: Grundkurs Soziale Arbeit. Band 1, Hamburg 1997

Kunstreich, Timm: Grundkurs Soziale Arbeit. Band 2, Hamburg 1997

Lambers, Helmut: Soziale Arbeit ist weder Kostgänger noch Cash-Cow! Controlling und Qualifizierung pädagogischer Praxis. In: Greving, Heinrich (Hg.): Hilfeplanung und Controlling in der Heilpädagogik, Freiburg i. B. 2002

Lambers, Helmut: Systemtheoretische Grundlagen Sozialer Arbeit. Opladen 2010

Lambers, Helmut: Theorien Sozialer Arbeit. Opladen (ersch. 2011)

Lambers, Helmut: Entscheidungen über die Zuständigkeit von Jugend- oder Sozialhilfe. Jugendwohl, Heft 8/9, Freiburg im Breisgau 1987, S. 415-420

Landenberger, Georg/Trost, Rainer: Lebenserfahrungen im Erziehungsheim, Identität und Kultur im institutionellen Alltag, Dissertation, Universität Tübingen 1986, Frankfurt am Main 1988

Laplanche, Jean/Pontalis, Jean-Bertrand: Das Vokabular der Psychoanalyse. 14. Auflage, Frankfurt am Main 1998 (1972)

Leonhard, Hans-Walter: Behaviorismus und Pädagogik, Kritik behavoiristischer Psychologie und ihrer Anwendung in der Pädagogik, Erlanger pädagogischer Studien, Bad Heilbrunn/Obb. 1978

Lingelbach, Karl Ch./Zimmer, Hasko: Jahrbuch für Pädagogik 1999. Das Jahrhundert des Kindes? Frankfurt am Main, Berlin, Bern, Bruxelles, New York, Wien 2000

Litt, Theodor: Das Bildungsideal der deutschen Klassik und die moderne Arbeitswelt. Schriftenreihe der deutschen Bundeszentrale für Heimatdienst. Heft 15, Bonn 1955

Loser, Fritz: Konzepte und Verfahren der Unterrichtsforschung. München 1979

Lowy, Louis: Die Funktion der Sozialarbeit im Wandel der Gesellschaft: ein Praxis-Kontinuum. Solothurn 1973

Lowy, Louis: Sozialarbeit, Sozialpädagogik als Wissenschaft im angloamerikanischen und deutschsprachigen Raum: Stand und Entwicklung. Freiburg im Breisgau 1983

Luhmann, Niklas: Formen des Helfens im Wandel gesellschaftlicher Bedingungen. In: Otto / Schneider (Hrsg.): Gesellschaftliche Perspektiven der Sozialarbeit. Neuwied 1973, S. 21-43

Luhmann, Niklas: Politische Theorie im Wohlfahrtsstaat. München 1981

Luhmann, Niklas: Die Gesellschaft der Gesellschaft, Band 1 und 2. Frankfurt am Main 1998

Luhmann, Niklas: Das Erziehungssystem der Gesellschaft. Frankfurt am Main 2002

Luhmann, Niklas: Die Politik der Gesellschaft. Frankfurt am Main 2002b (2000)

Luhmann, Niklas: Organisation und Entscheidung. 2. Auflage, Wiesbaden 2006

Lukas, Helmut: Sozialpädagogik, Sozialarbeitswissenschaft. Entwicklungsstand und Perspektive einer eigenständigen Wissenschaftsdisziplin für das Handlungsfeld Sozialarbeit/Sozialpädagogik. Berlin 1979

Lyotard, Jean-François: Das postmoderne Wissen. 5. Auflage, Wien 2006 (Originalausgabe „La condition postmoderne", erschienen 1979)

Macklin, Michael: When Schools Are Gone, A Projection of the Thought of Ivan Illich, University of Queensland Press, St. Lucia, Queensland 1976

Maier, Hugo (Hrsg.): Who is Who der Sozialen Arbeit. Freiburg im Breisgau 1998

Mannoni, Maud: „Scheißerziehung". Von der Antipsychiatrie zur Antipädagogik, 3. unveränderte Auflage, Frankfurt am Main 1973, Orig. Education impossible 1973

Marburger, Helga: Entwicklung und Konzepte der Sozialpädagogik. München 1979

März, Fritz: Problemgeschichte der Pädagogik, Band I, Pädagogische Anthropologie 1.Teil, Bad Heilbrunn/Obb. 1980

März, Fritz: Problemgeschichte der Pädagogik, Band II, Pädagogische Anthropologie, 2.Teil, Bad Heilbrunn/Obb. 1980

Maurer, Susanne: Geschichte Sozialer Arbeit als Gedächtnis gesellschaftlicher Konflikte. In: Konrad (Hrsg.), Münster 2005, S. 11-34

Mausbach, Hans/Mausbach-Bromberger, Barbara: Die Gesellschaftliche Wirklichkeit der Kinder in der Bildenden Kunst. In: Neue Gesellschaft für bildende Kunst: Staatliche Kunsthalle Berlin. Berlin 1980, S. 273 f.

Mazzucco, Cornelia (Hrsg.): GATS und Soziale Arbeit. Globale Welt – die Zukunft des Sozialstaats und des Social-Profit-Sektors. Münster 2004

Mead, Margaret: Der Konflikt der Generationen, Jugend ohne Vorbild, Olten 1971

Meinhof, Ulrike Marie: Bambule. Fürsorge - Sorge für wen? Rotbuch 21, Regensburg 1971

Merten, Roland (Hrsg.): Systemtheorie sozialer Arbeit. Neue Ansätze und veränderte Perspektiven. Opladen 2000

Möckel, Andreas: Geschichte der Heilpädagogik. Zweite, völlig überarbeitete Neuauflage Stuttgart 2007 (1988)

Mollat, Michel: Die Armen im Mittelalter. München 1984 (1978)

Mollenhauer, Klaus: Die Ursprünge der Sozialpädagogik in der industriellen Gesellschaft. Weinheim 1959, Reprint 1987

Mollenhauer, Klaus: Einführung in die Sozialpädagogik. Weinheim, Berlin 1964

Mollenhauer, Klaus/Uhlendorff, Uwe: Sozialpädagogische Diagnosen. München 1997

Mühlum, Albert: Sozialarbeitswissenschaft-Wissenschaft der Sozialen Arbeit. Freiburg im Breisgau 2004

Mühlum, Albert: Sozialpädagogik und Sozialarbeit : Ein Vergleich/3. überarbeitete und aktualisierte Auflage, neu bearbeitete und erweiterte Auflage,. Frankfurt am Main 2001 (1982)

Mührel, Eric/Birgmeier, Bernd (Hrsg.): Theorien der Sozialpädagogik – ein Theorie- Dilemma? Wiesbaden 2009

Müller, Carl Wolfgang: Jugendamt: Geschichte und Aufgaben einer reformpädagogischen Einrichtung. Weinheim, Basel 1994

Müller, Carl Wolfgang: Wie Helfen zum Beruf wurde. Band 2. Eine Methodengeschichte der Sozialarbeit 1945-1995. 3. und erweiterte Auflage, Weinheim und Basel 1997

Müller, Carl Wolfgang: Wie Helfen zum Beruf wurde. Eine Methodengeschichte der Sozialarbeit. Band 1: 1883-1945. Überarbeitete Neuauflage, Weinheim und Basel 1999

Müller, Carl Wolfgang: Wie Helfen zum Beruf wurde. Eine Methodengeschichte der Sozialen Arbeit. Neusagabe 2006. Weinheim und München 2006

Müller, Siegfried: Erziehen – Helfen – Strafen. Das Spannungsverhältnis von Hilfe und Kontrolle. Weinheim und München 2001

Münstermann, Klaus: „Heimerziehung" ist ein konzeptioneller Begriff. In: Materialien zur Heimerziehung, Heft 2/3 1976, S. 4-5

Mumford, Lewis: Mythos der Maschine Kultur, Technik und Macht, Frankfurt am Main 1977 1966)

Münchmeier, Richard/Hering, Sabine: Geschichte der Sozialen Arbeit. Weinheim 2007

Neue Gesellschaft für bildende Kunst: Staatliche Kunsthalle Berlin. Die Gesellschaftliche Wirklichkeit der Kinder in der Bildenden Kunst. Berlin 1980

Neuffer, Manfred: Die Kunst des Helfens. Weinheim und Basel 1990

Neugebauer, Gero: Politische Milieus in Deutschland. Die Studie der Friedrich-Ebert-Stiftung. Bonn 2007

Niederberger, Josef M.: Kinder in Heimen und Pflegefamilien. Fremdplatzierung in Geschichte und Gesellschaft. Bielefeld 2002

Niemeyer, Christian/Rautenberg, Michael: Klaus Mollenhauer (1928-1998). Pädagogik als vergessener Zusammenhang. In: Dollinger, Bernd (Hrsg.): Klassiker der Pädagogik. Die Bildung der modernen Gesellschaft. Wiesbaden 2006, S. 331-352

Niemeyer, Christian/Schröer, Wolfgang/Böhnisch, Lothar (Hg.): Grundlinien Historischer Sozialpädagogik. Traditionsbezüge, Reflexionen, übergangene Sozialbezüge. Weinheim 1997

Niemeyer, Christian: Klassiker der Sozialpädagogik. Einführung in die Theoriegeschichte einer Wissenschaft. Weinheim 1998

Nietzsche, Friedrich: Der Wille zur Macht. Versuch einer Umwertung aller Werte. 13., durchgesehene Ausgabe Stuttgart 1996

Nietzsche, Friedrich: Werke in drei Bänden. Herausgegeben vor Karl Schlechta, München 1956,

Nietzsche, Friedrich: Werke in zwei Bänden, herausgegeben von Ivo Frenzel, Lizensausgabe mit Genehmigung des Carl Hanser Verlages, München 1967

OECD: Bildung auf einen Blick 2008. OECD-Indikatoren. Bielefeld 2008

Öhlschläger, Rainer/Brüll, Hans-Martin (Hrsg.): Unternehmen Barmherzigkeit. Identität und Wandel sozialer Dienstleistung; Rahmenbedingungen – Perspektiven – Praxisbeispiele. Baden-Baden 1996

Olk, Thomas/Otto, Hans-Uwe (Hg.): Der Wohlfahrtsstaat in der Wende. Umrisse einer künftigen Sozialarbeit. Weinheim und München 1985

Otto, Hans-Uwe/Polutta, Andreas & Ziegler, Holger (Hrsg.): Evidence-based Practice-Modernising the Knowledge Base of Social Work? Opladen und Farmington Hills 2007

Otto, Hans-Uwe/Polutta, Andreas/Ziegler, Holger (Hrsg.): What Works. Welches Wissen braucht die Soziale Arbeit? Zum Konzept evidenzbasierter Praxis. Opladen und Farmington 2007

Otto, Hans-Uwe/Schneider, Siegfried: Gesellschaftliche Perspektiven der Sozialarbeit. Bd. 1., Neuwied, Darmstadt 1973

Otto, Hans-Uwe; Sünker, Heinz (Hrsg.): Soziale Arbeit und Faschismus. Volkspflege und Pädagogik im Nationalsozialismus. Bielefeld 1986

Peukert, Detlev J. K.: Grenzen der Sozialdisziplinierung. Aufstieg und Krise der deutschen Jugendfürsorge 1878-1932. Köln 1986

Pfaffenberger, Hans/Schenk, Manfred (Hrsg.): Sozialarbeit zwischen Berufung und Beruf. Professionalisierungs- und Verwissenschaftlichungsprobleme der Sozialarbeit/Sozialpädagogik. Münster 1993

Plessner, Helmuth: Die Stufen des Organischen und der Mensch. 3. unveränderte Auflage, Berlin 1975

Prange, Klaus: Niklas Luhmann. Lernen im Erziehungssystem. In: Dollinger, Bernd (Hrsg.): Klassiker der Pädagogik. Die Bildung der modernen Gesellschaft. Wiesbaden 2006. S. 311-330

Prenzel, Manfred: PISA 2006. Die Ergebnisse der dritten internationalen Vergleichsstudie. Münster 2007

Pressestelle der Katholischen Fachhochschule Nordrhein-Westfalen (Hrsg.): 1918-1978. 60 Jahre Katholische Ausbildungsstätte für Sozialarbeit in Aachen. Köln o. J.

Puhl, Ria (Hrsg.): Sozialarbeitswissenschaft. Neue Chancen für eine theoriegeleitete Soziale Arbeit. Weinheim und München 1996

Rang, Adalbert: Reaktionen auf den Nationalsozialismus in der Zeitschrift ‚Die Erziehung' im Frühjahr 1933. In: Otto, Hans-Uwe; Sünker, Heinz (Hrsg.): Soziale Arbeit und Faschismus. Volkspflege und Pädagogik im Nationalsozialismus. Bielefeld 1986, S. 35-54

Rappaport, Helen: Encyclopedia of women social reformers. Volume one. Santa Barbara, California 2001

Rauschenbach, Thomas: Das sozialpädagogische Jahrhundert. Analysen zur Entwicklung Sozialer Arbeit in der Moderne. Weinheim und München 1999

Rauschenbach, Thomas: Dienste am Menschen – Motor oder Sand im Getriebe des Arbeitsmarktes. In: neue praxis 29. Jahrgang Neuwied 2/1999

Rauschenbach, Thomas: Sozialpädagogische Forschung. Weinheim 1998

Rauschenbach, Thomas/Gängler, H. (Hrsg.): Soziale Arbeit und Erziehung in der Risikogesellschaft. Neuwied 1992

Rauschenbach, Thomas/Thole, Werner (Hrsg.): Sozialpädagogische Forschung. Gegenstand und Funktionen, Bereiche und Methoden. München 1998

Reble, Albert: Geschichte der Pädagogik. 13. Auflage, Stuttgart 1980

Reyer, Jürgen: Sozialpädagogik – Plädoyer zur Historisierung eines Inszenierungsdilemmas. In: Mührel, Eric/Birgmeier, Bernd (Hrsg.): Theorien der Sozialpädagogik – ein Theorie-Dilemma? Wiesbaden 2009, S. 255-272

Richter, Horst E.: Der Gotteskomplex. Die Geburt und die Krise des Glaubens an die Allmacht des Menschen, Düsseldorf 2001, Hamburg 1979)

Rock, Joachim: Die freie Wohlfahrtspflege im europäischen Binnenmarkt. In: Hammerschmidt, Peter/Uhlendorff, Uwe (Hrsg.): Wohlfahrtsverbände zwischen Subsidiaritätsprinzip und EU-Wettbewerbsrecht. Band 5, Kassel 2003

Röper, Friedrich Franz: Das verwaiste Kind in Anstalt und Heim. Göttingen 1976

Rössner, Lutz: Theorie der Sozialarbeit. Ein Entwurf. München 1973

Rothmaler, Christiane: „Fürsorgerinnenberichte bleiben ein wichtiges Material der Zukunft." Soziale Kontrolle und Erfassung zur Zwangssterilisation durch die Hamburger Fürsorge in der Weimarer Republik und im NS-Staat. In: Fachhochschule für Sozialarbeit und Sozialpädagogik Berlin (Hrsg.): 60 Jahre Inernational Association of Schools of Social Work – eine Festschrift. Berlin 1989, S. 16-36

Sachße, Christoph: Mütterlichkeit als Beruf. Sozialarbeit, Sozialreform und Frauenbewegung 1871-1929. Opladen 2002

Sachße, Christoph: Subsidiarität – Leitidee des Sozialen. In: Hammerschmidt, Peter/Uhlendorff, Uwe (Hrsg.): Wohlfahrtsverbände zwischen Subsidiaritätsprinzip und EU-Wettbewerbsrecht. Band 5, Kassel 2003. S. 15-37

Sachße, Christoph: Wohlfahrtsverbände im Wohlfahrtstaat. Kassel 1994

Sachße, Christoph/Tennstedt, Florian (Hrsg.): Jahrbuch der Sozialarbeit 4. Geschichte und Geschichten. Reinbeck 1981

Sachße, Christoph/Tennstedt, Florian (Hrsg.): Bettler, Gauner und Proleten. Armut und Armenfürsorge in der deutschen Geschichte. Ein Bild-Lesebuch. Reinbek bei Hamburg 1983

Sachße, Christoph/Tennstedt, Florian: Der Wohlfahrtsstaat im Nationalsozialismus. Geschichte der Armenfürsorge in Deutschland. Band 3: Stuttgart 1992

Sachße, Christoph/Tennstedt, Florian: Geschichte der Armenfürsorge in Deutschland. Band 1: Vom Spätmittelalter bis zum Ersten Weltkrieg. Stuttgart. 2. Auflage, 1998 (1980)

Sachße, Christoph/Tennstedt, Florian: Geschichte der Armenfürsorge in Deutschland. Band 2: Fürsorge und Wohlfahrtspflege 1871 bis 1929. Stuttgart 1988

Sattler, Dietrich: Anwalt der Armen, Missionar der Kirche. Johann Hinrich Wichern, 1808-1881. Agentur des Rauhen Hauses, Hamburg 2007

Schelsky, Helmut: Wandlungen der deutschen Familie in der Gegenwart, Dortmund 1953

Schenck-Danzinger, Lotte: Entwicklungspsychologie. 7. Auflage, Wien 1973

Schérer, Renè: Das dressierte Kind, Berlin 1975. Originalausgabe: „Emile Perverti" 1973

Scherpner, Hans: Geschichte der Jugendfürsorge. 2. durchgesehene Auflage, Göttingen 1979 (1966)

Scherpner, Hans: Studien zur Geschichte der Fürsorge. Aus dem Nachlass herausgegeben von Hanna Scherpner. Frankfurt am Main 1984

Scherpner, Hans: Theorie der Fürsorge. Herausgegeben von Hanna Scherpner, Göttingen 1962

Scheuerl, Hans (Hrsg.): Klassiker der Pädagogik. Erster Band. Von Erasmus von Rotterdam bis Herbert Spencer. München 1979

Scheuerl, Hans (Hrsg.): Klassiker der Pädagogik. Zweiter Band. Von Karl Marx bis Jean Piaget. München 1979

Schilling, Johannes /Zeller, Susanne: Soziale Arbeit: Geschichte, Theorie, Profession. Studienbuch für Soziale Berufe. München 2007

Schilling, Johannes: Soziale Arbeit. Entwicklungslinien der Sozialpädagogik/Sozialarbeit. Neuwied 1997

Schilling, Johannes: Soziale Arbeit: Geschichte, Theorie, Profession. München 2005

Schloz, Wolfgang: Über die Nichtplanbarkeit in der Erziehung, Schriftenreihe: Probleme der Erziehung. Wiesbaden-Dotzheim 1966

Schmid, Jakob R.: Freiheitspädagogik, Schulreform und Schulrevolution in Deutschland 1919-1933, Reinbeck bei Hamburg 1973 (1936)

Schmidbauer, Wolfgang: Hilflose Helfer. Über die seelische Problematik der helfenden Berufe. 15. Auflage, Reinbeck bei Hamburg 2006

Schmidt, Hans-Ludwig: Theorien der Sozialpädagogik. Kritische Bestandsaufnahme vorliegender Entwürfe und Konturen eines handlungstheoretischen Neuansatzes. Rheinstetten 1981

Schmidt, Heinrich: Philosophisches Wörterbuch. Neu bearbeitete Auflage, von Georgi Schischkoff, 20.Auflage, Stuttgart 1978

Schmidt-Grunert, Marianne: Soziale Arbeit mit Gruppen. Weinheim und Basel 1997, 2002

Schmuhl, Hans-Walter: Friedrich von Bodelschwingh. Reinbek bei Hamburg 2005

Schmutz, Elisabeth u.a.: Aus der Geschichte lernen. Analyse der Heimreform in Hessen (1968-1983). Frankfurt am Main 2000

Schnurr, Stefan: Sozialpädagogen im Nationalsozialismus. Weinheim 1997

Schröder, Iris: Arbeiten für eine bessere Welt. Frauenbewegung und Sozialreform 1890-1914. Frankfurt am Main 2001

Schumann, Ingeborg und Michael/Korff Hans-Jürgen: Sozialisation in Schule und Fabrik, Entstehungsbedingungen proletarischer Kindheit und Jugend, für das Studium der Arbeiterbewegung VSA, Westberlin,1976

Schwarzbuch Hartz IV: Schwarzbuch Hartz IV. Sozialer Angriff und Widerstand. Eine Zwischenbilanz. Berlin 2006

Schwendter, Rolf: Theorie der Subkultur, Neuausgabe mit einem Nachwort, sieben Jahre später. Frankfurt am Main 1981 (Köln 1973)

Seiffert, Johannes Ernst: Pädagogik der Sensitivierung. Lampertheim 1975

Simmel, Monika: Alice Salomon. Vom Dienst der bürgerlichen Tochter am Volksganzen. In: Sachße, Christoph/Tennstedt, Florian (Hrsg.): Jahrbuch der Sozialarbeit 4. Geschichte und Geschichten. Reinbeck 1981

Six, Clemens/Riesebrodt, Martin/Haas, Siegfried: Religiöser Fundamentalismus. Vom Kolonialismus zur Globalisierung. Innsbruck 2004

Sommerfeld, Peter/Hüttemann Matthias: Evidenzbasierte Soziale Arbeit: Nutzung von Forschung in der Praxis. Hohengehren 2007

Soziale Arbeit im Nazismus – Colloquium August 1988. Informationen zur Sozialarbeit und Sozialpädagogik. Fachhochschule für Sozialarbeit und Sozialpädagogik Berlin. FHSS Sonderinfo 10. Jahrgang Mai 1989

Staub-Bernasconi, Silvia: Soziale Probleme – Dimensionen ihrer Artikulation – Umrisse einer Theorie Sozialer Probleme als Beitrag zu einem theoretischen Bezugsrahmen Sozialer Arbeit. Diessenhofen 1983

Staub-Bernasconi, Silvia: Systemtheorie, soziale Probleme und Soziale Arbeit: lokal, national, international oder: vom Ende der Bescheidenheit. Bern, Stuttgart, Wien 1995

Staub-Bernasconi, Silvia: Nach dem MAI kommt der November. In: Sozial extra. Zeitschrift für Soziale Arbeit und Sozialpolitik. Bochum, 10/1999, S. 14-15

Stechow, Elisabeth von: Erziehung zur Normalität. Eine Geschichte der Ordnung und Normalisierung der Kindheit. Wiesbaden 2004

Staub-Bernasconi, Silvia: Soziale Arbeit als Handlungswissenschaft. Bern, Stuttgart, Wien 2007
Stichweh, Rudolf: Profession im System der modernen Gesellschaft. In: Merten, Roland (Hrsg.): Systemtheorie Sozialer Arbeit. Neue Ansätze und veränderte Perspektiven. Opladen 2000, S. 29-38
Stolterfoht, Barbara: Die Zukunft der Wohlfahrtsverbände. In: Hammerschmidt, Peter/Uhlendorff, Uwe (Hrsg.): Wohlfahrtsverbände zwischen Subsidiaritätsprinzip und EU-Wettbewerbsrecht. Band 5, Kassel 2003, S. 187-210

Theunissen, Georg: Empowerment behinderter Menschen. Inklusion, Bildung, Heilpädagogik, Soziale Arbeit. Freiburg im Breisgau 2007
Thiersch, Hans: Kritik und Handeln: interaktionistische Aspekte der Sozialpädagogik; gesammelte Aufsätze. Neuwied 1977
Thiersch, Hans: Alltagshandeln und Sozialpädagogik. neue praxis 3/1995 (1978)
Thiersch, Hans: Das sozialpädagogische Jahrhundert. In: Rauschenbach, T./Gängler, H. (Hrsg.): Soziale Arbeit und Erziehung in der Risikogesellschaft. Neuwied 1992
Thiersch, Hans: Die Erfahrung der Wirklichkeit. Perspektiven einer alltagsorientierten Sozialpädagogik. Weinheim 2006 (1986)
Thiersch, Hans: Lebenswelt und Moral: Beiträge zur moralischen Orientierung sozialer Arbeit. Weinheim 1995
Thiersch, Hans: Lebensweltorientierte Soziale Arbeit. Aufgaben der Praxis im sozialen Wandel. 7. Auflage, Weinheim 2009 (1992)
Thiersch, Hans: Positionsbestimmungen der Sozialen Arbeit: Gesellschaftspolitik, Theorie und Ausbildung. Weinheim 2001
Thiersch, Hans/Böhnisch, Lothar/Schröer, Wolfgang: Sozialpädagogisches Denken. Wege zu einer Neubestimmung. Weinheim 2005
Thiersch, Hans/Herrmann, Ulrich / Rupprecht, Horst.: Die Entwicklung der Erziehungswissenschaft. Weinheim 1978
Thole, Werner/Galuske, Michael und Gängler, Hans (Hrsg.): KlassikerInnen der sozialen Arbeit. Sozialpädagogische Texte aus zwei Jahrhunderten. Ein Lesebuch, Neuwied 1998
Thole, Werner (Hrsg.): Grundriss soziale Arbeit: ein einführendes Handbuch. Wiesbaden 2. Auflage, 2005
Tillmann, Jan: Trajektivität. Anstöße für eine Metatheorie der Sozialarbeitswissenschaft. Hannover 2007
Tschöpe-Scheffler, Sigrid: Pestalozzi. Leben und Werk im Zeichen der Liebe. ‚Versuchet die Liebe, die eure Pflicht ist". Neuwied 1996
Tübinger Erklärung zu den Thesen des Bonner Forums „Mut zur Erziehung": Zeitschrift für Pädagogik, Heft 24/1978
Türk, Klaus: Organisation als Gegenstand kritischer Gesellschaftstheorie. In: Sozialwissenschaftliche Literatur Rundschau, Heft 51, 28. Jahrgang Neuwied 2005, S. 74-84

Uhlendorff, Uwe: Geschichte des Jugendamtes. Entwicklungslinien öffentlicher Jugendhilfe 1871-1929. Weinheim 2002

Vasold, Manfred: Die Pest. Ende eines Mythos. Stuttgart 2003
Vogel, Martin Rudolf: Erziehung im Gesellschaftssystem, München 1974

Watzlawick, Paul/Beavin, Janet H./Jackson, Don D.: Menschliche Kommunikation, Formen, Störungen, Paradoxien, 11., unveränderte Auflage, Bern 2007 (1969)
Weber-Kellermann, Ingeborg: Die deutsche Familie, Versuch einer Sozialgeschichte, 6. Auflage, Frankfurt am Main 1981 (1974)
Welty, Eberhard: Vom Sinn und Wert der menschlichen Arbeit. Aus der Gedankenwelt des hl. Thomas von Aquin. Heidelberg 1946

Wendt, Wolf Rainer: Geschichte der Sozialen Arbeit. 4. Auflage, Stuttgart 1995

Wendt, Wolf Rainer: Geschichte der Sozialen Arbeit. Die Gesellschaft vor der sozialen Frage. Band 1. 5., völlig neubearbeitete Auflage, Stuttgart 2008

Wendt, Wolf Rainer: Müssen die Klassiker deutsch sein? Sozialwissenschaftliche Literatur Rundschau SLR 38, 1/99

Wendt, Wolf Rainer: Ökologie und soziale Arbeit. Stuttgart 1982

Wendt, Wolf Rainer: Ökosozial Denken und Handeln. Grundlagen und Anwendungen in der Sozialarbeit. Freiburg i. Br. 1990

Winkler, Michael: Eine Theorie der Sozialpädagogik. Stuttgart 1988

Winkler, Michael: Klaus Mollenhauer. Ein pädagogisches Porträt. Weinheim und Basel 2002

Winterhoff, Michael: Tyrannen müssen nicht sein. Warum Erziehung allein nicht reicht. Auswege. 2. Auflage, Gütersloh 2009

Winterhoff, Michael: Warum unsere Kinder Tyrannen werden. Oder: die Abschaffung der Kindheit. 16. Auflage, Gütersloh 2008

Wippermann, Carsten/Calmbach, Marc: Wie ticken Jugendliche? SINUS-Milieustudie U 27. Düsseldorf 2007

Wulf, Christoph: Theorien und Konzepte der Erziehungswissenschaft, 2. Auflage, Paperback, München 1978

Zander, Margherita (Hrsg.): Kinderarmut. Einführendes Handbuch für Forschung und soziale Praxis. Wiesbaden 2005

ZEIT Magazin Nr. 1, 23.12.2008. Hamburg 2008

Zenz, Gisela: Kindesmisshandlung und Kindesrechte, Erfahrungswissen, Normstruktur und Entscheidungsrationalität. 1. Auflage, Frankfurt am Main 1979

Zwischenbericht Kommission Heinerziehung: Heimerziehung und Alternativen. Analysen und Ziele für Strategien. Frankfurt am Main 1977